Cidade do índio

FUNDAÇÃO EDITORA DA UNESP

Presidente do Conselho Curador
Herman Jacobus Cornelis Voorwald

Diretor-Presidente
José Castilho Marques Neto

Editor-Executivo
Jézio Hernani Bomfim Gutierre

Conselho Editorial Acadêmico
Alberto Tsuyoshi Ikeda
Áureo Busetto
Célia Aparecida Ferreira Tolentino
Eda Maria Góes
Elisabete Maniglia
Elisabeth Criscuolo Urbinati
Ildeberto Muniz de Almeida
Maria de Lourdes Ortiz Gandini Baldan
Nilson Ghirardello
Vicente Pleitez

Editores-Assistentes
Anderson Nobara
Henrique Zanardi
Jorge Pereira Filho

INSTITUTO SOCIOAMBIENTAL (ISA)
Associação sem fins lucrativos, fundada em 22 de abril de 1994. Tem como objetivo defender bens e direitos sociais, coletivos e difusos, relativos ao meio ambiente, ao patrimônio cultural, aos direitos humanos e dos povos.

Conselho Diretor
Neide Esterci (presidente), Sérgio Mauro Santos Filho (vice-presidente), Adriana Ramos, Beto Ricardo, Carlos Frederico Marés.

NÚCLEO DE TRANSFORMAÇÕES INDÍGENAS – NuTI

Fundado em 2003, é um dos núcleos de pesquisa do Programa de Pós-Graduação em Antropologia Social (PPGAS) da Universidade Federal do Rio de Janeiro, sediado no Museu Nacional da Quinta da Boa Vista. Ele reúne antropólogos de três universidades federais (UFRJ, UFF, UFSC) e uma rede de parceiros e colaboradores de outras instituições em torno do projeto *Transformações Indígenas: os regimes de subjetivação ameríndios à prova da história,* financiado desde novembro de 2003 pelo **Programa de Apoio a Núcleos de Excelência (Pronex CNPq-FAPERJ)**, do Ministério da Ciência e da Tecnologia.

Equipe
Aparecida Vilaça, Bruna Franchetto, Carlos Fausto, Cesar Gordon, Cristiane Lasmar, Eduardo Viveiros de Castro (coordenador), Geraldo Andrello, Marcela Coelho de Souza, Márnio Teixeira-Pinto, Oscar Calavia, Tânia Stolze Lima.

Secretaria-executiva
Luciana França.

Geraldo Andrello

Cidade do índio
Transformações e cotidiano
em Iauaretê

© 2006 Editora Unesp

Direitos de publicação reservados à:

Fundação Editora da Unesp (FEU)
Praça da Sé, 108
01001-900 – São Paulo – SP
Tel.: (0xx11) 3242-7171
Fax: (0xx11) 3242-7172
www.editoraunesp.com.br
www.livrariaunesp.com.br
feu@editora.unesp.br

Instituto Socioambiental

São Paulo (sede)
Av. Higienópolis, 901
01238-001 São Paulo – SP – Brasil
tel.: (0 xx 11) 3515-8900
www.socioambiental.org

Brasília (subsede)
SCLN 210, bloco C, sala 112
70862-530 Brasília – DF – Brasil
tel.: (0 xx 61) 3035-5114

S. Gabriel da Cachoeira (subsede)
Rua Projetada 70 – Centro
Caixa Postal 21
69750-000 São Gabriel da Cachoeira – AM
– Brasil
tel.: (0 xx 97) 3471-2182/1156/2193

Manaus (subsede)
Rua 06, n° 73, Conjunto Vila Municipal,
Adrianópolis
69057-740 Manaus – AM – Brasil
tel./fax: (0 xx 92) 3648-8114/3642-6743

Núcleo de Transformações Indígenas – NuTI
Museu Nacional – Quinta da Boa Vista
s/n – São Cristóvão
Rio de Janeiro – RJ – CEP 20940-040
tel.: (0 xx 21) 2568 9642
fax: (0 xx 21) 2254 6695
http://www.nuti.scire.coppe.ufrj.br/
nuti@mn.ufrj.br

CIP-Brasil. Catalogação na Fonte
Sindicato Nacional dos Editores de Livros, RJ

A574c
  Andrello, Geraldo, 1964-
     Cidade do índio: transformações e cotidiano em Iauaretê / Geraldo Andrello. –
  São Paulo: Editora Unesp: ISA; Rio de Janeiro: NuTI, 2006, il.;

     Inclui bibliografia
     ISBN 85-7139-659-0

     1. Etnologia – Brasil 2. Índio do Brasil – Condições sociais. 3. Índios do Brasil –
  Negro, Rio (AM). 4. Índios Tariano – Condições sociais. 5. Índios Tukano do Rio
  Negro – Condições sociais. I. Instituto Socioambiental. II. Universidade Federal do
  Rio de Janeiro. Núcleo de Transformações Indígenas. II. Título.

  06-2788   CDD 980.41
                                                                CDU 94(=87)(81)

Editora afiliada:

Sumário

Prefácio   7

Mapa   11

Agradecimentos   13

Nota linguística   15

Apresentação   17

1   Introdução: fazendo etnografia em Iauaretê   25
    Percurso   25
    Formulando e reformulando a questão   44

2   Escravos, descidos e civilizados: uma leitura
    da história do rio Negro   69
    A colonização do rio Negro   71
    Quem eram os índios da região   107

3   Iauaretê é de muita gente   125
     A chegada dos salesianos   126
     Números de Iauaretê   145
     Década de 1980: discussões sobre
     demarcação de terras   160

Caderno de imagens   181

4   A vida nos "bairros"   191
     Da maloca à comunidade   195
     Feiras e dabucuris   228
     Comércio   239
     De dinheiro, mercadorias e corpos   253
     Civilização ou cultura   272

5   Filhos do Sangue do Trovão: os Tariano   285
     Segmentos e geografia   287
     Chefes dos Uaupés   299
     Alianças com os colonizadores   313
     História e nomes   329

6   Gente de transformação: os Tukano   347
     Transformação, fermentação   351
     "Antes do mundo não existia"   355
     A primeira viagem da cobra-canoa   371
     A segunda viagem da cobra-canoa   386
     A partida de *Yu'pûri* e a chegada dos Tukano,
     Tariano e brancos a Iauaretê   401

Considerações finais   425

Referências bibliográficas   435

Prefácio

Mauro W. Barbosa de Almeida
Departamento de Antropologia – Unicamp

É uma honra escrever este prefácio para o belo livro de estreia de Geraldo Andrello – livro que a rigor não necessita de apresentação, porque já nasce clássico. Isso pela combinação da alta qualidade etnográfica, da imaginação teórica, da síntese de múltiplas fontes e tradições teóricas e de seu dom de abrir caminhos novos, ao superar antigas e falsas antinomias do trabalho antropológico, mostrando pelo exemplo como é possível escapar delas. Em primeiro lugar, o livro é uma inspiração para os antropólogos que se interessam em evitar as antinomias que opõem história e estrutura, política e cultura, dando provas de que é possível tratar com profundidade as transformações sociais que envolvem os povos indígenas e ao mesmo tempo fazer justiça às suas premissas sociocosmológicas. Em outras palavras: é possível dar conta da história das relações dos povos indígenas com a nação e, ao mesmo tempo, recuperar os modos de pensar a história que lhes são próprios. Uma bela ilustração disso é a análise das noções de "civilização" vistas do ponto de vista indígena, e a continuidade entre o relato mítico da origem dos povos do Uaupés e a história recente do contato com os brancos.

Uma segunda contribuição importante deste livro é mostrar como é possível e frutífero fazer uma etnologia de índios urbanos, evitando essa outra dicotomia que opõe a cidade e a floresta, índios descaracterizados e índios autênticos. Geraldo Andrello faz mais do que evidenciar os elementos com base nos quais os moradores de Iauaretê conceitualizam hoje sua identidade indígena no contexto urbano, pois a lição que nos traz é que no microcosmo de Iauaratê reencontram-se as relações de hierarquia, de conflito e de complementaridade que articulam entre si as etnias que ocupam o Uaupés na escala do alto rio Negro. Dessa forma, embora trabalhando em uma região relativamente bem coberta por monografias especializadas em etnias pertencentes às famílias linguísticas tukano, aruak e maku, Geraldo Andrello foi capaz de fazer uma obra intensamente original, precisamente por visar em seu conjunto as relações políticas que interligam essas etnias. Ao fazer esse quadro de conjunto, o livro de Andrello pode manter-se no chão firme da tradição etnográfica, ao colocar seu foco empírico no povoado de Iauaretê, um núcleo urbano indígena multiétnico e multilinguístico, onde convivem Tariano, Tukano, Desana, Pira-Tapuia, Arapasso, Tuyuka, Wanano, Cubeu e Hupda. Na falta de uma obra etnológica que seja para o rio Negro o que foi o livro de Edmund Leach sobre os "Os sistemas políticos dos planaltos da Birmânia", o livro de Geraldo Andrello mostra o caminho.

A leitura da história regional do alto rio Negro apresentada nos capítulos 2 e 3 traz importantes pistas para a compreensão das bases das atuais relações interétnicas, apoiada numa síntese minuciosa das fontes disponíveis. Trata da crise econômica da borracha e da chegada dos salesianos à região, bem como os problemas territoriais da década de 1980 e o início da organização política indígena. O Capítulo 4 é uma fina etnografia urbana da sociedade multiétnica formada pelos bairros de Iauaretê, que evocam em miniatura as relações antigas entre malocas; a análise, que parte das feiras e dabucuris, leva ao comércio, ao dinheiro, às mercadorias e aos corpos. Aqui, Andrello faz uma contribuição importante para a disciplina pouco explorada da antropologia do valor, mostrando como é que os elementos da riqueza que emergiram historicamente, quais sejam mercadorias e dinheiro, articulam-se com a riqueza herdada pelos ancestrais, os "nomes, enfeites cerimoniais e mitos". Uma importante intuição do autor está em ligar essa análise das relações entre formas mercantis e formas rituais da riqueza à análise da conversão da 'cultura' em valor no contexto da urbanização.

Os capítulos 5 e 6, construídos a partir da colaboração de Geraldo Andrello com jovens autores indígenas na publicação de mitos, adotam a perspectiva dos Tariano e dos Tukano. O Capítulo 5 contém uma visão indígena da história, que começa com o "tempo primordial da pré-humanidade" e resulta numa explicação, do ponto de vista Tariano, à preeminência do sib dos *Koivathe* no Uaupés. Já o Capítulo 6 aborda o mito Tukano de origem do mundo e da humanidade, no qual se trata da diferenciação entre humanos e animais, índios e brancos, e dos grupos indígenas entre si. A fina análise desse capítulo mostra primeiramente como as relações de alteridade, subsumindo mulheres, animais, brancos e cunhados, se dispõem num eixo de afinidade, por oposição à consanguinidade que se associa aos demiurgos ancestrais. Mas isso não é tudo: pois há uma ênfase própria ao autor, que é a importância analítica aqui atribuída aos objetos que chama de operadores, os quais são os intermediários nos processos de diferenciação e de constituição de subjetividades. Esses operadores são flautas, peles, enfeites, armas, mercadorias, bebidas fermentadas e alucinógenos. Vemos assim a temática das formas de riqueza – objetos-dinheiro, objetos rituais –, que havia sido introduzida na análise etnográfica do comércio e das festas de Iauretê, reaparecer aqui com o papel operatório de efetuar diferenciações e de produzir seres. Essa articulação entre valor e ontogenia é a meu ver uma importante descoberta teórica de Geraldo Andrello. Dessa maneira, evidencia-se que a etnografia do valor e a análise simbólica não são campos separados, mas alimentam-se uma da outra de uma forma sutil.

Note-se que o êxito dessa etnologia regional e multiétnica, florestal e urbana, econômica e simbólica, a cidade, está diretamente ligado, a meu ver, à síntese que referimos entre a perspectiva da história e o foco do ponto de vista do etnólogo que se interessa pelas tradições ameríndias de pensamento e as trata com respeito. Há uma outra maneira de expressar esse ponto: sem deixar de olhar para a importância dos agentes externos que irrompem sobre a vida indígena, o autor ensina que há espaço para divisar uma agência indígena. O que isso significa supor que os indígenas, sob condições dadas pela história passada, constroem sua própria história presente; que têm capacidade de agir, em vez de serem vítimas inermes do progresso. Essa capacidade para escrever um livro com o sentido dos fatos históricos e da visão de mundo indígena deve-se em boa parte ao fato de que o autor tem uma trajetória dupla: a de participante e organizador de ações práticas no rio Negro, no interior do Instituto Socioambiental, tratando assim de questões prementes e importantes como a dos direitos territoriais indígenas e da sua autonomia econômica; e como antropólogo dotado de genuína vocação teórica.

Cidade do índio

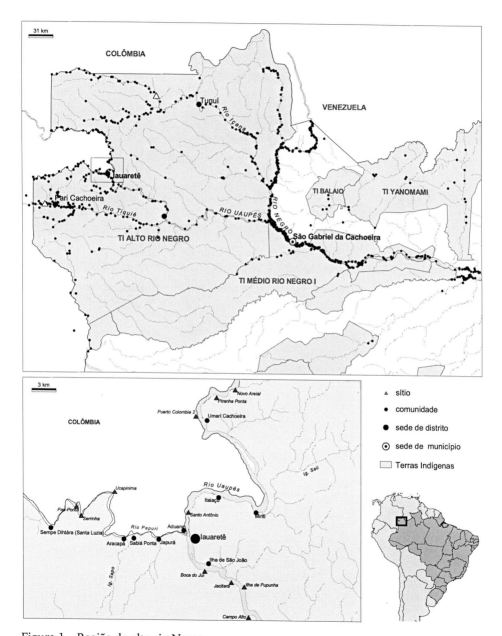

Figura 1 – Região do alto rio Negro.

Agradecimentos

À Fundação de Amparo à Pesquisa do Estado de São Paulo (Fapesp), pela bolsa de doutorado concedida (processo 99/11501-1). Ao Instituto Socioambiental (ISA), pelo espaço institucional onde concebi a pesquisa. À Associação Nacional de Pós-Graduação em Ciências Sociais (Anpocs), pela menção honrosa à tese que originou este livro (Concurso Anual de Teses em Ciências Sociais, edição 2005).

A Beto Ricardo, Aloísio Cabalzar, Flora Dias, Marta Azevedo, Cristiane Lasmar, Bruni Haas de Saneaux, Pieter Van der Veld e Mauro Lopes, meus amigos do Programa Rio Negro do ISA, pelas informações, leituras, sugestões e bons momentos, no campo e na cidade.

A André Pires, Osvaldo Lopez Ruiz, Sidnei Peres e Cesar Gordon, colegas de doutorado, pela troca de ideias e reflexões.

Entre os antropólogos cujos trabalhos tenho como exemplo, a Nádia Farage, pelas muitas conversas, a Bruce Albert, Dominique Buchillet e Manuela Carneiro da Cunha, por apontarem direções e caminhos a seguir; a Robin Wright, Vanessa Lea e Eduardo Viveiros de Castro, pelas sugestões valiosas a alguns de meus textos e capítulos preliminares; a Stephen Hugh-Jones, pelas ideias e comentários estimulantes oferecidos por ocasião de uma curta temporada na Universidade de Cambridge; e, finalmente, a meu orientador Mauro W. B. de Almeida, por sua criatividade intelectual e pela autonomia proporcionada a seus alunos, que, juntas, nos tornam profissionais.

A Pedro Garcia, José Maria de Lima e Orlando de Oliveira, diretores da Federação das Organizações Indígenas do Rio Negro (FOIRN), por viabilizarem minha pesquisa no rio Uaupés.

À família Maia – Arlindo, Hilário, Maria, seu Moisés, dona Sebastiana, Fátima, Margarida e Cleonice –, pela acolhida em sua casa em Iauaretê. A Adão Oliveira, Geraldo Veloso, Artur Ferreira, Basílio Brito, Luís Aguiar, Bruno Araújo, Adriano de Jesus e Pedro de Jesus, pela colaboração e amizade igualmente imprescindíveis durante o trabalho de campo.

A Geraldo e Iracema Andrello, meus pais, assim como a Bete, Eduardo e Rafael, irmã, cunhado e sobrinho, pelo apoio dedicado e carinhoso de toda a vida.

A Lalau e a nossos filhos, João e Antonio, não há como agradecer. Por isso, com amor, dedico-lhes este livro.

Nota linguística

A grafia de numerosas palavras da língua tukano ao longo do texto seguiu o padrão estabelecido por Ramirez (1997). A pronúncia dessas palavras deve obedecer às seguintes regras:

Vogais

a, e, u	pronunciam-se como em português;
e	geralmente bem aberto, como na palavra "**fé**";
o	geralmente bem aberto, como nas palavras "av**ó**" ou "p**o**sso";
ɨ	é uma vogal alta não arredondada (uma dica para a pronúncia dessa vogal é tentar falar o [u] com os lábios bem esticados, sem arredondá-los).

Observação: vogais que vêm antes de uma consoante surda (p, t, k, s, h) terão sua pronúncia aspirada. Exemplo: as palavras *apó*, "consertar", ou *petâ*, "porto", são pronunciadas como [ahpó] e [pehtâ], respectivamente.

Consoantes

p, t, k, b, d, g	pronunciadas, de modo geral, como em português;
ge e gi	pronunciam-se, respectivamente, como em **gue**rra e **gui**tarra;

k	pronuncia-se como o **c** em **c**aro;
b e d	são levemente nasalizados no começo das palavras;
s	pronuncia-se como **s** em **s**ala, e nunca como em casa;
h	pronuncia-se como o **rr** em ca**rr**o;
y	pronuncia-se como o **i** em **i**nterromper;
w	pronuncia-se como **v** em **v**aca, mas afrouxando um pouco a articulação;
r	pronuncia-se geralmente como o **r** em caro, mas alguns o pronunciam como o l em calo.

Sinais

O til (~) indica nasalização, ocorrendo sempre na primeira vogal de uma palavra; palavras com as consoantes **m** e **n** têm todas as vogais nasalizadas.

Os acentos agudo (´) e circunflexo (^) indicam as melodias tonais da língua tukano: o agudo marca a melodia tonal ascendente e o circunflexo, a melodia tonal alta. Esses sinais jamais ocorrem na primeira vogal de uma palavra, mas na segunda. No caso da melodia alta, toda a raiz é pronunciada em tom alto, ao passo que, no caso da melodia ascendente, a primeira vogal é pronunciada em tom baixo, e a segunda vai subindo de tom baixo para alto. O tom é a altura musical das vogais – que é relativa, ou seja, percebida unicamente pelo contraste com outro tom em outra vogal.

O apóstrofo (') indica laringalização.

Apresentação

Este livro consiste em uma versão revisada, mas pouco modificada, de minha tese de doutorado, defendida na Unicamp, em 2004. Seu foco é a etnografia do povoado de Iauaretê, localidade multiétnica situada no médio rio Uaupés, fronteira Brasil-Colômbia, noroeste da Amazônia brasileira. A decisão de realizar minha pesquisa nesse povoado, tantas vezes qualificado como uma "cidade indígena", deve-se à questão geral que me propus ao elaborar meu projeto em 1998, e que, de maneira nem sempre consciente, penso ter seguido até a conclusão da tese. Foi nessa fase final do trabalho que a formulei de maneira sintética: tentaremos neste livro apreender as premissas sociocosmológicas com base nas quais alguns grupos indígenas do rio Uaupés descrevem e vivenciam as transformações sociais que se processaram na região desde a colonização.

Assim, boa parte dos fatos que examinaremos relacionam-se a um processo em curso de concentração da população indígena – Tariano, Tukano, Desana, Pira-Tapuia, Arapasso, Tuyuka, Wanano, Cubeu, Hupda – de uma extensa zona da bacia do Uaupés nesse povoado, processo que está a ocorrer desde meados da década de 1970. Em linhas gerais, o cenário que se vai construir ao longo das páginas que seguem aponta para a metamorfose radical de um padrão de estabelecimento disperso e ribeirinho, tal como descrito pela literatura etnográfica disponível, em direção à constituição de um núcleo que hoje assume feições urbanas. Ainda que esses acontecimentos, relativamente recentes, possam ser tomados como um desenlace previsível de uma história que começou há mais de dois séculos, e na qual intervieram militares, missionários, patrões, regatões, seringueiros, agências indigenistas e outras instituições do poder local, busca-se aqui divisar uma agência indígena: sem deixar de considerar as consequências da colonização, busco entender, precisamente, a moral dessa história do ponto de vista dos índios, que acredito estar presente nas fontes históricas, porém oculta em suas entrelinhas. Esse quadro de mudanças aceleradas e mais recentes será analisado por um prisma de maior profundidade temporal, já que os sentidos atribuídos pelos índios às transformações contemporâneas relacionam-se nitidamente a uma longa história de contato com a chamada sociedade nacional.

Embora sem pretensões historiográficas, este estudo é, dessa maneira, informado pela leitura de algumas fontes dos séculos XIX e XX. As chaves de interpretação dos relatos históricos utilizados provêm, no entanto, dos materiais etnográficos que pude coletar ao longo da pesquisa de campo que realizei em Iauaretê. E se em boa parte da tese o tom da narrativa é histórico é porque, a meu ver, assim o impõe uma descrição acurada de alguns aspectos da vida social desse povoado indígena de fronteira. Nesse particular, nada mais faço do que seguir o estilo das próprias descrições nativas, que, ao tratar do cotidiano e das relações de hoje, os distingue explicitamente do modo de vida dos antigos. O abandono das casas coletivas – as malocas – por exigência dos missionários e formação das comunidades ribeirinhas são imagens usadas como contraponto para falar sobre a formação dessa pequena "cidade do índio", que vem crescendo aceleradamente diante dos olhos de todos. Frases como "antes Desana não casava com Tariano, agora já acontece", ou "a família Rodrigues cedeu um lugar para os Alcântara porque tanto um como outro se casavam com mulheres pira-tapuia" surgem nessas descrições, mostrando que na nova situação regras de parentesco vêm sendo manejadas em diferentes sentidos. Atenuadas ou reafirmadas para novos fins, antigas relações vão ganhando novas cores e são alguns dos índices visíveis, identificados pelos próprios índios, de um mundo em transformação.

Antes, há muito tempo, dizem às vezes alguns de seus moradores, "Iauaretê não era de ninguém". Essa frase – que também aparece em uma versão da narrativa de origem dos Tariano recolhida nos anos 1960 por Etore Biocca (1965, republicada em Bruzzi, 1994) – diz respeito ao tempo das origens, um tempo pré-humano, sempre acionado quando se trata de especular a respeito de quem detém prerrogativas de viver hoje em Iauaretê. Seu uso se dá, em geral, em comentários a respeito do crescimento do lugar, do aspecto urbano que vem assumindo e das incertezas que envolvem seu futuro. Ela carrega uma dose de perplexidade quanto à situação vivida no presente, que se expressa, assim, por meio de um contraste com o mito. Rememorando e enfatizando de maneiras distintas os eventos ocorridos nessa época longínqua, os diferentes grupos que hoje convivem em Iauaretê descrevem trajetórias particulares, falam de seus lugares originais e terminam, em geral, tratando das circunstâncias que os levaram a se estabelecer no povoado. Essas descrições se articulam e se comentam mutuamente, pois possuem como pano de fundo uma mesma cosmologia, que confere unidade ao sistema social do Uaupés e articula, sobretudo em Iauaretê, os Tariano (grupo originariamente falante de uma língua aruak) aos grupos da família linguística tukano – Tukano próprio, Desana, Pira-Tapuia, Arapasso, Wanano e outros.

Mas Iauaretê é também um lugar que, por sua posição geográfica estratégica – na confluência dos rios Uaupés e Papuri –, já no século XVIII chamou a atenção dos brancos. Assim, vamos encontrar nas fontes históricas vários casos de viajantes que buscaram ali estabelecer alianças com chefes indígenas. Tudo isso faz de Iauaretê uma localidade única no contexto regional, uma singularidade que se pode definir tanto em termos das relações entre grupos indígenas que ali habitaram historicamente quanto das relações desde cedo travadas entre eles e o colonizador. O conjunto de ideias indígenas relativas à figura do branco é, portanto, um assunto ao qual não poderei me furtar. Quem são eles e como surgiram, nada disso parece mistério para os índios do Uaupés. As respostas estão dadas no registro mítico da origem do mundo e da humanidade ao qual aludi, pois os brancos, como veremos, encontraram ali seu lugar. Embora tenham surgido no Uaupés com as outras gentes, ali não permaneceram, tendo sido levados pela cobra-canoa ancestral – famoso motivo da mitologia desses grupos – a outros continentes, onde fizeram sua própria história. Por que teriam retornado ao Uaupés? Essa sim é uma questão de difícil resposta. Igualmente intrigantes são as suas qualidades, que ainda estão a se desvelar à percepção indígena. Parte dessas qualidades é hoje também dos índios – mais de uns, menos de outros –, pois muitos dos itens da chamada "civilização" circulam nos regimes de socialidade que se nos apresentam em Iauaretê. As implicações, tal como as pude perceber, desse reencontro entre índios e brancos foram cruciais na trajetória da pesquisa e, de certa forma, fizeram que a intenção inicial de me concentrar em temas usualmente relacionados ao "contato" se deslocasse para outros mais caros a uma etnografia de tipo "clássico". Do interesse em observar o engajamento indígena em discussões com diferentes atores que agenciam o desenvolvimento regional, passei a explorar itens como rituais, nominação e mitologia, pois vi que era nesse tipo de registro que as coisas e os conhecimentos dos brancos eram inseridos em um quadro de relações cosmológicas mais amplas.

Foi então que as mercadorias, o dinheiro e os papéis de um modo geral, tão presentes na vida dos grupos indígenas que vêm se concentrando em Iauaretê, começaram a mostrar novos significados. Foi quando também comecei a me dar conta do grande esforço empreendido por alguns de seus moradores em ultrapassar uma velha oposição: aquela que separava a "civilização dos brancos" das "coisas dos antigos", essas últimas hoje subsumidas na noção de "cultura". Registrar as falas dos antepassados nos papéis dos brancos está se tornando uma concretização pós-moderna, por assim dizer, desse esforço e vem seduzindo alguns dos antropólogos que trabalham na região, entre os quais eu mesmo. Mas, de modo geral, o próprio cenário de Iauaretê, com seus colégios, lojas e, sobretudo, festas, constitui talvez a manifestação privilegiada dessa síntese. Uma síntese pela qual a velha noção de pessoa legada pelos antigos incorpora as capacidades dos brancos. Que a "civilização" seja um atributo da autoimagem indígena do Uaupés contemporâneo, não resta dúvida, mas, como pretendo mostrar, é apenas um entre outros.

Fazer etnografia em Iauaretê é, portanto, um modo de abordar as mudanças históricas experimentadas por alguns dos grupos indígenas do Uaupés. Mostrar que eles são também autores dessa história implica, necessariamente, considerar o repertório simbólico de que lançam mão hoje para qualificar a identidade indígena uaupesiana. Se, por um lado, esse processo se vale de elementos que emergiram historicamente, tais como dívidas, conversão religiosa, educação escolar, trabalho remunerado, relações comerciais e políticas, hábitos de consumo e assim por diante, por outro, o pertencimento das pessoas a diferentes etnias – termo com o qual se faz corriqueiramente referência aos grupos exogâmicos patrilineares que compõem o sistema social regional – é amplamente reconhecido. Os atributos associados à identidade étnica, especialmente aqueles relacionados à hierarquia entre os sibs que formam os grupos exogâmicos, articulam-se, assim, a um outro conjunto de categorias progressivamente incorporadas no decorrer da história, e que vieram a lhes agregar novas qualidades. Um sistema tradicional de prerrogativas viria, portanto, a ser infletido por coisas e conhecimentos que passaram a subir o rio Uaupés junto com a colonização.

No Capítulo 1, irei repassar minha trajetória na região, buscando mostrar as motivações que me levaram a eleger inicialmente o tema do desenvolvimento como objeto para uma pesquisa de doutorado. Sigo enumerando as razões que me levaram a mudar o curso da pesquisa, para, então, discutir os eixos teóricos e metodológicos adotados no transcorrer do trabalho de campo e na organização dos materiais históricos e etnográficos que serão apresentados ao longo do livro. A reflexão teórica é ilustrada com vários exemplos etnográficos oriundos das primeiras fases do trabalho de campo, de maneira que permita a construção de uma hipótese inicial a respeito dos significados atribuídos pelos índios à noção de civilização.

No Capítulo 2, o objetivo é fornecer ao leitor um panorama histórico da região. Não é minha pretensão agregar novas informações historiográficas, mas combinar uma leitura de trabalhos já escritos sobre a história do rio Negro com a de algumas fontes primárias publicadas, em especial os relatos dos viajantes do século XIX. Essa leitura buscará evidenciar o aliciamento da mão de obra indígena ao longo da colonização, bem como discutir a introdução e os significados do sistema da dívida como forma de arregimentar trabalhadores indígenas. Serão feitas algumas considerações sobre o quanto a colonização pesou na moldagem do mosaico de identidades que caracteriza hoje o sistema social nativo do Uaupés. Sugiro que certas categorias historicamente empregadas para designar os índios dos rios Negro e Uaupés, como Baré e Uaupé, emergem, por inclusão e exclusão, respectivamente, tendo a civilização trazida pelos brancos como referência.

O Capítulo 3 se inicia com uma retomada da história do Uaupés com a implantação das missões salesianas nas primeiras décadas do século XX. Concentra-se sobretudo na fundação e consolidação do centro missionário de Iauaretê, explorando seus desdobramentos até o presente. O fechamento de seus internatos na década de 1980 é especialmente realçado, uma vez que constitui o principal fator que acarretou o início do processo de concentração demográfica no povoado. Apresenta-se em seguida um conjunto de dados quantitativos referentes à situação atual de Iauaretê, o que permite traçar um perfil da conformação étnica e da economia de seus bairros. Ao final, os processos políticos que tiveram lugar em Iauaretê ao final dos anos 1980 são analisados. A formação das primeiras organizações indígenas é apresentada em termos da associação de distintos segmentos tariano a diferentes agendas políticas (militares *versus* indigenismo alternativo ligado à Igreja Católica), que, por sua vez, propunham diferentes alternativas para a demarcação das Terras Indígenas da região do alto rio Negro.

No Capítulo 4, apresenta-se uma descrição do cotidiano das comunidades que formam o povoado de Iauaretê. O esforço permanente de reiterar um senso de comunidade, em face das forças diruptivas que advêm do crescimento demográfico constante, é a contrapartida da progressiva transformação das comunidades locais em "bairros". Os exemplos apresentados evidenciam a importância crescente da circulação de dinheiro e mercadorias no processo de produção da comunidade. Veremos como, em certa medida, as próprias relações comerciais monetarizadas se ajustam a uma economia moral. Passa-se então a explorar os significados desses itens da civilização dos brancos com base em sua analogia com aquilo que os índios qualificam como sua própria riqueza, isto é, os nomes e os objetos rituais. Na última seção, passo a tratar de uma tendência mais recente, observada entre grupos tariano e tukano de alta hierarquia, voltada para uma revalorização da "cultura" nesse contexto de urbanização. São grupos que apostam em uma retomada de suas tradições ancestrais como forma de amenizar "novos problemas sociais", como o descontrole da juventude e as dificuldades enfrentadas para gerir os assuntos comunitários. Essa estratégia, adotada explicitamente pelos moradores de uma das antigas comunidades tariano de Iauaretê, se traduziu em meu recrutamento para colaborar na produção de manuscritos sobre história e mitologia ao longo do trabalho de campo.

Os dois capítulos finais do livro são, assim, dedicados ao exame dos conteúdos desses textos indígenas, que ilustram de maneira exemplar algumas das práticas adotadas pelos grupos do Uaupés no estabelecimento de relações com os brancos (Tariano), bem como a forma pela qual seus poderes específicos são concebidos no pensamento indígena (Tukano). No Capítulo 5, apresento inicialmente uma descrição da atual distribuição dos sibs tariano pelo rio Uaupés, mostrando que os chefes indígenas mencionados nas fontes históricas pertenciam ao sib *koivathe*, cujos membros residem até hoje em Iauaretê. Sua história oral e genealógica permite mostrar como lograram assumir posição de destaque nas relações com os colonizadores – o que vão manter ao longo do século XX. É no registro mítico, porém, que os *Koivathe* defendem suas prerrogativas como moradores legítimos do Uaupés. O que os liga a Iauaretê diz respeito ao tempo primordial da pré-humanidade, um mundo povoado por divindades criadoras que buscavam fazer surgir rios, animais, plantas e verdadeiros seres humanos. Sua emergência como pessoas no rio Aiari, ao norte do Uaupés, é seguida por um deslocamento dos sibs principais em direção sul, que envolve guerras com grupos inimigos e incorporação de novos sibs. O surgimento dos brancos não é explicitamente mencionado em sua narrativa, pois os *Koivathe* se concentram sobretudo em detalhar suas relações com os civilizados quando estes retornam, por assim dizer, ao Uaupés já em tempos históricos. As diferenciações entre índios e brancos e dos índios entre si são, com efeito, tematizadas de maneira mais aprofundada no mito tukano, analisado no capítulo seguinte.

O Capítulo 6 trata do mito tukano de origem do mundo e da humanidade. Busco colocar em evidência uma sequência de distinções que se sucedem ao longo da narrativa e que se inicia com a separação entre os ancestrais tukano e desana e com o episódio do roubo das flautas sagradas pelas primeiras mulheres. A partir daí, ocorre a diferenciação entre humanos e animais, índios e brancos e dos grupos indígenas entre si. Ao obter suas capacidades específicas, o ancestral dos brancos vem representar um ponto de inflexão de grande peso na narrativa, determinando em certa medida os movimentos subsequentes. As relações de afinidade com os Tariano serão, assim, qualificadas com base em uma estrutura mais geral: um esquema sobre o qual são dispostas todas as relações de alteridade. Mulheres, animais, brancos, cunhados distantes e próximos dispõem-se sobre um eixo (o da afinidade) que se opõe àquele que liga os demiurgos criadores aos ancestrais dos Tukano (o da consanguinidade). As diferenciações elaboradas no mito são efetuadas por uma série de operadores: flautas, peles, enfeites, armas, mercadorias, bebidas fermentadas e alucinógenas. São eles que denotam capacidades diferenciais, que acarretam a constituição de distintas subjetividades. Subjetivação e construção da pessoa não são, assim, processos separados da obtenção de determinados objetos, empregados na própria fabricação do corpo dos seres míticos. Como o irmão maior dos Tukano articula os atributos associados aos dois eixos é um dos temas que as sequências finais do mito elaboram. Por meio dessa personagem é possível retornar ao tema dos significados atribuídos pelos índios à civilização dos brancos.

1
Introdução: fazendo etnografia em Iauaretê

Percurso

Entre 1994 e 1995, participei diretamente da fase de implantação de um programa de trabalho do Instituto Socioambiental (ISA) na região do alto rio Negro. Essa ONG, então recém-fundada em São Paulo, herdara alguns projetos do antigo Cedi (Centro Ecumênico de Documentação e Informação, entidade da qual vinham vários de seus sócios-fundadores), entre os quais aqueles relacionados a um convênio tripartite com a Federação das Organizações Indígenas do Rio Negro (FOIRN) e o Instituto para a Cooperação Internacional (IIZ), da Áustria. Esse convênio, reunindo uma ONG brasileira, uma europeia e uma afamada organização indígena da Amazônia, relacionava-se ao contexto pós-Rio-92 (Conferência das Nações Unidas sobre Meio Ambiente e Desenvolvimento de 1992, Rio de Janeiro), em cujo documento final – a Agenda 21 – os povos indígenas passavam a ser considerados parceiros privilegiados para agências governamentais, não governamentais e organismos internacionais voltados à implantação de programas de desenvolvimento sustentável, em especial aqueles dirigidos à conservação de florestas tropicais e biodiversidade (ver Comissão de Defesa do Consumidor, Meio Ambiente e Minorias, 1995, p.373). Perfeitamente coerente com as diretrizes desse documento, esse convênio canalizou recursos do governo austríaco para um conjunto de ações dirigidas ao fortalecimento institucional e técnico da FOIRN e de suas muitas associações de base. Sedes foram equipadas, barcos adquiridos e rádios instalados. Com isso, a frequência de reuniões e assembleias indígenas aumentou muito, fruto da necessidade de discutir o planejamento das atividades e as estratégias para pressionar o governo federal a demarcar as Terras Indígenas da região, o que seria conquistado somente em 1998. Foi, enfim, o período em que a FOIRN iniciou sua reconstrução, após uma primeira fase de existência turbulenta e marcada pelo envolvimento ambíguo nos planos militares de colonização da fronteira e restrição dos direitos territoriais indígenas (PIB-CEDI, 1991).

Nesse período, as viagens que fiz a campo tinham por finalidade contribuir para um levantamento geral da localização de grupos e comunidades indígenas da região, bem como verificar a abrangência das organizações indígenas filiadas à FOIRN. Em 1995, ano em que morei em São Gabriel da Cachoeira, fiz cerca de três meses de trabalho de campo no rio Içana, ao norte do Uaupés, visitando todas as comunidades baniwa desse rio e de seus afluentes Cubate, Cuiari e Aiari. Nosso objetivo – meu e de outras pessoas da equipe do ISA – era constituir um banco de dados associado a um mapa de todas as comunidades indígenas da região. O trabalho de campo, além de itinerante, era mediado pelas lideranças indígenas. Na cidade, a montagem da sede e as novas atividades de administração que a FOIRN vinha incorporando também nos demandavam tempo para colaborar na preparação de projetos, relatórios e outros documentos. Assim, passei inicialmente a maior parte do tempo envolvido com as rotinas da FOIRN e suas lideranças, registrando sobretudo cenas nas quais os índios mostravam-se ávidos por fazer projetos, iniciar programas de educação e saúde, melhorar o transporte, fazer viagens a Manaus e Brasília.

A agenda das lideranças indígenas ia se tornando cada vez mais intensa, pois, além de envolver as chamadas viagens de articulação política pelo interior da região, incorporava crescentemente viagens para fora, tanto para os encontros do movimento indígena macrorregional quanto para outros fóruns de discussões relacionadas à questão indígena, em Manaus, Brasília e mesmo no exterior. Naquele momento se começava a falar na participação de membros da diretoria da FOIRN em comissões de programas financiados por organismos multilaterais, como o programa de demarcação de Terras Indígenas do Programa Piloto de Proteção às Florestas Tropicais do Brasil, financiado com recursos do G-7 (PPG-7), e em discussões com o Banco Mundial sobre a implantação de um sistema de atendimento à saúde indígena no rio Negro. Paralelamente, surgiam oportunidades de apresentar projetos a organismos de cooperação bilateral de países da Europa do norte, que acenavam com novas fontes de recursos abertas a acolher projetos de organizações indígenas da Amazônia, em áreas como manejo de recursos naturais, educação diferenciada, capacitação gerencial, revitalização cultural e assim por diante. O crescimento institucional e a parceria consolidada com o ISA pareciam garantir à FOIRN o acesso ao circuito transnacional voltado para o desenvolvimento sustentável.

O levantamento que concluímos em 1996 de todas as comunidades da área, que naquele momento chamamos de "região do alto e médio rio Negro",[1] apontou para a existência de 732 povoados indígenas distribuídos ao longo dos rios Negro, Uaupés, Tiquié, Papuri, Içana, Aiari, Cuiari,

---

1 De acordo com o *Handbook of South American Indians* (ver Goldman, 1948), essa área faz parte de uma região maior denominada Uaupés-Caquetá, considerada uma "província cultural" que alcança os seguintes limites: ao norte, limita-se pelo rio Guaviare; a leste pelos rios Negro e Guainia; ao sul pelo rio Caquetá-Japura; e a oeste pelos Andes. Na parte brasileira, residem 21 grupos étnicos diferentes, representantes das famílias linguísticas tukano oriental (Cubeo, Desana, Tukano, Miriti-Tapuia, Arapasso, Tuyuka, Makuna, Bará, Siriano, Karapanã, Wanano e Pira-Tapuia [Tapuia]), aruak (Tariano, Baniwa, Kuripako, Warekena e Baré) e maku (Hupda, Yuhup, Nadeb e Dow). Essa área cultural foi caracterizada pelos seguintes "traços": ênfase no cultivo da mandioca amarga e na pesca; aldeias compostas de uma única casa coletiva ocupada por um grupo local de parentes; rituais complexos de iniciação masculina; organização social baseada em sibs patrilineares exogâmicos, entre outros (ver também Galvão, 1979). Etnólogos que visitaram a região antes da formulação da teoria

Cubate, Xié.[2] Desse número total de povoados, 392, isto é, mais de 50%, correspondiam a unidades domésticas isoladas, regionalmente referidas como "sítios", localizadas em sua esmagadora maioria ao longo da própria calha do rio Negro, desde as imediações da cidade de Santa Isabel até Cucuí, povoado localizado na fronteira entre Brasil, Venezuela e Colômbia. Esses sítios correspondem a pequenas ocupações, compostas, em geral, de uma ou duas casas. Nos limites das Terras Indígenas (TIs) então identificadas – que seriam demarcadas pelo Governo Federal em 1998[3] –, contabilizamos 509 povoados: 245 sítios e 264 comunidades, estas variando entre cinco e quinze unidades domésticas.[4] A população residente nos povoados situados nas TIs totalizou 17.587 pessoas, sendo 15.454 residentes nas comunidades e 2.133 nos sítios. Ou seja, ainda que verificássemos um número extremamente alto de povoados distribuídos por toda a extensão das Terras Indígenas da região, a população concentrava-se principalmente nas 264 comunidades, localizadas em sua maioria nas cabeceiras das sub-bacias

---

das áreas culturais, como Koch-Grünberg em 1903-04 e Nimuendaju em 1927, também a tratam como uma unidade. Nimuendaju é quem primeiro formula uma hipótese sobre o povoamento maku, aruak e tukano – exatamente nessa sequência – da região em tempos pré-coloniais (ver Nimuendaju [1927] 1982 e, para uma problematização da hipótese, Wright, 1992).

2 Esse número inclui também cerca de uma dezena de aldeias yanomami localizadas na porção mais ocidental da TI yanomami, que está dentro dos municípios de São Gabriel da Cachoeira e Santa Isabel do Rio Negro.

3 São as seguintes: Terra Indígena Alto Rio Negro (com 7.999.381 hectares, Decreto Presidencial de 14/4/98), Terra Indígena Médio Rio Negro I (com 1.776.138 hectares, Decreto Presidencial de 14/4/98), Terra Indígena Médio Rio Negro II (com 316.194 hectares, Decreto Presidencial de 14/4/98), Terra Indígena Rio Téa (com 411.865 hectares, Decreto Presidencial de 14/4/98) e Terra Indígena Rio Apapóris (com 106.960 hectares, Decreto Presidencial de 14/4/98). A FOIRN, em conjunto com o Instituto Socioambiental, participou diretamente nos trabalhos de demarcação física desenvolvidos entre 1997 e 1998.

4 Os termos "sítio" e "comunidade" são, com efeito, de uso corrente na região, usados para qualificar a diferença de tamanho e composição das formas de ocupação que caracterizam o padrão de estabelecimento atual na região do alto rio Negro. Os sítios, em geral, estão relacionados a uma comunidade de referência, em que as crianças frequentam a escola e se reúnem em ocasiões de festas e rituais.

do Uaupés,[5] Içana[6] e Xié.[7] A dinâmica daquilo que se passava especificamente ao longo do rio Negro restava obscura. A composição étnica das centenas de sítios ali estabelecidos não pôde ser mapeada detalhadamente, mas havia evidências de que a maioria deles era ocupada por famílias baré.[8] Nas comunidades ali também situadas, verificou-se uma mistura de etnias provenientes de toda a região. Muitas das famílias indígenas desses sítios e comunidades possuíam casas nas cidades de São Gabriel e Santa Isabel, ambas igualmente localizadas às margens do rio Negro. A população geral da região, incluindo a das cidades – em que a população é cerca de 90% indígena –, foi estimada em 30 mil pessoas. Confirmava-se com esses números o que já intuíamos: a população indígena urbanizada correspondia a uma parcela extremamente significativa do total encontrado na região, e respondia em boa medida pelo significativo crescimento da cidade de São Gabriel na última década. Pelos dados do IBGE divulgados em 1996, essa cidade contava então com uma população de cerca de 8 mil habitantes (Cabalzar & Ricardo, 1998 e Programa Rio Negro – ISA, 2000).

Com minhas viagens pelo rio Içana, esse processo de migração e crescimento dos centros urbanos regionais podia ser entrevisto. Vi algumas comunidades esvaziadas e soube nessa época de muitas famílias baniwa, tanto do alto como do baixo rio Içana, que vinham se fixando em bairros da periferia de São Gabriel ou formando comunidades no médio e baixo rio Negro (Andrello, 1995). Pelos relatos de colegas que

---

5 Onde habitam os grupos indígenas das famílias linguísticas tukano oriental (Tukano, Desana, Cubeo, Miriti-Tapuia, Arapasso, Tuyuka, Makuna, Bará, Siriano, Carapanã, Wanano, Pira-Tapuia e Tariano – este último um grupo originalmente aruak e que, ao migrar do Içana ao Uaupés em tempos pré-coloniais, passou a adotar a língua tukano) e maku (Hupda, Yuhup, Nadeb e Dow). Os Tukano são ribeirinhos, agricultores e sedentários, ao passo que os Maku ocupam as regiões interfluviais e são caçadores-coletores seminômades.

6 Onde habitam grupos indígenas da família linguística aruak (Baniwa, Kuripako).

7 Onde habitam os Warekena, grupo de filiação linguística aruak.

8 Grupo originalmente de filiação linguística aruak, mas que desde o período colonial fala a língua geral, uma variante do tupi trazida ao rio Negro pelos missionários carmelitas no século XVIII. Até um período posterior ao *boom* da borracha, essa era a língua falada por toda a população do rio Negro considerada civilizada.

então se dedicavam a fazer um levantamento da situação no rio Uaupés, parecia que a ida de famílias indígenas para a cidade era ainda mais acentuada, pois ali, ao contrário do Içana, o programa de "catequese e civilização de índios" dos missionários salesianos deitara suas raízes desde 1920. O trabalho desses missionários baseou-se fundamentalmente na introdução da educação escolar, que ofereceram a várias famílias indígenas do Uaupés ao longo de muitas décadas. A estratégia foi estimular as famílias a levar suas crianças em idade escolar para viver e estudar nos grandes internatos dos centros missionários de Taracuá, Iauaretê e Pari-Cachoeira. A partir do final dos anos 1960, o regime dos internatos começou a ser desmontado, com a paulatina implantação de escolinhas rurais nas próprias comunidades. Na década de 1980, o regime foi definitivamente abolido e, então, manter os filhos na escola após o término das primeiras séries passou a ser um dos vetores, talvez o principal, de deslocamento de famílias indígenas em direção à cidade.

No rio Içana, o projeto salesiano chegou mais tarde, nos anos 1950, quando a missionária evangélica norte-americana Sophia Muller havia conquistado a simpatia dos Baniwa para o protestantismo. A missão salesiana de Assunção do Içana nunca chegou ao patamar daquelas do Uaupés, e a divisão entre índios protestantes e católicos gerou muitos conflitos no passado, seguindo as relações igualmente conflituosas que ali tiveram lugar entre padres salesianos e pastores da Missão Novas Tribos. Porém, o interesse pela educação escolar parecia também contagiar os Baniwa, na mesma medida que envolvia os Tukano do Uaupés. Aqueles pareciam estar apenas alguns anos, ou décadas, atrás.[9] Com efeito, no Uaupés, de resto mais extenso e populoso que o Içana, a combinação migração-urbanização, que caracterizava a dinâmica que começávamos a verificar para o conjunto da região, se reproduzia em escala

---

9 Em geral, os próprios Baniwa costumavam afirmar que o Içana era o rio mais atrasado da região. Mas hoje já mostram estar alguns passos adiante, tendo, com ajuda da Oibi (Organização Indígena da Bacia do Içana), implantado uma escola indígena no médio Içana em 2001, com ensino continuado que já alcança a sexta série. Professores, materiais, currículos, regimento, calendário, tudo foi elaborado pelos próprios Baniwa. Trata-se de novo experimento, que envolve muitas comunidades. Obtiveram apoio da Rainforest Foundation da Noruega, também por intermédio do ISA.

reduzida. Precisamente em Iauaretê, o maior dos centros missionários salesianos, localizado em um ponto de confluência entre duas sub-regiões densamente povoadas – o rio Papuri e o médio/alto rio Uaupés –, detectava-se uma tendência de crescimento populacional análoga àquela que se passava na sede do município. Havia ali uma população estável de cerca de 1.500 pessoas e, como se poderia esperar, um colégio que atendia cerca de mil alunos (Grünberg, 1995).

Aliás, tanto ali como em Pari-Cachoeira, constatava-se que o prestígio crescente da FOIRN era contrabalançado pela influência de outros atores ou instituições da região. Nesses peculiares povoados que cresciam no rio Uaupés, o poder local encontrava condições logísticas mais apropriadas para o exercício do clientelismo político. E isso se fazia por meio de sua formalização como distritos municipais, uma figura da administração municipal, e com a nomeação de um "prefeito-mirim" indígena escolhido pelo prefeito. Em época de eleição, esses distritos funcionavam também como zonas eleitorais. À infraestrutura missionária já existente em Iauaretê – montada ao longo das décadas com recursos federais, com colégio, internato já fechado, ambulatório e agência postal –, agregou-se em período recente um posto indígena da Funai, um pelotão do Exército, um posto da Comara para cuidar da nova pista de pouso e um hospital do Calha Norte, que permaneceu inoperante até 2002. Fornecimento de energia elétrica já havia desde os anos 1970, com a instalação de um grande gerador pelas Centrais Elétricas do Amazonas, e ao final dos anos 1980 a prefeitura municipal instalou ali antenas repetidoras de dois canais de televisão. Em todas essas instituições, foram os próprios índios que assumiram os novos postos de trabalho, exceção feita aos postos de comando do pelotão. Além destes, continuavam os missionários e instalavam-se alguns comerciantes brancos. Mas também essa última atividade começou a ser experimentada por índios. A falta de barcos para cargas e pessoas e a existência de cachoeiras intransponíveis no médio curso do rio Uaupés tornavam o transporte fluvial o assunto preferido das nascentes organizações indígenas nas conversas com missionários, militares, prefeitura, políticos regionais, Funai e FOIRN.

Esses diferentes canais de conversação implicavam, no entanto, posicionamentos diferenciais com relação à questão da demarcação das

Terras Indígenas. Nos primeiros anos da década de 1990, esse ainda era o tema em torno do qual as lideranças das organizações indígenas baseavam seu discurso, pois a questão, como veremos, permaneceu indefinida após os intensos debates dos anos 1980, marcados pela entrada avassaladora dos militares nesse assunto. Aos pleitos da FOIRN pela demarcação de uma extensa e contínua Terra Indígena na região conhecida como a Cabeça do Cachorro – formato da fronteira internacional do extremo noroeste do estado do Amazonas –, contrapunha-se uma postura que parecia desconfiar dos benefícios reais que poderiam advir dessa "conquista" que várias lideranças indígenas ligadas à FOIRN pretendiam obter. Isso era patente entre vários moradores de Iauaretê, onde as diretorias eleitas das organizações indígenas, em geral formadas por professores indígenas, diziam-se dispostas a trabalhar com todas as entidades prontas a prestar apoio, como governo estadual, prefeitura, órgãos de extensão e assim por diante. E por esses canais circulavam ideias como a da criação de um novo município em Iauaretê, o que ia totalmente de encontro à ideia de demarcar toda a área.

Ao final de 1996, acompanhando de perto o que se passava no processo eleitoral de troca tanto da diretoria da FOIRN como da prefeitura e da câmara municipal, surpreendeu-me sobretudo a participação marcante de pessoas de Iauaretê em ambos os processos: tanto o novo presidente da FOIRN vinha de lá como também o vice-prefeito e dois dos nove vereadores eleitos em São Gabriel da Cachoeira. E foi precisamente na gestão desse presidente vindo de Iauaretê que a FOIRN, com o ISA e em convênio com a Funai, empreendeu o projeto de demarcação física de cinco Terras Indígenas contíguas no alto e médio rio Negro, em um total de mais de 10 milhões de hectares (cf. nota 1). Não havia dúvida de que Iauaretê era uma localidade plural, e que talvez ali se pudesse, de maneira privilegiada, observar nitidamente as diferentes modalidades de relacionamento que os índios da região entretinham com os diferentes atores e instituições que para lá dirigiam suas ações.

A essa altura, eu já acalentava a ideia de iniciar uma pesquisa de doutorado. Havia terminado meu mestrado alguns anos antes, com uma dissertação sobre conversão religiosa entre os Taurepáng de Roraima

(Andrello, 1993), tendo planejado então pesquisar futuramente outro grupo indígena com base em outros temas. A oportunidade de viver em São Gabriel, bem como a familiaridade que eu vinha ganhando no contexto mais amplo do alto rio Negro, me levava a, involuntariamente, refletir a respeito de novas possibilidades de pesquisa. E, afora um breve interesse em estudar a etnobotânica baniwa, tais possibilidades mantinham um certo paralelo com o tipo de pesquisa que eu havia aprendido a fazer no mestrado. Afinal, do mesmo modo que me esforcei para entender como os Taurepáng haviam incorporado o evangelismo adventista em sua cosmologia, no rio Negro a pergunta que eu não podia deixar de fazer dizia respeito às novas dinâmicas de urbanização e ao grande interesse demonstrado pelos índios em participar dos debates e dos encaminhamentos relativos ao desenvolvimento da região. Não se tratava de conversão religiosa, mas decerto implicava manejar novos códigos e ideias. Isto é, além do reconhecimento oficial de suas terras, quais seriam as expectativas indígenas em um contexto de intensificação e diversificação das relações com os brancos? Já que se tratava de grupos com mais de dois séculos de contato, teriam os índios do alto rio Negro elaborado uma apreciação própria daquilo que os brancos chamam de desenvolvimento? Como as formulações mais recentes que pontuam o discurso técnico e político do desenvolvimento – sustentável, local, participativo, humano, predatório, excludente – eram ou podiam ser incorporadas? Em suma, haveria um discurso próprio, indígena, relativo ao desenvolvimento a ser negociado com a sociedade envolvente?

Na verdade, a expressão sociedade envolvente nunca me pareceu soar bem no rio Negro, e os números da região, tanto em termos do contingente indígena como da extensão de seus territórios, tornam um tanto difícil a tarefa de imaginar algo que possa realmente envolver esse contexto. Mesmo para quem visita apenas a cidade de São Gabriel da Cachoeira, a sensação que se experimenta ali é de que tudo – das instituições públicas ao comércio, da igreja às forças armadas – *é envolvido por* sociedades indígenas em fluxo, que se expandem das cabeceiras dos rios até as cidades e continuam descendo o rio, para chegar até Manaus. Ou seja, no alto rio Negro não me parece ser possível fazer uma distinção clara entre "sociedade indígena" e "sociedade nacional". Em certo sentido, pode-se afirmar que, se ali as sociedades indígenas são englobadas pela sociedade nacional, elas também a englobam, pois os índios participam de várias instituições dos brancos que vêm sendo implantadas na região nas últimas décadas. Seria então possível identificar os interesses que movem os diferentes segmentos da população indígena regional nesse englobamento do mundo dos brancos? Essa questão trazia outra: em que medida os modelos de estrutura social construídos pela etnografia da região podem contribuir para a compreensão dessas dinâmicas contemporâneas? Ainda que gerados com base em pesquisas realizadas em sua maior parte em território colombiano e por etnógrafos preocupados em buscar os índios considerados "menos aculturados", esses estudos, realizados desde o final dos anos 1940, constituem um *corpus* etnográfico extenso e de enorme importância na etnologia sul-americana. Ainda que de maneira breve, é preciso considerá-lo desde já.[10]

Todos os etnógrafos que realizaram pesquisas no noroeste amazônico são unânimes em reiterar que a região abriga um sistema social indígena aberto, cujas unidades compõem um mosaico de identidades sociais. Tais unidades (Tukano, Desana, Tariano, Baniwa etc.) correspondem a grupos exogâmicos patrilineares discretos e articulados entre si por trocas matrimoniais, rituais e econômicas. A exogamia é uma das marcas características dessas sociedades, em grande parte dos casos constituindo-se como exogamia linguística. Assim, principalmente entre os grupos da família linguística tukano oriental do rio Uaupés, um homem deve tomar como esposa uma mulher pertencente a um grupo diferente do seu que em geral fala outra língua. Mas, além de não se aplicar aos grupos aruak, entre os quais a diversidade linguística ocorre em menor grau, a exogamia de língua vem progressivamente deixando de ocorrer, pois a língua tukano está se tornando a língua franca no Uaupés, adotada pelos Arapasso, Tariano e grande parte dos Pira-Tapuia,

---

10 Ver, para o Uaupés, Goldman [1963] (1979), Reichel-Dolmatoff (1971), C. Hugh-Jones (1979), S. Hugh-Jones (1979), Arhem (1981), Jackson (1983), Buchillet (1983), Chernela (1993) e Cabalzar (1995); para o Içana, Wright (1981), Hill (1983) e Journet (1988).

cujas mulheres costumam se casar com homens tukano. A exogamia, no entanto, continua vigorando, aplicando-se, além disso, a dois outros níveis de organização social mencionados em todas as etnografias disponíveis: a fratria e o sib.

No Uaupés em específico, a fratria é, na maioria dos casos, uma unidade que engloba vários grupos exogâmicos que não devem trocar cônjuges – como, por exemplo, tukano, wanano e barasana. As fratrias não possuem nomes próprios e os grupos que englobam não são necessariamente vizinhos. Nesse sentido, constitui-se como uma unidade com alto grau de abrangência e com fraca estruturação interna. Os Cubeo representam uma exceção a essa regra, pois nesse caso a fratria corresponde a uma série de sibs relacionados agnaticamente, constituindo uma segmentação interna ao grupo exogâmico. Com isso, os homens cubeo tendem a se casar com mulheres também cubeo, porém pertencentes a fratrias diferentes (Goldman, [1963] 1979).

O sib, em vários casos referido como clã, é geralmente considerado a unidade básica do sistema social, sendo nesse nível que as trocas matrimoniais são efetuadas. Assim, um sib de determinado nível hierárquico deverá manter troca de cônjuges com sibs de *status* equivalente pertencentes a outros grupos exogâmicos (ver Chernela, 1982). A hierarquia entre os sibs é outra característica marcante no Uaupés e foco privilegiado nas descrições etnográficas, em que aparece sempre associada à origem mítica de seus ancestrais, trazidos ao Uaupés no ventre de uma cobra-canoa. Os que primeiro saíram para a terra através do grande buraco existente em uma laje da cachoeira de Ipanoré são considerados mais velhos, e os que vieram em seguida, os mais novos. Os ancestrais dos sibs que formam um grupo exogâmico são, assim, concebidos como uma série de irmãos, cuja sequência, do mais velho ao mais novo, corresponde a uma escala hierárquica: o primogênito é considerado o chefe dos demais, ao passo que os irmãos mais novos são considerados seus servidores. Há, de fato, cinco papéis rituais diferenciados hierarquicamente, pois além de chefes e servidores, que ocupam os dois extremos da escala, há três outras posições intermediárias ocupadas por sibs específicos, como as de cantor, guerreiro e xamã. Essa sequência hierárquica formal foi proposta por C. Hugh-Jones (1979, p.18ss.), que sugere, além disso, uma caracterização dos grupos exogâmicos do Uaupés como "simples" ou "compostos". Os primeiros seriam formados por apenas uma série de sibs hierarquizados desempenhando suas respectivas funções; já entre os segundos haveria duas ou mais dessas séries. Dessa maneira, o número de sibs que compõem um grupo exogâmico é bastante variável: os Tukano, por exemplo, listam cerca de quarenta nomes de sibs diferenciados, ao passo que os Tuyuka apresentam apenas quinze (Cabalzar, 1995).

No que diz respeito à territorialidade, um grupo exogâmico ocuparia um mesmo trecho de rio. Os sibs formam grupos locais, com seus membros residindo em uma ou duas casas comunais multifamiliares vizinhas, as chamadas malocas. Os sibs hierarquicamente superiores situar-se-iam a jusante nos cursos dos rios, e aqueles hierarquicamente inferiores, a montante. Uma unidade residencial poderia, dessa maneira, abrigar todos os membros de um sib ou de um segmento de sib. As malocas persistiram no lado brasileiro do Uaupés somente até o início dos anos 1960, tendo sido definitivamente abandonadas nesse período por pressão dos missionários salesianos. A influência missionária levou à formação de povoados compostos de um conjunto de pequenas casas familiares em torno de capelas, levando à concentração dos membros de um grupo local em uma mesma comunidade. Em razão da regra de residência patrilocal, um grupo local é formado por um conjunto de homens do mesmo sib agnático e suas esposas, obtidas junto a um grupo exogâmico distinto.

Segundo C. Hugh-Jones (1979, p.25), a concentração geográfica de um grupo exogâmico em um mesmo trecho de rio corresponderia mais a um ideal, pois na prática a sobreposição de diferentes grupos seria muito frequente. Da mesma maneira, a associação dos sibs hierarquicamente superiores às partes a jusante dos rios e, inversamente, dos inferiores às partes a montante não poderia ser tomada ao pé da letra, havendo muitos casos em que essa associação não se confirma. A autora menciona que relatos indígenas referentes à história de diversos grupos apontam que um sib poderá retornar ao território do grupo exogâmico a que pertence após um período longo de exílio, mas que, em geral, isso não ocorreria. Assim, o idioma da descendência é a principal base para a manutenção de laços entre muitos grupos hoje dispersos geograficamente. Nessa mesma linha, D. Buchillet (1992, p.1) aponta que "devido tanto aos descimentos e aos aldeamentos dos índios durante vários séculos, quanto às guerras intertribais, os membros de um mesmo grupo não ocupam mais um território definido, mas dispersam-se pelos principais rios da região, embora reconhecendo ainda um território como seu território ancestral".

Com efeito, para Christine Hugh-Jones a ideia de um grupo exogâmico simples, com uma determinada série de sibs desempenhando seus respectivos papéis rituais, estabelecido em um mesmo e contínuo território, associa-se diretamente a um passado idealizado, talvez jamais efetuado. Na prática, segundo a autora, a dispersão geográfica dos grupos exogâmicos faz que os diversos papéis rituais sejam ocupados por diferentes indivíduos pertencentes a um mesmo grupo local agnático. Haveria assim uma tensão permanente entre o que seria o sistema ideal e as situações concretas experimentadas pelos grupos sociais. Apesar de seu caráter ideal, as séries de sibs com papéis especializados constituem um modelo que dificulta a incorporação de outros sibs ao grupo, bem como sua fissão, mas, tendo em vista que tal modelo é submetido a migrações e flutuações de população, sua coerência seria comprometida. Ainda assim, a distância entre o ideal e o pragmático não impede que a linguagem dos sibs hierarquizados e com papéis específicos seja, sempre que possível, utilizada e ajustada para conceitualizar situações concretas e, sobretudo, para reiterar noções de ordem e interdependência entre os grupos indígenas do Uaupés.

Dessa maneira, apesar da forte ênfase dos idiomas nativos na exogamia, na hierarquia e na descendência patrilinear, a existência de arranjos sociais locais que articulam distintos grupos exogâmicos em diferentes partes do Uaupés cria situações nas quais esses princípios cedem lugar à endogamia e ao igualitarismo, constituindo conjuntos territoriais formados por dois ou mais grupos exogâmicos vizinhos e criando ambientes antes cognáticos que agnáticos (ver Arhem, 1981; Cabalzar, 1995). Esse aspecto é reforçado também pela tendência de reiteração de alianças entre grupos, o que é coerente com regra de casamento preferencial com FZD ou MBD própria à terminologia de parentesco dravidiano, traço que os grupos da região partilham com grande parte das sociedades indígenas amazônicas, não obstante constituírem uma exceção patrilinear em um universo cognático bastante generalizado.[11] A coexistência dessas duas formas de socialidade deu margem recentemente ao uso do conceito lévi-straussiano de "casa" por Stephen Hugh-Jones para qualificar a estrutura social do Uaupés (S. Hugh-Jones, 1993; 1995). De acordo com o autor, tal conceito deve ser empregado no Uaupés de maneira não rigorosa, uma vez que sua formulação por Lévi-Strauss foi baseada em sociedades da costa noroeste do Pacífico, entre as quais não se verifica a ocorrência de regras positivas de casamento, tal como ocorre nos sistemas dravidianos amazônicos – sociedades de "casa" estariam além das estruturas elementares do parentesco. O autor enfatiza, no entanto, a proximidade entre a noção lévi-straussiana de casa e as conceitualizações nativas no Uaupés a respeito de seus próprios grupos sociais.

Seguindo Lévi-Strauss, S. Hugh-Jones (1995, p.241) recorda que a noção de casa diz respeito a "um grupo de pessoas ou 'pessoa moral', com um domínio sobre propriedades materiais e não materiais – riqueza, nomes, títulos – transmitidas ao longo de linhas reais ou fictícias e utilizadas como forma de legitimação, de maneira que sua continuidade pode ser expressa na linguagem da filiação ou do casamento ou, mais usualmente, de ambos". Entre os grupos do Uaupés, prossegue o autor, tal noção não deve ser aplicada a um coletivo específico, como o sib, o

---

11 Graças à existência de abundante material etnográfico, os grupos indígenas do Uaupés, apesar de suas especificidades, vêm sendo incluídos em sínteses comparativas relativas às sociedades indígenas das terras baixas da América do Sul, nas quais, em contraste com os grupos guianenses e Jê do planalto central, representariam uma variante específica de um modelo mais generalizado de estrutura social. Esse modelo é ora baseado na distribuição e no controle de recursos escassos – em que a característica mais marcante dos grupos do Uaupés é o controle que os grupos exogâmicos agnáticos exercem sobre suas mulheres (ver Rivière, 1984) –, ora baseado em uma filosofia social segundo a qual a sociedade só pode existir à medida que há contato e mistura bem dosada entre coisas diferentes em sua origem – em que as características mais marcantes desses mesmos grupos é ainda a exogamia, mas no sentido de que a sociedade deve sua existência à conjunção das forças culturais controladas simbolicamente pelos diferentes grupos exogâmicos (ver Overing, 1984).

grupo exogâmico ou a fratria, pois se refere especificamente a construções ideais, atualizando-se em duas distintas ocasiões rituais, o *food giving house* e o *He house*. No primeiro caso, trata-se dos rituais de troca entre grupos exogâmicos aliados, envolvendo intercâmbios de alimentos, bebidas, artefatos e visitas mútuas; o segundo se refere aos rituais de iniciação masculina, dos quais as mulheres são excluídas e os rapazes são postos, por meio do uso pela primeira vez de ornamentos e instrumentos sagrados, em contato ritual com os ancestrais míticos do sib. O primeiro enfatiza os laços cognáticos entre os distintos grupos exogâmicos que participam das trocas; o segundo realça a constituição agnática do sib. No primeiro caso, a afinidade é disfarçada em um ambiente de comensalidade e consanguinidade; no segundo, os laços de filiação e descendência são afirmados – dois idiomas alternativos, portanto, que se prestam, de maneira complementar, a definir grupos sociais no Uaupés. Nos dois casos a imagem da casa é o recurso conceitual utilizado para definir sucessivamente espaços sociais progressivamente abrangentes, que correspondem a uma série de níveis encaixados (*nested series*). Nos rituais de troca, grupos exogâmicos que partilham o mesmo território constituem um nível abrangente, replicando ritualmente a atmosfera de consanguinidade que prevalece no interior das malocas e, em menor escala, em seus compartimentos familiares internos. Nos rituais de iniciação masculinos, o grupo exogâmico e o sib, concebidos, como vimos, como uma série de irmãos, são replicados pelo grupo de corresidentes masculinos da maloca.

A replicação do princípio hierárquico que ordena os grupos exogâmicos dos corresidentes agnáticos seria, além disso, o idioma privilegiado da descendência no Uaupés, pois ali não haveria genealogias profundas a definir um sistema de segmentação. Ainda que o conhecimento genealógico apresente certa relevância contextual e seja usado em certos casos para articular narrativas históricas, são os papéis rituais hierarquizados ocupados por uma série de irmãos descendentes de um ancestral comum que, nos diferentes níveis do sistema, prestam-se a operar a conexão entre o presente e o passado ancestral. Ou seja, todos os níveis – o grupo agnático que reside em uma maloca, o sib e o grupo exogâmico – estruturam-se a partir de um mesmo modelo, estabelecido no mito de origem dos grupos indígenas do Uaupés. Porém, de um ponto de vista prático, malocas maiores podem tornar-se centros cerimoniais destacados. Isso dependeria da capacidade de seu líder em agregar em torno de si um grande número de parentes agnáticos, garantindo o desempenho de funções rituais essenciais – cooperação para manutenção de uma grande maloca, especialistas em cantos, danças e histórias do sib –, bem como a posse de itens de riqueza e prerrogativas especiais, como os ornamentos e instrumentos musicais cerimoniais, e direitos sobre a produção de itens específicos da cultura material. De acordo com S. Hugh-Jones (1995, p.243), as malocas desses homens tornam-se referências rituais para os grupos locais vizinhos, constituindo-se como "pontos de passagem" entre a maloca como unidade residencial e a "casa", no sentido que Lévi-Strauss atribui a essa noção. Mas encerremos, por ora, essa digressão sobre a estrutura social do Uaupés e retomemos nosso fio.

Em que medida essas análises etnográficas, geradas, por assim dizer, em um contexto mais tradicional, poderiam ser aplicadas à situação do Uaupés contemporâneo? Apesar das várias considerações existentes nas etnografias a propósito das discrepâncias entre os modelos e a prática concreta, em particular quanto à ideia de que os grupos exogâmicos ocupam territórios bem definidos, a concentração em curso da população do médio Uaupés em Iauaretê, bem como o maciço deslocamento da população indígena da região em direção à cidade de São Gabriel da Cachoeira, levava a crer que estávamos diante de novos processos. De que forma, portanto, instituições como hierarquia, grupos de descendência agnáticos, exogamia linguística, casas, rituais de troca, prerrogativas, riquezas, todas isoladas entre os grupos das cabeceiras do Uaupés, estariam se atualizando nas partes baixas da bacia? Qual seria a relevância dos modelos de estrutura social desenhados nos estudos realizados nas partes mais isoladas da região para a compreensão das novas dinâmicas históricas que vinham se engendrando rio abaixo? Isto é, apresentariam ainda algum rendimento em situações de alta mobilidade e concentração demográfica?

Pensei que talvez Iauaretê fosse um lugar onde essas questões pudessem ser verificadas, pois a complexa sociologia do alto rio Negro parecia manifestar-se ali com todos os seus ingredientes. Além disso, é o ponto de articulação de vários grupos, em particular entre os Tariano, grupo aruak que para ali se transferiu do Içana, e os Tukano, o grupo demograficamente mais importante entre os falantes das línguas tukano do Uaupés. Não seria o caso, assim, de se empreender um estudo monográfico, tampouco uma investigação sobre etnicidades, pois ali os índios não sentem a necessidade de recorrer a sinais diacríticos inovadores para nos convencer de sua identidade indígena. Era preciso escolher algum tema de pesquisa que permitisse ajustar o foco nas diferentes modalidades de relações sociais que pareciam se cruzar naquele povoado e, se possível, definir provisoriamente Iauaretê: Uma comunidade? Várias comunidades? Uma missão? Uma vila? Uma cidade? Ao visitar Iauaretê pela primeira vez, em novembro de 1997, saí com a impressão de que o mais sensato seria deixar essa definição em aberto, pois as pessoas de lá pareciam fazer as mesmas perguntas – *Makâ*, palavra que designa um lugar habitado, um povoado, não se aplicava automaticamente. Ora, se essas eram as perguntas nativas, como poderiam ser também as do pretendente à posição de etnógrafo? Não seria mais sensato perguntar por que eles se faziam essa pergunta?

Nessa visita a Iauaretê, participando de uma assembleia da Associação das Mulheres Indígenas do Distrito de Iauaretê (Amidi), pude ouvir muitas pessoas tratando de temas e projetos variados: da reabertura do internato da missão à reconstrução de malocas; do excesso de festas e consumo de álcool às possibilidades de se obterem melhorias de infraestrutura, como reforma no porto e calçamento de ruas. De modo geral, percebia-se na maioria das falas uma preocupação com o controle da urbanização em Iauaretê, o que se refletia na constante menção ao tema dos "problemas sociais", que pareciam emergir de conflitos entre famílias que vinham se estabelecendo no povoado e seus moradores mais tradicionais, bem como do aumento na incidência de atritos e brigas que, conforme se apontava, eram lugares-comuns em todas as festas. Tais problemas eram, em geral, expressos com certa dose de perplexidade, já que praticamente todas as pessoas do povoado tinham passado pelos bancos escolares da missão e quase não havia analfabetismo. "Será necessário ainda mais educação?", perguntavam-se. O "controle da juventude" e o respeito desta para com os pais eram duas questões candentes, às quais era forçoso encontrar soluções. "Quem poderia controlar a entrada de novos moradores?", também indagavam as pessoas presentes. Com essa discussão, as organizações indígenas reapareciam em cena. Se pessoas de Iauaretê já participavam da política dos brancos na cidade, as próprias organizações de Iauaretê não teriam a capacidade de assumir o controle da situação local?

Foi então que percebi que, naquele contexto particular, a constituição de organizações indígenas – fenômeno em expansão por toda a Amazônia que atrai cada vez mais a atenção dos antropólogos – poderia manifestar nuanças inesperadas. A partir daquilo que ouvi nessa primeira visita, ocorreu-me que em Iauaretê o papel que se destinava às organizações indígenas tinha um caráter bem distinto daquele que vinha sendo desempenhado pela FOIRN. Sediada na cidade, esta vinha se reconstruindo com base em novas alianças com ONGs brasileiras e estrangeiras, servindo como canal de repasse de recursos diversos às organizações e comunidades do interior; já em Iauaretê, as transformações sociais em curso pareciam insinuar que, além da função de conectar parcerias externas, as organizações locais deveriam também tratar de assuntos políticos internos. E se isso estava correto, significava que Iauaretê poderia ser realmente um local apropriado para observar como essas novas instâncias se articulariam ao sistema político tradicional. Ali sim, pensei, o tema do desenvolvimento poderia ser mais produtivo, pois, ao contrário da FOIRN, cujas lideranças tinham de se haver com agências de um diversificado mundo institucional, as pessoas de Iauaretê que se manifestavam nas assembleias e encontros locais haviam-se com seus próprios parentes, preocupadas com questões que afetavam diretamente seu cotidiano. Não duvidei de que, talvez em breve, elas pudessem vir a expressar seus dilemas nas linguagens mais acessíveis ao movimento indígena, pois já estavam diretamente conectadas à FOIRN. Mas se o assunto daquela assembleia era desenvolvimento, tratava-se de um tipo de desenvolvimento muito particular, que não poderia ser qualificado de outra maneira senão com o auxílio do adjetivo "local". E o que viria a ser, em Iauaretê, desenvolvimento local? Seria essa a pergunta a ser feita pelo etnógrafo?

Poucos meses depois de minha primeira visita a Iauaretê, tive acesso a um documento produzido em uma nova assembleia lá realizada. A demarcação das Terras Indígenas havia sido concluída, e a FOIRN solicitou às suas organizações de base que realizassem reuniões para discutir prioridades para a elaboração de um futuro plano de proteção e fiscalização da área. Nesses encontros deveriam ser redigidos documentos que elencassem pontos de relevância para o futuro. Em Iauaretê, capricharam nesse papel e anteciparam um conceito de proteção extremamente abrangente. Proteger a terra, sim, mas também a família, a religião etc., quase uma declaração geral de princípios para o conjunto das associações. Dois pontos me chamaram particularmente a atenção: reivindicou-se, ao mesmo tempo, "fortalecimento e incentivo dos comerciantes indígenas" para que houvesse "maior e melhor investimento na área", como também "o modo de constituição familiar entre as tribos, valorizando, ou de acordo com, nossos costumes ancestrais" (Relatório da Pré-Assembleia, Iauaretê – 20 a 21 de fevereiro de 1998). A justaposição dessas duas ideias me surpreendeu, pois, no mundo do desenvolvimento, muito do que poderia ser assimilado à rubrica dos costumes ancestrais foi, em geral, tratado como barreira – externalidades, *constraints* – ao aumento de investimentos, comerciais ou não. Portanto, se havia ali um modelo virtual de desenvolvimento, parecia conveniente considerá-lo um "modelo local de desenvolvimento", tomando de empréstimo uma expressão proposta por Gudeman (1986, p.26). Para esse autor, a formulação de modelos constitui a base das discussões sobre o desenvolvimento, de modo que a questão que deve ser colocada diz respeito às prerrogativas de construção de tais modelos. Quem as detém? A pergunta parecia bastante pertinente ao contexto específico de Iauaretê e politicamente relevante para o processo de consolidação das organizações indígenas da região do alto e médio rio Negro como um todo. Quanto ao documento da assembleia de Iauaretê, voltaremos a ele na última seção do Capítulo 4.

No fundo, a ideia me agradava também porque a definição final de "modelo local de desenvolvimento" apresentada por Gudeman era a seguinte: *"A people's model is their life and history, their historical consciousness, their social construction"*. Em suma, essa forma de colocar a questão soava-me oportunamente aberta, sobretudo porque o rendimento da noção de desenvolvimento como foco para uma pesquisa etnográfica era uma incógnita. Haveria, assim, a possibilidade de levar em consideração o variado leque de temas a serem observados em Iauaretê, como escolarização e urbanização, missão e conversão, sistema político e organizações indígenas, comércio e mercadorias, projetos econômicos e assalariamento, transformações socioculturais, políticas e econômicas, em suma, e como os grupos locais se apropriam desses chamados fatos do contato. Stephen Gudeman apontava o caráter particularmente complexo das situações de desenvolvimento, especialmente pelo encontro que promovem entre diferentes discursos culturais. Em Iauaretê, a situação era, no mínimo, análoga, mas – esse é o ponto importante –, ao longo da pesquisa, eu viria a perceber que, em boa medida, eram os próprios índios que operavam esse encontro de culturas.[12]

Formulando e reformulando a questão

Desenvolvimento é um assunto que atrai cada vez mais a atenção dos antropólogos. Em balanço recente sobre o renovado interesse na etnologia amazônica pelo estudo do contato entre índios e brancos na última década, Bruce Albert (2001) chamou a atenção para os novos campos que vieram a se abrir a esta "antropologia cosmo-histórica" – isto é, aquela que busca integrar as concepções indígenas de tempo,

---

12 Entre 2000 e 2002, realizei cerca de onze meses de trabalho de campo em Iauaretê, em seis estadas com duração de um a três meses. Mas alguma coisa a mais deveria ser contabilizada como trabalho de campo que também serviu para a redação desta obra. Como já apontei, fiz três meses de trabalho de campo, de tipo "reconhecimento", ao longo do rio Içana e seus afluentes, Aiari, Cuiari e Cubate, em 1995. Nesse ano, morei em São Gabriel, convivendo quase cotidianamente com gente ligada à FOIRN. Fiz também uma viagem curta pelo rio Negro, no trecho entre São Gabriel da Cachoeira e Santa Isabel do Rio Negro. Entre 1996 e 1997, fiz algumas viagens curtas a São Gabriel. Não sei avaliar precisamente a influência dessas experiências na pesquisa etnográfica que vim a realizar em Iauaretê. Foram, sem dúvida, fundamentais, nem tanto pelos dados que pude colecionar, mas como base para a interpretação dos materiais de Iauaretê.

alteridade e mudança à análise das situações de contato. Entre esses novos campos, o autor inclui, ao lado da incorporação de mecanismos de mercado e de escritos etnográficos por grupos indígenas, também seu movimento em direção às instituições de desenvolvimento, governamentais e não governamentais. Albert faz aí uma evocação a Sahlins (1997b) e à sua ideia de "indigenização da modernidade", que designa sugestivamente as formas pelas quais as culturas locais afirmam-se em face da integração global. O tema do desenvolvimento apresentaria, assim, um interesse estratégico para integrar estudos etnográficos de alcance local às mudanças e processos globais.

De fato, nos anos 1990 o conceito de desenvolvimento foi crescentemente tornando-se um foco privilegiado de reflexões antropológicas. Sob a influência da crítica pós-colonial, tais reflexões pautaram-se por um esforço em desvendar as implicações do desenvolvimento como discurso ocidental hegemônico, que, a partir do pós-guerra, veio colonizando a realidade social em muitos países ao redor do mundo (ver Escobar, 1995, e os vários artigos compilados em Sachs, 2000, e Hobart, 1993). Assim é que o Terceiro Mundo teria sido inventado, bem como o FMI e o Banco Mundial, cuja função primordial era pôr em prática planos de desenvolvimento que reproduzissem pelos quatro cantos do mundo as condições de vida do Ocidente industrializado. Situações particulares passaram a ser diagnosticadas como pobreza ou atraso, e planos para sua eliminação foram concebidos. As consequências sociais e econômicas são bem conhecidas: a degradação das condições de vida e o extremo endividamento dos países do Terceiro Mundo podiam ser vistos a olho nu nos anos 1980, período que ficou conhecido como a "década perdida".

Essa análise dos efeitos conceituais e políticos dos critérios então impostos pelo paradigma do desenvolvimento sobre os Estados independentes que surgiram após a Segunda Guerra – assim como sobre os vários países da América Latina que pertenciam às regiões dependentes do antigo mundo colonial – é caudatária dos escritos de Michel Foucault sobre as correlações entre saber e poder, bem como de sua aplicação ao orientalismo e ao colonialismo, por Edward Said e Homi Bhabha, respectivamente. Tomado como um discurso historicamente produzido, o desenvolvimento revela-se como um "regime de representação", com o qual especialistas do Ocidente passaram a exercer um novo tipo de autoridade sobre muitos países. Na definição de Arturo Escobar (1995, p.9), o desenvolvimento seria composto de três dimensões: sistema de conhecimento, mecanismo de poder e forma de subjetividade, ou seja, como categorização de grupos sociais, ou até sociedades inteiras, que como tais devem estar plenamente convencidos da oportunidade das soluções apresentadas por especialistas dos países ricos para aquilo que lhes dizem ser seus problemas. Tratar-se-ia do estabelecimento de um aparato de produção de conhecimento e exercício de poder sobre povos subjugados.

Porém, essa perspectiva abre igualmente um espaço estratégico para a apreensão de diferentes linguagens em confronto, interna e externa, de si e do outro; de construção de identidades e de formas modernizadas de violência. Ou seja, por ser um produto historicamente construído, o desenvolvimento pode também ser desconstruído e reconstruído. Mais que isso, tais processos poderiam ser estudados etnograficamente. Enfatizando o papel dos movimentos sociais localizados do Terceiro Mundo como os atores por excelência que confrontam o discurso dominante do desenvolvimento, Escobar, inspirando-se na noção de hibridismo cultural (cf. Canclini, 1990), sugere que nesse plano suas formulações são lidas sob a óptica de culturas particulares. Suas categorias são assim remanejadas e integradas a outros discursos, pois seu caráter hegemônico é sempre instável. Surgem daí "linguagens locais do desenvolvimento", cuja compreensão por meio da pesquisa etnográfica seria um passo de suma importância para a tarefa de imaginar alternativas de desenvolvimento.

Na Amazônia, especificamente, a problemática começou a ganhar visibilidade no final da década de 1980, quando alguns antropólogos começaram a experimentar certas mudanças nas condições tradicionais de trabalho de campo. Esse período foi marcado pela constatação geral de que grupos indígenas e outros segmentos até então invisíveis passavam a se constituir como atores políticos perante o Estado, mobilizando comunidades e criando associações, questionando politicamente intervenções que lhes afetavam de modo direto ou indireto e conquistando crescente poder de barganha junto a órgãos responsáveis por políticas de desenvolvimento.[13] Vários autores passaram então a refletir sobre as implicações desses processos para a pesquisa etnográfica (ver Albert, 1997 e 1998; Almeida, 1992 e s.d.; Turner, 1991 e 1993). Entre elas encontram-se os novos tipos de demanda que passaram a ser formuladas e dirigidas por comunidades e organizações indígenas a seus etnógrafos: os resultados das pesquisas passam a ser avaliados segundo o interesse que possam apresentar a estratégias e objetivos do grupo pesquisado.

Trata-se, com efeito, de um movimento com consequências políticas e teóricas. Bruce Albert (1997) observou a perda daí decorrente de duas ilusões fundantes da antropologia clássica. Em primeiro lugar, a de que as sociedades que os antropólogos se dedicam a descrever são unidades isoláveis com fronteiras bem marcadas e, em segundo lugar, a de que a observação participante é o recurso privilegiado que garantiria à antropologia o monopólio da objetivação cultural. De modo importante, Albert afirma que fazer etnografia deixava de ser "observação participante" e passava a ser "participação observante", pois a participação passava a ser a própria condição da pesquisa de campo. No entanto, embora envolvido nas dinâmicas de auto-objetivação dos grupos pesquisados, o antropólogo, em vez de subordinar a pesquisa à reprodução do discurso étnico, deveria perseguir a abertura de novos campos de investigação, incorporando as demandas indígenas, políticas e simbólicas, como objetos da etnografia. Nesse mesmo sentido, Terence Turner (1993) argumentou que, nessas novas circunstâncias de trabalho de campo, linhas de pesquisa tradicionalmente distintas – isto é, a etnografia em

---

13 Um evento emblemático desse período é o Encontro de Altamira, organizado pelos Kayapó para discutir com autoridades do governo e da Eletronorte sua oposição à construção de barragens hidroelétricas na bacia do Xingu, obra de infraestrutura que seria financiada pelo Banco Mundial e levaria à inundação de parte de suas terras. Foram cinco dias de intensas discussões, que mobilizaram uma numerosa população kayapó de várias aldeias, em sua grande maioria monolíngue. Participaram também representantes de outras quarenta etnias indígenas da Amazônia (ver Cedi, 1991, p.329-36; Turner, 1991). Ao final, o banco suspendeu o financiamento para as obras.

um sentido clássico, voltada para as chamadas dimensões internas das sociedades pesquisadas, e o estudo das situações de contato, voltado para as relações entre os povos indígenas e a sociedade nacional – teriam de se fundir. Essa seria uma condição para o enfrentamento dos atuais desafios teóricos e etnográficos, entre eles o de dar conta do desenvolvimento da autoconsciência étnica e cultural que começava a emergir entre vários grupos amazônicos, resultado de uma percepção cada vez mais ampliada, por esses mesmos grupos, da coexistência interétnica.

Na formulação de Mauro Almeida (1992, p.118ss.), tais processos estariam a impelir a antropologia para além de seu intimismo. Como relacionar suas descrições de pequena escala a mudanças ideológicas e políticas mais gerais? A questão se impunha de maneira cada vez mais clara, pois as comunidades que os antropólogos estudavam vinham se transformando em grupos sociais organizados, a participar das arenas onde essas mudanças se expressam. Para esse autor, enfrentar a questão significa ir além tanto da perspectiva que reivindica uma pureza cultural de santuário quanto do ceticismo da história geral indiferenciada como destino inevitável de comunidades marginais. Sua pergunta é a seguinte: "é possível articular estruturas locais, periféricas e equilibradas, a um espaço global, centralizado e cujo ímpeto é converter toda diferença em energia e valor?" (Almeida, 1988, p.225). Tal relação sintetizaria as questões éticas e políticas que envolvem hoje a pesquisa antropológica. Qual seria seu papel, tendo em vista as chances de sucesso de trajetórias locais, divergentes e diferenciadas? Estratégias locais, sugere o autor, serão bem-sucedidas à medida que puderem criar nexos com centros de poder e, assim, incorporar e propor soluções para problemas de interesse global. Em sua visão, movimentos sociais localizados podem ser otimistas "apenas quando se tornam universais", que seria o caso, por exemplo, de alguns grupos indígenas e seringueiros da Amazônia que passaram a ajustar seus interesses aos valores globais da conservação ambiental. Mas estratégias assim resultam de configurações locais específicas, de confrontação e invenção. São, em suma, imprevisíveis. Nessas condições, o objeto de observação do etnógrafo deixa de ser "a aldeia" e passa a ser o "conjunto formado pela aldeia e pela sociedade envolvente". E então o antropólogo perde sua importância prática como intermediário cultural, pois ele próprio e sua pesquisa serão parte da etnografia. Seu papel passa a ser mais técnico e de assessoria (ver também Almeida, s.d.).

Uma vez que o êxito de microestratégias locais depende de sua capacidade de absorver recursos provenientes de fontes externas, deparamo-nos então com uma dialética entre o local e o global (Almeida, 1992, p.120). Os *inputs* externos que vêm sendo alcançados pelos grupos amazônicos, genericamente oriundos do complexo transnacional do desenvolvimento sustentável (Albert, 1998a), são, entretanto, ainda objetos de questionamento, ora pelo desconhecimento das inflexões que recebem e produzem ao serem incorporados por grupos e lideranças indígenas (Turner, 1993, p.66), ora pelo risco de produzirem imagens essencializadas das sociedades amazônicas para uma opinião pública internacional e, assim, pelo risco de gerarem novas formas de dependência (Albert, 1998a; Conklin & Graham, 1995). Mas o diálogo entre comunidades locais da Amazônia e seus aliados globais ainda não alcançou um estágio que permita proceder a um balanço decisivo, e insistir demasiadamente nos riscos em causa, seja por zelo relativista, seja por trazer à luz paralelos com outras experiências históricas de dependência, pode levar talvez a um risco mais sério, o do solipsismo, isto é, o de negar que sujeitos locais possam vir a apreender o ponto de vista de seus aliados globais, lidar com isso e comunicar-lhes seu próprio ponto de vista.[14] E vice-versa. Manter essa via aberta significa aceitar que histórias locais podem, enfim, ser amplificadas e afetar políticas globais.

Seria possível fazer uma transposição direta de todas essas formulações à situação específica de Iauaretê? Seu perfil sociológico complexo, caracterizado simultaneamente pelo adensamento recente de relações entre diferentes grupos indígenas e entre índios e não índios, e seu caráter de núcleo estratégico de atuação de agências governamentais e não governamentais fizeram-me supor inicialmente que aquilo que Arturo Escobar chamara de linguagens do desenvolvimento manifestava-se

---

14 Para instigante crítica à postura exageradamente relativista e à possibilidade de acordos pragmáticos entre sujeitos portadores de diferentes ontologias, ver Almeida, 1999.

ali como fato cristalizado, constituindo-se com base na interlocução entre seus moradores e outros atores que para lá dirigiam suas ações, permanente ou esporadicamente.

Eu já sabia que essa diversidade de relações tinha implicações sérias, bem como que os diferentes segmentos da população indígena de Iauaretê demonstravam afinidades e simpatias nem sempre compatíveis politicamente. Havia gente mais próxima à FOIRN, e outros mais ligados ao poder local e à Funai, como já vimos. Pude também notar, logo no início do trabalho de campo, que os segmentos profissionais que vinham se formando – funcionários, professores, servidores do hospital, soldados, comerciantes, todos indígenas – tendiam a manter contato com instituições e pessoas diferenciadas, de acordo com facilidades e benefícios que podiam extrair dessas relações. Por outro lado, as rivalidades políticas que tiveram lugar nos anos 1980, período das discussões acirradas sobre a demarcação e de formação das primeiras organizações indígenas, não haviam se diluído totalmente.

Foi aos poucos, enfim, que passei a me dar conta de uma questão nova: o uso da noção de desenvolvimento como foco da pesquisa etnográfica talvez servisse mais para evidenciar diferenças políticas entre segmentos da população local do que um ponto de vista indígena global sobre as transformações no Uaupés ao longo das últimas décadas. Um dos resultados de um levantamento socioeconômico dos grupos domésticos de Iauaretê reforçou essa hipótese: não obstante a demarcação das Terras Indígenas, cerca de 50% das famílias se mostravam simpáticas à criação de um novo município ali; a maioria dos outros 50% era contra, mas uma boa parte não se considerava em condições de avaliar o assunto. Nas fases iniciais da pesquisa, essa questão me acompanhou de perto. Questionava-me se seria realmente apropriado alçar a noção de desenvolvimento a um primeiro plano, pois, tendo em vista sua possível articulação a diferentes contextos relacionais, ela poderia obscurecer a percepção de outras categorias de fundo não redutíveis a circunstâncias políticas específicas. Assim, o procedimento de buscar traduzir práticas e ideias diversificadas em uma linguagem do desenvolvimento apresentaria o risco de aprisionar a investigação à camada mais superficial da dinâmica social de Iauaretê.

Nesse nível, já havia sido possível observar que muitas das práticas locais caracterizavam-se por um movimento geral dos índios em direção à ocupação de espaços institucionais locais e regionais, o que não ficava nada a dever àquilo que Terence Turner qualificou, entre os Kayapó, como um esforço para assumir o "comando da estrutura institucional de dependência" (Turner, 1993, p.49). A intenção de trabalhar com todas "as entidades dispostas a apoiar", frase que ouvi em uma das primeiras ocasiões em que estive entre lideranças de Iauaretê, dava existência real a um projeto indígena de conquista das fontes de poder e conhecimento situadas rio abaixo, para então, sob controle, colocá-lo em operação no cotidiano de Iauaretê. Ações efetivas no sentido de ocupar espaços e participar das discussões que se travavam em diferentes instâncias de decisão sobre o futuro e o desenvolvimento da região não pareciam faltar. Assim, não seria exagero dizer que aqueles mecanismos associados de poder e conhecimento que a análise do desenvolvimento como discurso hegemônico desvendava (cf. acima) haviam sido perspicazmente percebidos pelos índios de Iauaretê. Pois, se tomamos a definição metodológica de desenvolvimento como "o conjunto de processos sociais induzidos por operações voluntaristas de transformação de um meio social empreendidas por instituições ou atores exteriores a esse meio, e baseadas em uma tentativa de introdução de recursos e/ou técnicas e/ou saberes" (Olivier de Sardan, 1995, p.7),[15] somos levados a considerar que esses recursos e saberes controlados por agentes externos eram disputados por atores locais, pois os índios pareciam saber perfeitamente bem que eles são uma ferramenta e tanto para transformar a realidade.

O crescimento da FOIRN e a eleição de um presidente que vinha de Iauaretê em 1996, por outro lado, favoreciam a entrada ativa das organizações indígenas do Uaupés em conversações com agentes do desenvolvimento local e/ou sustentável na Amazônia, governamentais e não governamentais. São relações que lhes vêm apresentando aquilo que

---

15 Trata-se justamente de uma definição proposta com a finalidade de tomar o "desenvolvimento" como um objeto de estudo para a socioantropologia da mudança social, não como um "ideal", tampouco como uma "catástrofe" (idem).

Bruce Albert (1998) qualificou como "novos códigos de legitimação", por meio dos quais sistemas de normas e de valores desses interlocutores são instituídos, para, em seguida, serem reapropriados como fonte legitimadora do discurso etnopolítico indígena emergente dos anos 1990. Essa é, sem dúvida, uma dimensão crucial das estratégias identitárias indígenas na Amazônia contemporânea e responde, como mostra o autor, pelo surpreendente crescimento das organizações indígenas e pelo surgimento de líderes emblemáticos nos últimos anos, nessa região. O aparecimento constante de novas organizações indígenas no alto rio Negro, todas elas filiadas à FOIRN, poderia ser creditado a esse fenômeno. A respeito disso, não tenho dúvidas. Mas a história da FOIRN tem lá suas especificidades, que teremos a ocasião de explorar no Capítulo 3. Por ora, basta lembrar que essa organização, uma das primeiras da Amazônia, foi fundada em 1987, em uma grande assembleia realizada em São Gabriel da Cachoeira, e financiada pelo extinto Conselho de Segurança Nacional, que, com o Projeto Calha Norte, propugnava a redução das Terras Indígenas e a criação de Colônias Agrícolas Indígenas. O desenvolvimentismo militar nacionalista persistia no alto rio Negro, envolvendo várias lideranças indígenas em seus intentos maiores de proteger a fronteira. Lembremos também que, nos anos 1970, a pastoral indigenista dos salesianos havia ensaiado uma renovação de seus conceitos, buscando desenvolver os famosos "projetos de desenvolvimento comunitário", baseados na formação de cooperativas e venda de artesanato. E Iauaretê, como vimos, foi o centro de um de seus maiores experimentos.

Se hoje, como diz Albert, as recomposições identitárias na Amazônia estão principalmente referenciadas à arena política do desenvolvimento sustentável, com suas variadas formas de legitimação, os grupos do Uaupés o fazem com um considerável *background*, usando, de acordo com o autor, "normas simbólicas próprias", mas também, poder-se-ia dizer, tudo que se apreendeu dessas outras experiências recentes – que, aliás, não deixam de se traduzir como norma simbólica própria. Além disso, no alto rio Negro, como em várias outras partes da Amazônia, os índios tiveram que se haver com muitos outros códigos ao longo da história. E na maior parte desses casos não se tratava de valores facilmente negociáveis. Pensemos, por exemplo, nos programas de civilização e catequese que se sucederam ao longo da história colonial, de que trataremos no Capítulo 2.

Portanto, na história recente da região, a ideia de desenvolvimento esteve associada a diferentes agendas, envolvendo inicialmente os mesmos missionários que lá estavam desde a década de 1920 – que não deixaram de se valer, nos anos 1970, de recursos do Plano de Integração Nacional canalizados pela Sudam –, depois os militares e as empresas de mineração, cujos empreendimentos articularam-se à política de fragmentação territorial do Calha Norte, e, muito mais recentemente, uma FOIRN renovada com parcerias não governamentais, que foi o que, afinal, me levou para lá. Além desses fatores, por meio de boatos que circulam no Uaupés desde os anos 1970 sobre a criação do município de Iauaretê, veiculados por políticos regionais, promessas de desenvolvimento foram muitas vezes lançadas aos índios.

Apesar do aparecimento dessas formações discursivas no cenário local, não se pode dizer, no entanto, que os moradores de Iauaretê tenham se confrontado nas últimas décadas com uma verdadeira "configuração desenvolvimentista", por meio da qual o desenvolvimento se apresentou como um dado e com esse nome.[16] Talvez por isso não se verifique em Iauaretê a ocorrência de um neologismo tão original como o "developman" melanésio, apontado por Marshall Sahlins (1997b, p.59). Para o autor, essa adaptação do termo inglês *development* pode ser entendida do modo como realmente soa nessa língua, "develop-man", pois seu significado corresponde precisamente ao "desenvolvimento do homem", uma vez que entre alguns povos melanésios o desenvolvimento representou a ampliação de trocas cerimoniais e de parentesco com dinheiro. Dessa perspectiva, o desenvolvimento, na forma inicial do capitalismo comercial, reafirmaria as noções nativas daquilo que vem a ser uma vida boa.

---

16 Segundo Olivier de Sardan (1995), essa configuração do desenvolvimento consiste em um "universo altamente cosmopolita de especialistas, burocratas, responsáveis de ONGs, pesquisadores, técnicos, gerentes de projeto, agentes de campo, que vivem de alguma maneira do desenvolvimento dos outros, mobilizando e gerindo recursos consideráveis" (p.7).

diferença real entre essas posições dizia respeito, precisamente, a como lidar hoje com a chamada cultura dos antigos, pois parece estar fora de questão rejeitar aquilo que se conquistou da chamada civilização.

Essa foi uma avaliação retrospectiva, que se tornou possível depois de minhas primeiras conversas com algumas pessoas de Iauaretê. O tema surgia particularmente quando indagava certos moradores mais antigos sobre as discussões com as "autoridades" do Projeto Calha Norte a respeito da demarcação de terras nos anos 1980. Civilização foi, ao que parece, a palavra-chave para traduzir o que os militares queriam dizer quando se referiam às Colônias Agrícolas Indígenas. Essa figura jurídica, artifício forjado pelo Calha Norte como forma, ficcional eu diria, de promover o "povoamento da fronteira", restringindo, paradoxalmente, os direitos territoriais da população que lá reside há séculos, veio à tona na região do alto rio Negro no mesmo período em que os Kayapó, por exemplo, questionavam a construção de hidroelétricas em seu território e conseguiam aumentar suas terras (ver nota 13), e os seringueiros do Acre inventavam o conceito de "Reserva Extrativista", ou seja, no período de renascimento das mobilizações de base de vários grupos amazônicos (ver Schmink & Wood, 1992), no rio Negro replicava-se o modelo de ocupação delineado pelo governo militar para a Amazônia. Só que "os colonos são vocês", diziam os militares aos índios (Castro, 1991), com direito a apoio do governo federal para a implantação de projetos econômicos e participação nos lucros de empresas de mineração interessadas em explorar os alardeados potenciais minerais da região. Como veremos, as colônias indígenas significaram para muitas pessoas da região um caminho para a vida civilizada de maneira jamais vislumbrada. Questioná-las era como defender um retorno impensável à vida

---

com muitos computadores. Lá está a "cultura", portanto, que, nas falas dos líderes que recebem visitantes em sua maloca "tradicional", figura hoje como item indispensável na pauta de temas que inspiram a institucionalização crescente do movimento indígena do alto rio Negro. Esse é um processo que mereceria uma discussão à parte, já que remete aos fenômenos contemporâneos de reflexividade cultural. Vou retomá-lo mais adiante (ver Cap. 4, "Feiras e dabucuris"), pois, antes, impõe-se o exame de todo um processo histórico que cria suas condições de possibilidade na região.

nas malocas, como seus avós, sem sal, sabão e roupas. Não obstante, foi o que fizeram algumas lideranças ligadas à FOIRN e algumas das associações de base.

Ficou claro que essa ideia de civilização deveria ser explorada com mais cuidado – noção antiga na região, parece hoje senso comum entre os índios, implícita que está em seu modo de vida. Minha impressão é de que não seria apropriado pensar os processos de transformação das sociedades e das subjetividades indígenas no Uaupés sem levá-la em consideração. Estamos lidando, portanto, com processos de mudança social cujas referências exteriores de base não estiveram inicialmente associadas às configurações do desenvolvimento às alternativas pós-desenvolvimentistas, fatos engendrados pelo Ocidente do pós-guerra e seus desdobramentos contemporâneos.[18] Percebi, assim, que a etnografia em Iauaretê teria de incorporar uma espécie de arqueologia discursiva e tentar alcançar extratos profundos, buscando certas noções que, embora ditas explicitamente com frequência cada vez menor, mostravam-se fundamentais para a compreensão de várias práticas indígenas atuais. Nesse momento, o *insight* metodológico de Peter Gow (1991, p.15) em seu estudo sobre as comunidades nativas do baixo Urubamba, Amazônia peruana, serviu exemplarmente como guia dessa mudança de rumos: seria o caso então de passar a "explorar os discursos locais sobre identidade, cultura e história", e, "em vez de tentar identificar cada pessoa como portador de uma cultura particular, como membro de uma sociedade tribal ou nacional particular ou de um grupo étnico particular, passar a explorar as categorias relevantes de identidade usadas pelos grupos locais", indagando a respeito dos processos e eventos que as pessoas consideram importantes em sua história. Essa via pareceu muito apropriada para entender o que os moradores de Iauaretê querem dizer quando afirmam que "já entraram na civilização", problema igualmente enfrentado por Gow entre os Piro.

---

18 Duas excelentes análises sobre, por exemplo, o manejo de categorias do discurso ambientalista contemporâneo por grupos locais amazônicos encontram-se em Albert (1998b) e Almeida (2002). No primeiro caso, o foco é dirigido aos passos simbólicos que levaram à formulação de um conceito xamânico de ecologia pelo líder yanomami Davi Kopenawa; no segundo, temos uma descrição densa do processo de elaboração do conceito de Reserva Extrativista pelos seringueiros do Acre.

A partir daí, tentei outro experimento, que foi o de buscar traduções na língua tukano para o termo "civilização". E assim vim a entrever os contornos mais gerais daquele campo semântico que havia visitado antes ao tentar traduzir o termo desenvolvimento. Entre os mais novos, civilização está diretamente relacionada aos estudos, sendo traduzida por *bu'esehe*, literalmente "estudo", substantivo relacionado ao verbo *bu'ê*, "aprender" ou "estudar". Assim, o termo *bu'êkɨ*, alguém "estudado", é também traduzido por "civilizado". Vimos que palavras como "estudo", mas também "trabalho", foram usadas por diferentes pessoas para falar de desenvolvimento. Ao tratar de "civilização", as pessoas acionaram igualmente o termo "trabalho", *darasehé*, mas aqui se referiam a trabalho dos brancos, uma maneira também usada para qualificar a ideia de "progresso". Além dessas aproximações pontuais, a expressão *ãyusehe iasehé* (coisa boa + querer), forma mais genérica de qualificar o "desenvolvimento", possui também um análogo quando o assunto é "civilização": *ãyuró tióyã'kasehe* (lugar bom + pensar, idealizar). Todas essas traduções, seja para "desenvolvimento", seja para "civilização", foram apontadas a meu pedido e resultaram de certo esforço interpretativo por parte dos informantes mais novos. Não há, portanto, como já mencionei, um neologismo na língua tukano que dê conta imediatamente dessas noções. Como apontou um informante mais velho, "antigamente os velhos escutaram essa palavra – 'civilização' – através dos padres, e acharam que para ser civilizado era preciso levar a vida como os brancos, ter roupas, calçados, falar português; se uma pessoa já tinha isso tudo, era vista como civilizada".

E é entre os mais velhos, que ainda se recordam do que diziam os antigos sobre o assunto, que se pode obter uma definição mais precisa do que é a civilização: *pekâsã-yee*, uma expressão que denota um processo e para a qual não há uma tradução literal para o português, pois *pekâsã* é o termo tukano que designa o branco,[19] e *yee* um verbo dependente

---

19 A palavra *pekâsã* é formada por *pekâ*, "lenha de fogo", e *sã*, partícula utilizada como abreviação de *masa*, "gente". A tradução literal é, portanto, "gente da lenha de fogo", mas o sentido preciso da expressão é "gente da espingarda". Essa designação relaciona-se diretamente a um episódio mítico no qual o ancestral dos índios recebe, ou em

que indica que algo está sendo realizado "com rapidez" (ver Ramirez, 1997, p.239). Para compreender o que está em questão aqui, há dois exemplos significativos. Vejamos essas duas expressões: *a'mo-yee* e *wamê-yee*, em que *a'mo* significa "primeira menstruação" e *wamê*, "nome". Em ambos os casos, a agregação do termo *yee* denota uma transformação imediata, uma passagem ritual.

O *a'mo-yee* é o ritual de iniciação masculina, atualmente realizado apenas entre alguns grupos localizados em partes mais remotas do Uaupés colombiano. Nas comunidades do lado brasileiro deixou de ser realizado há bastante tempo por pressão dos missionários, pois esse ritual era uma das principais ocasiões em que as flautas secretas do Jurupari, *miriã* em tukano, eram usadas. Do ponto de vista dos missionários, tratava-se de um "culto ao demônio". Tradicionalmente, era realizado em grandes cerimônias ao final de um longo período de preparação de um grupo de rapazes, durante o qual passavam a maior parte do tempo na mata sob a orientação de um homem mais velho, responsável por transmitir-lhes os conhecimentos do sib e zelar pela observação rigorosa de dietas alimentares e outras práticas propiciatórias (ver S. Hugh-Jones, 1979). Já o *wamê-yee* é o ritual de nominação, realizado alguns dias após o nascimento de uma criança, antes do primeiro banho no rio com a mãe. O nome do recém-nascido é dado pelo pai, pelo avô paterno ou por outro membro do sib que possua conhecimento pormenorizado a respeito da trajetória dos ancestrais do grupo agnático a que pertence a criança, e, assim, da origem do estoque de nomes do sib. Trata-se de um conhecimento com poderes xamânicos, administrado, por assim dizer, na criança por meio de sopros com fumaça de tabaco. Os homens que são especialistas nesse tipo de conhecimento são chamados *kumu*, tipo particular de xamã cuja forma de operação é designada pelo termo *basesehé*, imperfeitamente traduzido por "sopro" ou "benzimento". Trata-se, com efeito, de fórmulas mágicas retiradas dos mitos e cujo veículo é o tabaco (ver Buchillet, 1990, 1995; S. Hugh-Jones, 1996).

---

algumas versões escolhe, o arco do demiurgo, ao passo que o ancestral dos brancos opta pela espingarda. Esse episódio é parte integrante do longo ciclo de origem da humanidade, cujos detalhes apresentarei no Capítulo 6.

menstruadas, ou que acabaram de dar à luz, são o alvo principal dos malefícios provocados pelos peixes, cuja sina é, por inveja, roubar almas humanas. É por isso que não se pode tomar banho no rio sem o uso de certos *basesehé* de proteção, um meio xamânico que permite tornar invisível aos peixes o corpo daquele que se banha. Os brancos, já o notaram há muito os índios, são absolutamente displicentes com relação a esse tipo de coisa, o que leva a recorrentes conjecturas sobre as relações destes com os peixes. Seriam os brancos *wa'î-masa*? Há rumores que confirmam essa suspeita. Uma anedota corrente no Uaupés fala de um "pajé" conhecido como *Yaí poari*, cabelo de onça, que teria acompanhado algumas lideranças indígenas tukano em uma das muitas viagens a Brasília na época das negociações referentes à implantação do Projeto Calha Norte no alto rio Negro. Conta-se que o velho, conhecedor de muitas formas de maleficiar uma pessoa (*dohasehé*, sopros com a função inversa dos *basesehé*, isto é, "estragar alguém"), fora levado para experimentar seus poderes contra os grandes políticos de lá. Mas não deu certo, pois ainda que o pajé tentasse, podia, ao mesmo tempo, constatar que seus intentos não surtiam efeito, "não pegavam nos brancos". Como também não pegam nos *wa'î-masa*.

A posição dos brancos é, portanto, envolta em certa ambiguidade. Por um lado, são detentores de poderes invejáveis, que cumpre incorporar; por outro, apresentam qualidades similares aos *wa'î-masa*, os inimigos por excelência dos humanos. Mas, nessa linha, vários estudos sobre povos amazônicos já nos ensinaram que, com a predação guerreira ou canibal, certas qualidades metafísicas da pessoa vêm, precisamente, dos inimigos. Em um artigo de grande influência sobre a etnologia amazônica, Eduardo Viveiros de Castro (1993; 2002c) desenvolveu essa ideia em profundidade, propondo, com base em análise de extenso material etnográfico, que para o âmbito, aliás mais amplo, das sociedades indígenas da América do Sul a predação possuiria um estatuto ontológico, por corresponder a um "uso positivo e necessário da alteridade" (2002c, p.162). Inimigos são "afins potenciais", isto é, aqueles com os quais se troca outra coisa que não cônjuges: são parceiros de trocas simbólicas que garantem a reprodução social, ainda que se trate de relações que envolvem agressões ou violência, trocas que se traduzem em um movimento de captura e apropriação de potências exteriores, na forma de nomes, cantos, adornos cerimoniais ou mesmo partes de corpos, como as cabeças Jívaro (Descola, 1993). É nesse registro, parece-me, que podemos começar a entender o interesse com o qual os índios do Uaupés vêm lidando com as coisas da "civilização".

Mas há um paradoxo aqui. A predação ontológica é um mecanismo pelo qual, na conclusão final de Viveiros de Castro, as sociedades ameríndias constituem-se como tais por meio daquilo que está fora delas.[20] Trata-se de um caso em que é o exterior que constitui o interior. O exemplo historicamente documentado do canibalismo tupinambá foi um dos que primeiro inspiraram essa formulação, pois suas guerras de vingança, cujo objetivo era fazer cativos que seriam mortos e devorados, os lançavam em uma espiral de hostilidades, não para uma reconciliação dos vivos com seus mortos, mas que servia, sobretudo, para garantir a persistência de uma relação com os inimigos. A morte e a devoração ritual de um inimigo eram a vingança por uma morte anterior, mas, ao mesmo tempo, a caução de uma vingança futura. Ela produzia a memória e a temporalidade, pela qual a sociedade se constituía no tempo e pelo tempo. Uma memória guardada pelo inimigo e registrada em nomes, cantos e escarificações aos quais o matador tinha acesso após a morte de sua vítima. Dessa forma, os Tupinambá mostravam-se, pelos relatos jesuítas, dependentes daquilo que lhes era exterior (Carneiro da Cunha & Viveiros de Castro, 1985). E à "guerra mortal aos inimigos", os Tupinambá teriam ainda combinado uma "recepção entusiástica aos europeus", incorporando sua religião e honrando-se em dar suas filhas em casamento aos brancos. Isso mostra uma equivalência, nas palavras de Eduardo Viveiros de Castro (2002c: p.207), entre "vingança canibal e voracidade ideológica", manifestações diferenciais da mesma inclinação ao outro, de absorvê-lo.

---

20 Por isso a ênfase do autor na ampliação do foco sobre a economia das alianças matrimoniais, por meio das quais indivíduos são produzidos e postos em circulação, para circuitos mais amplos, onde trafegam atributos e propriedades, isto é, uma economia cosmológica. Nesse âmbito, as trocas simbólicas conectam humanos, mas também não humanos, mortos e espíritos e, principalmente, inimigos.

O paradoxo oculto nisso tudo, e ao qual quero referir-me, diz respeito ao fato de que, em geral, as sociedades indígenas do alto rio Negro, em especial aquelas do rio Uaupés, são exemplos de certo contraponto a essa economia simbólica da alteridade. Ainda que sua existência seja, assim como a dos Tupinambá, inscrita no tempo, os grupos do Uaupés habitam um tempo reiterativo. Em contraste com os Tupinambá, entre os quais a memória remete mais ao futuro do que ao passado, a um permanente fazer-se a si mesmo através de vinganças futuras, os grupos do Uaupés foram qualificados como "sociedades ioiô", entre as quais a ordem mítica, ou pós-mítica, é refeita a cada duas gerações pela reciclagem dos nomes dos ancestrais. Reiteração, reprodução, luta contra a entropia, coisas que remetem a uma "aceitação apenas aparente do tempo" (Carneiro da Cunha & Viveiros de Castro, 1985, p.73), seriam as palavras-chave do Uaupés, onde tudo aquilo que os Tupi-Guarani buscavam no exterior, na alteridade, viria dos antepassados e ancestrais. Ao impulso centrífugo dos Tupinambá, corresponderia, no Uaupés, uma inércia centrípeta. Outros autores vieram a esboçar esse contraste uaupesiano ao esquema da predação ontológica em outros termos, tais como "transmissão vertical da identidade" (Fausto, 2002) ou "troca generalizada" (Descola, 1993), isto é, transmissão (vertical) como alternativa à predação (horizontal), e troca, ou melhor, exogamia linguística entre grupos agnáticos distintos, como alternativa à endogamia de parentela, que vigora na maior parte dos grupos amazônicos que enfatizam o idioma do canibalismo (Tupi-Guarani, Jívaro, guianenses).

Isso nos remete a uma questão levantada por Phillipe Descola (1993) a propósito da involução da caça às cabeças entre os Achuar. Descrita como afinidade ideal, aquela sem afins, que permitia a gestação de uma nova criança no seio do grupo local, a caça às cabeças de inimigos desapareceu historicamente à medida que os Ashuar se viram progressivamente acuados no isolamento de seu território atual, zona de refúgio à qual teriam se dirigido a fim de se proteger dos ataques dos mais numerosos Shuar. Essa situação acarretaria uma substituição da caça às cabeças por uma ênfase maior no complexo do *arutam*, encontro onírico do guerreiro com um espírito ancestral, que lhe confere nova alma ou princípio de força. Este se manifesta na forma de um enorme desejo de matar, que, uma vez concretizado, abandona o matador. Os *arutam* existem em número finito no território dos Achuar e se encarnam em sucessivas gerações, reforçando uma identidade cognática. De acordo com Descola, trata-se de um verdadeiro princípio de exofiliação, de modo que a passagem histórica da caça às cabeças à encarnação *arutam* corresponderia à passagem de um sistema em que "a alteridade produz o si mesmo" para outro em que o "si mesmo reitera o si mesmo". Trata-se aqui de contingência histórica, mas que se faz acompanhar por transformações profundas, revelando, nas palavras do autor, "uma instabilidade estrutural da polaridade consanguinidade-afinidade". Em dadas circunstâncias, portanto, uma forma poderia se impor à outra.

Teriam os grupos do Uaupés seguido por um caminho inverso àquele trilhado pelos Achuar? Ou seja, ao adotarem certos elementos da civilização dos brancos, ao mesmo tempo que restringiam o complexo ritual tradicional à nominação, estariam os índios do Uaupés dando um testemunho de uma transformação estrutural análoga, porém em sentido oposto? A questão é complexa, pois, como já mencionei, as potências exteriores que são absorvidas do exterior pela predação entre certos grupos amazônicos, isto é, nomes, almas, subjetividade e conhecimento ritual, equivalem, no Uaupés, àquilo que se herda dos ancestrais míticos dos sibs agnáticos. É principalmente a transmissão desses itens por linhas de filiação que torna os grupos Uaupés "patrilineares". Nesse caso, haveríamos que nos perguntar quanto ao lugar da afinidade potencial entre esses grupos. Teria vindo o branco a ocupar essa posição? Com essa questão em mente, proponho que examinemos algumas das fontes históricas relativas ao rio Negro desde o período colonial, assim como o diversificado conjunto de materiais etnográficos que pude coletar no povoado de Iauaretê entre 2000 e 2002. É disso que tratarão os cinco capítulos que seguem: reconstrução histórica, transformação da vida cotidiana e de seus rituais, narrativas míticas e histórias orais. Ao final, espero estar em condições de retomar a questão da afinidade e da predação no Uaupés e tentar extrair algumas conclusões.

No próximo capítulo, faremos uma incursão prolongada pela história do rio Negro, pois, como é sabido, o assunto da "civilização dos índios" é extremamente pregnante nesses registros. Desde os descimentos

2
Escravos, descidos e civilizados: uma leitura da história do rio Negro

Este capítulo é dedicado à história da colonização do rio Negro. Trata-se de um processo de longa duração, que se inicia no século XVII, com as primeiras explorações sob os auspícios da Coroa portuguesa, alcançando as primeiras décadas do século XX. Como veremos, a colonização do rio Negro apresenta algumas constantes, que perpassam a política colonial portuguesa e as deliberações dos primeiros presidentes de província do Amazonas e são reencontradas no período áureo da borracha. Momentos de refluxo da colonização e vazios administrativos pontuam todo o período. Extensas fronteiras e potencial econômico incerto são alguns dos temas centrais dessa história, mas a existência de um significativo contingente indígena na região talvez seja sua característica mais fartamente comentada pelos viajantes e cronistas. Isso porque expandir ou consolidar as fronteiras sempre foi política que envolveu fixar os índios em núcleos de colonização, e o recurso econômico menos incerto sempre foi sua mão de obra. O fim do ciclo da borracha (1870-1920) e, de modo geral, a decadência da economia extrativista do Amazonas acarretarão sensível mudança de rumos nesse processo. A partir daí, as missões salesianas assumirão papel preponderante, valendo-se de vultosas subvenções do governo federal e concentrando suas ações em amplo projeto de catequese dos povos indígenas da região. Ainda que utilizando algumas das fontes históricas disponíveis, percorreremos esse itinerário com base na historiografia existente (Sweet, 1974; Wright, 1981, 1992 e 2005a, entre outros; Farage, 1991; S. Hugh-Jones, 1981; Meira, 1997; Meira & Pozzobon, 1999, e Cabalzar & Ricardo, 1998). Busco, assim, proceder a uma leitura da história da região, como registrada por viajantes, historiadores, antropólogos e outros.

Por basear-se quase exclusivamente em fontes escritas, o capítulo apresenta certa dissonância com o restante do livro. Este resumo histórico parece-me, no entanto, absolutamente necessário, uma vez que se presta a esboçar os contornos da dinâmica histórica mais ampla que, progressivamente, envolverá a região e os povos do rio Uaupés a partir do século XVIII. Nesse sentido, penso que o conjunto de informações que será arrolado permite circunstanciar e dar uma dimensão histórica às práticas indígenas contemporâneas que pude observar ao longo do trabalho de campo em Iauaretê, de que trataremos nos capítulos seguintes. Minha expectativa não é, evidentemente, encontrar na história *a* explicação, ou o sentido, para aquilo que hoje se passa no Uaupés. Porém, são os relatos históricos que permitem entrever correlatos antigos de práticas atuais. Se não as explicam totalmente, as histórias já contadas sobre o rio Negro colocam algumas dessas práticas em evidência, levando-nos a ponderar sua importância e precavendo-nos, muitas vezes, da ingenuidade de pensar que as respostas indígenas a determinadas circunstâncias históricas que conhecemos de perto são absolutamente inéditas.

Desse modo, a leitura que proponho neste capítulo não é neutra, mas fortemente influenciada por minha experiência de campo. Essa não neutralidade é, a meu ver, altamente desejável, pois trata-se de tomar a história sob o prisma da etnografia, de forma que uma sirva de instrumento para lidar com a outra. O cotejo das informações contidas nas fontes escritas com aquelas oriundas da memória oral dos índios do Uaupés não é, contudo, o objetivo aqui, sendo realizado apenas para alguns temas introduzidos ao final do capítulo. Mas advirto que a leitura das fontes e da historiografia utilizada foi realizada concomitante e posteriormente à minha experiência pessoal na região. Ler a história dessa posição faz uma enorme diferença, pois possibilita um exercício permanente de construção de hipóteses acerca da origem das configurações sociais que observamos hoje ao longo da bacia do alto rio Negro. Em que medida a colonização pesou na moldagem do mosaico de identidades que caracteriza hoje o sistema social nativo da região é, assim, tema que vem atraindo a atenção de antropólogos e arqueólogos, cujos estudos iremos examinar. Quais eram os grupos que, ao longo da história, encontraremos em Iauaretê? Essa, por fim, é a questão que pretendo ter esclarecida ao final do capítulo.

A colonização do rio Negro

A descoberta do rio Negro deu-se logo nas primeiras explorações do rio Amazonas, durante a primeira metade do século XVII, e não tardou para que se tornasse a principal região fornecedora de escravos indígenas da colônia do Grão-Pará e Maranhão. A economia dessa colônia dependia essencialmente do trabalho indígena e baseava-se na extração das chamadas drogas do sertão, uma atividade que, dada a instabilidade sazonal, carecia de recursos para a compra de escravos africanos (Farage, 1991, p.25). Em meados do século XVII, a população indígena mais próxima a São Luís e Belém já havia passado por significativo decréscimo por causa de epidemias de varíola e da própria escravização. A alternativa para prover a capital da colônia de braços indígenas foram as chamadas tropas de resgate – expedições, destinadas à captura de escravos indígenas, que passariam a devassar as distantes regiões dos rios Negro e Amazonas, financiadas pelo governo colonial e por proprietários de fazendas e engenhos. Oficialmente, tais expedições subiam o rio com a finalidade de "resgatar" os cativos de guerras entre "gentios" – daí a designação "tropas de resgate". Alegava-se, então, que o destino desses cativos seria a devoração por seus captores, contra os quais caberia, assim, mover "guerras justas". Aos resgatados, caberia pagar sua dívida com a servidão. Em 1669, os portugueses já haviam fundado o forte de São José na barra do rio Negro, local onde viria a se formar a cidade de Manaus. Nas décadas seguintes, as tropas de resgate percorreriam todo o curso do rio Negro, identificando os principais afluentes e fazendo alianças com grupos indígenas que os auxiliassem na escravização de outros. Missionários jesuítas estiveram presentes nas fases iniciais desse período, empreendendo os primeiros esforços para a fundação de missões no baixo rio Negro, mas foi aos carmelitas que, a partir de 1695, coube fundar os primeiros núcleos de povoamento da primeira metade do século XVIII (Meira, 1997, p.13), para onde buscavam atrair grupos indígenas.

Um dos episódios mais comentados nas fontes relativas a essa primeira fase da colonização foi a guerra movida pelos portugueses, a partir de 1725, contra os índios Manao, grupo que se interpunha, no baixo rio Negro, à entrada dos portugueses rio acima e se conectava, por uma rede comercial de longa distância, com os holandeses da costa da Guiana. Entre os Manao, os portugueses encontrariam artefatos de origem europeia, obtidos por meio do tráfico de escravos indígenas, fato que veio a legitimar a declaração de guerra. Essa guerra teria resultado em uma drástica redução populacional no médio e baixo rio Negro, e aqueles que não foram mortos acabaram incorporados aos aldeamentos. Vários grupos, já nesse período, teriam buscado refúgio nas cabeceiras dos rios Negro, Uaupés e Içana (Wright, 1981; Farage, 1991; Meira, 1997). A partir daí se intensificaram as atividades das tropas de resgate e dos missionários rio acima. Em 1728, os carmelitas fundaram a aldeia de Santo Eliseu de Mariuá, onde lograram concentrar um grupo remanescente de índios Manao sob o comando de um "principal" chamado Camandary. Algumas décadas mais tarde, entre as décadas de 1740 e 1750, o lugar seria conhecido como "Arraial de Mariuá", a principal base das tropas de resgate para onde eram levados os escravos indígenas a serem despachados para a capital da colônia. A estimativa é que nessas duas décadas cerca de 20 mil escravos indígenas tenham saído do rio Negro (Wright, 1991).

Deve-se salientar, portanto, que esse período inaugural da colonização foi relativamente longo e que as viagens de reconhecimento percorriam uma região muito extensa, cobrindo praticamente todo o curso do rio Negro no que veio a ser o território brasileiro. Foi, em resumo, o período do "descobrimento do vasto sertão do rio Negro", tal como o caracteriza Joaquim Nabuco (1941, p.25-61), uma fase em que, "excepto o que se fazia por ordem do Governador do Pará, o registro de tudo o mais é quasi nullo" (idem, p.32). Com relação ao que era praticado por particulares, muito pouco teria ficado registrado nas fontes. O autor afirma que, nas primeiras décadas do século XVIII, havia indicações de que os rios Amazonas, Solimões, Madeira e Negro teriam se transformado em um "valhacouto de soldados desertores", para cuja prisão uma tropa militar foi enviada em 1716. Muitos deles haveriam se aliado a índios Manao, que, munidos de armas de fogo, atacavam missões carmelitas para prender índios "domesticados" e fazê-los escravos. De acordo com David Sweet (1974, p.664-71), o governo colonial enfrentava então sérios problemas para manter suas guarnições militares em função da escassez de soldados. Nesse sentido, houve várias disposições oficiais que procuravam impedir a evasão de homens para os sertões, já que, à exceção de proprietários, clérigos e trabalhadores manuais mais especializados, qualquer morador da colônia podia ser recrutado ao serviço militar por ordem do governador. Não obstante, o rio Negro parece ter sido o destino de muitos desses cidadãos da colônia.

Sweet refere-se a uma categoria social que, na falta de denominação precisa e de sua relativa ausência na documentação, chama de *transfrontiersmen*, à qual muitos mestiços se incluiriam. Segundo o historiador, esses "homens da fronteira" constituíam uma população flutuante formada por desertores das guarnições militares, criminosos, mas também por homens engajados na coleta das drogas do sertão e no apresamento de escravos indígenas, que preferiam se estabelecer no sertão a passar grande parte de seu tempo nas longas viagens à capital da colônia. Os serviços prestados por esses homens à colonização não foram poucos: além de fornecerem um importante suporte para as missões carmelitas, teriam sido os responsáveis pela abertura dos vales dos rios Branco e Japurá às tropas de resgate. De modo importante, podiam ainda servir como aliados ou conselheiros de grupos indígenas no estabelecimento de relações comerciais ou na guerra com os brancos. Sweet fornece alguns exemplos de homens que teriam se dedicado por décadas a essas atividades na região. Um deles, chamado Pedro de Braga, talvez tenha sido o de maior notoriedade às autoridades militares portuguesas no alto rio Negro, especificamente pelo sucesso que obteve na atividade de escravização de índios do rio Uaupés entre as décadas de 1740 e 1750.

Braga teria confrontado determinações do cabo da tropa oficial de resgate que, ao final da década de 1730, cuidava de disciplinar o movimento de resgates a montante das cachoeiras do alto rio Negro, onde algumas décadas mais tarde seria fundado o forte de São Gabriel da Cachoeira, um pouco abaixo da foz do rio Uaupés. Esse comandante teria então proibido a passagem de qualquer pessoa acima desse ponto do rio sem sua licença, no que foi prontamente desrespeitado por Braga. Este havia, àquela altura, estabelecido relações amistosas com "principais" do rio Uaupés, por intermédio dos quais havia logrado montar uma grande e bem-sucedida tropa de resgates particular. Encarregava-se de levar escravos para serem vendidos em Belém e mantinha negócios com os carmelitas e com os próprios militares portugueses da tropa de resgate, que eram seus credores (Sweet, 1974, p.670). Sobre o caráter das relações que Braga manteve com os chamados principais do Uaupés, e até quando se manteve em atividade, não há informações. Segundo Robin Wright (2005a), há indicações de que tenha percorrido o Uaupés até o seu alto curso, adentrando o território dos índios então conhecidos como "Boapés".

Por volta de 1755, tal situação, aliada à assinatura de um tratado de limites com a Espanha em 1750, levava a Coroa portuguesa a decidir pela criação da capitania de São José do Rio Negro, cujos limites no século XVIII englobavam o que hoje corresponde aos estados do Amazonas e de Roraima. Em carta ao Marquês de Pombal em 1755, assim se expressa o governador do Grão-Pará, Francisco Xavier Furtado de Mendonça, a respeito da criação da nova capitania:

> é tão essencial que sem ella era impossível que Sua Majestade nunca fosse Senhor dessa grandissima parte de seus dominios mais do que no nome, a qual nunca serviu de outra cousa mais do que de asylo de scelerados, que aqui faziam quanta casta de atrocidades que se podiam imaginar, dando-se sempre uma dificuldade grande em se evitarem aquellas desordens; porque alem de muitas dellas serem os seus autores bem apadrinhados,

a larguissima extensão deste immenso paiz não permitia que se dessem efficazes providencias que eram precisas para as evitar. (Furtado de Mendonça apud Nabuco, 1941, p.40)[1]

O estabelecimento da nova unidade administrativa no rio Negro manteve, contudo, subordinação ao Grão-Pará. Essa interiorização da autoridade portuguesa vinha responder pela necessidade de dar novo impulso à colonização em face das disputas territoriais com a Espanha, o que implicava a idealização de novas formas de ocupação e de um novo regime de relacionamento com os povos indígenas. Isso foi tentado sob a égide do Diretório Pombalino, lei que, em 1758, pôs formalmente fim à escravidão indígena e instituiu a figura do diretor de índios.

Os grupos indígenas, desde então considerados vassalos da Coroa, deveriam ser "descidos" para as vilas ou aldeias comandadas pelos diretores nomeados pelo governo colonial, prestando serviços nas construções e no extrativismo, para o Estado ou para os colonos residentes. Porém, o novo sistema de aldeamentos, cuja duração alcançaria o final do século XVIII (ver, por exemplo, os períodos da colonização no rio Negro apontados em Wright, 1992), ficou muito aquém das expectativas nutridas pelos portugueses como forma de promover uma colonização efetiva da região. Apesar da intensificação crescente da presença de militares no rio Negro, revoltas e deserções por parte dos índios "descidos" são observadas em várias fontes. No início desse período, por volta de 1764, registram-se dez povoações ao longo do rio Negro, além da capital da capitania do Rio Negro, Barcelos, novo nome para o antigo aldeamento Mariuá, no baixo rio Negro. Nesse momento encontravam-se aldeados nesses locais cerca de três mil índios. Havia também os aldeamentos carmelitas, dos quais se destacavam São Felipe e Nossa Senhora da Guia, no alto rio Negro, e São Joaquim, no baixo curso do rio Uaupés (Meira, 1997).

A historiografia existente não permite precisar em que medida esses aldeamentos seguiam as regras ditadas pelo Diretório. De acordo com

---

1 As citações extraídas de edições antigas e/ou fac. similares não tiveram a grafia atualizada.

este, os índios descidos deviam ser submetidos a um rigoroso sistema de trabalho, tanto na agricultura quanto na coleta das drogas, medida destinada ao controle da população indígena agora "livre". Sob o mando dos diretores de índios, os chamados "principaes" – lideranças indígenas que faziam o papel de intermediários e portavam títulos honoríficos – deviam prover os aldeamentos de novas levas de índios descidos. A mão de obra indígena devia ser cuidadosamente agenciada e empregada em proporções bem estabelecidas nas diferentes atividades, ficando uma parte destinada a serviços demandados pelo Estado. Essas regras levaram à criação de um sistema complexo de controle da produção e distribuição de alimentos e lucros decorrentes do comércio dos produtos do extrativismo, o que viria a gerar de maneira mais efetiva a frequente burla das disposições legais. Muitos diretores de índios direcionavam a mão de obra indígena prioritariamente ao extrativismo, já que tinham direito a uma sexta parte de todo produto do comércio empreendido nos aldeamentos (Farage, 1991, p.47). Além disso, há indicações de que os aldeamentos mantidos pelos carmelitas gozavam, desde o período anterior, de grande margem de autonomia, constituindo empreendimentos autossuficientes baseados também no extrativismo e na construção de canoas com mão de obra indígena (Sweet, 1974, p.655ss.). No entanto, há muitos indícios de que a escravização de índios, embora proibida pelo Diretório, nunca tenha deixado de ocorrer à margem da lei, praticada em geral por particulares.

Paralelamente ao estabelecimento dos aldeamentos, a região assistiu, em diferentes momentos da segunda metade do século XVIII, à chegada de algumas comissões de fronteira portuguesas e espanholas. Em 1755, o governador do Grão-Pará, Francisco Xavier de Mendonça Furtado, chegou a Barcelos com uma comitiva de mais de setecentas pessoas em 25 barcos. Os trabalhos que deviam ser realizados ao longo das demarcações mobilizaram um enorme contingente de trabalhadores indígenas, nas muitas edificações que se planejaram na capital da capitania ou como remadores das expedições de reconhecimento. Portanto, além da grande demanda de mão de obra que implicava o estabelecimento de aldeamentos, anota-se em várias fontes do período a significativa demanda suplementar perpetrada pelo governo colonial em função da disputa de limites com a Espanha, que teria sido muito maior do que aquela consignada pela lei. A questão de limites determinou também a implantação de fortificações em vários pontos estratégicos. No início da década de 1760, foram construídos os fortes de Marabitanas e São Gabriel da Cachoeira, obras que vieram a pesar ainda mais sobre a mão de obra indígena (Farage, 1991, p.34ss.; Meira, 1997, p.21).

Nesse contexto, as dificuldades enfrentadas pelos portugueses para manter a população indígena nos aldeamentos começaram a se mostrar maiores do que eles podiam administrar. Todas as ações ordenadas pela Coroa levaram, assim, a um significativo esvaziamento das povoações, cuja população remanescente era direcionada prioritariamente ao extrativismo. A falta de alimentos e as diversas epidemias de sarampo e varíola que grassavam no período levariam a uma crescente degradação das condições de vida, gerando fugas e revoltas. O acirramento das tensões entre índios e portugueses a que levaram as experiências dos aldeamentos da área do rio Branco, brilhantemente analisadas por Farage (1991), é ilustrativo do potencial conflitivo desse empreendimento colonial. Vários casos análogos são apontados por Meira (1997) para a região do médio e baixo rio Negro, onde revoltas indígenas ocorrem nas localidades de Lamalonga, Poiares, Moreira e Castanheiro Velho, entre as décadas de 1750 e 1760. Depauperados, por um lado, pela própria ação do Estado e dependentes, por outro, das redes de alianças dos principais para a atração da população indígena, o regime dos aldeamentos instituído pelo Diretório ficaria, de modo cada vez mais evidente, muito longe de responder às necessidades da Coroa portuguesa por povoar esses longínquos domínios coloniais com súditos.

A pendência da questão de fronteiras prosseguiu até o final do século XVIII. Do tratado de Madri, baseado no princípio do *uti possidetis*, isto é, a ocupação efetiva como garantia da posse dos territórios, às últimas décadas do século XVIII, foram necessários levantamentos geográficos mais detalhados dos cursos dos rios e suas ligações terrestres. Isso, que era uma decorrência do tratado de Santo Ildefonso, de 1777 (Meira, 1997, p.23), levou à montagem de uma nova expedição portuguesa ao alto rio Negro no ano de 1780, sob o comando do capitão-general João Batista Caldas, mobilizando mais de quinhentos homens, em 25 canoas (Nabuco, 1941, p.46). Embora os portugueses já tivessem, àquela altura, grande conhecimento do rio Negro, seus afluentes e subafluentes,[2] o capitão-general viria a incumbir Manoel da Gama Lobo D'Almada da responsabilidade de visitar e mapear integralmente os domínios da Coroa portuguesa até as nascentes dos formadores do rio Negro. Ele veio a se tornar comandante militar e, em seguida, governador da capitania do rio Negro, posto que ocupou até o final do século. Entre 1784 e 1799, D'Almada percorreu toda a extensão dos rios Branco e Negro até suas cabeceiras, elaborando os primeiros mapas detalhados da região (Meira, 1997, p.24) e fundando, no Uaupés, aldeias em São Joaquim e Ipanoré.

As ações do novo governador não se restringiram às suas proezas como explorador. Sob seu governo, a capitania teria obtido notável avanço na agricultura, com significativas safras de anil, algodão, cacau, café e tabaco nas povoações do médio e baixo rio Negro. Foram criadas também tecelagens, que produziam panos para o consumo e comercialização com outras comarcas do Pará, e uma fábrica de cordas de piaçava, que funcionava na localidade de Thomar. Nos campos do alto rio Branco, foi introduzido o gado, com a criação de três fazendas da Coroa. Todas essas medidas, condizentes com os princípios básicos do Diretório e destinadas a promover o florescimento dos aldeamentos, não lograram, contudo, obter seu desejado aumento de população [Araújo e Amazonas (1852) 1984]. Nem mesmo uma derradeira tentativa de transferir contingentes indígenas para aldeamentos mais distantes de suas terras de origem, idealizada por Lobo D'Almada ao final do século XVIII, surtiu efeito. Em carta régia do ano de 1798, a Coroa terminou por abolir o sistema de aldeamentos instituído pelo Diretório (Farage, 1991, p.168).

---

2 Os relatos que demonstram sua familiaridade com o território são o do vigário-geral José Monteiro de Noronha, de 1759 – "Roteiro da viagem da cidade do Pará até as últimas colônias dos domínios portugueses em os Rios Amazonas e Negro" –, o de Francisco Xavier Ribeiro de Sampaio, de 1775 – "Diário da viagem que em visita e correição das povoações da Capitania de São José do Rio Negro fez o Ouvidor e Intendente Geral da mesma Francisco Xavier Ribeiro de Sampaio, no anno 1774 e 1775" –, e o de Alexandre Rodrigues Ferreira, de 1776 – "Diário da Viagem Philosophica pela Capitania de São José do Rio Negro" (Wright, 1992; Bruzzi, 1977).

Aumentar a população da capitania curiosamente significou, naquela segunda metade do século XVIII, alçar os índios à posição de vassalos da Coroa, isto é, cidadãos da colônia "sem distinção ou excepção alguma, para gozarem de todas as honras, privilégios e liberdades que gozam os outros" (Nabuco, 1941, p.51), mas com a condição de que, o mais breve possível, se misturassem à população de origem europeia e assumissem os hábitos de prestar reverências ao rei e pagar tributos. Tal condição fica patente nas próprias disposições do Diretório e de outras leis que complementam. Em uma delas, expressava-se o desejo do rei de que seus vassalos brancos se casassem com índias, auferindo a quem o fizesse honras e benefícios. A numerosos soldados que acompanharam as comissões de demarcação foi concedida a baixa, para que se casassem com mulheres da terra e se fixassem nas povoações. Pode-se considerar que tal medida não fazia mais do que oficializar uma prática bastante comum, adotada havia várias décadas por muitos homens da colônia que iam ao sertão do rio Negro atraídos pelo lucrativo negócio do comércio de escravos. Chegaram, então, algumas décadas depois, os soldados que faziam parte das diligências das demarcações e, um pouco mais adiante, outros militares que, assumindo postos nas novas guarnições, vieram igualmente a contrair matrimônio com as filhas de seus aliados indígenas. Nesse período, os moradores de várias povoações do baixo e médio rio Negro eram filhos de brancos com índias (Nabuco, 1941, p.46). A mistura entre gentios e europeus parece ter sido, assim, o mecanismo idealizado no período pombalino para garantir o sucesso da política dos aldeamentos, pois os filhos dessas uniões já não seriam gentios e, desse modo, poderiam ser contabilizados nas estatísticas da população da colônia.

Mas, então, por que o aumento populacional não teria ocorrido? Ao comentar as razões do decréscimo da população nas povoações ao longo das últimas décadas do século XVIII, o ouvidor da capitania, Francisco Xavier Ribeiro de Sampaio, comenta que, ao contrário do tempo dos aldeamentos carmelitas das décadas anteriores, as povoações dessa época não podiam se valer dos descimentos perpetrados pelas tropas de resgate, oficiais ou particulares, em função da liberdade concedida aos gentios. Em suma, não se poderia pretender para a capitania uma população

Tratava-se de um carmelita, ex-soldado, de métodos pouco ortodoxos, que permaneceu na região entre 1832 e 1852. Nas palavras de Wallace, "desgastado por todo tipo de libertinagem". A povoação de Marabitanas, onde uma fortaleza havia sido construída no século anterior, destacava-se como um centro regional onde eram realizadas festas constantes, cujos militares mantinham negócios assíduos com parceiros venezuelanos ligados à indústria de construção de barcos em San Carlos do Rio Negro.

Nesse contexto, é criada em 1850 a Província do Amazonas, que levaria à institucionalização de um novo programa de "civilização e catequese" dos índios e recolocaria em cena o cargo de diretor dos índios. Sua função: atrair os chamados "gentios", grupos indígenas mais isolados e diferenciados daqueles aldeados e "civilizados", para as margens dos rios, de onde poderiam mais facilmente ser transferidos e engajados nos programas de serviço público da província. Como aponta Manuela Carneiro da Cunha (1992a, p.138), o vazio legal deixado pela extinção do Diretório Pombalino no final do século XVIII não foi preenchido tão cedo, tendo essa lei permanecido como referência de base para disposições pontuais em várias províncias do Império. E, assim, a retórica da assimilação dos índios passa da Colônia ao Império. A submissão ao trabalho, tarefa por excelência de uma civilização secular dos índios, continuou a dar o tom nas relações com os índios da região no século XIX. Porém, as ações da nova Diretoria de Índios, diferentemente do que se passou no século XVIII, serão dirigidas não mais para o estabelecimento de povoações ao longo do curso do rio Negro, deslocando-se em direção às cabeceiras de seus principais formadores, os rios Uaupés e Içana. Com efeito, o cenário do rio Negro de meados daquele século parecia já não ensejar ações para promover descimentos dos gentios, pois a população que ali residia em muitos sítios já não se enquadrava nessa categoria.

De acordo com Wright (1981, p.230-2), no momento da criação da Província do Amazonas, constituía-se uma "retórica de controle" sobre a população indígena que distinguia três níveis ou graus de civilização, com base nos quais programas seriam traçados. Havia, em primeiro lugar, os "gentios", vivendo no fundo das florestas e entre os quais existiam tribos hostis; em segundo lugar, aqueles vivendo em "malocas já conhecidas", com um pequeno comércio regular de produtos da floresta com os brancos; por fim, aqueles habituados à civilização, categoria na qual se incluíam os que trabalhavam para o serviço público, na agricultura e na navegação. Podemos supor que os habitantes dos sítios do rio Negro enquadravam-se na terceira categoria, ao passo que os grupos do Uaupés e do Içana, sobretudo aqueles localizados acima das primeiras cachoeiras, na segunda e, eventualmente, na primeira. Esses últimos deveriam ser concentrados em aldeias às margens dos rios, e os primeiros, engajados no serviço de reconstrução das antigas povoações e no serviço público na capital. A partir de 1852, buscou-se colocar esse programa em prática, com a indicação de um missionário capuchinho, frei Gregório José Maria de Bene, para catequizar nos rios Uaupés e Içana. No mesmo ano é indicado, a pedido do próprio missionário, o tenente Jesuíno Cordeiro como diretor de índios nesses mesmos rios. Tratava-se de um tenente da guarnição de São Gabriel da Cachoeira, "muito respeitado e estimado dos Gentios tanto do Uaupés como do Içana" (de Bene ao Presidente da Província do Amazonas, in Tenreiro Aranha, 1906-1907, p.28). Tratava-se de um antigo morador do rio Negro, e seu pai havia servido com Lobo D'Almada (Wright, 1981). Porém, como veremos, o missionário não tardaria a mudar de opinião.

Como foi mencionado, os militares das guarnições de São Gabriel e Marabitanas envolviam-se geralmente em negócios comerciais. Com a nova Diretoria de Índios, vários deles ocuparam também o posto de diretor, de modo que os interesses de militares, comerciantes e diretores, entre as décadas de 1850 e 1870, praticamente convergiam, no sentido óbvio de obter trabalhadores indígenas, tanto para a extração de produtos para venda em Manaus como para seu próprio envio a essa cidade. O nome de Jesuíno Cordeiro, o primeiro diretor de índios do Uaupés, é mencionado em vários relatos sobre a história do rio Negro, invariavelmente associado a atos de violência contra grupos indígenas. Para responder às encomendas de escravos por parte de moradores de Manaus, o diretor parecia não hesitar em organizar ataques armados a aldeias indígenas. Em um deles, ainda antes de sua nomeação, Cordeiro organiza um ataque a um grupo de índios Carapanã do alto Uaupés, matando sete homens e fazendo vinte prisioneiros, entre mulheres e crianças, que seriam enviados a Manaus (Wallace, [1853] 2002, p.178). Mantendo paralelamente o comércio de produtos extrativos, Cordeiro exigia também que aldeias inteiras passassem a dedicar grande parte de seu tempo à coleta desses produtos. O próprio missionário capuchinho, que solicitara a nomeação de Cordeiro em 1852, alguns anos depois pedirá, ao perceber a situação, sua exoneração ao presidente da província. Mas é o missionário que, em pouco tempo, se retira do Uaupés. Cordeiro permanece na região até sua morte, décadas mais tarde (Tenreiro Aranha, 1906-1907, p.37).

Um dos expedientes de que os diretores de índios parecem ter lançado mão em seus negócios com os índios foi direcionar a distribuição das chamadas "cartas patentes" a pessoas de sua confiança. Tais documentos eram expedidos pelos militares ou pelo próprio presidente da província para nomear "principais", isto é, líderes indígenas que passavam a ser reconhecidos como tais pelas autoridades. Desses certamente se esperava que promovessem o estabelecimento de aldeias e obtivessem trabalhadores. Até então, há um registro para o ano de 1820, quando o "índio abalizado" Raimundo José foi nomeado principal da "nação Uaupés". Era um morador de São Jerônimo, atual Ipanoré, onde se havia tentado, no século anterior, o estabelecimento de um aldeamento. Fora nomeado por Manoel Joaquim do Paço, ainda governador da capitania do rio Negro. Entre 1848 e 1851, outros índios do Uaupés foram nomeados como principais, período em que passaram a ser chamados de "tusháuas". Nas fontes, há indicações claras de que por intermédio desses *tusháuas* as "autoridades" ou os "negociantes" locais logravam obter "gentes de outras nações" que poderiam ser colocadas a seu serviço ou enviadas a autoridades e negociantes maiores de Manaus (Tenreiro Aranha, 1906-1907, p.38; Wallace, [1853] 1992, p.247). Wallace menciona comerciantes do rio Negro que eram abastecidos por seus patrões em Manaus de munição e mercadorias destinadas aos *tusháuas*, aliados nesse tipo de empresa.

Em questão de mais duas décadas, surgiriam pressões em Manaus para a extinção do posto de diretor de índios. Argumentava-se que, em vez de prover a necessária proteção aos índios em face dos abusos dos comerciantes, os diretores tornavam-se seus mais cruéis exploradores. De acordo com Wright (1981, p.312), o cargo foi extinto em 1866, mas os comerciantes e militares que o ocupavam no alto rio Negro continuaram em suas atividades na região, provavelmente intensificando-as nos anos seguintes, quando também nessa região se fizeram sentir os efeitos do *boom* da borracha.

Pode-se notar, portanto, que a história do século XVIII praticamente se repete no século XIX. Nos dois períodos, observa-se inicialmente uma presença quase nula do Estado, que favorece a atividade ilícita de escravização de consideráveis contingentes indígenas. Seguem-se ações oficiais mais sistemáticas, com a criação de Diretorias de Índios voltadas para a fixação e "civilização" dos grupos indígenas. Forte presença de militares e ausência de colonos marcam os dois períodos, que dão ao processo de colonização características muito peculiares: são os próprios grupos indígenas que devem ser induzidos a viver nas povoações e assumir os costumes dos brancos. Outro paralelo diz respeito à liberdade de ação que as distâncias e o isolamento permitiam àqueles que vieram a atuar como diretores, algo que concorreu para que os objetivos oficiais almejados jamais fossem alcançados. O aumento das vilas e povoações ficaria muito aquém do que imaginaram alguns governadores do Grão-Pará e presidentes da Província do Amazonas, e a falta de gente com o "necessário caráter" para levar a cabo os programas oficiais era lamentada continuamente. Esse último ponto é frequentemente registrado nas fontes. Araújo e Amazonas ([1852] 1984, p.150), ao observar a decadência da capitania do rio Negro em período posterior à extinção do Diretório ao final do século XVIII, avalia que essa

> instituição havia se tornado inexeqüível pela dificuldade de se depararem indivíduos capazes de desempenho do lugar de Director: difficuldade, que (sem escandalisar) por muito tempo ainda impecerá toda a legislação, cuja observancia demande probidade moral. Os indigenas, fugindo ao alcance de algum Director, forão assentar seus domicillios nas cabeceiras dos rios, lagos, ou outra parte que lhes garantisse algum aviso, v.g., para o serviço de olaria, dos pesqueiros etc.

E foi realmente um problema duradouro, cuja marca persistiu até a decadência da economia extrativista na região, alcançando assim o século XX. A disciplina do trabalho que se pretendeu impor com os aldeamentos coloniais no rio Negro do século XVIII e com as aldeias de índios catequizados no Uaupés do século XIX haveria que ser obtida por outros meios. Se as Diretorias não foram eficazes como "elo" a manter os grupos indígenas unidos à sociedade que se pretendeu construir no rio Negro, outro meio mostrar-se-ia mais persuasivo: o endividamento. Este talvez tenha sido o diferencial entre essas duas fases da colonização, pois não há menções à dívida no século XVIII.

Com efeito, parece ser a partir de meados do século XIX – no qual uma economia incipientemente monetarizada crescia, com o segmento "civilizado" da população regional encarregando-se do escambo com os índios e, simultaneamente, estabelecendo relações comerciais com agentes que possibilitavam o escoamento de produtos extrativos e a entrada de mercadorias na região – que o artifício do endividamento passou a ser empregado no alto rio Negro, constituindo, paralelamente aos casos de escravização explícita, um mecanismo eficaz de exploração local do trabalho ao criar clientelas indígenas. Há evidências disso nas informações existentes sobre a própria atuação de Jesuíno Cordeiro, para o qual muitos índios eram obrigados a trabalhar arduamente para saldar dívidas.

No momento em que a província recriava a Diretoria de Índios em meados do século XIX, haveria alguns comerciantes instalados em pontos isolados às margens do alto curso do rio Negro. De acordo com Alfred Wallace, os negócios dos comerciantes com os índios envolviam a troca de produtos como castanha, farinha, peixe seco, salsaparrilha, piaçava, peles, couros, drogas e artesanato por mercadorias como panos, panelas, machados, facões, anzóis, facas, espingardas, agulhas e linhas. Os produtos obtidos pelos comerciantes eram exportados para Manaus, e os negócios sempre incluíam o fornecimento de cachaça aos índios, tornando o escambo significativamente favorável aos comerciantes. É também por meio do relato de Wallace que somos informados a respeito da vigência do sistema da dívida na região, método que, segundo o viajante, era largamente empregado nas relações com os índios. Consistia, basicamente, em adiantar mercadorias a crédito, que mais tarde deveriam ser pagas com desproporcionais quantidades de produtos da floresta (Wallace, [1853] 1992, p.178). Do exame da documentação do período, Robin Wright (1981, p.263) fornece uma lista de sete comerciantes que atuavam no alto rio Negro na década de 1850 e seguintes, indicando que alguns deles eram pessoas nascidas na região. A dívida, segundo o autor, era praticamente uma condição inescapável, pois consistia na única forma possível de acesso a mercadorias para a população indígena. Na região próxima à fronteira com a Venezuela, onde vários comerciantes venezuelanos e luso-brasileiros vinham operando, era comum que trabalhadores circulassem entre diferentes patrões à medida que "lhes pagassem a dívida" anteriormente contraída. Quando um homem terminava seu trabalho sem quitar a dívida, o mais conveniente seria "vendê-lo", isto é, à sua dívida. Se por isso se conseguisse piaçava, restava despachar o produto para a venda em Manaus (cf. Spruce, 1908 apud Wright, 1981, p.220). Com efeito, vários viajantes informam a respeito da inutilidade do dinheiro no período. Pessoas e coisas eram o que realmente circulava.

Segundo Robin Wright (1981, 1989, 1992), essa situação de exploração e violências será o motivo central na eclosão dos movimentos messiânicos que se iniciam na década de 1850 entre grupos indígenas do alto rio Negro, particularmente entre os grupos aruak do norte da área. Nesses eventos, a dívida com os civilizados é explicitamente tematizada pelos messias que então surgiram: manejando símbolos e rituais cristãos e os articulando por habilidades xamanísticas,[3] líderes como Venâncio Kamiko, cujas profecias arrebataram seguidores em muitas aldeias indígenas dos rios Negro e Içana, prometiam a seus seguidores o perdão das dívidas acumuladas por meio de uma destruição cataclísmica do mundo, anunciada pelo contato direto com o Deus cristão. Para esse acontecimento, na data em que se comemoraria o dia de São João, Kamiko haveria

---

3 Para uma interpretação detalhada dos rituais e da cosmologia em que se baseavam esses movimentos, ver especialmente Wright & Hill (1986) e Hill & Wright (1988). Stephen Hugh-Jones (1981, p.33) relaciona ainda o surgimento desses movimentos a um momento de ocaso da atividade missionária na região, o que será revertido apenas nas últimas décadas do século XIX com a chegada de missionários franciscanos ao rio Uaupés.

orientado seus seguidores a se prepararem evitando os bens materiais dos brancos. Em outros casos, é profetizada uma inversão das relações entre índios e civilizados, os primeiros tornando-se senhores e apoderando-se das riquezas dos brancos. Há sugestões de que tenham ocorrido muitos casos localizados desse tipo de movimento até o final do século XIX, mas que não foram objeto de registro nas fontes históricas. Para os casos documentados, há informações inequívocas de que esses líderes e seus seguidores foram duramente reprimidos pelos militares, já que a estes tais práticas religiosas sugeriam uma perigosa "conspiração contra os civilizados" (Wright, 1981, p.276-301).

Encontramo-nos, assim, às vésperas do ciclo da borracha, cujos efeitos rapidamente subiriam o rio Negro, momento em que, como aponta Hugh-Jones (1981, p.33-4), surgiria demanda ainda maior pelo trabalho dos índios. Como também sugere esse autor, "os indios del Rio Negro habían sido casi extinguidos o bien absorvidos por la cultura del cabuco, los maestros locales; virtualmente toda labor vendría de las áreas de refugio del Vaupés y del Isana". Porém, esses "maestros locales" estariam participando ativamente desse processo, já que ocupavam uma posição estratégica no quadro das relações sociais que ia se moldando no médio e alto rio Negro. Aliás, constituíam um dos ingredientes básicos para que a região viesse a tomar parte no novo ciclo econômico, uma vez que, de acordo com a hipótese aventada por Meira (1997, p.27),

> boa parte da população mestiça, falante de nheengatu e habitante do médio e baixo rio Negro integrou compulsoriamente a população indígena refugiada nas cabeceiras dos rios na rede de aviamento que iria se fortalecer ainda mais no período áureo da borracha.

Uma agência que reforçaria, de modo inequívoco, sua caracterização como "civilizados" aos olhos dos seringueiros que viriam a se estabelecer no baixo rio Negro, nas localidades de Santa Isabel, São Joaquim, Thomar, Moreira, Barcelos e Carvoeiro. Seria certamente com o apoio desses intermediários do médio rio Negro que seringueiros passariam a subir os rios Uaupés e Içana para "seduzir com fementidas promessas de lucros vantajosos" (cf. Tenreiro Aranha, 1906-1907) uma quantidade enorme de famílias indígenas que seriam deslocadas para o trabalho nos seringais. Essa é a razão pela qual até os dias de hoje encontramos em toda a extensão do médio rio Negro e afluentes, bem como em boa parcela do baixo curso, muitas famílias indígenas cujos antepassados são originários dos rios Uaupés, Içana e Xié.

O relato do viajante italiano Ermano Stradelli ([1889] 1991) oferece-nos um quadro razoavelmente detalhado do que se passava no rio Negro nesse momento. Sigamos seu movimento descendo o rio Negro de Cucuí a Manaus.

Entre a fronteira com a Venezuela e Santa Isabel, Stradelli faz menção sistemática à decadência, se não ao total abandono, em que se encontravam as povoações fundadas pelos colonizadores portugueses ou missionários carmelitas no século XVIII. Lugares como Marabitanas,[4] São Marcelino (foz do Xié), Nossa Senhora da Guia, São Felipe (foz do Içana), São Gabriel da Cachoeira, São Pedro, São José, Massarabi, Castanheiro, todos eles no passado com duzentas, trezentas ou até mais de quinhentas casas, contavam na ocasião com pouquíssimos moradores e uma quantidade de casas que oscilava entre dez e vinte. Em contrapartida, particularmente em São Felipe e São Gabriel, Stradelli aponta a presença de novas personagens: Germano Garrido,[5] então considerado o "mais rico comerciante do alto rio Negro", e um certo Aguiar, dito "o maior comerciante do rio Negro". O primeiro, o mais rico;

---

4 O declínio da povoação militar de Marabitanas deve ter ocorrido, com efeito, a partir da segunda metade do século XIX, com a transferência da base militar ali instalada no século XVIII para a localidade de Cucuí, localizada na fronteira Brasil-Venezuela. Na passagem de Stradelli por lá, em 1889, a fortaleza construída pelos portugueses estava em ruínas. A leitura do relato de Stradelli sugere, portanto, que o comércio com a Venezuela que a partir dali se fazia, apontado como florescente nas primeiras décadas do século XIX em razão de uma indústria de barco que crescia naquele país (ver supra), não perdurou até o final do século XIX.

5 Espanhol que até hoje é recordado na região como aquele que foi o "dono do Içana". Teve muitas mulheres e, atualmente, podem-se encontrar muitos de seus descendentes residindo na cidade de São Gabriel da Cachoeira. Há um deles que ainda atua como regatão nos rios Içana e Xié. São Felipe, onde residia, parece ter sido a localidade de referência na região do alto rio Negro no início do século, tendo servido, por exemplo, como base para a expedição de T. Koch-Grünberg entre 1903 e 1904 (para os feitos de Garrido na região, ver Wright, 1999, p.161-2).

o segundo, o maior – no entanto, os únicos comerciantes brancos que aparentemente se encontravam estabelecidos entre Cucuí e São Gabriel da Cachoeira. Entre São Gabriel e Santa Isabel, esta já no médio rio Negro, além de povoações desertas apenas quatro pessoas recebem algum destaque na narrativa de Stradelli: um certo senhor Oliveira, estabelecido logo abaixo das cachoeiras de São Gabriel, o capitão Marcelino Cordeiro – certamente filho ou parente do já mencionado diretor de índios Jesuíno Cordeiro –, no sítio Carutino, um senhor Frutuoso, comerciante português em São José, e, por último, o capitão João Ricardo de Sá, na localidade de Boa Vista, à altura da foz do rio Marauiá, bem próxima a Santa Isabel. Henri Coudreau, naturalista francês que visitou o rio Negro no mesmo período, aponta a existência de 21 povoações no rio Negro entre Cucuí e Manaus, com um total de 91 casas permanentemente habitadas, ocupadas ao todo por uma população de "300 civilizados", entre amazonenses, paraenses e caboclos do rio Negro. Ainda segundo esse viajante, havia 27 comerciantes e um número bem maior de regatões que subiam o Içana e o Uaupés (Coudreau, 1887/1889, t. II, p.218ss.).

Deve-se salientar que Stradelli fazia essa viagem pelo Negro em janeiro, período de seca na região e auge da safra da seringa. Em diversas passagens, o viajante menciona o envolvimento da população local do rio Negro nessas atividades: "assim que as águas começam a baixar, os habitantes das aldeias e sítios, abandonam-nos e dirigem-se aos seringais, muitas vezes à distância de 15, 20 dias de viagem; têm o alimento apenas necessário para isto; o patrão proverá o resto" (Stradelli [1889] 1991, p.218). Vê-se desse modo que o vigor dos seringais do baixo rio Negro era considerável. Já havia navegação a vapor pelo baixo rio Negro, que alcançava a localidade de Thomar, à altura da foz do rio Padauiri, onde os primeiros barracões instalados formavam o centro do comércio da goma elástica no rio Negro. Nas imediações de Thomar encontravam-se os maiores e melhores seringais da região: "é um mercado, um ponto de reunião de regatões". A organização da exploração da borracha no rio pautava-se em grande medida pela ocorrência de seringueiras ao longo da bacia. Desde o Cassiquiare – canal que liga o rio Negro ao rio Orinoco – até a foz do rio Uaupés veem-se seringais ao longo das duas margens do rio, os quais desaparecem no trecho do médio

Cidade do índio

rio Negro entre São Gabriel e Santa Isabel. A partir daí as seringueiras reaparecem, em quantidades que permitem melhores safras e qualidade do produto. Essa distribuição responderia pela fraca presença de comerciantes na região do alto rio Negro e pelo grande afluxo, notado por Stradelli, da população em direção ao baixo rio Negro naquele momento. A isso se combinaria a dificuldade de navegar pelo rio Negro, principalmente a partir do trecho encachoeirado de São Gabriel, o que dificultaria o transporte de grandes volumes do produto rio abaixo.

Vemos, assim, que a vida social entre os moradores de sítios e comunidades localizados ao longo das margens do rio Negro era nitidamente marcada pelo trabalho nos seringais, onde se passava toda a estação seca, de setembro a março. Terminada a safra, conta Stradelli, a população voltava às comunidades, onde passava o período da cheia, entre maio e setembro, dedicada principalmente às festas, quando "todos os santos eram festejados" e as casas "formigam de visitas". Esse movimento anual de ida e volta, de descida e subida do rio, sugere que a muitos dos moradores das margens do rio Negro era concreta a possibilidade de auferir ganhos com o trabalho no seringal, bem como manter uma margem de autonomia nessa economia de dívidas, o que permitia o retorno e a organização das festas de santos. Esse certamente não era o caso da população indígena que era recrutada no rio Uaupés, para quem a negociação com patrões envolvendo dívidas e prazos não se colocava então como estratégia plausível. Antes disso, também anota Stradelli, os índios do Uaupés que se encontravam inseridos no sistema de trabalho dos seringais vez por outra, "calculando o próprio trabalho, julgam-se isentos de qualquer responsabilidade, e vão-se". Coudreau faz eco a essas afirmações de Stradelli, apontando uma tradução para a palavra Uaupés: "dans la fuite" (em fuga) ou "chemin de la fuite" (caminho da fuga). Na parte final da segunda seção deste capítulo voltarei a tratar das possíveis traduções para esse termo.

Como conta ainda Stradelli, terminadas as festas, os homens mais ativos começavam a se preparar para o retorno ao seringal, muitas vezes subindo o Uaupés ou o Içana para "engajar gente", para o que buscavam endividar o quanto podiam os homens mais jovens, "que são os mais maleáveis e mais se sujeitam". De acordo com Coudreau, o negócio po-

91

dia envolver a entrega de uma quantidade de mercadorias a um tuxáua para obter em troca o maior número possível de trabalhadores. E esses negócios produziam um significativo efeito entre as comunidades do rio Negro, uma vez que, com a atenção voltada para a borracha, a produção de farinha caía radicalmente em todas elas. Configurava-se, assim, um motivo a mais para ir negociar com os índios rio acima: naquele ano de 1889, em apenas um mês cerca de quatrocentas cestas de farinha saíram do Uaupés para os seringais. Além da farinha, Stradelli aponta também uma produção de borracha razoavelmente importante no baixo curso do rio Uaupés; a salsaparrilha, as fibras de tucum e curauá, cestas e outros artesanatos complementavam o comércio que se mantinha com os índios. E esse comércio era, como indica Stradelli, "constituído habitualmente por comerciantes mais ou menos civilizados, que vão perguntar aos índios o que precisam, enganando-os de todo o modo e abusando de sua hospitalidade".

Nas três décadas seguintes, durante as quais perdurou o interesse econômico pela borracha, essa situação persistiria, com indicações em várias fontes do início do século XX (provenientes dos arquivos do SPI e da Diocese de São Gabriel da Cachoeira, compiladas em Wright, 1999, e Meira & Pozzobon, 1999) de que a situação para os índios tornava-se cada vez mais agressiva. Theodor Koch-Grünberg ([1909/10] 1995, p.22ss.) e Curt Nimuendaju ([1927] 1982, p.145ss.) foram testemunhas oculares da presença de "bandos" de cearenses e colombianos que percorriam o Uaupés aterrorizando inúmeras comunidades com a finalidade de recrutar, por quaisquer meios, grupos de trabalhadores indígenas. Note-se que as viagens desses dois etnólogos pelo Uaupés ocorrem, respectivamente, em 1903 e 1927, o que evidencia que, por mais de trinta anos, o aliciamento de índios do Uaupés para a extração da seringa no baixo rio Negro – e em seguida a da balata na Colômbia – constituiu a tônica das relações com os chamados "civilizados", relações em que a violência era seguramente um componente intrínseco. A situação relatada por Nimuendaju parecia sensivelmente mais crítica, já que a partir dos anos 1920, com o preço da borracha começando a cair, a esperança de muitos patrões será dirigir os investimentos para a balata. Sendo mais abundante na Colômbia, balateiros desse país passariam a percorrer a parte brasileira do Uaupés, disputando com os patrões do baixo rio Negro a mão de obra indígena local. De acordo com Curt Nimuendaju, o saldo do período é o seguinte:

> o índio vê hoje em qualquer civilisado com que ele depara o seu algoz implacável e uma fera temível. É hoje trabalho perdido querer conquistar a confiança do índio por meio de um tratamento fraternal e justiceiro. Mesmo os actos mais desinteressados ele atribui a motivos sujos, convencidos de que só por conveniência qualquer civilisado disfarça ocasionalmente sua natureza de fera (Nimuendaju, [1927] 1982).

A "civilização" promovia, assim, um maciço deslocamento de grupos indígenas da bacia dos formadores do rio Negro para o trabalho de semiescravidão nos seringais, cujas proporções exatas é impossível precisar. Apesar disso, o rio Negro jamais foi grande exportador de borracha, figurando em último lugar entre os rios do Amazonas. Não obstante, a exploração de sua população nativa não parece ter ficado nada a dever a outras regiões. Ali, segundo Nimuendaju, um *modus vivendi* se estabelecera, de modo que aqueles que subiam os rios para arregimentar índios podiam facilmente descrever sua atividade como um processo de civilização. E, seguindo ainda o relato de Nimuendaju, toda a população civilizada do alto rio Negro no início do século XX era aquela que falava a língua geral, o nheengatu, introduzido pelos carmelitas no século XVIII, incluindo-se aí índios, mestiços e até os poucos comerciantes brancos. Os conflitos e as violências não se davam, desse modo, entre brancos e índios propriamente, mas entre índios e civilizados. Cabe ressaltar que, ao que tudo indica, a civilização constituía uma categoria maleável, cuja marca distintiva era, precisamente, a ocupação de certas posições na cadeia do endividamento.

Nesse sentido, parece-me apropriado sugerir para o rio Negro a mesma avaliação que fez Anne-Christine Taylor (1992, p.225) quanto à expansão da exploração da borracha na Amazônia peruana, isto é, a de que esse ciclo econômico não deve ser considerado um período diferenciado na história econômica e social da região, mas sim uma forma ampliada, intensa e temporária das formas de exploração de recursos e dos homens de longa tradição na região. Stradelli (p.220) nos mostra o quanto, ainda no início do ciclo da borracha, civilização e dívida se implicavam mutuamente, sendo a primeira um fim e a segunda um meio:

> o homem que não deve é gente que não tem valor, e um tapuio nunca pagará completamente sua dívida, ou se pagar, será para fazer uma nova, imediatamente, para dizer que tem um patrão, e este, que conhece o vício do animal, vende-lhe os objetos de modo a satisfazê-lo, a 50.000, 100.000, 200.000, e contenta-se com o que pode retirar, sem incomodar-se com mais, e, é preciso confessá-lo, sem ser muito exigente; é suficiente que o crédito apareça bem claro em seus livros, e o resto pouco importa, por pouco que recebe, sente-se pago; e querendo retirar-se, sempre encontra alguém que, com um desconto, compre-lhe a dívida; e o tapuio, habituado a isto, passa de armas e bagagem à dependência de um novo patrão; não possuindo nada, responde pela dívida com a própria pessoa, a mulher inclusive.

O termo tapuio aqui empregado consistia em uma designação para os índios e mestiços das comunidades e sítios localizados às margens do rio Negro, abaixo de São Gabriel, que a todo verão acorriam para os seringais do baixo rio Negro. Ter um patrão e uma dívida em mercadorias era a credencial para a aquisição do *status* de civilizado. A dívida veio a ser, portanto, um mecanismo de passagem da gentilidade à civilização. Não foi simplesmente uma invenção para viabilizar o aumento da produção de borracha, mas o meio, por fim identificado, para dar conta dessa questão que permeou o processo de colonização desde seu início.

E, como foi assinalado, a civilização de muitos dos moradores do rio Negro era algo incerta. Se entre os hábitos da civilização estivesse incluído o uso de vestimentas, realmente o primeiro diretor de índios do século XIX, Jesuíno Cordeiro, dava mostras de que sua adesão a esses novos comportamentos era titubeante. Assim se refere Stradelli ([1889] 1991, p.281) a um de seus encontros com Cordeiro: "foi na casa deste, que, chegando um dia de improviso, encontrei toda a família nas roupas de nossos primeiros pais; e quando me desculpei por ter chegado tão inoportunamente, Jesuíno explicou-me a coisa com a maior naturalidade do mundo: 'amigo, seria preciso muito sabão se se andasse sempre vestido'". Desse modo, concluía o viajante italiano, tratava-se de um indivíduo "pouco mais civilizado do que os civilizandos". Portanto, se o modo civilizado de viver desses atores locais era flexível o suficiente para tolerar a inconstância no uso das roupas dos brancos em prol da economia do sabão, o que mais poderia significar sua civilização senão um posicionamento estratégico nesse fluxo de coisas? Se era com as mesmas mercadorias que se passava a endividar os índios, então um índio endividado era um índio em vias de se tornar civilizado.

Assim, talvez seja possível pensar o ciclo da borracha no alto rio Negro como um capítulo, certamente trágico, de outro ciclo muito mais longo: o da civilização, ao longo do qual, parafraseando o que disse Michael Taussig (1993, p.82) a respeito das atrocidades cometidas no rio Putumayo à mesma época, "o débito e não a mercadoria é que é transformado em fetiche", pois o que tornava o homem um homem era sua dívida. Foi certamente um fetiche duradouro, que estaria presente na constituição de uma peculiar formação social ao longo do rio Negro, algumas décadas após o término do período colonial. Eram barés, mamelucos e tapuias em geral, cujo contingente, residindo nas povoações remanescentes e em inúmeros sítios dispersos pelo curso do rio, as fontes não permitem estimar. Alguns deles mais tarde subiriam os rios Içana e Uaupés, estendendo suas dívidas aos índios, aos quais a civilização haveria de ser imposta. A alternativa que se apresentou aos índios desses rios foi investir nas relações com outros agentes da civilização, os missionários.

Com efeito, ao final do século XIX a tarefa de estabelecer aldeamentos no rio Uaupés é retomada, agora sob os auspícios de missionários franciscanos. Tratou-se de tentativa efêmera, iniciada em 1879 com o estabelecimento de uma missão no médio Uaupés. Os franciscanos chegaram a obter grandes concentrações de índios Tariano na localidade de Ipanoré, bem como de índios Tukano em Taracuá. O projeto missionário franciscano do Uaupés foi, porém, bruscamente interrompido, com a expulsão de três missionários pelos Tariano de Ipanoré em 1883. A expulsão dos freis Venanzio Zilocchi, Matteo Camioni e Iluminato Coppi foi motivada pela exibição, do púlpito da igreja da missão, de uma máscara de Jurupari, utilizada nos rituais de iniciação masculina e expressamente proibida à contemplação das mulheres. As descrições existentes sobre esse episódio dão conta de que a revolta provocada por esse gesto entre os índios por muito pouco não acarretou a morte dos missionários, que imediatamente fugiram para jamais retornar (Koch-Grünberg, [1909/10] 1995, p.15-6; Stradelli, [1889] 1991, p.281).

O relacionamento dos Tariano de Ipanoré com os franciscanos envolve alguns aspectos curiosos. De acordo com o viajante Henri Coudreau (1887/1889, t. II, 147ss.), que visitou o Uaupés na época dessa missão, os franciscanos, ainda que não falassem a língua dos Tariano e Tukano, conseguiram transformar radicalmente Ipanoré. O padre Iluminato Coppi contava apenas com cinco ou seis sermões em língua geral, traduzidos com a ajuda de alguns regatões. Com esses sermões, ele pregava cotidianamente na igreja da missão. O lugar mostrava-se, aos olhos do viajante, como uma "aldeia" extremamente cristianizada, com rigorosa rotina de cultos e serviços. Havia se tornado a maior povoação do Uaupés, reunindo mais de trezentas pessoas em 1883. Várias obras estavam sendo construídas, incluindo, além da igreja, escola, casa dos missionários, casa das autoridades e até uma prisão. Até mesmo uma "força policial", formada por índios Tariano, foi organizada. Apesar de tudo isso, Coudreau afirmava também que Ipanoré era a "aldeia dos pajés", onde cada um possuía sua especialidade – para a chuva, para o bom tempo, para provocar doenças e para a guerra. Ainda de acordo com o viajante, havia um "pajé dos pajés", o Arapasso chamado Vicente Cristo, considerado "amigo de Deus". Ao que tudo indica, os sucessos obtidos em tão pouco tempo, e por um número reduzido de missionários, devia-se àquilo que esse Arapasso vinha profetizando antes mesmo da chegada dos franciscanos.

Vicente Cristo foi o líder de um dos vários movimentos messiânicos que vieram a eclodir na região a partir da segunda metade do século XIX. Como já apontamos, tais movimentos surgiram em um momento de ausência de religiosos na região. Vimos que, por ocasião da criação da província do Amazonas e da nova Diretoria de Índios, em meados do século, um padre capuchinho fora indicado para catequizar os índios do Uaupés e Içana. Porém, esse missionário permaneceria pouquíssimo tempo na região, por causa de desavenças que não tardaram a surgir com o diretor de índios Jesuíno Cordeiro. Até a chegada dos franciscanos, não houve outros religiosos atuando na região, e é significativo que entre as promessas que Vicente Cristo dirigiu a seus seguidores estivesse

Cidade do índio

a garantia da chegada de novos missionários. Ele afirmava ter-se encontrado com Tupana, como era chamado o Deus cristão, em seus transes, e solicitado novos padres. Além da chegada de novos missionários, Vicente Cristo vinha profetizando o fim da exploração dos índios e a saída iminente dos comerciantes do Uaupés. Além da reputação de grande curador de doenças, garantia também a proteção de Santo Antônio a seus seguidores, que o acompanhavam em danças ao redor de uma grande cruz. Vicente Cristo prometia ainda àqueles que seguissem suas recomendações a liberação das dívidas que sujeitavam os índios aos regatões. De acordo com Wright (1981, p.333), seu movimento, apesar de forte conotação de rebelião, não envolvia a obtenção pelos índios da riqueza dos brancos. Suas promessas diziam respeito à abundância das colheitas, à saúde e ao fim das dívidas. Suas atividades levaram rapidamente a uma reação por parte de comerciantes estabelecidos em São Gabriel da Cachoeira, que, antes da chegada dos franciscanos, haviam tratado de lhe arranjar alguns dias de prisão em Barcelos.

Enquanto durou a missão franciscana, a atitude dos índios de Taracuá e Ipanoré para com os padres mostrava-se radicalmente diferente daquela que demonstravam com relação aos comerciantes. Coudreau informa até a respeito de uma disputa que chegou a envolver os dois povoados para abrigar os padres e sua igreja. Quanto aos comerciantes, ao contrário, a regra era fugir sempre que aportassem nos povoados. Uma "guerra surda" chegou a reinar naquele momento, envolvendo regatões e missionários cujos projetos se mostravam claramente contraditórios. Aos padres interessava concentrar os índios em torno dos núcleos missionários de Taracuá e Ipanoré, ao passo que aos regatões interessava forçar os índios a vender tudo o que tivessem por quantias irrisórias de cachaça, ameaçando-os com soldados que viriam para matá-los caso recusassem a cooperar. Coudreau, fazendo eco aos diversos observadores da época, menciona ainda o costume dos regatões de "pegar meninas", apontando que muitos subiam o Uaupés menos pelos lucros do que por esses pequenos prazeres da viagem.

Pelo relato de Henri Coudreau, depreende-se ainda que Vicente Cristo desempenhou importante papel na consolidação do núcleo missionário franciscano entre os Tariano de Ipanoré. O desenlace conflituoso que acarretou o fim dessa missão indica que diferentes expectativas operavam nessa experiência efêmera, envolvendo pajés e missionários em uma espécie de mal-entendido cosmológico. A solicitação por novos missionários que Vicente Cristo teria dirigido a Tupana era, de acordo com Wright (1981, p.330ss.), coerente com a visão arraigada havia várias décadas na região entre os índios, segundo a qual os padres eram aqueles que poderiam proteger os índios contra os abusos cometidos pelos comerciantes e seringueiros. Mas a profanação dos objetos cerimoniais do Jurupari não estava prevista nos ensinamentos do profeta Arapasso. Para além da segurança que missionários poderiam significar, havia certamente algo mais a motivar a boa acolhida aos religiosos brancos, em especial o interesse depositado nos poderes e na proteção de Santo Antônio. Mas nem por isso aquilo que os pajés diziam sobre o Jurupari fora abandonado, como o atesta a reação indígena aos derradeiros feitos dos missionários. Aliás, a obtenção dos objetos rituais pelos franciscanos se deu por meio de um estratagema que consistiu em defender a inocência de um Tariano de Iauaretê acusado de envenenar o tuxáua de lá. Esse Tariano, chamado Ambrósio, ao entregar-lhes uma caixa com ornamentos rituais, obtivera a complacência dos missionários, cuja intervenção no assunto fora solicitada pelos Tariano de Iauaretê.

Se, como vimos, a dívida era como que perseguida pelos moradores do rio Negro, constituindo um recurso por meio do qual se alcançava a "civilização", no Uaupés ela era, por outro lado, percebida como uma forma de sujeição, a permitir que aqueles caboclos já considerados civilizados continuassem a contrair novas dívidas junto aos patrões e comerciantes maiores que vinham se estabelecendo na região do baixo rio Negro. Nesse caso, eram os índios do Uaupés e do Içana que pagavam pela civilização daqueles moradores do rio Negro, pois seu endividamento seria a garantia do pagamento das dívidas desses últimos – uma extensa cadeia de dívidas, portanto, que marcou várias regiões da Amazônia envolvidas na economia da borracha. No rio Negro, suas posições intermediárias vieram a ser ocupadas por aqueles grupos remanescentes das povoações coloniais, devedores e credores ao mesmo tempo, manejando relações estratégicas a jusante e a montante do rio Negro. Para os índios do rio Uaupés e Içana, a dívida não veio, definitivamente, a representar o fetiche que seduziu os grupos do rio Negro. Pelo messianismo ou pela acolhida aos missionários, eles almejaram, precisamente, o cancelamento das dívidas. Para tanto, sua atenção se voltou para aqueles santos cristãos, outra das marcas da própria civilização que emanava do rio Negro. Alguns profetas eram, eles próprios, considerados santos, a persuadir seguidores concedendo-lhes o batismo (cf. Wright, 1981).

Chegamos, assim, a uma questão que, por sua importância histórica e etnográfica para a região do alto rio Negro, deve, a meu ver, ser sublinhada. Seja pelo mecanismo do aviamento, seja pela transformação messiânica, a civilização viria, aos olhos dos diferentes segmentos da população nativa da região, a constituir uma condição passível de ser alcançada. Algo, portanto, que, embora à primeira vista insinue um processo de imposição de valores sobre os índios, lhes parece uma imagem a ser perseguida. No caso dos grupos do rio Negro, a quem a dívida se afigurou como um caminho possível de transformação, a posse de mercadorias dos brancos parece ter desempenhado o papel central, signo de um novo *status* e de uma nova condição; já os grupos do rio Uaupés, aderindo às mensagens proféticas dos xamãs que vieram a se tornar "amigos de Deus", voltar-se-iam para outros elementos, como o batismo cristão, principalmente pela possibilidade de obtenção de um nome que esse sacramento permitiria.

A esse propósito, viajantes europeus, já no início do século XX, mostram-se perplexos quando, em visitas a malocas do Uaupés e Içana, deparam com insistentes solicitações para que batizem crianças. Brancos de terras muito distantes, com modos marcadamente distintos de outros civilizados que então frequentavam a região, a chegada desses "dotores" constituiu por vezes uma notícia que rapidamente se espalhou por numerosas malocas. Foi o caso do etnólogo alemão Theodor Koch-Grünberg e do naturalista inglês William McGovern, ambos envolvidos pelos índios em negócios sacramentais (ver Koch-Grünberg [1909/10] 1995, t. I, p.245ss.; McGovern, 1927, p.159-60).

O que diz McGovern a esse respeito é bastante significativo. Subindo pelo rio Papuri, o viajante foi alvo de intensa demanda por batismos em uma maloca acossada por uma doença que atingia quase todas as crianças:

Foi somente algum tempo depois que compreendi o real significado do pedido deles. O piloto, vendo minha perplexidade, assegurou-me de que eu precisava apenas derramar água sobre as crianças e dar-lhes um nome; eles estavam me pedindo que ministrasse o sacramento do batismo! Esses índios não pretendiam ser cristãos. Não tinham o mínimo interesse na religião dos brancos. Muitos deles nem sequer haviam visto um branco antes; mas sem dúvida, em função da atividade missionária no distante Rio Negro muitas décadas atrás, haviam-se espalhado – da estranha e intermitente maneira indígena – as notícias de um rito mágico que só poderia ser ministrado pelos brancos e que traria boa sorte, especialmente às crianças...

Nessa ocasião, o viajante, ao simular o batizado que lhe era solicitado, afirma ter tentado usar os próprios nomes indígenas. Mas isso não seria possível, pois os índios recusavam-se a lhe revelar o nome de seus filhos. McGovern, resignando-se em lhes atribuir nomes portugueses, se dá conta então de um detalhe crucial a respeito do que ali se passava. Os nomes indígenas eram parte da alma da pessoa, e o segredo que os envolvia dizia respeito a uma precaução quanto a possíveis malefícios mágicos que poderiam ser causados a alguém por meio de seu nome. Os nomes portugueses, por outro lado, atribuídos por um homem branco, eram considerados seguros, podendo ser utilizados abertamente. De acordo com o viajante, o ritual do batismo os tornava, do ponto de vista dos índios, seguros. O que lhe passava despercebido era que essa segurança relacionava-se, de fato, à origem desconhecida daqueles nomes, garantia, como teremos ocasião de discutir, de que não poderiam vir a ser manipulados por terceiros com recursos xamânicos. Voltarei a essa questão no Capítulo 4. Quanto a outros detalhes da expedição de McGovern pelo Uaupés, particularmente entre os Tariano de Iauaretê, serão explorados no Capítulo 5.

Itens da civilização dos brancos eram, assim, lidos por uma óptica xamânica, por meio da qual nomes cristãos passavam a ser empregados como forma de proteção contra doenças. Aquelas "vacilantes formas indígenas de cristianismo", tal como diagnosticadas por McGovern, consistiam, com efeito, em uma persistência do mesmo impulso messiânico documentado para o século anterior, tal como indicou Wright (2005b, p.150ss.). Para as primeiras décadas do século XX, há informações da emergência de novas manifestações do canto da cruz no rio Papuri. Várias pessoas de Iauaretê se referem a danças e cantos realizados em torno de grandes cruzes em malocas desana dos igarapés Turi e Macucu ainda na época da chegada dos primeiros salesianos em Iauaretê, no final dos anos 1920, e uma delas encontra-se hoje afixada em uma das paredes da igreja da missão (ver Bruzzi, 1977). A figura de Santo Antônio que, anos antes, inspirara o Arapasso Vicente Cristo reaparece em alguns relatos tukano que versam sobre um profeta chamado *Yãâri Kãati̇ Baya*, cujos ensinamentos tiveram lugar também no rio Papuri, pouco tempo antes da chegada dos novos padres. Conta-se que, quando jovem, ele andou muito pelo rio Negro, por vários lugares. Em suas andanças, teria obtido uma estátua de Santo Antônio e, ao retornar ao Papuri, começou, com seu novo objeto, a dar conselhos aos parentes, terminando por adotar o nome Antônio para si mesmo.

Ele era considerado civilizado, pois já sabia falar um pouco da língua geral e do português. Frases como "arra raiva" ou "Antonio bixuna pra Manaus" garantiam-lhe respeito, pois denotavam austeridade e provocavam temor. Vários de seus conselhos relacionavam-se a novos hábitos a serem adotados, que parecem responder a um provável juízo que se fazia quanto à falta de civilização dos índios do Uaupés naquelas localidades do rio Negro, onde haveria trabalhado, pois ele aconselhava coisas como não comer alimentos que caíssem ao chão e que as mulheres deixassem de mastigar a massa de fazer caxiri, pois "era com o mesmo dente que mastigavam a carne da cotia". Aos homens, exortava que não agarrassem as mulheres casadas, sob pena de enfraquecimento dos ossos, e que não fizessem nada de errado, como roubar, pois de Deus e de Santo Antônio nada se podia esconder. Ao ficar viúvo, ele se isolou, tendo então encontrado uma pedra espelhada por meio da qual tinha muitas visões. Essa pedra, "igual a uma televisão", como se diz hoje, mostrava-lhe vários tipos de gente, brancos e pretos, dispostos em uma escada na qual Santo Antônio ocupava sempre o topo.

Mas paralelamente a esses novos comportamentos, o profeta também orientava para a observação do correto uso das considerações de parentesco e, de modo especial, garantia a seus seguidores que, após a morte, suas almas não se transformariam em animais como pacas ou cobras. Ele se referia então ao destino póstumo das pessoas pertencentes aos sibs inferiores dos Tukano, cujas almas se dirigem a uma casa chamada *diâ-wapîra-wi'í*, localizada na cabeceira de um igarapé do rio Papuri. Considera-se que, passado certo tempo, essas almas transformam-se naqueles animais, ao contrário do que se passa com as almas daqueles que ocupam posições hierárquicas superiores. Estas contam com casas especiais, situadas em diferentes pontos da trajetória mítica dos ancestrais e que guardam seus nomes e riquezas. Transformam-se em belas aves. Assim como os nomes cristãos, novos hábitos civilizados parecem aqui implicar transformações xamânicas, envolvendo dessa vez não exatamente uma proteção aos vivos, mas um melhor destino aos mortos.

De acordo com Wright (2005b), esses movimentos que vieram a surgir no Papuri entre grupos tukano diferem daqueles que envolveram grupos aruak dos rios Içana e alto Negro nas décadas passadas. Caracterizados por uma conotação de rebelião mais nítida, os líderes desses últimos tratavam explicitamente das relações de opressão, do fim da exploração da mão de obra e das dívidas para com os civilizados. No Uaupés, ainda segundo o autor, a religião da cruz viria a se relacionar mais diretamente a concepções escatológicas de alguns grupos do Papuri. O ceticismo das pessoas quanto ao que ensinavam esses profetas do Papuri era corrente, como, aliás, ainda apontam alguns velhos de Iauaretê, de modo que esses eventos dificilmente podem ser caracterizados como movimentos messiânicos ou milenaristas. Talvez possamos tomá-los como uma abertura ainda maior do campo da fabulação xamânica, o que viria a propiciar mais tarde a boa acolhida de missionários monfortianos e salesianos, que se estabeleceram, respectivamente, no rio Papuri, em 1913, e em Iauaretê, em 1929 (a esse respeito, ver a discussão de S. Hugh-Jones, 1996).

Condições políticas distintas, profetismos distintos: ainda segundo Wright, os grupos aruak, mais próximos da indústria de construção de barcos e da atividade extrativista que floresceu na Venezuela ao final da segunda metade do século XIX, haveriam experimentado de maneira mais dura os efeitos das relações crescentes com os comerciantes. No Uaupés, no entanto, alianças de militares e comerciantes com chefes indígenas proeminentes matizavam essas relações, revestindo-as de certa

Cidade do índio

ambiguidade. Nesse sentido, podemos sugerir que as relações de hierarquia, mais acentuadas entre os grupos do Uaupés, viriam também a influenciar as relações diferenciais destes para com os "civilizados". Isso fica patente naquilo que dizem ainda hoje certas pessoas de Iauaretê ao se referirem a missionários e outros personagens que passaram a atuar no Uaupés no início do século XX: sem exceção, todos queriam saber quem eram os chefes dos Tukano e dos Tariano. Àquela altura, parece que a experiência colonial já os haveria alertado quanto à existência desse tipo de prerrogativa entre os índios do Uaupés. E ainda que alguns grupos lograssem entreter relações mais favoráveis com comerciantes, a "proteção" que missionários poderiam vir a proporcionar não seria descartada. Isso indica que tal proteção, recorrentemente apontada para justificar a boa acolhida dos índios aos missionários, não pode ser creditada integralmente a circunstâncias políticas de opressão. Esse é um motivo que, aliás, a própria crônica missionária se encarrega de ressaltar como mais um de seus bons serviços prestados à nação.

Penso, assim, ser possível aventar que, ao menos para alguns dos grupos indígenas do rio Papuri, a civilização dos brancos ocultava certas potências xamânicas. Os missionários as encarnavam da maneira mais acabada, pois eram os que sabiam como atribuir nomes às pessoas. O profeta Antônio foi um dos que se encarregariam de anunciá-los, enxergando através de sua pedra espelhada. Ele se referia especificamente às *seripihi masa numia*, as mulheres-andorinhas, com capa preta e peito branco. Mais tarde, quando os salesianos fundaram a missão de Iauaretê, seus seguidores poderiam constatar a exatidão de suas previsões, pois esse era precisamente o aspecto do hábito de Santa Maria Mazzarelo, a salesiana padroeira dos internatos femininos. Um pouco antes, por ocasião da fundação da primeira missão no lado colombiano do Papuri, os missionários monfortianos escolheriam precisamente seu povoado para a construção da primeira igreja na região. Um senhor tukano disse o seguinte a esse respeito:

> Os missionários viram que ele já estava antecipando o catecismo, falando de Deus e da Santíssima Trindade. Ao ver isso, os missionários perguntaram a ele quantos deuses existiam. Eles esperavam que ele dissesse pai, filho e espírito santo, mas ele disse que não sabia, e falou: –

"Não é fácil..." Depois da chegada dos monfortianos, passado algum tempo, ele morreu. Uns dizem que foi soprado, embora dissessem que ele enxergava pelos lados e pelas costas.

Parece que ali, tal como ocorrera antes com os franciscanos, uma missão cristã viria a florescer em um terreno anteriormente pavimentado pelo xamanismo.

Dessa maneira, os novos personagens que entrarão em cena no início do século XX encontrariam os índios ali já bem atentos e interessados pelas coisas da civilização. Foi então que o Uaupés passou a ser controlado por um comerciante de origem portuguesa, que se estabeleceu na localidade de Bela Vista, no baixo rio. Como nos informa o etnólogo alemão Theodor Koch-Grünberg, em viagem pelo rio Uaupés em 1903,

> em 8 de agosto chegamos no lugar do subprefeito Manoel Antonio de Albuquerque, que morava na margem esquerda, no pequeno e limpo assentamento de Bela Vista. Este parecia bastante civilizado: uma sólida habitação pintada de azul e branco, com teto de zinco; em frente, um mastro alto para colocar a bandeira; ao lado havia várias choças; no porto, dois batelões e alguns botes pequenos. Albuquerque era um mestiço nascido no mesmo rio. O sangue indígena predominava em seu irmão Chico e nele ... nos ofereceram cerveja de uma cervejaria de Petrópolis, a primeira que tomamos depois de mais de um ano. (Koch-Grünberg [1909/ 10] 1995, t. II, p.19).

O chamado subprefeito era conhecido entre os índios como Manduca, tristemente célebre no Uaupés pelas violências que viria a praticar. O estabelecimento da família Albuquerque nesse sítio constituía um evento inédito: excetuando-se curtos períodos de ação missionária, era a primeira vez na história da colonização que um "civilizado" instalava-se permanentemente no Uaupés com finalidade de exploração econômica. Muito se conta ainda hoje no Uaupés a respeito dos feitos do Manduca. Como se relacionava com os índios de Iauaretê, sua partida da região e sua morte são temas que voltaremos a discutir no Capítulo 5. Por ora, basta mencionar que o controle que exerceu sobre o Uaupés por cerca de vinte anos foi praticamente absoluto.

E assim o endividamento persistia no Uaupés, de maneira talvez ainda mais sistemática.

Nesse período, houve também uma visita do bispo de Manaus, D. Frederico Costa, ao alto rio Negro. Em sua visita ao rio Uaupés, ele encontraria os índios tariano de Iauaretê vivendo distantes da margem do rio, em partes mais interiores da floresta. Tratava-se de um recurso para se ocultarem das vistas dos balateiros colombianos que entravam no Uaupés para levar gente (Costa, 1909, p.70). Segundo D. Frederico Costa, os Tariano foram aparecendo aos poucos, solicitando o batismo e pedindo novos missionários. A visita desse religioso levaria, alguns anos mais tarde, ao início do processo de implantação das missões salesianas na região. Em 1914, foi fundada a primeira missão, em São Gabriel da Cachoeira. A partir daí, os salesianos criariam uma infraestrutura missionária jamais vista no rio Negro. Além de São Gabriel da Cachoeira, instalaram outras duas missões em pontos estratégicos do rio Uaupés na década de 1920: Taracuá em 1923 e Iauaretê em 1929. A partir dos anos 1940, outras três surgiram: em 1940, Pari-Cachoeira, no alto rio Tiquié; em 1942, Santa Isabel, no médio rio Negro; e, em 1952, Assunção do Içana, no rio Içana. A chegada dos salesianos ao Uaupés contribuiu para melhorar significativamente a situação de muitos grupos, uma vez que os missionários opuseram-se às práticas de exploração dos índios empreendidas pelos seringueiros.[6] Porém, a oposição dos salesianos às práticas então vigentes viria a ser dirigida principalmente aos balateiros colombianos que adentravam o Uaupés brasileiro, pois, conforme relatos do final da década de 1920, estes eram nesse momento os principais responsáveis pelas violências cometidas contra os grupos indígenas da

---

6 Mostrar-se-ão, no entanto, extremamente intolerantes quanto às expressões culturais indígenas, exigindo que os índios abandonassem suas casas coletivas multifamiliares, os rituais de iniciação e o xamanismo. As missões salesianas constituem impressionantes estruturas arquitetônicas, com instalações capazes de abrigar centenas de alunos indígenas em regime de internato. Até o final da década de 1980, lançaram mão desse expediente para afastar as crianças de suas famílias, proporcionar educação escolar e de ofícios e incutir os preceitos da religião católica. Atualmente, os internatos estão fechados, por causa da redução das dotações oficiais que receberam por muitas décadas (Nimuendaju, [1927] 1982, p.188-91).

área. As relações entre salesianos e comerciantes e patrões brasileiros eram possivelmente mais nuançadas.

A ambiguidade das relações entre missionários e comerciantes no Uaupés já fora aventada por Hugh-Jones (1981, p.35), que apontou casos em que a própria viabilidade do empreendimento missionário era garantida pelo comércio dos produtos extrativos, como parece ter sido o caso dos monfortianos que pelo mesmo período passaram a atuar no lado colombiano do rio Papuri (ver também Wright, 1999, p.167). Por outro lado, no contexto das relações entre índios e civilizados em que os salesianos passaram a atuar, e também considerando a magnitude de seu projeto, os religiosos dependeriam igualmente do trabalho indígena e, assim, da distribuição de mercadorias, de modo que estabelecessem com estes relações análogas àquelas que mantinham os seringueiros. Além disso, os primeiros movimentos da Igreja para criar uma prelazia no rio Negro nas primeiras décadas do século contariam com a complacência dos barões da borracha de Manaus que controlavam o comércio nessa região, em particular do poderoso J. G. Araújo, dono da maior firma comercial do Amazonas e responsável pelo financiamento dos negócios da maior parte dos seringalistas do estado. A firma J. G. Araújo mantinha, a partir de sua filial em Santa Isabel, aviados às margens do baixo e médio rio Negro e os dois patrões que competiam entre si na região das cabeceiras: Manuel Antonio Albuquerque, o Manduca, "dono do Uaupés", e Germano Garrido, o "dono do Içana". E há indicações de que a instalação das missões salesianas no Uaupés na década de 1920 contou diretamente com sua generosa "assistência" (O Jornal, 1959).[7]

Realizado esse percurso, vejamos em linhas gerais as informações presentes nas fontes históricas relativas à composição étnica da região.

---

7 A associação dos salesianos no Amazonas à figura de J. G. Araújo é atestada por uma grande matéria dedicada pelo diário amazonense O Jornal a essa ilustre personagem em 1959. Considerado o maior homem de negócios do Amazonas, "o consolidador da economia amazonense", esse comendador teria mantido, entre suas muitas obras de assistência, significativas contribuições ao Colégio D. Bosco em Manaus e às missões salesianas no rio Negro.

Quem eram os índios da região

Silvia Vidal (1999), baseando-se em evidências históricas e arqueológicas, argumentou recentemente que os grupos indígenas do rio Negro faziam parte, antes do início da colonização, de uma extensa rede de comércio a longa distância, através da qual se conectavam com vários outros grupos do Orinoco e do Japurá-Solimões. Segundo a autora, tratava-se de um sistema macropolítico e econômico regional, multiétnico e multilinguístico, que envolvia uma hierarquia interétnica (*Manoa and Oniguayal Macro Polities*, cf. p.518).[8] Em meados do século XVII, tal sistema já estaria em processo de desarticulação em virtude das flutuações demográficas que resultavam da disseminação de doenças e escravização pelos europeus. A partir do século XVIII, esse processo de desestruturação viria a dar origem a novas formações sociopolíticas indígenas no rio Negro, envolvendo inúmeros grupos da família linguística aruak – do ramo maipure do norte.

O argumento geral de Vidal é o de que tais formações – que a autora denomina *multiethnic confederacies* – seriam lideradas por chefes carismáticos, cujo paradigma seria o líder Manão Ajuricaba, e, flexíveis, teriam envolvido diferentes etnias ao longo do período. A autora aponta a formação de cerca de quinze dessas confederações entre 1700 e 1770, sendo que nas primeiras décadas desse período os grupos confederados e seus chefes dedicavam-se intensamente ao comércio de seus próprios produtos e escravos com holandeses, portugueses e espanhóis, para a obtenção de armas e outros bens de origem europeia. O contato comercial com os europeus teria sido o elemento de base para a formação e transformação dessas confederações, de modo que disputas pelas redes de troca haveriam levado a conflitos mutuamente destrutivos entre os

---

8 Com efeito, a participação dos grupos aruak do rio Negro em extensas redes comerciais é atestada pelas primeiras fontes históricas do alto Amazonas, segundo as quais os Manáo mantinham comércio com os assim chamados cacicados das várzeas do Solimões (Yurimagua ou Oniguayal e Aisuari) ao longo do rio Japurá. Há informações de que nessas transações circulavam produtos e objetos obtidos de grupos do rio Uaupés, assim como armas e outros objetos europeus trocados com os holandeses da Guiana por escravos (ver Porro, 1992).

principais grupos de diferentes confederações. A fase dos aldeamentos, que corresponde à segunda metade do século XVIII, teria acarretado um envolvimento ainda mais profundo dos grupos indígenas com a política colonial, bem como a eclosão de inúmeras revoltas, como vimos no início deste capítulo. A partir daí, muitos desses grupos aruak perderiam sua autonomia política e econômica e muitos indivíduos e famílias seriam assimilados. A muitos grupos apresentou-se ainda a opção de manter aliança com os portugueses ou aceitar a proteção dos espanhóis. Desse modo, argumenta Vidal, as confederações dos povos aruak sucumbiriam ainda no século XVIII, mas, ao longo da primeira metade do século XIX, através de movimentos migratórios e reorganizações políticas, esses grupos teriam sido capazes de se reconstruir como sociedades. Os movimentos messiânicos de meados do século já mencionados, liderados por xamãs aruak, teriam garantido a "continuidade física e cultural dos povos, a consolidação do sistema regional de hierarquias político--religiosas que persiste até hoje e a organização das sociedades Aruak, Tukano e Maku do noroeste amazônico" (Vidal, 1999, p.521). Note-se que, nessa hipótese, a (re)organização das sociedades atuais passa por um deslocamento espacial significativo de seu substrato demográfico, das margens do principal curso navegável da região, o rio Negro, em direção a seus formadores Uaupés, Içana e Xié.

Esse sugestivo modelo, baseado na noção de etnogênese, não permite, no entanto, vislumbrar propriamente o que haveria se passado com os grupos do rio Uaupés, já que o argumento diz respeito sobretudo aos Aruak do rio Negro, muito embora a autora mencione a participação de Cubeo, Arapasso e Desana, etnônimos que atualmente designam grupos de língua tukano do Uaupés, ao lado de inúmeros outros grupos aruak nas confederações que haveriam se sucedido ao longo do século XVIII – os sempre presentes são os Baré, Manáo, Baniwa e Warekena, mas vários outros são citados, como, por exemplo, Mayapena, Mabana, Guinau, Guariba, Puinave, Piapoco, Tariano, Curipaco, Yavitero e outros. Seriam os Cubeo, Arapasso e Desana grupos historicamente "tukanizados"? Ou sua presença ao lado dos Aruak do rio Negro indicaria apenas escravização e descimento? Respostas para tais problemas não passariam de hipóteses, cuja maior ou menor plausibilidade envolveria ainda a busca de evidências na história oral. Penso que esse é também o caso na hipótese da evolução das confederações aruak para o novo arranjo social que, mediante migrações e alinhamentos políticos e religiosos intergrupos, haveria levado à construção das sociedades atuais, incluindo agora os grupos tukano e maku.

Para a autora, o processo de formação de sucessivas confederações interétnicas, ainda que referenciadas às políticas coloniais de espanhóis e portugueses, seria um indício de que os Aruak do século XVII possuiriam uma organização social de maior complexidade sociopolítica do que a dos grupos atuais, uma vez que tais unidades se baseariam na existência de autoridade política centralizada e exercida por poderosos líderes que manipulariam ao mesmo tempo conhecimentos xamanísticos, habilidades comerciais e capacidade de mobilização para a guerra. Essa afirmação de Vidal (1999, p.517) apoia-se principalmente no fato de que ainda hoje se verifica a existência de unidades de descendência patrilineares hierarquizadas e exogâmicas na organização social dos grupos indígenas do noroeste amazônico, pelo que poderiam ser tomados como representantes de um sistema social único entre as sociedades amazônicas que sobreviveram à colonização.[9] Porém, há que se levar em consideração que também as ações dos portugueses no rio Negro, nesse período, envolveram o fortalecimento de lideranças indígenas de grupos cuja aliança seria estratégica para o negócio do tráfico de escravos. Do mesmo modo, como vimos anteriormente, a política pombalina dos aldeamentos era caudatária sobretudo da criação de relações amistosas com os chamados "principaes", o que supostamente permitiria o sucesso nos descimentos. Em que medida a existência desses líderes, cuja autoridade atravessava fronteiras étnicas, se deve à maior complexidade

---

9 Essa possibilidade é igualmente aventada por Stephen Hugh-Jones (1993) ao proceder à reinterpretação da organização social tukano à luz do conceito lévi-straussiano de "casa". E o contato dos Aruak do rio Negro com as sociedades mais "complexas" da várzea amazônica reforçaria a hipótese, já que para estas vêm sendo apresentadas evidências arqueológicas que sugerem estratificação, centralização política, grandes concentrações demográficas, produção de excedentes agrícolas, tudo isso associado à existência de clãs, linhagens e descendência unilinear (ver Roosevelt, 1991, 1992).

do sistema político no passado ou é fruto das relações em curso com os colonizadores é uma questão que demanda novos estudos.

Não obstante, os processos de base que teriam estado em operação ao longo do período apontado pela autora me parecem totalmente plausíveis – não apenas para os grupos aruak, mas também para os outros grupos indígenas da região –, a saber: a) assimilação de segmentos ou grupos de descendência de determinados grupos por outros de famílias linguísticas distintas; b) separação de segmentos de determinado grupo aruak por fusão com outros grupos, aruak ou não; c) acesso negociado a territórios de outros grupos; d) alianças políticas; e) articulação de formas supracomunitárias de integração sociopolítica. Em suma, sobretudo os mecanismos de fusão e fissão de grupos, tal como documentados na etnografia mais recente da região (ver, por exemplo, Goldman, [1963] 1979), teriam constituído um recurso estratégico empregado pelos grupos indígenas do noroeste amazônico para lidar com as vicissitudes da colonização. E talvez isso responda em parte pela flutuação na quantidade de etnônimos registrados nas fontes históricas.

Portanto, como já se concluiu para vários outros casos da Amazônia colonial, "a história está onipresente ... primeiro moldando unidades e culturas novas, cuja homogeneidade reside em grande parte numa trajetória compartilhada", e ainda em "reagrupamentos de grupos linguisticamente diversos em unidades ao mesmo tempo culturalmente semelhantes e etnicamente diversas" (Carneiro da Cunha, 1992b). Tendo isso em mente e sabendo que aqui incursionaremos pelo terreno das conjecturas, vejamos o que se pode deduzir após um rápido exame da etnonímia histórica do alto rio Negro.

Em geral, os textos históricos sobre o rio Negro são unânimes em apontar as quase insuperáveis dificuldades que envolvem o tratamento da etnonímia presente nas fontes. Há centenas de nomes apontados nas primeiras fontes escritas da região como "nações" (Wright, 1992), sendo, entretanto, impossível saber se se tratavam de etnias específicas ou de segmentos menores, como sibs ou fratrias, unidades presentes na organização social de todos os grupos indígenas contemporâneos da região. Além disso, as fontes históricas referem-se a grupos indígenas por nomes que, em geral, não correspondem a autodesignações, tratando-se de etnônimos atribuídos por terceiros. Em numerosos casos, há nomes que são empregados para vários grupos, como provavelmente é o caso de Baré, Baniwa, Uaupés e Maku, sem que se conheçam as circunstâncias em que tais categorias foram empregadas e registradas. A grande profusão de etnônimos sugere ainda que muitos grupos do rio Negro podem ter sido extintos ao longo dos séculos XVIII e XIX, hipótese que certamente tem um peso considerável em vista dos processos de escravização, aldeamentos, fugas e disseminação de epidemias do período. No entanto, não se poderia mecanicamente supor que os vários etnônimos presentes nas fontes, que não têm correspondência autoevidente com os grupos atuais, indiquem grupos extintos, assim como também não podemos estar seguros de que etnônimos usados desde o século XVIII até hoje tenham sido sempre utilizados com referência a um mesmo grupo – seriam os chamados Baniwa no século XVIII, presentes desde Manaus até Marabitanas, os mesmos Baniwa atuais do rio Içana? E tudo isso não apenas pela insegurança quanto a níveis de inclusão ou pelo problema da designação por terceiros, mas também em função de eventuais processos de assimilação que certamente ocorreram entre diferentes grupos.

Um exame das primeiras fontes do século XVIII que apresentam informações extensas sobre a etnonímia de todo o rio Negro foi efetuado por Wright (1991; 2005a). Uma dessas fontes são os registros de escravos indígenas trazidos do rio Negro para Belém pelas tropas oficiais de resgate entre 1745 e 1747. Desses registros é retirada uma impressionante lista de 290 etnônimos, que correspondem a 1.334 escravos e outros 43 considerados "forros", isto é, aqueles que não teriam sido resgatados da condição de cativeiro – mesmo esses deviam "pagar" seu resgate com trabalhos prestados na capital da colônia. De acordo com Wright, essa cifra corresponderia apenas a uma parcela reduzida do total de escravos feitos no período, principalmente em função da atuação de particulares. O grande número de etnônimos resultaria, segundo o autor, do fato de que grande quantidade desses termos designaria moradores de aldeias específicas ou grupos referidos de acordo com o nome de seus chefes. Muitos dos etnônimos podem ainda corresponder a formas alternativas de designar os mesmos grupos. Além disso, a lista incluiria muito provavelmente nomes que se referem a subdivisões de grupos, em particular a sibs patrilineares, que até hoje constituem a unidade básica da organização social dos grupos da região. De modo importante, quatro desses etnônimos cobririam um quarto do total de escravos feitos no período: Boapé, Macu, Baniwa e Ariquena. Não há dúvida, portanto, de que se trata de uma listagem extremamente heterogênea, na qual figuram tanto designações pontuais, ou locais, quanto categorias abrangentes, eventualmente sub-regionais, incluindo vários grupos de um mesmo rio.

Observadores da segunda metade do século XVIII, como Noronha (1759), Xavier de Sampaio (1775) e Ferreira (1776), apresentam informações mais acuradas. São viajantes que se encarregam de proceder aos primeiros levantamentos sistemáticos do rio Negro e seus afluentes, buscando registrar informações sobre a geografia e os povos da área. A etnonímia presente nessas fontes foi tabulada por Bruzzi (1977, p.28-9), que apresenta listas separadas para os rios Negro e Uaupés. Para as povoações do rio Negro é apontada a presença de 33 etnias: Manao, Paraviana, Uaranacocena, Carahiahi, Baré, Passé, Cocuana, Aroaqui, Tacu, Baniba, Baiana, Uariquena, Uaupez, Macú, Mepuri, Marapitana, Aruniê, Cubeuana, Coeuana, Duanáis, Jurí, Japíuna, Jaruna, Juma, Mendó, Maquiritare, Puiteno, Pexuma, Termairarí, Turimarí, Uauuana, Xamá e Xapuena. Algumas décadas mais tarde, já em meados do século XIX, há registros para o rio Negro que dão conta da existência de um número significativamente menor de etnias nessas povoações. Já não verificamos as mesmas 33 categorias, mas apenas 22, muito embora entre essas figurem seis que não são mencionadas no século XVIII.[10] O que poderíamos dizer dessas coincidências e divergências?

A meu ver, a comparação das duas listas confirmaria, em primeiro lugar, que os processos de escravização e descimento do século XVIII

---

10 De acordo com Araújo e Amazonas [(1852) 1984], as etnias presentes ao longo do rio Negro são as seguintes: Manao, Paraviana, Uaranacocena, Caburicena, Carahiahi, Baré, Passé, Ajuana, Cariás, Cocuana, Aroaqui, Tacu, Tarumã, Baniba, Baiana, Uariquena, Uaupez, Damacuri, Macú, Mepuri, Marapitana e Curanáos.

teriam levado a uma redução drástica da diversidade étnica rio-negrina preexistente ao início da colonização, seja pela extinção completa, seja pela assimilação de parcelas remanescentes de muitos grupos por outros. Considerando-se, ainda, que o fracasso da experiência dos aldeamentos teria culminado, ao final do século XVIII, com a dispersão dos contingentes até então "descidos" para suas áreas de origem ou, como é mais frequentemente apontado na historiografia, com a busca de refúgio por muitos grupos nas regiões das cabeceiras do Uaupés e Içana, poder-se-ia arriscar que a diminuição da diversidade étnica do século XIX seria também um resultado da desarticulação de várias povoações estabelecidas pelos portugueses no período anterior. Nesse sentido é interessante notar que, das relações citadas, constam até mesmo etnônimos relativos a grupos do rio Branco, como Paraviana e Maquiritare, bem como os Baniwa, termo hoje empregado exclusivamente para designar os grupos cuja origem é o rio Içana, e os chamados Uaupés – ou Boapés –, etnônimo em torno do qual há controvérsias, uma vez que o termo hoje é empregado apenas como nome do rio, mas que teria sido usado no período colonial como referência a seus habitantes, ou a uma parte deles. Há divergências quanto à existência, nessa época, de um grupo específico referido por esse termo (ver Wright, 2005a, p.40ss.; Becerra, 2001, p.35-6), porém parece claro que a partir de meados do século XIX já era utilizado como designação para todos os grupos do rio Uaupés, majoritariamente da família linguística tukano, mas entre os quais se incluiriam também os Tariano, grupo aruak falante (Wallace, [1853] 1992, p.373).

Mas, além dessas vagas observações, o que me parece mais impressionante nessas listas é o fato de que, além da confusão em torno do termo Uaupés, do conjunto geral de 39 etnônimos – considerando-se as duas listas apresentadas – apontados durante os séculos XVIII e XIX, apenas cinco são atualmente empregados ao longo do rio Negro e seus afluentes: Baré, Baniwa, Maku, Warekena e Cubeo(ana), ou seja, mais de trinta etnônimos vieram a cair em total desuso ao longo do rio Negro até o final do século XIX. Segundo Nimuendaju ([1927] 1982), evidências históricas permitem classificar todos os povos que habitavam ao longo do curso do rio Negro até o século XVIII como pertencentes à família linguística aruak, sendo as línguas baré e manáo majoritárias. É possível, assim, que o termo baré passasse, progressivamente, a ser utilizado de modo mais abrangente, uma vez que, como enfatiza Wright (1992), essa é uma tendência já verificada nas primeiras fontes escritas do rio Negro. Podemos supor também que, nesse processo, muitos grupos tenham progressivamente deixado de ser referidos (e de referir-se a si mesmos?) por designações étnicas particulares e incorporados à camada considerada civilizada da região, pois, de acordo com Meira (1997, p.28),

> as informações etnonímicas, embora nem sempre confiáveis, demonstram que a população indígena majoritária nas povoações seria, no século XIX, constituída pelos resíduos demográficos dos povos que viviam na região desde a chegada dos europeus, e que haviam sido "descidos" e aldeados compulsoriamente no século XVIII. E mais, há uma significativa população descendente desses povos, mas que é fruto da miscigenação com os colonizadores, os ditos "mamelucos", que vivia nas mesmas povoações ao longo de todo o rio Negro.

É evidente que, com base nas fontes escritas, não é possível conhecer as circunstâncias exatas em que essa passagem teria ocorrido, mas é certo que a muitos grupos o manejo do qualificativo "civilizado" franqueava melhores posições nas relações comerciais que iam se adensando. Ser Baré ou ser civilizado podem ter sido, assim, alternativas que se colocavam à população ribeirinha do rio Negro e talvez, em determinadas circunstâncias, tenham representado duas faces da mesma moeda. Já no rio Uaupés, passa-se outra coisa.

O desaparecimento das categorias étnicas que se verifica no rio Negro não acontece com a mesma proporção nesse rio: os mesmos cronistas que no século XVIII registravam 33 etnônimos para o rio Negro, apontavam outros 25 para o Uaupés. Porém, as fontes do século XIX não acusam uma diminuição de grupos nesse rio – ao contrário, há registro de 49 etnônimos presentes no Uaupés para meados desse século (cf. Wallace [1853] 1992; Bene, 1852, apud Tenreiro Aranha,1906-1907; Araújo e Amazonas [1852] 1984). De acordo com o exame efetuado por Bruzzi (1977, p.30ss.), entre esses 49 etnônimos[11] mais de dez se referem a sibs dos grupos linguísticos que hoje se localizam nos rios Uaupés, Tiquié e Papuri. Há também vários grupos mencionados que atualmente se localizariam no rio Içana ou em território colombiano – os Barasana, grupo que faz parte do sistema social do Uaupés mas habita o rio Pira-Paraná na Colômbia, são citados como Panenoá. Tais inclusões responderiam pelo grande número de etnônimos que são apontados, mas, significativamente, as listas do Uaupés apresentam, se comparadas com as do rio Negro, uma correspondência surpreendente com a etnonímia contemporânea, pois, dos doze grupos étnicos atualmente residentes no Uaupés (incluindo os afluentes Papuri e Tiquié), nove figuram nessas listas: Tukano, Desana, Tariana, Cubeo, Wanana, Pira-Tapuia, Miriti-Tapuia, Arapasso e Makuna. Com efeito, as listas do século XVIII referentes a esse rio, afirmam seus próprios autores, não eram completas, já que foi justamente ao final desse período que se iniciaram as explorações do Uaupés. No século XIX, portanto, o conhecimento sobre os grupos localizados nesse rio aumentaria, não obstante a confusão entre os nomes dos sibs e dos grupos linguísticos, em sua grande maioria pertencentes à família linguística tukano. Desse modo, já no final do século XIX, viajantes como o italiano Ermano Stradelli [(1889) 1991] e o francês Henri Coudreau (1888-1889) fornecem uma relação de grupos indígenas habitantes do Uaupés que é quase coincidente com a configuração atual: Tariano, Tukano, Arapasso, Desana, Pira-Tapuia, Wanano, Tuyuka, Miriti-Tapuia, Carapanã, Cubeo e Maku. Além desses, Coudreau indica ainda os Sussuarana, Tatu--Mira, Jurupari-Mira, Arara e Arara-Tapuia, grupos que Stradelli admite não conhecer e que, muito provavelmente, seriam nomes de sibs específicos traduzidos do tukano para a língua geral.

As diferentes trajetórias dos etnônimos dos rios Uaupés e Negro pelas fontes parecem, assim, ocultar uma realidade sociológica: enquanto

---

11 Para não carregar demasiadamente o texto, segue aqui a lista: Agarani, Arapasso, Baniua, Baúna, Beijú, Boanari, Cainatari, Carapanã, Caua, Uananá, Coró-Coró, Cubeo, Cutia, Desana, Gi, Giboia, Ipeca, Iravassú, Jacamí, Jurupari, Juruá, Macú, Macucoena, Makuna, Macura, Mamengá, Miriti, Omaua, Onça, Panenoá, Pira-Tapuia, Piraiurú, Puça, Quaty, Coeuana, Quenacá, Tabaiana, Quatitu, Tanimbuca, Tapiira, Tariana, Tatú, Tijucó, Timanará, Tocandira, Tukano, Uacará, Uaracú e Urinaná.

a diversidade étnica do Uaupés era reconhecida pelos diferentes viajantes que então exploravam esse rio, a do rio Negro se apagava, em um processo que favoreceria a emergência de categorias genéricas, a englobar índios e mestiços. Designados como "tapuias" ou, por vezes, como "baré", a marca distintiva desse contingente era o fato de já serem então considerados "civilizados". Quanto ao rio Uaupés, apesar da precisão com a qual naturalistas como Wallace, Coudreau e Stradelli já reconheciam a etnonímia dos grupos ali residentes, no linguajar regional todos eles eram igualmente subsumidos em uma categoria genérica: precisamente, "Uaupés". Com efeito, o rio Uaupés era conhecido, até as primeiras décadas do século XX, pelo seu nome próprio, Caiary, palavra de origem aruak, como o atesta o sufixo *ary* ou *ali*, "água" ou "rio", e, corriqueiramente, designado "rio dos Uaupés", em uma referência àqueles grupos que ali habitavam. De acordo com Koch-Grünberg ([1909/10] 1995, t. I:, p.223), esta era a designação que antigos habitantes aruak desse rio vieram a atribuir a outros grupos que invadiram a região vindos do sul ou sudoeste, como os Tukano e Cubeo, hipótese cuja verificação exigiria estudos aprofundados. Por outro lado, não há o que objetar quanto à conotação que envolvia o termo por ocasião de sua viagem. Tratava-se, segundo o etnólogo alemão, de uma categoria pejorativa, que não era bem aceita pelos índios da região, tukano ou aruak falantes:

> Porém, os grupos aruak do Içana veem seus vizinhos (do Uaupés) com certo desprezo e dão à palavra Uaupés um significado pejorativo, assim como aos índios Caiary não agrada ouvir a designação Uaupés. Por exemplo, se se diz a um karútana "És um inútil, um desertor etc.!", ele geralmente responderá em língua geral: "isché ti(ma) uaupé!" (não sou um uaupé!). Situa-se assim conscientemente em contraposição aos tradicionais inimigos destes aruak.

Essa informação, embora não permita estabelecer com certeza se a palavra *uaupé* é de origem aruak, já que está inserida em uma frase na língua geral, dá a entender que se tratava de uma categoria que marcadamente se contrastava à de "tapuia" ou "baré", isto é, ela designava aqueles que permaneciam por excelência fora da "civilização". Mas é importante destacar que o informante de Koch-Grünberg era um *karutána*, subgrupo dialetal baniwa do baixo Içana, cuja grande maioria é hoje falante da língua geral. Portanto, o contexto de emprego do termo Uaupé seria aquele em que grupos falantes da língua geral, mas originalmente aruak, se referiam a grupos pertencentes à família linguística tukano. Ora, esse é exatamente o caso dos Baré do rio Negro, ao menos de uma parte deles. É interessante notar que, para esses grupos, o termo Baré não possui tradução conhecida. Há, por outro lado, indicações – em um único estudo existente sobre os Baré da Venezuela (ver Pérez, 1988) – de que a tradução de Baré, ou "Bali", seria "branco", em oposição a "negro". Isso tudo sugere, a meu ver, que os termos Baré e Uaupé, tal como empregados no médio e alto rio Negro desde, talvez, as primeiras décadas do século XIX, indicavam posições diferenciais ocupadas por segmentos distintos da população nativa regional àquela altura da história colonial, posições cuja referência focal era inequivocamente a "civilização" trazida pelo colonizador. Uns incluídos, outros excluídos, o que tornaria o uso da categoria Uaupé eminentemente parcial, isto é, um ponto de vista externo sobre quem, e o que, eram os índios.

Wright (2005a) se inclina a considerar os chamados Uaupés (também referidos no século XVIII como Buopés ou Boapés) como um amálgama de vários grupos, de origem tanto aruak como tukano, que no século XVIII habitavam o rio Uaupés acima das primeiras cachoeiras, mas que não haveriam sobrevivido aos avanços dos portugueses. Becerra (2001) defende que teriam sido um grupo aruak específico, igualmente extinto antes do final daquele século. Nesse aspecto, parece-me que a sugestão de Wright é a mais plausível, tendo em vista a persistência da categoria no século XIX como designação genérica para muitos grupos. Porém, se assim for, parece-me problemático sustentar uma extinção total dos chamados Buopés, pois, como veremos a seguir, um modelo arqueológico recentemente proposto sustenta que a composição étnica do rio Uaupés, acima das primeiras cachoeiras localizadas na região da foz do rio Tiquié, manteve seus traços básicos desde antes do início da colonização.

Baseando-se na datação de material cerâmico coletado em um antigo sítio habitado pelos Tariano nas imediações de Iauaretê e articulando tais informações a excertos publicados da memória oral dessa etnia, Eduardo Neves (2001, p.280-4) sugeriu recentemente que a atual distribuição espacial dos grupos indígenas do alto e médio Uaupés não seria distinta da configuração ali existente em tempos pré-coloniais. O material arqueológico é proveniente da serra do Jurupari, localizada a cerca de cinco quilômetros da margem direita do Uaupés, à altura de Iauaretê. Como ainda hoje informam os Tariano dessa região, tratava-se de uma moradia coletiva especialmente protegida contra incursões guerreiras de grupos inimigos. Localizava-se em terreno elevado e contava com paliçada e trincheiras de proteção. Sigamos o raciocínio do autor.

A partir das primeiras décadas do século XVIII, o avanço da colonização haveria promovido o esvaziamento de algumas áreas do baixo Uaupés, resultado do descimento, ou mesmo da extinção, de grupos aruak que aí habitavam no período. Porém, acima das cachoeiras do médio Uaupés, especificamente na região de Iauaretê, a presença dos Tariano, grupo aruak originário da bacia do Içana, remontaria aos séculos XIV e XV. Ou seja, a atual concentração dos Tariano em Iauaretê não resultaria de pressões advindas do processo de colonização. Seu estabelecimento entre grupos de língua tukano do Uaupés teria ocorrido antes da chegada dos portugueses e envolvido uma série de conflitos com grupos tukano estabelecidos ao longo de sua rota migratória. Tais conflitos teriam ocorrido especialmente com os Wanano, grupo até hoje localizado no alto Uaupés. As guerras dos Tariano contra os Wanano são contadas em várias narrativas, registradas por Brandão de Amorim ([1926] 1987) ao final do século XIX. A antiguidade da incorporação dos Tariano ao sistema social do Uaupés seria uma evidência de que tal sistema, baseado em intercâmbios matrimoniais e rituais entre os Tariano, Tukano, Desana, Pira-Tapuia, Arapasso, Tuyuka, Wanano e Maku, estaria em vigor mesmo antes da chegada dos colonizadores. Ao contrário do que teria ocorrido em outras partes da Amazônia, o sistema multilinguístico do Uaupés não resultaria do recuo desses vários grupos em direção a uma zona de refúgio nas cabeceiras. Ao contrário, após o esvaziamento de áreas dos rios Tiquié e baixo Uaupés em função dos descimentos, grupos tukano e desana do Papuri é que teriam ocupado esses espaços nos baixos cursos dos rios. Desse modo, a atual distribuição geográfica dos grupos indígenas na parte mais alta da bacia do Uaupés não seria estruturalmente distinta daquela que se configurou desde o final do século XVIII.

Há alguns reparos que poderiam ser feitos a esse modelo, em particular quanto aos efeitos indiretos da colonização sobre a área do médio/alto Uaupés na segunda metade do século XVIII. Isso diz respeito ao deslocamento dos Tariano de Iauaretê das margens do Uaupés para o centro da floresta, bem como à dinâmica dos deslocamentos dos Tukano em direção às cabeceiras do rio Papuri no mesmo período, desalojando outros grupos, como os Tuyuka e os Carapanã, para regiões mais remotas a oeste. Trata-se de movimentos relacionados às primeiras tentativas dos portugueses de recrutar trabalhadores Tukano e Tariano para as obras da fortaleza de São Gabriel.[12] Porém, o modelo proposto por Neves tem, a meu ver, o mérito de realçar uma dinâmica peculiar, qual seja, a de que, não obstante os impactos da colonização, alguns grupos, principalmente os Tariano, parecem ter logrado manter certa estabilidade territorial, e que a busca de refúgio nas cabeceiras dos rios nem sempre foi a estratégia adotada. Como aponta o autor, a demanda por escravos indígenas no século XVIII viria a contribuir para a intensificação das guerras entre os grupos da área, de forma que o próprio tráfico de escravos pode ter fortalecido a posição estratégica dos Tariano em Iauaretê, a partir de onde teriam acesso facilitado ao Papuri e ao alto Uaupés para capturar escravos entre outros grupos para trocar com os portugueses.

Teriam os Tariano feito cativos entre os assim chamados Buopés? Ou eles próprios, ou alguns de seus sibs, teriam sido feitos escravos sob essa designação? Em um dos principais documentos usados por Wright para fundamentar sua análise do tráfico de escravos no rio Negro do século XVIII, que constitui a primeira informação sobre a geografia e os índios do médio e alto Uaupés – *Seqüente Notitiate de Rio Negro*, do padre jesuíta Ignácio Szentmartonyi, datado de 1749-1755 –, lemos que,

> depois do Tikie, o Kapury (Papuri) deságua no Cajari (Uaupés), distante do primeiro tanto quanto Pedreira de Mariua. Entre esses dois rios vivem

---

12 Ver Capítulo 6, no qual se analisa uma extensa história tukano que dá conta dos primeiros contatos com os brancos em Iauaretê e dos efeitos desse processo em termos de relações entre eles e os Tariano.

os Boapés, uma nação com muitos idiomas distintos, entre os quais são os Tarianas, de língua Baniwa, os Bárias, com uma língua distinta, e muitos outros povos desconhecidos (Szentmartonyi, 1749-55, apud Wright, 2005a).

Depreende-se, dessa passagem, que o território reconhecido aos Buopés correspondia a um extenso trecho do Uaupés, no qual hoje há muitas comunidades dos grupos Tukano, Desana, Pira-Tapuia, Arapasso e Tariano. Não creio, portanto, ser impossível que as respostas para as questões que levantei sejam, ambas, afirmativas. Mas não há evidências que permitam uma demonstração mais fundamentada desse ponto. O que vale a pena ressaltar é que, no século XVIII, os Tariano parecem ocupar uma posição de destaque no rio Uaupés, ou entre os Buopés.

Mais de cem anos depois dessa primeira notícia, os observadores do final do século XIX são unânimes em apontar sua posição como "chefes dos Uaupés". Diz Coudreau (1887/1889): "Os Tariana relatam que eles formam a vanguarda das nações do Uaupés". E, em seguida, Stradelli ([1889] 1991): "Os Tariana, a tribo dominante, o viveiro, por assim dizer, dos chefes, cujo núcleo está em Ipanoré e Jauaretê". A associação dos Tariano a uma posição de chefia dentro da categoria Uaupés é também efetuada nos relatos orais mencionados, recolhidos por Brandão de Amorim ([1926] 1987) no início do século XX. Entre eles, consta o da "Guerra de Buopé". De acordo com o relato, Buopé era um grande chefe, "que tinha gente como cabelo" e liderou os Tariano em guerras contra "todos os povos deste rio". Os relatos orais sobre essas guerras são contados ainda hoje pelos que se dizem descendentes de Buopé, os Tariano das comunidades de Santa Maria e São Pedro em Iauaretê. No entanto, eles não chamam seu ancestral de Buopé, mas de *Koivathe*, seu nome cerimonial, que hoje é também o nome do sib a que pertencem os homens dessas duas comunidades.

As histórias que os Tariano contaram a Stradelli o levariam a colocar em versos os feitos de seu antigo tuxáua:

Os feitos e as vitórias alcançadas
sobre as tribus visinhas foram tantas,
que o nome de Boopé, crescendo em fama,

> como a flor da floresta que recende
> ao longe e pelo aroma se revela
> tornou-se em toda parte conhecido,
> e o Cairy quase o seu nome perde:
> hoje "Rio dos Boopes" também se chama
> da gente do exforçado chefe Taria. (Stradelli, [1896] 1964, p.92)

De modo importante, nos registros de Stradelli, como também nos de Brandão de Amorim, o chefe dos *Koivathe* é referido como *Buopé*. E os versos do viajante italiano vêm nos informar que o prestígio que chegou a alcançar viria a acarretar a mudança do próprio nome do rio em que habitavam. O velho nome Caiary, presente nas primeiras fontes do século XVIII, vem a dar lugar ao nome Uaupés, quando se constata que se trata do "rio dos Buopés". Os ares de lenda que a pena de Stradelli quis atribuir a esse chefe dos Tariano dão a entender que sua influência viria a se estender a todos os grupos localizados na extensa zona que esse rio percorre acima das primeiras cachoeiras de Ipanoré. Há, portanto, um aspecto paradoxal nos versos de Stradelli: apesar do romantismo com que o viajante italiano viria a divulgá-lo, esse nome, "em toda parte conhecido", comparado ao aroma da "flor da floresta", designava o conjunto da população indígena do Uaupés, isto é, aquela gente sem "civilização", com relação à qual os grupos falantes da língua geral do rio Negro esforçavam-se por diferenciar-se. Buopé, antepassado dos chefes dos índios do Uaupés, era, no entanto, elogiado em versos, o que sugere uma posição de destaque dos Tariano de Iauaretê no que se refere às relações em curso com os colonizadores.

A coincidência dos conteúdos entre as histórias registradas por Brandão de Amorim e Stradelli e aquela contada ainda hoje pelos Tariano das comunidades de São Pedro e Santa Maria sugere, com efeito, que o nome do chefe que ficou conhecido como *Buopé* era, de fato, *Koivathe*. Devemos lembrar que, como já constatamos, o acesso aos verdadeiros nomes indígenas não era coisa franqueada àqueles primeiros exploradores do Uaupés. Poucas décadas depois de Stradelli, William McGovern, como vimos, podia apreender esse detalhe de maneira precisa, anotando a grande reserva dos índios em revelar seus nomes a pessoas estranhas. Em contrapartida, demandavam insistentemente nomes portugueses, solicitando-lhe o batismo. Mas por que chamar o lendário ancestral dos Tariano de Iauaretê de *Buopé*? Por que um nome depreciativo seria usado para um chefe tão importante? E qual seria, afinal, o seu significado?

Na narrativa fornecida por Brandão de Amorim há uma pista. Trata-se de uma passagem que dá conta de episódios anteriores à chegada dos Tariano a Iauaretê e das guerras que aí fizeram, que localiza sua origem em uma terra situada do outro lado do oceano. Foi lá que teria caído o sangue do trovão, propiciador do aparecimento dos primeiros Tariano. Eles viveram nessa terra aprendendo com os animais como encontrar comida e como se reproduzir por meio de relações sexuais. Até que um dia, tentando flutuar na água como os patos, construíram sua primeira embarcação, feita de vários paus amarrados. Foi assim que teriam cruzado o oceano para chegar à foz do Amazonas e, em seguida, subir o rio Negro até Cucuí. Retornando desse ponto, adentraram os rios Içana e Aiari, para finalmente passar ao Uaupés e chegar a Iauaretê. Houve inúmeras guerras ao longo da jornada, nas quais os Tariano foram liderados por *Buopé*.

Mas o detalhe que nos interessa diz respeito ao alimento usado pelos Tariano durante a travessia do oceano. Segundo a narrativa, uma vez esgotados os víveres disponíveis, eles passaram a "comer tapurus", que nasceram e se multiplicavam na madeira da embarcação que apodrecia. Antes, portanto, de chegarem à sua terra, onde vieram a se estabelecer com seus servidores após muitas guerras, os Tariano foram "comedores de tapuru".[13] Foi exatamente essa expressão que ouvi algumas vezes em Iauaretê ao indagar as pessoas a respeito do significado de "Uaupés", termo que os Tariano afirmam pertencer à velha e extinta língua dos Baré. Outra tradução corrente para o termo é "índio". Os índios do Uaupés eram, portanto, qualificados como comedores de

---

13 De acordo com o dicionário Aurélio, temos a seguinte definição para "tapuru": "Designação comum às larvas vermiformes, acéfalas e ápodes dos insetos, dípteros, especialmente dos miodários cuterebrídeos, calipterados, das famílias dos cocliomídeos e dos sarcofagídeos, que depositam os ovos nas bicheiras, nas carnes em putrefação, no charque, nos couros, etc.; morotó, tapicuru, tapuru, coró, bicho-de-vareja".

tapuru, marca por excelência de sua falta de civilização. É impossível hoje recuperar a etimologia dessa palavra, sendo altamente improvável que tenha origem aruak (a sequência "buo", e mesmo "uau" ou "wau", não é fonologicamente possível nas línguas aruak da região, em tariano, em warekena ou mesmo na extinta língua dos Baré, cf. informações da linguista Alexandra Aikenwald; Robin Wright, 2004: comunicação pessoal). Tampouco pertence a línguas da família tukano, como apontam diversos informantes. Na impossibilidade de identificar a origem linguística do termo uaupés, resta-nos somente a possibilidade de sugerir seu conteúdo semântico. Índios, comedores de tapuru e, por fim, Buopés, ou Uaupés, podem ter sido termos intercambiáveis quando a colonização adentrou pelo rio então chamado Cayari. Tratar-se-ia, assim, de um adjetivo, para qualificar vários grupos distintos. Com efeito, muita informação linguística foi perdida na região do alto rio Negro devido à provável extinção de muitas línguas. Mas, para os propósitos de nossa discussão, esse dado não altera muito as coisas, pois ainda que haja imprecisão na afirmativa dos Tariano a respeito da origem do termo Buopé não creio que estejam errados ao apontar que eram os Baré que o utilizavam. Ainda que não fosse um termo de sua própria língua, parece ter sido por eles empregado recorrentemente nas subidas ao Uaupés para arregimentar trabalhadores.

Os termos Baré e Uaupé podem ter sido, dessa maneira, duas categorias opostas, cujo conteúdo era dado por meio da relação que os distintos grupos assim classificados mantinham com a "civilização dos brancos" – os primeiros incluídos, os segundos excluídos. Esses termos desapareceram historicamente. Os Baré vieram a se transformar em caboclos e hoje avaliam que vale a pena voltar a ser Baré. Ao longo da década de 1980 passaram, assim, a novamente se assumir como índios, em um processo de retomada da identidade indígena articulada à luta pelo reconhecimento das Terras Indígenas situadas no rio Negro abaixo da cidade de São Gabriel (Meira, 1991). Este é o único caso de uma identidade indígena emergente na região. Trata-se de um caso análogo aos processos de retomada da identidade indígena que vêm sendo documentados entre índios do Nordeste do Brasil (Oliveira, 1999). Acredito, porém, que o caso Baré tenha particularidades muito distintas daquilo que vem se passando entre os grupos do Nordeste. Uma situação evoca a outra porque sua principal característica é a mesma, isto é, trata-se, nos dois casos, de grupos que retomaram suas identidades à medida que reivindicavam terras. Mas esse fenômeno tem dado margem, no Nordeste, ao ressurgimento de vários grupos, ao passo que no rio Negro diz respeito apenas aos Baré.

Os chamados Uaupés jamais deixaram de ser índios, ainda que, ao se tornarem ex-alunos dos salesianos, tenham deixado de ser assim classificados. Como eles próprios dizem, "nunca esquecemos quem somos realmente". Os civilizados Tariano, por exemplo, são "filhos do sangue do trovão". Seu surgimento, sua trajetória e seus feitos constituem o que poderíamos chamar de uma cosmo-história (Albert, 2001) de Iauaretê, que começa muito antes da colonização. Voltaremos a tratar desse processo no Capítulo 5, quando teremos a oportunidade de explorar um conjunto de relatos orais dos Tariano de Iauaretê, bem como de cotejá-los com os materiais coletados entre seus antepassados do século XIX por Stradelli e Brandão de Amorim. Antes disso, porém, trataremos nos próximos capítulos da história recente de Iauaretê e de seu crescimento, descrevendo alguns aspectos da vida cotidiana no povoado, já que é nesse contexto específico que, para os Tariano, interessa narrar e escrever sobre o passado.

& nbsp;

3
Iauaretê é de muita gente

No capítulo anterior percorremos a história da colonização do rio Negro desde seu início, em meados do século XVIII, até o momento da chegada dos salesianos na região, nas primeiras décadas do século XX. A implantação das missões salesianas no Uaupés abre nova fase na história regional, uma vez que desempenharão um papel de autoridade local por várias décadas, fazendo as vezes do próprio Estado nacional na fronteira com a Colômbia. Seu projeto de "catequese e civilização dos índios" contaria, assim, com generoso respaldo de verbas oficiais, o que praticamente lhes permitiria assumir o monopólio das relações com os povos indígenas da região. Nesse sentido, viriam a se responsabilizar por coibir os excessos até então praticados por comerciantes brasileiros e colombianos que frequentavam esse rio. Neste capítulo, iremos nos concentrar na história local de Iauaretê, iniciando pela fase de fundação e consolidação da Missão e concluindo com um balanço dos acontecimentos que tiveram lugar a partir dos anos 1970, quando o Exército brasileiro se implantou na área e surgiram as primeiras organizações indígenas. Apresentaremos também um conjunto de dados socioeconômicos, buscando uma descrição geral da situação atual de Iauaretê, da constituição de seus bairros e das variações entre eles.

A chegada dos salesianos

Por ocasião da visita de Curt Nimuendaju ao Uaupés em 1927, Iauaretê constituía o centro da principal área de ocupação dos Tariano nesse rio. De acordo com o etnólogo, que então realizava uma viagem de reconhecimento promovida pelo Serviço de Proteção aos Índios (SPI),

> na volta grande que o rio Uaupés descreve abaixo de Umari-Cachoeira começa o território da tribu Tariána, a zona mais populosa de todo o Uaupés. 14 estabelecimentos desta tribu (inclusive um no baixo Papuri) com 479 habitantes encontram-se num trecho do rio que em linha reta não tem mais que 2 kilometros. Somente um sítio, Anayá-rúa com 12 pessoas está situado em território colombiano. (Nimuendaju [1927] 1982, p.156)

Na relação das catorze aldeias fornecida por Nimuendaju, Iauaretê situa-se entre as maiores, com 51 pessoas. Em território colombiano, a muito pouca distância, havia um posto aduaneiro colombiano, na confluência dos rios Papuri e Uaupés, motivo pelo qual Nimuendaju lamentava a ausência absoluta de uma autoridade brasileira. Segundo ele, essa situação facilitava os abusos então praticados por balateiros colombianos contra a população indígena. Além disso, os missionários salesianos, que em 1920 haviam implantado uma missão no baixo Uaupés, teriam, àquela altura, percebido a importância do lugar e planejavam a instalação de uma nova missão em Iauaretê. A intolerância dos missionários em relação à cultura tradicional dos índios era notada por Nimuendaju como um dos vários males que pesavam sobre o bem-estar das populações indígenas do alto rio Negro. O autor, então, recomendava a implantação de um estabelecimento do SPI em Iauaretê que "lhes tomasse a dianteira" e fizesse cessar os abusos dos colombianos.

Nos anos seguintes, o SPI e a Missão Salesiana do Rio Negro iniciaram paralelamente suas atividades no lugar. Por volta de 1932, havia uma relação nominal de índios morando ao redor do posto do SPI, ao todo 163 pessoas – 142 Tariano, 15 Pira-Tapuia, quatro Tukano e dois Cubeo. Essa população habitava duas grandes malocas e outras 24 casas menores localizadas a seu redor (SPI – Posto Indígena do Uaupés, 1932; SPI – Relatório da Primeira Inspetoria, 1931). O Posto Indígena e a Missão foram implantados respectivamente nas margens direita e esquerda do Uaupés, logo abaixo da grande curva do Uaupés mencionada por Nimuendaju, onde este recebe as águas do rio Papuri. É ali que se encontra a cachoeira da onça, *Yaiwa-poewa* em tukano; na língua geral, Iauaretê. A propósito da primeira iniciativa salesiana para implantar uma nova missão em Iauaretê, contamos com a seguinte informação:

> Em setembro de 1927, S. Excia. Mons. Pedro Massa, Prefeito Apostó-lico da Missão quis visitar Iauaretê na fronteira com a Colômbia. Fomos de canoa a remo: 4 dias de luta, especialmente no útimo dia por causa das cachoeiras e correntezas. Chegamos a Iauaretê no dia 28 de setembro; encostamos no porto do Leopoldino que nos recebeu com grande alegria. Mandou logo aos da família que levassem suas redes na cozinha para deixar a casa toda livre para o Prefeito Apostólico e o padre. Celebramos no dia 29, festa de S. Miguel na casa de Leopoldino, na qual reuniu toda a sua gente, que pela primeira vez assistiu a santa missa, com grande res-peito e silêncio. Depois da missa lhe transmiti em língua tucana o escopo de nossa visita: escolher o lugar da futura missão, a fim de realizar entre os Tarianos o que estávamos fazendo entre os Tucanos de Taracuá. O Leopoldino ficou contentíssimo e comunicou aos seus tudo o que eu havia dito. Só não gostou do lugar escolhido porque era na outra margem do rio; não podíamos fazer diversamente, pois a margem direita já era ocupada pelo SPI e também porque a margem esquerda era mais em vista (sic) e ponto estratégico na fronteira ... Por força maior tivemos que esperar mais dois anos para começar a derrubada no lugar da futura missão.[1] (Pe. J. Marchesi, s.d.)

O padre João Marchesi, autor desse relato, viria a ser o primeiro diretor da missão, mantendo visitas regulares a Iauaretê nesses dois anos após a escolha do local. O primeiro internato começou a funcionar em maio de 1930, abrigando os primeiros quinze alunos indígenas, e com três missionários que passaram a ali residir permanentemente.

---

1 A respeito do chefe Leopoldino, o padre Marchesi continua em seu relato: "Ele era deveras o chefe mais influente dos Tarianos, não só de Iauaretê, como também de outras localidades como Aracapá, Cigarro, Ipanuré etc.". Voltaremos a tratar do modo como os salesianos foram recebidos por Leopoldino em Iauaretê de acordo com o que contam seus descendentes (ver Cap. 5).

A partir daí, tem início a construção de aterros e prédios – a casa dos salesianos com internato para meninos, a casa das irmãs com internato para meninas, a futura igreja, o hospital e diversos barracões para hospedagem, serraria e olaria –, cujo andamento dependeria largamente da mão de obra dos índios. A Missão de Taracuá, no baixo Uaupés, representou uma base estratégica nesses primeiros anos do empreendimento salesiano em Iauaretê, de onde viriam vários Tukano para trabalhar e ensinar os Tariano na preparação de materiais de construção. No final dos anos 1930, o quadro de missionários em atuação em Iauaretê era bem maior, e a missão possuía infraestrutura suficiente para abrigar anualmente, e de maneira regular, cerca de 250 alunos indígenas em seus internatos para meninos e meninas. Pelas estatísticas disponíveis nos relatórios anuais da missão, nota-se aumento progressivo de plantações e campo de criação de animais, mas há também indicações de que o sustento dos internatos dependia em grande medida das contribuições em farinha que os pais dos alunos internos eram persuadidos a entregar aos padres – um paneiro, cerca de 25 quilos, por aluno interno por ocasião da matrícula anual. Em 1950, a Missão contava com quarenta empregados, sendo a maior parte deles ex-alunos dos internatos, e Iauaretê já se consolidava como a maior casa missionária mantida pelos salesianos em toda a região do rio Negro (Missão Salesiana de Iauaretê, s.d.a).

Referências a ex-alunos dos internatos de Iauaretê começam a surgir nos documentos da missão ao final da década de 1930, quando as primeiras turmas de alunos indígenas haviam terminado o ciclo de estudos na missão, com duração regular de cinco anos. A principal expectativa dos missionários era que, ao retornar a suas comunidades de origem, servissem como disseminadores de seu programa, atuando como catequistas e intermediários no processo de abandono das malocas em favor da constituição de comunidades compostas de casas barreadas e alinhadas em torno de uma capela. Ainda que os índios da região tenham efetivamente trocado as malocas pelas comunidades – a última caiu em 1961 entre os Tuyuka do alto rio Papuri –, naqueles anos os missionários lamentavam certa inconstância de seus ex-alunos quanto à adesão à moralidade e aos novos hábitos cristãos. Mas não duvidavam de sua conversão, dada a avidez que em muitas comunidades constatavam por sacramentos, capelas e imagens de santos. Assim, imputavam a comerciantes e balateiros colombianos certos estragos à sua obra catequética. Com efeito, nos relatos das viagens de itinerância realizadas pelos missionários de Iauaretê pelo Papuri e alto Uaupés entre os anos 1940 e 1960, constam vários registros de comunidades esvaziadas ou desertas, casos em que todos ou boa parte dos moradores haviam sido "enganchados"[2] por colombianos (Missão Salesiana de Iauaretê, s.d.b). Trabalhando nos seringais daquele país, muito do que se aprendera na missão era esquecido, em troca, na visão dos salesianos, da aquisição dos piores vícios.

Alguns dos moradores mais antigos de Iauaretê afirmam que até hoje há comunidades na Colômbia formadas por descendentes de brasileiros, cujos pais se fixaram nos seringais daquele país, no passado. Apontam também que alguns deles chegaram a obter postos de seringa em Mitu e Miraflores, onde viriam a empregar outros índios. Não conto com informações detalhadas a esse respeito, mas em alguns depoimentos ficou claro que os ex-alunos dos salesianos de Iauaretê e de outras missões tinham melhor tratamento por parte de patrões e autoridades colombianas do que aquele reservado, por exemplo, aos índios do rio Pira-Paraná, a região mais isolada do Uaupés colombiano, de onde vários grupos eram igualmente aliciados. Um senhor de Iauaretê recorda-se de uma inflamada discussão que chegou a ter com um patrão que, sistematicamente, infligia maus-tratos a índios trazidos do rio Tiquié. Dizia ele ao patrão: "O senhor não pode tratar essa gente dessa maneira, eles viviam próximos dos padres salesianos de Pari-Cachoeira, já são civilizados!".

É unanimidade entre os que recordam dessa época que o trabalho na Colômbia foi uma alternativa para a obtenção de mercadorias. Todos eles afirmam que as mercadorias que os padres trocavam por seus

---

2 Termo aparentemente muito comum no Uaupés nesse período. O enganche de índios na região foi prática corrente por várias décadas e consistia em adiantar uma quantidade de mercadorias a uma comunidade, cujos membros eram então obrigados a seguir com o comerciante para saldar suas dívidas trabalhando na extração de caucho ou de balata na Colômbia. É sinônimo, portanto, de "aviamento".

produtos, especialmente a farinha, necessária em grandes quantidades para a manutenção dos internatos, não eram suficientes para satisfazer as necessidades de todas as comunidades do alto Uaupés e Papuri. Além de roupas, redes, anzóis, sabão e fósforos, mercadorias que podiam ser obtidas em quantidades módicas na dispensa da missão, no comércio das cidades colombianas era ainda possível, mediante grande investimento de tempo de trabalho na seringa, a compra de itens muito mais caros, como espingardas e os primeiros motores de popa que apareceram na região. Pelos depoimentos de alguns fica claro, aliás, que o domínio do português e outros conhecimentos adquiridos nos anos de internato era o que encorajava um ex-aluno a deixar os afazeres na comunidade para arriscar uma estada no seringal, contrariando as recomendações dos próprios missionários. Nem tudo se esquecia, portanto, como imaginaram os missionários. Os números que aprendiam com os padres puderam ser usados, por muitos de seus ex-alunos, para o cálculo de dívidas e saldos. Assim, muitos deles podiam saber quando era a hora de voltar para casa e argumentar com seus patrões em bases matemáticas.

Era possível, por exemplo, contabilizar a produção de "bultos", um "amarrado" de laminados de seringa com cerca de 50 quilos com valor fixo, entregues ao patrão, e calcular a amortização da dívida e os saldos eventuais em dinheiro. Quem estivesse com a família podia, paralelamente, abrir um roçado no seringal e, assim, produzir farinha para consumir e vender. "Foi na Colômbia que começamos a ver dinheiro. Sabíamos que os padres tinham, mas eles não davam nem mostravam", recordam-se alguns senhores de Iauaretê. São homens que hoje possuem entre sessenta e setenta anos, muitos deles tendo passado muito tempo nos seringais colombianos naquele período. "Naquela época, todos nós viramos seringueiros", afirmam. Desse modo, apesar de muitos esforços, era impossível aos salesianos controlar o movimento de saída de gente para a Colômbia.

Não obstante, por volta de 1951, os salesianos registram 350 ex-alunos nas comunidades no raio de influência da missão, ressaltando que "o único grande problema de conservar bons estes ex-alunos é o problema do trabalho". Se permanecessem na missão, como carpinteiros, alfaiates, pedreiros, tudo ia bem, mas partindo para a Colômbia "em pouco tempo se perdem". Ainda que buscassem pelos meios disponíveis mantê-los em sua órbita, os salesianos já percebiam que "não se poderá continuar sempre assim". A persistência da procura de mão de obra indígena na região do alto Uaupés, mesmo após o fim do ciclo da borracha, devia-se à demanda pelo produto, que ressurgiu na Amazônia durante a Segunda Guerra Mundial. Naqueles anos, quando a borracha proveniente das plantações asiáticas deixou de ser exportada, companhias norte-americanas, como a Rubber Development Company e a Chicle Development Company, instalaram-se em pequenas cidades existentes no noroeste amazônico, como Miraflores, no Uaupés colombiano, e San Fernando de Atabapo, na Venezuela. Uma passagem do relato de viagem do zoólogo José C. M. Carvalho pelo alto rio Negro em 1949 faz referência à retirada de borracha e farinha do médio Uaupés por hidroaviões americanos, muito provavelmente a serviço de uma das companhias mencionadas (Carvalho, 1952, p.47). Havia no local, um pouco abaixo de Iauaretê, uma boia instalada para atracação desses aparelhos. Tal informação é confirmada por muitos dos moradores mais antigos de Iauaretê.

Quanto ao posto do SPI, há indicações de que deixara de funcionar em 1932, tendo sido reaberto em 1943 com a instalação de uma estação telegráfica. Não tardou, porém, a ser novamente fechado, o que ocorreu em 1952 em meio a uma discussão quanto à destinação de verbas federais aos índios do Uaupés e à criação de outra unidade administrativa do órgão na cidade de São Gabriel da Cachoeira (ver Oliveira, 1981). Atritos entre funcionários do SPI e missionários parecem ter ocorrido em muitas ocasiões. Do lado do SPI, alguns dos funcionários que passavam pelo posto de Iauaretê registraram queixas quanto às precárias condições de trabalho e à falta de verbas, enquanto assistiam ao crescimento progressivo da infraestrutura salesiana do outro lado do rio (SPI – Relatório da Primeira Inspetoria, 1931). Os missionários, por sua vez, comentam em muitos de seus relatórios os "comportamentos imorais" de alguns dos servidores do órgão indigenista. A imoralidade observada pelos salesianos dizia respeito à participação de funcionários do SPI nas festas de caxiri indígenas, que na sua visão consistiam em intoleráveis orgias a serem abolidas o mais rápido possível. Em 1959, o chefe da ajudância do SPI em São Gabriel da Cachoeira avalia a situação do Uaupés da seguinte maneira:

Desde a extinção dos Postos de Fronteira Tiquié, no rio Tiquié, Mello Franco, no rio Papuri, Iauaretê e Querari no rio Uaupés, todos situados nas nossas fronteiras com a Colômbia, únicas sentinelas que eram da Pátria e do SPI nesse recanto esquecido do Brasil, cessou por completo a assistência de nossos irmãos aborígines, que aí vivem à mercê da ganância e exploração de comerciantes colombianos e debaixo do tacão onipotente dos padres, não só das Missões Salesianas, em terras brasileiras, como das Missões Colombianas, onde os padres, senhores absolutos da lei e do cutelo, casam e descasam ao seu bel prazer (SPI, 1959).

Como os grupos indígenas da região lidavam com esse estado de coisas estava completamente fora do alcance desse servidor. Seja como for, a Missão Salesiana parecia se incumbir do papel de autoridade da fronteira, o que fica atestado pela extensa troca de ofícios entre o padre-diretor de Iauaretê e diversas autoridades colombianas nos anos 1940 e 1950. O principal assunto tratado nesses documentos dizia respeito ao agenciamento do trabalho indígena nos seringais, uma questão em que os salesianos buscavam intervir por intermédio de juízes, corregedores de indígenas e outras autoridades da Comissaria de Mitu, capital do Uaupés colombiano. Há também várias indicações de negócios fechados entre a missão e comerciantes colombianos ligados às companhias norte-americanas já mencionadas, bem como à Caja de Credito Agrícola, banco que financiava o negócio do caucho na Colômbia. A construção de um novo prédio para a Aduana Colombiana de Iavaretê também foi negociada pela Comissaria de Mitu com a missão em 1946 (Missão Salesiana de Iauaretê, s.d.c).

A autoridade que a missão vinha exercendo na fronteira seria, a partir de 1958, legitimada pelo apoio permanente que a Força Aérea Brasileira passaria a lhe prestar. Ao longo de nove anos antes dessa data, os salesianos de Iauaretê mobilizaram enorme quantidade de índios para a construção de uma pista de pouso em um terreno adjacente à missão. A evolução desse enorme trabalho, pontuada nos relatórios anuais, envolveria os alunos dos internatos e os moradores permanentes de Iauaretê no desmatamento e aterro do local da pista. A decisão de construir um campo de pouso para aviões se devia ao fato de as corredeiras do Uaupés à altura de Iauaretê não permitirem o pouso do hidroavião Catalina, que começou a atender às missões no final dos anos 1940. Não havia tratores e, assim, de acordo com um relato salesiano, tudo foi executado "com machados, enxadões, picaretas, padiolas e pás" (Missão Salesiana de Iauaretê, s.d.d). O primeiro avião pousou nessa pista no dia 21 de setembro de 1958, trazendo figuras eminentes da aeronáutica, como o marechal do ar Eduardo Gomes e o tenente-coronel Protásio de Oliveira, que mais tarde, por meio do Correio Aéreo Nacional, seria o idealizador do assim chamado "Binômio FAB/Missões", precursor da ideologia de integração nacional na Amazônia. A partir daí, salesianos e oficiais da FAB passarão, em diversas ocasiões e escritos, a tecer elogios recíprocos. Em publicação da década de 1960 é o próprio tenente-coronel Protásio de Oliveira que qualifica Iauaretê como "um dos tesouros da Amazônia", que não existiria sem o trabalho dos missionários (Oliveira, 1963).

O problema do aliciamento da mão de obra indígena pelos colombianos viria a diminuir progressivamente até o final dos anos 1960. Em questão de mais alguns anos, os seringais do Uaupés colombiano estariam finalmente fechados. Foi também ao final dessa década que o governo colombiano tomou algumas resoluções a respeito do assunto, que, na avaliação do salesianos, viriam a melhorar a situação nas comunidades que visitavam em suas itinerâncias. Em um dos relatos do padre Marchesi, datado de 1969, lemos o seguinte:

> Os povoados do alto se estão reanimando, voltaram vários em todos os povoados. Os povoados abandonados como Taina e Tiririca se estão refazendo. A autoridade Colombiana tomou a respeito dos indígenas resoluções muito boas – pois não podem os brancos fiar antes do fabrico mais de 300 peças e durante o fabrico mais de outros tantos. Depois do fabrico todos têm de voltar a suas casas mesmo que tenha ficado algum resto de dívida. O produto é pago no valor de 3 pesos por Kg ao produtor. Com isso vai melhorar a situação de nosso indígena na Colômbia. Encontrei mais regularidade no serviço religioso dos povoados e mais moderação em geral nos cachiris. (Missão Salesiana de Iauaretê, s.d.b)

E no ano seguinte: "Nos povoados chegou muita gente da Colômbia, alguns com mulher arranjada por lá – é necessário visitar amiúde esta região para arrumar esta gente. Estão todos cansados da Colômbia e bem poucos irão em seguida" (Missão Salesiana de Iauaretê, s.d.b).

O apoio da FAB e o fim da saída de pessoas para a Colômbia são elementos que parecem abrir uma nova fase de crescimento em Iauaretê. Com efeito, não foi apenas nos quesitos abastecimento e transporte que a FAB, com sua Primeira Zona Aérea de Belém, viria a respaldar o projeto salesiano no Uaupés. Ao final dos anos 1960, o sistema escolar implantado começou a passar por transformações, com a abertura das primeiras escolinhas nas comunidades da área de influência da missão a partir de 1965 e com a criação de um grupo escolar misto em Iauaretê em 1968. Iniciava-se uma reorganização na estrutura educacional dos internatos, que envolvia o aparecimento dos primeiros professores indígenas. Ao final da década, em 1968, havia nas escolinhas das comunidades e no grupo escolar da missão 23 professores no distrito, sendo cinco missionários e dezoito indígenas (Prelazia do Rio Negro, 1969); no ano seguinte o número de professores chegou a 27, sendo quatro missionários e 23 indígenas. Na missão e nas escolinhas, o número de alunos alcançava a marca dos 460 (Prelazia do Rio Negro, 1970).

No início dos anos 1970, não havia, em termos demográficos, grandes diferenças entre o povoado de Iauaretê e a própria sede municipal, São Gabriel da Cachoeira. O primeiro contava com 431 moradores permanentes, a segunda com 668 (Radambrasil, 1976, p.364-6). Estatísticas da Prelazia do Rio Negro para 1968 e 1969 mostram até que as atividades missionárias nesse momento eram significativamente mais intensas em Iauaretê, onde o número de alunos, população e comunidades atendidas era maior do que em São Gabriel (Prelazia do Rio Negro, 1969 e 1970). Era o tempo do Plano de Integração Nacional (PIN), anunciado pelo governo federal em 1970, que prometia obras de infraestrutura e colonização na Amazônia.

Foi então que a cidade de São Gabriel começou a se transformar, ainda que para a região do alto rio Negro tenham sido desaconselhados programas de colonização agrícola como os que viriam a ocorrer às margens das grandes rodovias na Amazônia.[3] Mesmo os moradores de Iauaretê, distantes cerca de duas semanas a remo pelos rios Negro e

---

3 Além do isolamento da região, constatou-se que seus solos eram extremamente pobres (Radambrasil, 1976).

Uaupés, puderam acompanhar as mudanças que começaram a se processar nessa cidade. Alguns vieram até mesmo a trabalhar no Batalhão de Engenharia e Construção do Exército (BEC) e em firmas de construção e topografia que se instalaram em São Gabriel entre 1972 e 1973 para a construção da estrada que ligaria essa cidade a Cucuí (povoado de origem militar situado na fronteira Brasil-Venezuela) e de um trecho da Perimetral Norte, que acabou sendo abandonado alguns anos depois. Muitos podem recordar ainda hoje nomes e siglas como Queiroz Galvão, EIT, DNER, assim como apontar outras instituições que contribuíram para a transformação do cenário de São Gabriel: Cosama (abastecimento de água), Rádio Nacional, Mercado Municipal, Posto Médico, Banco do Brasil, Funrural, Ceam (gerador de energia elétrica – em 1972), Cantel (telefonia, atual Telemar), repetidoras de TV (em 1977). A cidade inchou com a chegada de soldados e outros forasteiros, o comércio cresceu e as ruas começaram a ser pavimentadas.

Além do que se via na cidade, circulavam informações a propósito de outras iniciativas de colonização. Há casos conhecidos de investimentos dessa época na região que causaram grandes prejuízos, em particular o de um fazendeiro paulista que tentou a pecuária em uma fazenda na estrada São Gabriel-Cucuí. Houve também a história das setenta famílias do sul do país que foram assentadas em Cucuí, trazidas de avião, dizem. Dessas setenta famílias, restaram apenas três ou quatro. E não foi preciso que as pessoas de Iauaretê lessem as conclusões dos estudos do Radambrasil[4] para entender as razões desses fracassos. Todos sabem que o alto rio Negro não é "invadido" por brancos como outras partes da Amazônia porque a terra é muito pobre. A agricultura ali não é coisa fácil, e os casos citados serviram para confirmar que brancos não vêm para a região para trabalhar, ou seja, para "pegar no pesado". O comércio era outra coisa, pois o volume de dinheiro que passou a circular com a

---

4 Grande projeto de mapeamento por radar e levantamento de recursos naturais na Amazônia promovido pelo governo militar com a finalidade de produzir subsídios para planejar o desenvolvimento da região Norte do país. As pesquisas foram realizadas sob os auspícios do Departamento Nacional de Produção Mineral, órgão do então existente Ministério do Interior.

chegada dos órgãos públicos permitiu que novos comerciantes abrissem seus negócios em São Gabriel e ali passassem a "levar a vida". Sem trabalhar, conclui-se. Nesse momento, apesar de Iauaretê já ter *status* de distrito administrativo do município de São Gabriel da Cachoeira, não havia atuação visível da administração municipal. A Missão Salesiana, por outro lado, mantinha em funcionamento, além do colégio e internatos, hospital, serraria, olaria, marcenaria e uma fábrica de vassouras, controlando toda a atividade comercial existente. Para o ano de 1975, aponta-se uma produção de treze toneladas de cipó e uma pequena quantidade de sorva e breu, comercializada pelos religiosos diretamente com compradores de Manaus. Embora decadente, o controle da atividade extrativista seguia como monopólio da Igreja. Em termos de infraestrutura, Iauaretê contava com energia elétrica fornecida por um gerador da Celetramazon (companhia energética do estado do Amazonas) e era abastecida por um avião de carga da FAB a cada quinze dias (Radambrasil, 1976, p.364-6).

Assim, enquanto São Gabriel crescia e assistia à chegada de novas instituições públicas, em Iauaretê o Estado continuava a se fazer presente por intermédio da missão, na forma de significativos repasses da Sudam (Superintendência do Desenvolvimento da Amazônia) à Prelazia, para a manutenção dos internatos (Prelazia do Rio Negro, 1969 e 1970), e do apoio aéreo prestado pela FAB. Mas ali também, embora em ritmo mais lento, surgiriam novidades.

A regularidade dos voos a Iauaretê tornou necessárias unidades locais de comunicação e manutenção da infraestrutura de navegação aeronáutica, levando à instalação de postos de agências como Comara e Tasa. Além disso, o antigo serviço de correios, que em décadas anteriores era mantido pela missão, veio a ser incorporado pela agência federal de Correios e Telégrafos. O sistema de educação formal dos salesianos também começou a se transformar em meados da década. Houve a abolição definitiva do ensino de ofícios (marcenaria, alfaiataria etc.) e o início da implantação de classes ginasiais, com a incorporação de um currículo comum a todas as escolas públicas do país. Um novo colégio com estruturas metálicas e alvenaria viria a ser construído, envolvendo mais uma vez o trabalho de muitos alunos internos, cujo pagamento era feito em materiais escolares – de acordo com moradores de Iauaretê que participaram desse trabalho, um sistema de premiação estimulava os garotos a carregar a maior quantidade possível de terra para o aterro do colégio. Para a montagem das estruturas, a Primeira Zona Aérea da FAB forneceria uma turma de operários da Comara (Comissão de Aeroportos da Amazônia), a cujos cuidados a pista de pouso de Iauaretê era também transferida. É nessa nova instituição escolar, Colégio São Miguel Arcanjo, que, em 1975, se oficializa a nova grade curricular de quinta a oitava série. Isto é, a oferta de educação escolar seguia aumentando, e uma primeira turma de professores indígenas, depois de ter concluído o estudo médio em São Gabriel da Cachoeira, seguiria nos anos seguintes para Belém, onde, em cursos de férias, viria a obter uma licenciatura universitária. O apoio para transporte e hospedagem em Belém viria igualmente da FAB. Em 1976, outro órgão federal instalou-se no povoado, o Funrural, responsável pelo início do pagamento de aposentadorias rurais para pessoas com mais de 65 anos. Em 1979, 157 pensionistas recebiam esse benefício – um salário mínimo atualmente – no distrito (Oliveira, 1981, p.132).

O Plano de Integração Nacional do governo federal também repercutiria em Iauaretê, na forma da reabertura do antigo posto indígena que o SPI mantivera até os anos 1950. Agora, por intermédio da Funai, o posto voltava a funcionar no âmbito do Plano Alto Rio Negro, elaborado pelo antropólogo Peter Silverwood-Cope.[5] Esse plano recomendava ações principalmente nos campos da saúde e agricultura, assinalando ainda uma grave falta de alternativas nas comunidades quanto à comercialização de produtos e a extrema dependência à missão para a obtenção de mercadorias a essa altura indispensáveis (ver Silverwood-Cope, 1975; 1976). Ainda que não tenha saído efetivamente do papel, o conceito de desenvolvimento comunitário proposto no Plano Alto Rio Negro, baseado na diversificação agrícola e formação de cooperativas indígenas, viria a ser

---

5 Esse programa incluía-se em um conjunto de iniciativas análogas que começaram a ser desenvolvidas em várias áreas indígenas na Amazônia que seriam atingidas pela construção da rodovia Perimetral Norte. Além dos grupos do rio Negro, projetos de antropologia aplicada começaram a ser desenvolvidos com os Nhambiquara, Yanomami e Ticuna (cf. Oliveira Filho, 1999, p.223).

incorporado pelo discurso missionário, resultando em algumas ações práticas. Então uma cooperativa indígena para comercialização de artesanato apoiada pela Funai, pela Missão e por políticos regionais passou a funcionar em 1978. O negócio era controlado pelos índios, mas com apoio de funcionários da Funai e missionários (Oliveira, 1981).[6]

Os comentários que se ouvem atualmente em Iauaretê a respeito dessa cooperativa, em que pela primeira vez, afinal, os índios experimentaram novas posições em transações comerciais, associam o empreendimento à figura de um missionário – padre Antonio Escolaro – que, naqueles anos, esforçou-se por direcionar a atuação da missão no sentido da "promoção humana", o que àquela altura já envolvia estimular o "desenvolvimento comunitário" por meio de "projetos autossustentáveis". Destinada à troca de artesanato indígena por mercadorias, com filiais no Papuri e alto Uaupés, a implantação de uma cooperativa era coerente com outras palavras de ordem que aparecem nos textos salesianos desse período, como "promoção humana e social" e "comunidades de base", entre as quais novos cargos – catequistas, professores, animadores – eram instituídos e novas práticas econômicas estimuladas – roças comunitárias e plantio de pastos para criação de gado (Prelazia do Rio Negro, 1970). O interesse gerado pela cooperativa foi grande, mas depois de pouco tempo veio o fracasso, em geral justificado pela inaptidão administrativa de seus dirigentes. Apesar de a cooperativa não haver prosperado, as relações comerciais continuaram se adensando, pois foi então que o engajamento de alguns índios na atividade comercial autônoma passou a ocorrer. Segundo Ana Gita de Oliveira (1981), todas essas mudanças começaram a atrair novos moradores para Iauaretê, muitos deles valendo-se de suas relações e parentesco por afinidade com os Tariano dali para conseguir um lugar para fixar moradia.

---

6 Ana Gita de Oliveira (comunicação pessoal, 2003), antropóloga que participou da implantação do Plano Alto Rio Negro pela Funai em Iauaretê em 1975, informou que a tentativa de organização de uma cooperativa indígena em Iauaretê naquele momento inspirava-se em experiências já em curso nas Missões Javerianas do Papuri colombiano. Os javerianos são uma congregação colombiana que, bem antes dos salesianos, adotava uma conduta mais progressista quanto às expressões culturais indígenas. Entre eles, a Teologia da Libertação já havia sido digerida.

Cidade do índio

Voltaremos a tratar desses processos no próximo capítulo. Por ora, interessa ressaltar que em meados dos anos 1970 o fechamento dos internatos era cogitado. Se no início da década a Missão Salesiana do Rio Negro contava com o apoio de vários órgãos federais para a manutenção de seus internatos – Legião Brasileira de Assistência, Fundação do Bem-Estar do Menor, Ministério da Educação, Secretaria Estadual de Educação e Sudam –, alguns anos depois o bispo de São Gabriel, Dom Miguel Alagna, declarava ter em breve de iniciar o processo de fechamento dos internatos em função de uma progressiva redução dessas verbas (Silverwood-Cope, 1975, p.41). Além do Colégio São Miguel, que oferecia ensino até a oitava série, havia então mais de trinta escolinhas nas comunidades, mais de quarenta professores indígenas em todo o distrito e 1.200 alunos, sendo pouco mais de quatrocentos na missão e o restante nas comunidades (Oliveira, 1981). Esse é o quadro do final dos anos 1970, período em que a população indígena local assistirá ao início do processo de fechamento dos internatos. A partir dessa data, os salesianos diminuirão progressivamente o número de alunos internos, abolindo finalmente o sistema em 1988. Era o fim do sistema dos internatos em Iauaretê, depois de cerca de cinquenta anos de vigência.

O aspecto paradoxal dessa história diz respeito ao fato de que tal processo veio a ser posto em marcha, precisamente, em um momento em que a oferta de educação escolar aumentava. Isto é, o período de estudos na missão por que passaram meninos e meninas de várias gerações não foi substituído por cursos que passaram a ser ministrados nas escolinhas das comunidades pelos professores indígenas. A ampliação do colégio nos anos 1970 envolveria a implantação de uma nova grade curricular, com continuidade dos estudos até a oitava série. O fechamento derradeiro dos internatos ao final dos anos 1980 coincide, por sua vez, com o início da implantação do curso de segundo grau no Colégio São Miguel. Assim, ao mesmo tempo que a oferta de educação escolar se ampliava, os meios de acesso e manutenção dos alunos na escola eram eliminados. Se as verbas para manutenção dos internatos foram cortadas naqueles anos, outras surgiam, permitindo o aumento do quadro de professores indígenas e a ampliação das instalações escolares. Com efeito, alguns missionários apontam que o fim do internato não tinha a ver exclusivamente com falta de verbas, mas também por representarem então uma estrutura, por assim dizer, anacrônica. Parece haver aqui uma avaliação implícita de que o processo de "catequese e civilização" dos índios do Uaupés dera largos passos nas quatro ou cinco décadas anteriores e que, daí em diante, novas estratégias haveriam de ser idealizadas.

Reflexos da ideologia de integração nacional propugnada pelo governo militar à época do milagre econômico? A meu ver, essa não é uma hipótese de todo implausível, tendo em vista que, no final dos anos 1980, a região viria a se tornar o campo de teste de um novo experimento militar de colonização da fronteira, o Projeto Calha Norte. O crescimento acelerado do povoado a partir daí, a instalação do 1º Pelotão Especial de Fronteira da região em Iauaretê e a constituição das primeiras organizações indígenas no bojo de uma acalorada discussão sobre a definição das Terras Indígenas são os principais temas do enredo a que se vai assistir na década seguinte e do qual trataremos mais adiante. Tudo pareceria objeto de uma estratégia orquestrada entre militares e salesianos para a fronteira, não fosse um esfriamento das relações entre oficiais e religiosos que teve lugar ao longo da década de 1980, e também por alguns sinais de perplexidade demonstrados por missionários quando muitas famílias indígenas dos rios Papuri e alto Uaupés passaram a se concentrar em Iauaretê para manter seus filhos frequentando os bancos escolares.

Os anos 1970, com efeito, ocupam um lugar de destaque no modo específico de contar o passado em Iauaretê. Trata-se daquela forma narrativa, muito comum entre vários grupos indígenas amazônicos, em que as pessoas relatam acontecimentos aos quais seus antepassados de gerações imediatamente ascendentes puderam testemunhar. Ao final dessas narrativas, tem-se uma cadeia de testemunhos intergeracionais, pois, em sequência às informações repassadas por um pai ou um avô, invariavelmente marcadas por expressões do tipo "assim papai contava", o narrador agrega aquelas que veio a conhecer por experiência própria. Esse é o regime discursivo em que transformações recentes são em geral registradas e por meio do qual os mais novos vêm a conhecer a origem do quadro de relações em que se movem no presente. Em uma reunião do Conselho

Cidade do índio

de Líderes[7] de Iauaretê realizada em abril de 2001, pude presenciar um exercício coletivo de expressão dessa memória, quando ficou clara para mim a importância local dos acontecimentos da década de 1970. Nessa ocasião, cerca de trinta pessoas, entre representantes de organizações indígenas e capitães de comunidades, reuniram-se atendendo à convocação de algumas lideranças preocupadas com o que chamaram de um "planejamento estratégico para Iauaretê" – eram aqueles poucos professores que já haviam concluído ou estavam prestes a concluir suas graduações universitárias. O motivo da reunião foi a preocupação quanto ao futuro de Iauaretê, e a melhor maneira que os coordenadores encontraram para convencer as pessoas de que o assunto era realmente relevante foi propor uma breve volta ao passado. E então puseram-se, coletivamente, a pontuar uma cronologia em que se ia, passo a passo, agregando muitos dos ingredientes que hoje fazem parte do cotidiano do povoado.

Para os objetivos dessa reunião, o que se passou antes da chegada dos missionários parecia não contar, pois apenas uma frase vazia foi escrita no quadro-negro como evocação: "Antes da chegada dos missionários". E então surge o ano de 1927, com os missionários e aquilo que introduziram: educação escolar, saúde hospitalar, internatos masculino e feminino, olaria, marcenaria, alfaiataria, tecelagem, corte e costura e agricultura. A cronologia segue com a indicação da construção da pista de pouso e a implantação do serviço de meteorologia, ambos por volta de 1945, e vai direto à década de 1960, quando são implantadas escolinhas rurais em algumas comunidades do distrito, instituem-se novos cargos políticos nas comunidades (capitães e catequistas nomeados pela missão) e os primeiros índios são encaminhados à vida religiosa. Até então, os fatos apontados relacionam-se todos à presença da missão. E assim se chega à década de 1970, quando há uma frequência maior de acontecimentos significativos e a intervenção de outros atores: serraria, pasto, cooperativa (com filiais em Jandiá, Arara, Pato, Jandu e Santa Maria),

---

7 Trata-se de instância recentemente criada da Coordenadoria das Organizações Indígenas do Distrito de Iauaretê, organização indígena igualmente recente que traduz um esforço de integrar e dinamizar o trabalho de várias outras organizações menores e mais antigas que vêm surgindo no distrito desde o início da década de 1980.

primeiro barco (Comandante Melo Franco), distribuição de gado pela Funai, energia elétrica (1974), primeiro vereador indígena do Distrito de Iauaretê (Paulino Vieira, em 1974), formação de professores indígenas com cursos complementares de nível médio e licenciaturas universitárias (Miguel Maia, Domingos Cavalcanti, Odilon e Alberto Barbosa, em 1977/78), formação dos primeiros técnicos agrícolas indígenas (Pedro, Geraldo e Arlindo, entre 1978 e 1981).

Nos discursos locais, noções como "civilização" e "progresso" prestam-se, sucessiva e simultaneamente, a qualificar os fatos que têm lugar após a "chegada dos missionários". Como se diz em geral, depois dos missionários "chegou a civilização", ou "entramos na civilização". Os acontecimentos mais recentes representam o "progresso", termo do qual os índios derivaram o verbo "progressar", que apareceu em falas proferidas em reuniões da cooperativa (ver Oliveira, 1981) e também numa canção composta mais recentemente por uma liderança de Iauaretê. A mencionada reunião foi aberta com um discurso que apontava uma diferença fundamental entre o modo como atuam os políticos brancos e aquilo que vêm realizando as organizações indígenas hoje em dia. Os brancos "não param", "planejam" e, assim, "têm desenvolvimento". Naquela ocasião, corriam boatos em Iauaretê referentes à possível divisão territorial do estado do Amazonas, o que levaria à criação de um Território Federal do Rio Negro. Segundo se ouvia em visitas a São Gabriel, essa decisão levaria automaticamente à criação de um município em Iauaretê. Essa não era exatamente uma novidade, pois desde o final da década de 1970 essa hipótese vinha sendo cogitada.

Naquela época, líderes tariano de Iauaretê chegaram a dirigir um ofício ao superintendente da Funai em Manaus solicitando a criação do novo município, indicando qual seria sua extensão. Tendo o povoado de Iauaretê como centro, deveria alcançar a comunidade Santa Rosa, no sentido Uaupés acima, e a comunidade de Loiro, no sentido Uaupés abaixo. Pelo rio Papuri, deveria chegar até a comunidade de Santa Luzia. Embora não lançassem mão de noções como "planejamento estratégico", as mudanças que se processaram na década de 1970 teriam sugerido a esses líderes que aquilo que se havia passado com a cidade de São Gabriel talvez pudesse se repetir em Iauaretê. Como a ideia da criação de um

Cidade do índio

novo município passou a ser novamente aventada entre 2001 e 2002, era preciso, do ponto vista dos organizadores daquela reunião do Conselho de Líderes, que as organizações indígenas de hoje passassem a se responsabilizar pelo assunto. Em sua avaliação, elas estariam "muito paradas", e não responderiam à necessidade de participar dos debates a propósito do futuro de Iauaretê. Depreende-se, assim, que a progressiva "entrada na civilização" leva algumas das lideranças de hoje a avaliarem que é preciso agir como os políticos brancos da cidade. Com efeito, a década de 1980, como veremos, assistirá a uma intensificação das relações entre os índios do Uaupés e outros atores. Se até então suas referências externas principais eram missionários ou funcionários da Funai, nessa nova fase militares, mineradoras e políticos entrarão em cena, abrindo novos canais de conversação para os índios e agregando novas dimensões de complexidade ao cenário local.

A consolidação do grande centro missionário de Iauaretê havia sido realmente motivo de orgulho para os salesianos no final da década de 1950. Aquilo que havia recomendado o bispo prelado no início da empreita parecia ter-se concretizado:

> Será conveniente que se vá augmentando progressivamente a população da Villa, procurando trazer para este lado os habitantes indígenas da outra banda do rio, e que as casas da Villa sejam possivelmente altas, barreadas e tabatinga, avarandadas, mesmo que isto custe algum dinheiro à Missão. É evidente a obrigação e mesmo a conveniência que a Missão tem de mostrar o adiantamento e o progresso de nossos índios, que vierem ao seu lado e dentro de seu próprio terreno. (Missão Salesiana de Iauaretê, s.d.b)

A respeito dos sucessos ali obtidos, assim se expressa um cronista da missão:

> Dois anos depois de ter sido aberta a missão de Iauaretê as cinco malocas dos Tarianos tinham sido derrubadas surgindo em lugar delas umas 60 casas, bem feitas e que fazem boa coroa aos grandiosos edifícios da missão, e causam maravilha aos colombianos que chegam a essa fronteira. O comissário – governador desse território, ao contemplar o conjunto da missão e das habitações dos nossos índios, exclamava: Que vergonha para nós, só temos duas casinhas e o Brasil apresenta uma cidade em formação, que vergonha para nós. (Missão Salesiana de Iauaretê, s.d.e)

Mas em 1990, após as transformações dos anos 1970 e 1980, o discurso missionário parecia desnorteado. Aquela cidade em formação que substituíra as cinco malocas dos Tariano lhes fugia do controle. A "civilização" que julgavam ter mostrado aos índios apresentava alguns aspectos que pareciam igualmente lhes escapar:

> Enquanto o padre Miguelito se dedicou à itinerância muita gente se juntou aqui em Jauareté e não houve ninguém que se dedicou a eles. Fechou o internato. São 850 alunos que estudam no Colégio. Uma nova situação se criou que nosso povo nunca tinha experimentado. A presença da Comara e da televisão apresenta um outro modelo de vida e a juventude ficou completamente desorientada. (Missão Salesiana de Iauareté – Livro de Crônica Paroquial, 1990)

Com efeito, Iauareté entra na década de 1990 como uma localidade significativamente diferenciada no contexto regional. Possui algumas características que a tornam algo distinta dos outros centros missionários mantidos pelos salesianos na região, como Taracuá, Assunção do Içana e Pari-Cachoeira. Sua posição geográfica, na confluência de duas zonas densamente povoadas – rio Papuri e alto Uaupés –, responde em grande parte por isso. Sua localização na linha da fronteira vai garantir que os processos deflagrados nos anos 1970 ganhem novos contornos na década seguinte, quando a região do alto rio Negro como um todo passará a ser tratada pelo Estado sob o viés geopolítico da segurança nacional. O futuro que alguns de seus moradores lhe haviam desenhado vai ecoar nas negociações com autoridades de órgãos do governo federal que terão lugar nos anos seguintes, e, em um contexto de militarização, "explosão demográfica" e reconhecimento de territórios indígenas, projetos contraditórios levarão a conflitos entre os grupos indígenas locais que até então não se conheciam.

Antes de passar a tratar desses novos temas, vejamos alguns números relativos ao crescimento demográfico de Iauareté nas últimas décadas e à sua situação atual. São dados coletados por uma equipe de professores indígenas do Colégio São Miguel que participaram, entre 2001 e 2002, do projeto "Levantamento Socioeconômico, Demográfico e Sanitário de Iauareté", executado com recursos do Instituto Socioambiental, que tive a oportunidade de coordenar ao longo de minha pesquisa de campo no povoado.

Números de Iauaretê

A partir da Tabela 1 (na p.148), constata-se que, até o final da década de 1970, o povoado de Iauaretê era composto das comunidades de Santa Maria, São Miguel, Dom Bosco e São Domingos Sávio. Elas derivam das cinco malocas tariano que os salesianos encontraram em Iauaretê quando foi fundada missão.

Santa Maria, a maior delas, localiza-se na margem oposta à missão, constituindo o núcleo tariano original de Iauaretê. Foi ali que, ao final da década de 1920, os primeiros salesianos foram recebidos pelo antigo chefe tariano Leopoldino. Sua instituição como comunidade resultou da agregação em uma mesma comunidade dos antigos moradores de duas malocas ali estabelecidas antes da chegada dos padres. Com a chegada de novos moradores nos anos 1980, os membros de um desses grupos decidiram reintroduzir a divisão original. Daí surgiu a comunidade de São Pedro, que já consta como tal nos dados de 1988. Essa é a única comunidade atual de Iauaretê que mantém um perfil étnico tradicional, composta quase exclusivamente de famílias tariano. As outras três comunidades vieram a se formar em áreas adjacentes à Missão. A comunidade de São Miguel foi a primeira que apareceu, já em 1930, com famílias de um único grupo local tariano. Dom Bosco e Domingos Sávio formaram-se em seguida, a primeira resultando da agregação de grupos locais que se localizavam antes em território colombiano a outros que já estavam no local. A comunidade de Domingos Sávio era a menor entre as comunidades mais antigas de Iauaretê, tendo se originado com o deslocamento de uma família pertencente a um grupo local tariano do baixo rio Papuri para Iauaretê há cerca de sessenta anos. Os primeiros moradores dessas comunidades foram estimulados pelos padres a se aproximar ainda mais do novo núcleo missionário, a abandonar suas malocas e a construir pequenas casas familiares enfileiradas. Essas cinco primeiras comunidades formam os bairros considerados "tradicionais" de Iauaretê.

De acordo com a tabela, em 1982 surge uma nova comunidade em Iauaretê, Fátima, até hoje a menor do povoado, formada exclusivamente por grupos Maku-Hupda, que há cerca de 25 anos começaram a se fixar em área cedida pela comunidade de Santa Maria. A fixação desses Hupda, caçadores-coletores semimóveis, se deu por intermédio do Posto da Funai e de uma freira salesiana por volta de 1975. São originários da região do igarapé Abacate, a cerca de cinco quilômetros em direção sudeste de Iauaretê. Apontam que seu interesse em obter uma área de moradia permanente no povoado se devia ao desejo de matricular as crianças na escola e obter maior assistência do posto indígena de Iauaretê. Esses Hupda mantêm certa distância das outras comunidades de Iauaretê, relacionando-se mais diretamente com algumas famílias de Santa Maria, para as quais prestam serviço em troca de roupas e ferramentas usadas. O aspecto de sua comunidade se diferencia radicalmente do padrão observado em todas as outras, pois não possuem um salão comunitário ou capela nem, tampouco, realizam festas constantes de caxiri. De acordo com informações de professores da escola de Santa Maria, a frequência de suas crianças à escola é bastante variável, pois, em época de coleta de certos frutos da floresta, costumam passar muitas semanas na mata.

Ao mesmo tempo que os Hupda fixavam uma comunidade em Iauaretê, outras famílias indígenas dos rios Uaupés e Papuri faziam o mesmo. Se tomarmos os dados disponíveis referentes a 1975 e 1988 compilados pela (ou para a) Funai (Levantamentos 1975, 1988b e 1988c), verificamos que as comunidades tradicionais de Iauaretê crescem nesse período à proporção de cerca de 60%. De acordo com Ana Gita de Oliveira, por ocasião de seu trabalho de campo na comunidade de Santa Maria, em 1979, esse crescimento populacional das comunidades de Iauaretê se dava pela aceitação de novos moradores pertencentes a outras etnias que mantinham relações de afinidade com os Tariano ali residentes (ver Oliveira, 1981, p.108ss.).

Paralelamente ao crescimento das comunidades tradicionais, outras famílias começaram a se estabelecer em áreas próximas à missão que até então não eram ocupadas pelas comunidades tradicionais. Um extenso terreno localizado atrás das construções da missão, e orientado a montante do rio Uaupés, começou a ser ocupado por famílias de um grupo local tariano antes estabelecido em Seringa-Ponta, localidade do rio Uaupés um pouco acima de Iauaretê. Nesse mesmo terreno viria a se estabelecer um grupo pira-tapuia, oriundo da comunidade de São Paulo, baixo rio Papuri. Esse foi o embrião do atual bairro de Aparecida, o maior de Iauaretê. As famílias que se estabeleceram ali, oriundas principalmente de comunidades do Uaupés acima de Iauaretê, começaram a negociar espaço para moradia permanente com esses primeiros moradores, que no final da década de 1970 eram quatro grupos domésticos, um pira-tapuia e três tariano. Ao mesmo tempo, em um espaço lateral à missão, a jusante do rio Uaupés, grupos tariano do baixo Papuri e do Uaupés abaixo de Iauaretê começaram a se fixar, obtendo para isso autorização dos próprios missionários. Ali se formou o bairro do Cruzeiro, composto sobretudo de grupos oriundos de comunidades localizadas no Uaupés abaixo de Iauaretê. Em 1986, esse bairro viria a se subdividir, dando origem ao bairro de Dom Pedro Massa e, mais tarde, em 1998, ao bairro de São José, o mais novo do povoado.

Assim, em dois dos levantamentos de 1988 (1988b e 1988c), o povoado de Iauaretê era composto de oito bairros: além das cinco comunidades tradicionais, aparece a comunidade Hupda de Fátima e as duas novas comunidades de Aparecida e Cruzeiro, nas quais, a essa altura, além dos Tariano e Pira-Tapuia já viviam grupos tukano, arapasso, wanano e outros. Nos levantamentos de 1992 e 1997, aparece a comunidade de Dom Pedro Massa e, nos levantamentos realizados a partir do ano de 2002, também a de São José. Os bairros mais próximos às instalações centrais da missão – São Miguel, Cruzeiro e Dom Pedro Massa – apresentam aspecto urbano mais marcado, pois ali as residências estão muito próximas umas das outras e é onde se concentra o comércio local e as agências do Correio, Ceam (gerador de energia), Infraero (que veio recentemente substituir uma firma contratada pela Comara), hospital, prefeitura e casa das Organizações Indígenas. Nos bairros mais afastados ou localizados na outra margem do Uaupés, o aspecto ainda é semelhante ao das comunidades ribeirinhas do Uaupés e Papuri, com um conjunto original de casas enfileiradas ao lado da capela. Mas o crescimento acelerado das últimas duas décadas tem-lhes alterado profundamente a feição, com muitas outras casas surgindo nas periferias e constituindo vários outros centros ou subcentros.

Tabela 1 – Crescimento populacional do povoado de Iauaretê por "bairros" [1977-2000]

Bairros	1975	1977a	1977b	1979	1982	1988a	1988b	1988c	1992	1994	1997	2000a	2000b	2002
Sta. Maria	160	241	145	112	210	209	196	195	188	< >	251	227	255	280
S. Pedro	0	0	0	0	0	71	68	68	80	< >	< >	102	98	107
S. Miguel	83	87	117	47	124	131	188	188	146	< >	235	330	243	345
D. Bosco	128	105	108	57	132	145	181	181	155	< >	280	320	265	317
Domingos Sávio	37	44	0	17	51	85	73	73	59	< >	174	190	223	247
Aparecida	0	0	0	0	0	0	129	123	120	< >	355	371	435	482
Cruzeiro	0	0	0	0	0	0	135	97	174	< >	280	323	308	377
D. Pedro Massa	0	0	0	0	0	0	0	0	168	< >	300	193	207	241
S. José	0	0	0	0	0	0	0	0	0	< >	0	170	190	168
Fátima	0	0	0	0	25	41	41	47	57	< >	< >	98	50	95
Total	**408**	**477**	**370**	**233**	**542**	**682**	**1.011**	**972**	**1.147**	**1.810**	**1.875**	**2.324**	**2.274**	**2.659**

Fontes:

1975 Plano Alto Rio Negro/Funai (Silverwood-Cope, 1975)
1977a Funai/PI Iauaretê
1977b Funai – ADR São Gabriel
1979 Levantamento Missão Salesiana
1982 Levantamento Missão Salesiana
1988a Levantamento Missão Salesiana
1988b GTI/Funai (identificação)

1988c Funai/PI Iauaretê
1992 Censo/FOIRN
1994 Levantamento Missão Salesiana
1997 Levantamento demarcação ISA/FOIRN
2000a Saúde Sem Limites
2000b Lideranças dos bairros de Iauaretê
2002 Levantamento Socioeconômico e Demográfico de Iauaretê – ISA

Cidade do índio

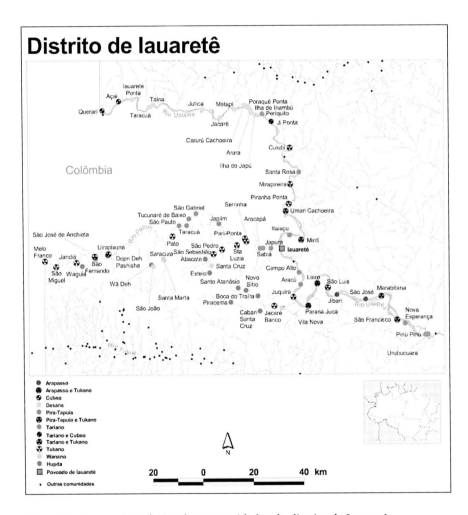

Figura 2 – Composição étnica das comunidades do distrito de Iauaretê.

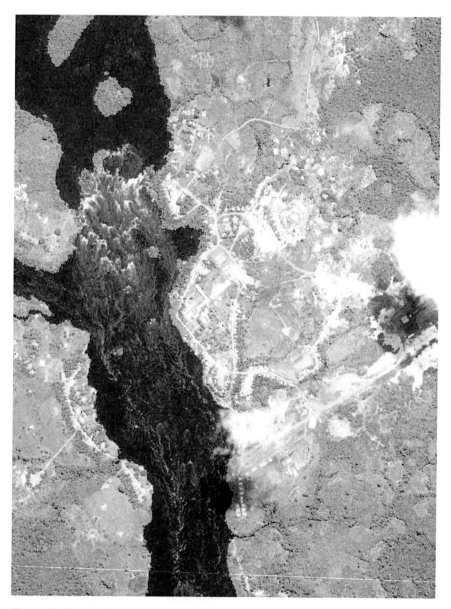

Figura 3 – Vista aérea do povoado de Iauaretê (Imagem orbital Ikonos).

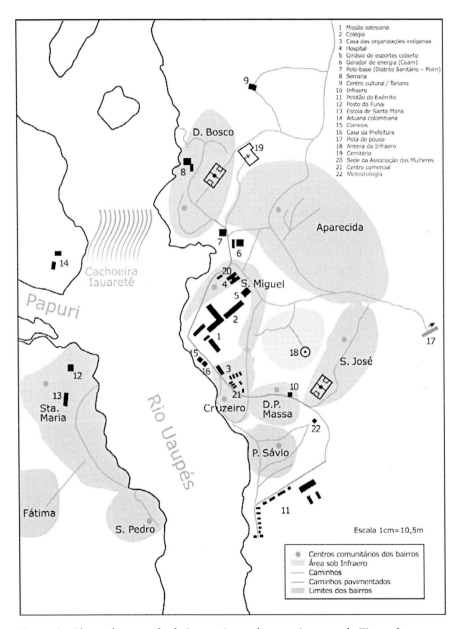

Figura 4 – Planta do povoado de Iauaretê com base na imagem da Figura 3.

A Figura 2 cobre toda a área de influência do povoado de Iauaretê, conhecida na região como Distrito de Iauaretê. Atualmente, encontram-se residindo no povoado famílias procedentes de quase todas as comunidades assinaladas no mapa, somando 2.659 pessoas, em 411 grupos domésticos. Essa população é dividida de maneira não uniforme entre os dez bairros, conforme mostra a Tabela 2. A Tabela 3 apresenta o número total de pessoas pertencentes a cada uma das etnias presentes no povoado. Na Tabela 4, esses números estão distribuídos por bairros. A procedência geográfica desses grupos domésticos é referida com as expressões "Uaupés abaixo", "Uaupés acima", "Papuri" ou "Iauaretê centro", que designam localmente sua sub-região de origem. A referência com base na qual se definem essas regiões é o próprio povoado de Iauaretê, ponto de convergência entre elas. A Tabela 5 mostra a origem geográfica e a etnia de cada um dos 411 grupos domésticos de Iauaretê. Na Tabela 3 constam três etnias que não aparecem na Tabela 5 (Baniwa, Bará e Barasana). Ocorre que não existem grupos domésticos em Iauaretê que possam ser classificados como pertencentes a essas etnias. À exceção de um homem barasana, as outras sete pessoas dessas etnias são mulheres casadas pertencentes a grupos domésticos classificados de acordo com a etnia de seus cônjuges.

Tabela 2 – Moradores e grupos domésticos de Iauaretê por bairro (2002)

Bairro	N ° Pessoas	Grupos domésticos ou casas
Santa Maria	280	40
São Pedro	107	16
São Miguel	345	55
Dom Bosco	317	44
Domingos Sávio	247	39
Aparecida	482	74
Cruzeiro	377	60
Dom Pedro Massa	241	36
São José	168	32
Fátima	95	15
Total	2.659	411

Cidade do índio

Tabela 3 – População por etnia

Etnias	Homens	Mulheres	Total
Tariano	480	420	**900**
Tukano	334	305	**639**
Pira-Tapuia	189	187	**376**
Desana	109	83	**192**
Wanano	78	62	**140**
Arapasso	65	46	**111**
Hupda	47	44	**91**
Baré	12	19	**31**
Tuyuka	6	13	**19**
Cubeo	3	12	**15**
Miriti-Tapuia	6	6	**12**
Baniwa	-	4	**4**
Carapanã	5	3	**8**
Barasana	1	2	**3**
Bará	-	2	**2**
não índio*	8	4	**12**
não declarada	39	65	**104**
Total	**1.382**	**1.277**	**2.659**

Tabela 4 – População de Iauaretê de acordo com etnia e distribuição nos bairros

Bairros	TA	TK	PT	DE	WA	AR	HP	BA	TY	CB	MT	BW	CA	BR	BB	Cab	?
Sta. Maria	134	47	38	14	11	15	–	3	13	2	–	–	–	–	–	–	3
S. Pedro	73	3	11	1	2	2	1	2	–	1	6	–	–	–	–	–	7
S. Miguel	109	102	52	38	5	15	–	2	1	1	–	1	–	–	–	3	16
D. Bosco	104	55	44	10	47	19	1	15	2	2	5	–	–	–	–	–	13
Domingos Sávio	63	86	41	21	2	20	–	–	–	–	–	1		1		1	5
Aparecida	188	137	49	25	42	3	–	5	–	10	–	–	1	1	1	3	21
Cruzeiro	131	91	53	23	7	34	–	5	1	–	–	–	7	1		5	19
D. Pedro Massa	86	68	35	22	12	3	1	–	–	–	1	2	–	–	–	–	11

Continuação

Bairros	TA	TK	PT	DE	WA	AR	HP	BA	TY	CB	MT	BW	CA	BR	BB	Cab	?
S. José	12	44	53	38	10	–	–	–	2	–	–	–	–	–	–	–	9
Fátima	–	4	–	–	–	–	88	–	–	–	–	–	–	–	–	–	3
Total	900	639	376	192	140	111	91	31	19	15	12	4	8	3	2	12	107

Obs.: AR = Arapasso, DE = Desana, BA = Baré, HP = Hupda, BB = Bará, MT = Miriti--Tapuia, BR = Barasana, PT = Pira-Tapuia, BW = Baniwa, TA = Tariano, CA = Carapanã, TK = Tukano, CB = Cubeo, TY = Tuyuka, Cab = Caboclo, WA = Wanano.

Tabela 5 – Origem geográfica e etnias dos grupos domésticos de Iauaretê

Etnias	Uaupés abaixo	Uaupés acima	Papuri	Iauaretê centro	S/ inf. ou outros	Total
Tariano	27	32	20	67	5	151
Tukano	20	17	58	5	9	109
Pira-Tapuia	27	3	26	4	2	72
Desana	2	1	14	1	5	23
Wanano	–	21	1	–	–	22
Arapasso	15	–	–	1	2	18
Hupda	–	–	2	–	12	14
Baré	–	–	1	1	1	3
Miriti-Tapuia	–	–	–	1	2	3
Cubeo	–	1	–	1	–	2
Caboclo	–	–	1	1	–	2
Tuyuka	–	–	1	–	–	1
Carapanã	–	–	1	–	–	1
Total	91	75	125	82	38	411

Os números apresentados nas Tabelas 3, 4 e 5 mostram que os Tariano continuam sendo o grupo étnico mais numeroso de Iauaretê, com 900 pessoas (~34% do total do povoado). Os Tukano ficam em segundo lugar, com 639 pessoas (~24% do total). Juntos, os contingentes desses dois grupos (1.539 pessoas) respondiam por cerca de 60% da população total de Iauaretê em 2002. Além dos Tariano e Tukano, os Pira-Tapuia

(376 pessoas), Desana (192), Wanano (140), Arapasso (111) e Hupda (91) apresentam também contingentes significativos. Conjuntamente, a população desses grupos menores atinge a marca de 910 pessoas, montante equivalente ao total da população tariano (~34% do total). São grupos que possuem conjuntos bem delimitados de comunidades no distrito de Iauaretê, no Uaupés acima e abaixo de Iauaretê ou no Papuri, conforme se pode verificar na Figura 2. Os outros grupos presentes em Iauaretê são os Baré (31 pessoas), Tuyuka (19), Cubeo (15), Miriti-Tapuia (12), Carapanã (8), Baniwa (4), Barasana (3) e Bará (2). São grupos cujo território tradicional de ocupação está fora dos limites do distrito, sendo sua presença em Iauaretê pouco significativa do ponto de vista demográfico (um total de 94 pessoas, ou aproximadamente 3,5% da população geral do povoado). A Tabela 4 aponta ainda a existência de doze pessoas consideradas "caboclos" e outras 104 cuja etnia não foi declarada durante a pesquisa. A maioria desses caboclos e "sem etnia" são, muito provavelmente, crianças nascidas de relacionamentos entre mulheres indígenas e homens brancos ou considerados caboclos. Esses relacionamentos passaram a ocorrer com muita frequência em Iauaretê depois da implantação do pelotão do Exército no povoado ao final dos anos 1980. Como no Uaupés uma criança pertence à etnia do pai, os filhos de soldados vindos de fora não são imediatamente designados com a etnia da mãe. Nos casos em que o são, isso depende do reconhecimento por parte do avô materno, que atribui um nome de sua etnia ao neto.

Com base na Tabela 5, verificamos que há 151 grupos domésticos tariano em nove bairros de Iauaretê. Desses, apenas 67 são originários de Iauaretê, tendo o restante se estabelecido no povoado a partir de meados da década de 1970. Os grupos originários de Iauaretê são os moradores mais antigos dos chamados bairros tradicionais, que controlam a maior parte das terras disponíveis à atividade agrícola no entorno do povoado, bem como os principais locais de pesca. Um ponto relevante que ficou claro nessa pesquisa diz respeito ao padrão de fixação dos novos grupos tariano que vieram para Iauaretê nas últimas décadas, o qual se distingue nitidamente do dos novos moradores tukano, pira-tapuia, desana, wanano e arapasso. Esses últimos se distribuem em proporções equivalentes entre os bairros tradicionais e novos, ao passo que os novos moradores tariano de Iauaretê se estabeleceram quase exclusivamente nos bairros novos. Ao que parece, inicialmente o crescimento do povoado deveu-se à aceitação de novos moradores não tariano pelas antigas comunidades tariano de Iauaretê. Seriam, precisamente, os grupos com os quais os Tariano mantinham relações de afinidade, uma tendência apontada por Ana Gita de Oliveira para o ano de 1979 (Oliveira, 1981). A estes, a obtenção de espaço para moradia e roçados seria facilitada por relações preexistentes de aliança com os Tariano das comunidades de Santa Maria, Dom Bosco e São Miguel. Já os Tariano de outras partes do Distrito vieram a formar a base das novas comunidades de Iauaretê, figurando entre os primeiros moradores dos bairros de Aparecida e Cruzeiro, que se formaram somente a partir dos primeiros anos da década de 1980. A origem desses bairros mais novos se deu, assim, com a aglomeração crescente de casas nos espaços disponíveis em volta da missão no começo dos anos 1980, com sua instituição inicial como comunidades sendo acarretada pela chegada constante de grupos tariano do alto Uaupés e Papuri, entre os quais surgiriam seus primeiros capitães.

As tabelas a seguir apresentam informações relativas à entrada de dinheiro no povoado de Iauaretê, bem como sobre sua distribuição entre os bairros. Ainda que o processo de concentração da população indígena do alto e médio Uaupés e Papuri em Iauaretê tenha sido motivado pelo fim dos internatos, os dados dessas tabelas mostram que o surgimento progressivo de novas oportunidades para obtenção de renda viria também a desempenhar papel significativo, pois esses novos postos de trabalho não ficaram restritos apenas aos moradores mais antigos do povoado.

Tabela 6 – Ingresso monetário em Iauaretê por instituição (2002)

Instituição	N° pessoas	Renda
Benefícios (aposentadorias)	175	R$ 31.751,00
Pelotão do Exército	44	R$ 30.074,00
Colégio São Miguel	45	R$ 16.554,43
Hospital São Miguel	31	R$ 10.431,19
Infraero	3	R$ 3.057,00
Funai	3	R$ 3.040,45

Cidade do índio

Continuação

Instituição	N° pessoas	Renda (R$)
FOIRN	5	2.620,00
Saúde Sem Limites	9	2.211,00
Escola Enêmine	7	2.158,61
Secretaria de Educação	10	2.113,00
Ceam	5	1.978,37
Colégio de Santa Maria	9	1.753,00
Meteorologia	2	1.700,00
Missão Salesiana (padres)	6	1.580,00
Semsa	2	1.200,00
Missão Salesiana (irmãs)	7	1.115,00
Correios	2	880,00
Prefeitura	2	430,00
? (não respondeu ou desconhecia)	2	370,00
Particular	4	230,00
Embratel	1	220,00
Comércio local	1	180,00
Total	375	115.647,05

Tabela 7 – Distribuição da renda local

Bairro	Casas	Pessoas	C/ salário	Famílias c/ renda	Famílias s/ renda	Renda (R$)
Santa Maria	40	280	41	25	15	10.176,56
São Pedro	16	107	13	10	6	3.533,00
São Miguel	55	345	64	39	16	20.171,37
Dom Bosco	45	317	37	27	18	9.960,00
Domingos Sávio	39	247	36	25	14	12.329,45
Aparecida	74	482	87	47	27	24.079,00
Cruzeiro	59	377	51	37	22	15.252,00
Dom Pedro Massa	36	241	29	20	16	12.505,67
São José	32	168	17	15	17	7.160,00
Fátima	15	95	2	2	13	480,00
Total	411	2.659	377	247	164	115.647,05

Tabela 8 – População agregada dos bairros tradicionais e novos de acordo com a distribuição de renda

	Pessoas	C/ salário	Aposentados	Total de renda (R$)	%	% de pessoas com renda
Bairros novos	1.363	94	94	59.476,67	51,4	13,65
Bairros tradicionais	1.296	106	85	56.170,38	48,6	14,74

As Tabelas 6 e 7 apresentam números referentes às instituições que vieram se implantando no povoado desde os anos 1970, a quantidade de dinheiro que elas fazem chegar ali e como esses recursos se distribuem entre os bairros. São 377 pessoas que recebem regularmente salário, o que corresponde a 14,18% da população local. A relação entre assalariados e grupos domésticos não é, no entanto, de um para um, isto é, embora haja 377 assalariados, isso não quer dizer que haja o mesmo número de grupos domésticos com renda. De acordo com a Tabela 7, são 247 famílias que possuem renda regular, ou 60%. Isso quer dizer que há em torno de 131 grupos domésticos que possuem dois membros assalariados, o que nos leva a deduzir que a renda média dos grupos domésticos é bastante variada. Além disso, há 164 grupos domésticos, 40%, que não possuem renda regular. De acordo com a Tabela 6, percebemos que, apesar do grande número de aposentadorias (175 pessoas que recebem esse bene-fício no povoado, montante que coloca os aposentados no topo da lista dos "assalariados"), em 2002 havia duzentos outros postos de trabalho remunerado. Esse número hoje deve ter subido para cerca de 250, em razão da inauguração recente de um novo hospital mantido pelo governo do estado do Amazonas.

Pela Tabela 7, verificamos um notável equilíbrio quanto à distri-buição de renda entre os bairros novos e antigos, que se expressa no número de aposentados, assalariados e no montante de renda acumulada. O único desequilíbrio nesse aspecto diz respeito à renda que entra na comunidade Maku-Hupda de Fátima, onde, entre seus 95 moradores, há apenas dois membros que contam com renda regular, sendo os dois aposentados. Assim, à exceção dessa exclusão dos Maku do mundo do trabalho remunerado, não verificamos nenhum tipo de monopólio das oportunidades de renda em Iauaretê, seja por parte de seus moradores mais antigos, seja por parte de qualquer grupo étnico em particular. Com efeito, a escolarização oferecida há décadas aos índios do distrito de Iauaretê foi, pelo sistema de internato, disponibilizada a todos os grupos sem exceção, abrindo virtualmente a todos a possibilidade de acesso aos empregos que vieram a surgir em escolas, hospital, correios, meteorologia, facilitando até mesmo a incorporação de rapazes como soldados no pelotão do Exército. Aliás, sem a existência desse grande contingente de índios alfabetizados e escolarizados, essas instituições nem sequer teriam chegado a se estabelecer no Uaupés.

A esse propósito, alguns moradores mais antigos de Iauaretê recordam-se que, desde a chegada dos missionários, começou a se propagar a ideia de que todos eram iguais, irmãos, todos filhos de Deus. Dão a entender que tais ideias foram mais bem recebidas por certos grupos do que por outros. Entre os Tariano de Santa Maria e Dom Bosco, por exemplo, que ocupam as posições superiores na hierarquia tariano tradicional, as orientações missionárias não condiziam com sua autoimagem de chefes dos Tariano do Uaupés e Papuri. Porém, a outros grupos tais ensinamentos abririam novas vias para disputar um prestígio que os seus irmãos maiores sempre haviam reservado a si próprios. Ser professor, funcionário público ou soldado em Iauaretê são, com efeito, posições que em nada parecem ficar a dever a outras categorias mais tradicionais, por assim dizer, como "irmão maior" ou "chefe". Mesmo os que são assim considerados reconhecem que os que ocupam hoje essas novas posições fazem jus a certas considerações de respeito, mesmo que, em termos da hierarquia interna aos grupos do Uaupés, situem-se em posições inferiores. Vias paralelas de obtenção de prestígio vieram, assim, a surgir no Uaupés, manifestando-se principalmente nos postos de trabalho que surgiram no povoado de Iauaretê nas últimas décadas. Hoje há também um grupo de cerca de trinta comerciantes indígenas ali, os quais começaram a aparecer há cerca de vinte anos. O aumento progressivo da renda local os vem fazendo prosperar. Em 2002, contavam com uma associação que geria um fundo rotativo autônomo, base financeira utilizada para a obtenção de financiamento a juros baixos para a compra de um barco com capacidade para trinta toneladas. Sua intensa mobilidade entre São Gabriel e Iauaretê, bem como sua posição de intermediários entre os grandes comerciantes, a cidade e a população do povoado, os coloca em situação tão ou mais prestigiada que aquela dos professores e funcionários. Como diz um desses comerciantes, "já estamos no mundo capitalista, trabalhamos com fins lucrativos". E conclui: "a globalização já entrou em Iauaretê".

Poder-se-ia supor que essa entrada da modernidade nessa parte do Uaupés seria um efeito inexorável dos processos que se deflagraram no final dos anos 1960 e que tiveram como condição de possibilidade o ambicioso programa salesiano de catequese e civilização de índios, que irradiou pela região a partir do grande centro missionário de Iauaretê desde 1930. Mas muito do que se passa hoje no povoado sugere que também os índios são responsáveis pela situação que ali se configurou a partir do momento em que integração e desenvolvimento tornaram-se as palavras de ordem na Amazônia. Como assinalamos no final da seção anterior, vários dos moradores de Iauaretê demonstram hoje expectativas de, através de suas próprias organizações, participar e influenciar os debates sobre o futuro da região. O surgimento das primeiras organizações indígenas no Uaupés é um dos principais elementos dos processos que terão lugar ao longo da década de 1980, de que passo a tratar na próxima seção.

Década de 1980: discussões sobre demarcação de terras

Voltemos à reunião do Conselho de Líderes de Iauaretê que mencionamos antes. Pois, após repassar coletivamente a história de Iauaretê até a década de 1970, as pessoas presentes naquela ocasião prosseguiram em sua reflexão a propósito das novas transformações a que assistiram nos anos 1980.

Alguns dados gerais surgem em primeiro lugar. Esses anos são marcados, por exemplo, pelo aparecimento dos primeiros motores de popa e botes de alumínio, assim como pelos primeiros estabelecimentos comerciais particulares, de índios e brancos. A construção de uma estrada entre as comunidades de Ipanoré e Urubuquara, de cerca de cinco quilômetros, para transpor três grandes cachoeiras do médio Uaupés e os primeiros

Cidade do índio

cursos de motorista são também eventos destacados. Viagens facilitadas, novos meios de transporte e entrada de maior volume de mercadorias caracterizam esse tempo. Para o início da década, em 1980, é fundada a primeira organização indígena, a Ucidi (União das Comunidades Indígenas do Distrito de Iauaretê), que, na verdade, se baseou em um experimento da década anterior: a constituição de uma proto-organização chamada Lidi (Lideranças Indígenas de Iauaretê), instância criada por estímulo da Funai que não chegou a se instituir como pessoa jurídica e se relacionava à criação do cargo de um "capitão geral de Iauaretê". Em meados da década, há a menção ao início da distribuição de material agrícola pela prefeitura municipal e pela Funai, assim como à assistência técnica em agropecuária nas comunidades por índios recém-formados nessa especialidade. Surgem novos cursos para capacitar e reciclar professores indígenas e, com isso, a introdução do ensino de nível médio na Escola São Miguel. Paralelamente, os internatos são fechados definitivamente e, no ano seguinte (1988), supostamente em consequência disso, é apontado o "êxodo rural". Iauaretê começa realmente a se parecer com uma pequena cidade. Por fim, ao final da década (1988), surge a FOIRN (Federação das Organizações Indígenas do Rio Negro) e uma nova organização indígena em Iauaretê a ela ligada, a Unidi (União das Nações Indígenas do Distrito de Iauaretê). Na mesma época, de 1988 para 1989, é instalado o Primeiro Pelotão Especial de Fronteira (1° PEF) em Iauaretê.

Com efeito, a chegada dos militares e o surgimento de um movimento indígena no alto rio Negro, baseado na formação quase instantânea de uma federação de organizações indígenas em 1987, são duas faces da mesma moeda – uma que passou a circular na região quando um órgão militar do governo federal, o Conselho de Segurança Militar (CSM), começou, em meados da década, a comandar um programa governamental de colonização da fronteira norte amazônica, o tão debatido e polêmico Projeto Calha Norte.[8] Mas antes de entrar nesses acontecimentos,

---

8 O objetivo específico desse projeto era fazer convergir os esforços de vários órgãos governamentais em uma política de ocupação de 14% do território nacional ao norte das calhas dos rios Amazonas e Solimões, por isso o nome "Projeto Calha Norte". A zona prioritária para o início da implantação do projeto era a faixa de fronteira, onde

que vão esquentar significativamente o clima na região, mencionemos rapidamente um episódio que se passa em 1983. Algumas pessoas de Iauaretê recordam-se de uma comissão formada por alguns de seus moradores que viajou a Manaus nesse ano para uma audiência com o então governador do estado do Amazonas, Gilberto Mestrinho.

A comissão que viajou a Manaus era formada por índios de comunidades muito próximas ao povoado, localizadas no Papuri e no alto Uaupés, cuja missão explícita era solicitar ao governador, mais uma vez, a criação do município de Iauaretê. A articulação para viabilizar a operação foi complexa: um antigo funcionário do SPI, ex-vereador de São Gabriel, teria conseguido, por intermédio de um suplente de deputado, a audiência no Palácio do Governo; a missão conseguiu colocar os integrantes em um avião da FAB que os levou de Iauaretê a Manaus. Hospedaram-se na casa de uma tia de um dos membros da comissão que morava em Manaus. Fica claro que vários interesses se cruzavam nesse episódio. Os membros mais velhos da comissão tratariam do assunto "valorização do artesanato" (lembre-se da falência recente da cooperativa), outros de assuntos relacionados à educação, como material didático e merenda escolar (coisa que interessava diretamente à Missão). O líder da comissão introduziria o assunto da criação do município, algo que certamente abria perspectivas ao ex-vereador e ao suplente de deputado. Por diferentes motivos, tudo isso também interessava aos índios.

Essa comissão permaneceu quase um mês em Manaus para conseguir falar com o governador, e, quando chegou o dia, aguardaram no Palácio até tarde da noite para serem recebidos. Duas grandes expectativas se desfizeram rapidamente no encontro com Gilberto Mestrinho: em primeiro lugar, aquele que deveria ser um "branco grande", por ocupar o cargo de governador do estado, era na verdade um "caboclo simples", um *mehô ni'i putiagi*, literalmente, "um qualquer". Além disso, esse simples

---

se previa a instalação de várias unidades do Exército. O direcionamento de investimentos privados do setor mineral e a consequente redução das terras a serem demarcadas para as populações indígenas habitantes da faixa de fronteira foram efeitos extensamente comentados dessa reafirmação da tutela militar sobre a Amazônia e sobre os órgãos governamentais que ali exercem suas ações (ver Oliveira Filho, 1990, 1993; Santilli, 1990; Schminck & Wood, 1992; Leite, 1993).

caboclo amazonense veio a lhes afirmar que não haveria a mais remota possibilidade de que Iauaretê se tornasse um município. Simplesmente não havia verba para esse negócio de município. De volta a Iauaretê, o líder dessa comissão iria, muito pouco tempo depois, se juntar a outros companheiros e partir para a serra do Traíra, agora numa empreitada muito mais concreta para tentar obter alguns ganhos trabalhando em um garimpo descoberto à época pelos Tukano no alto rio Tiquié.

"Se você quer comer com sal, como fazer"? Essa frase resume o impulso que levou, no início dos anos 1980, muitos homens de Iauaretê para a serra do Traíra, como também a um outro garimpo na serra dos Porcos, localizado ao norte, no rio Içana. Há histórias de longas temporadas passadas nesses locais distantes, de perdas e de pequenos ganhos. Muitos perceberam logo que uma fonte mais segura de renda, talvez menos sacrificada, seria levar mercadorias para vender a outros garimpeiros. Mas, nesses casos, foram muitas as perdas, fracassos e dívidas, resultantes de calotes e fechamento da área pela Paranapanema, uma empresa de mineração que, em 1985, obteve licença do governo federal para iniciar operações na serra do Traíra. O refluxo do garimpo levou à busca de outra opção, que surgiu também no início da década, mas que durou igualmente muito pouco tempo: trabalhar para os narcotraficantes na Colômbia. "A gente fazia de tudo por lá, colhendo folhas, limpando o terreno..." E esse trabalho novamente exigia que se ficasse longos períodos fora de casa. O rendimento do negócio fez que alguns pensassem em plantar a coca em seus próprios sítios, mas a Polícia Federal não o permitiria. Várias plantações foram queimadas no rio Papuri em operações que mobilizaram muitos agentes da Polícia Federal em meados da década de 1980. O tempo da coca é recordado pelos grandes gravadores e motores de popa de 40 HP que apareceram então. O garimpo e a coca, afirma-se, foram possibilidades que vieram a aparecer quando não havia seringais em produção na Colômbia e tampouco compradores de seringa em São Gabriel, o que se podia encontrar até a primeira metade da década de 1970.

O sonho de uma prefeitura em Iauaretê estava aparentemente em baixa e as opções de trabalho abertas pelo garimpo e pela coca desapareciam. Assim, persistia um diagnóstico feito pelo antropólogo Peter

Silverwood-Cope, quando propôs a implantação do Plano Rio Negro em meados da década anterior:

> por sua vez, o processo civilizatório implicou, além da catequese e educação, a necessidade de consumo comercial, sem desenvolver condições adequadas para sustentar esse consumo. O uso de roupas, redes fabricadas, panelas, ferramentas, etc., já faz parte da tecnologia com a qual os índios de hoje foram criados, porém o sistema econômico permanece sendo o de subsistência. Sem mercado de trabalho, sem produtos de comercialização compensatórios, os índios continuam achando cada vez mais difícil manter o padrão de "civilização" que adquiriram. (Silverwood-Cope, 1976)

As aspas que envolvem a palavra civilização nessa citação parecem indicar que, entre índios e antropólogo, não havia concordância quanto ao que era tal coisa, mas havia acordo quanto ao que os índios então necessitavam: itens de consumo, mercadorias. Dez anos depois, o problema, ao que parece, só se agravava.

Foi então que certa "comissão de autoridades" visitou Iauaretê com a finalidade de discutir com os índios a possibilidade de criação de uma "Colônia Indígena" ali. Tratava-se de uma proposta de demarcação da área que vinha acompanhada de muitas promessas. Se anos antes o governador do Amazonas descartara a ideia de um município em Iauaretê, os militares dessa comissão chegaram prometendo o progresso, com muitas mercadorias, zinco para cobrir as casas e máquinas de costura. As autoridades vinham ciceroneadas por lideranças tukano de Pari-Cachoeira, centro missionário salesiano do alto rio Tiquié. Com efeito, nessa região, ao sul de Iauaretê, o Projeto Calha Norte era realidade, como também um acordo entre Paranapanema e os índios de lá que havia garantido a essa empresa a prerrogativa da exploração mineral na serra do Traíra. A comissão veio para tratar com os índios a implementação dos novos planos que os militares vinham idealizando para a região. Era o Projeto Calha Norte que chegava a Iauaretê.

As coisas começavam a se inverter. Nos anos seguintes, ofícios e visitas a autoridades de Manaus passaram a ser contrapartida das visitas dos militares às comunidades. Não obstante as reservas quanto à implantação do Projeto Calha Norte na região do alto rio Negro – expressas em duas assembleias gerais que reuniram índios de toda a região em 1987 e resultaram na fundação da FOIRN –, lideranças indígenas de Pari-Cachoeira mantinham, por intermédio da superintendência da Funai em Manaus, interlocução constante com os militares do Conselho de Segurança Nacional no sentido de implementar o modelo de ordenamento territorial preconizado pelo Calha Norte. Em Pari-Cachoeira, tal modelo foi posto em prática entre 1987 e 1988, implicando a criação oficial de um mosaico formado por Colônias Indígenas e Florestas Nacionais: reduzia-se a área destinada aos índios e em seu entorno eram criadas outras unidades territoriais, cujo caráter de proteção ambiental não consistia, entretanto, num obstáculo à exploração empresarial de seus recursos naturais e minerais.[9]

---

9 Embora criadas sob o pretexto de "estabelecer um espaço físico adicional capaz de amortecer o choque oriundo das diferenças culturais existentes na região entre os indígenas e a sociedade regional envolvente", as Florestas Nacionais (Flonas) são, de fato, extensões de florestas em terras de domínio público criadas com finalidade econômica, para incentivar atividades extrativistas, sustentar ou mesmo desenvolver técnicas de manejo de exploração econômica da floresta (segundo consta do Código Florestal, Lei 6771, de 15/9/1965) (Andrello, 1996). Essa estratégia de reduzir as Terras Indígenas e "abrir espaço" para empresas interessadas em explorar os alardeados potenciais minerais da região foi denunciada em muitos artigos escritos por antropólogos nesse período. Uma excelente descrição do processo específico de interlocução das lideranças indígenas de Pari-Cachoeira com os militares e a Paranapanema encontra-se em Buchillet (1991). Uma reconstituição detalhada de todos os acontecimentos que envolveram a implantação do Projeto Calha Norte na região do alto rio Negro pode ser encontrada em Ricardo (1991) e Cedi (1991, p.98-142). Análises sobre as oscilações da política indigenista nos anos 1980 e sua associação com a retórica nacionalista da segurança nacional encontram-se em Oliveira Filho (1990 e 1993) e Santilli (1989 e 1990). Esses textos apontam para uma continuidade do controle militar sobre as políticas governamentais de colonização da Amazônia quando o país vivia sua transição democrática. A política indigenista do período talvez seja o exemplo mais claro disso, com o Conselho de Segurança Nacional assumindo papel preponderante em um grupo interministerial que emitia pareceres sobre a demarcação de Terras Indígenas. A demarcação de Terras Indígenas localizadas na faixa de fronteira e consideradas demasiadamente extensas foi sistematicamente vetada pelos militares. Em 1987, foi expedido um decreto (94.946/87) que expressaria claramente uma das bases desse indigenismo militar: distinguir-se-ia a partir daí entre *áreas indígenas* e *colônias indígenas*. As primeiras sendo destinadas a grupos indígenas considerados não aculturados e as últimas àqueles já aculturados, categoria à qual evidentemente se enquadravam aqueles civilizados índios do alto rio Negro. A eles, que se propusesse a criação de um bom número dessas pequenas colônias.

Essa história de "colônia indígena" não era propriamente uma novidade. Nos anos 1970 já se tinha ouvido falar em algo parecido. Por ocasião da implantação pela Funai do Plano Alto Rio Negro se levantaram várias dúvidas sobre a situação fundiária na região.[10] Nesse contexto, certas categorias jurídicas foram mencionadas nas interlocuções entre índios, funcionários da Funai e salesianos. "Colônia Agrícola Indígena" e "Território Federal Indígena" são expressões que ficaram na memória, pois, reenfocadas ao longo das discussões e negociações dos anos 1980, surgem hoje em relatos que lhes dão conteúdo da seguinte maneira.

Quando se começou a falar em demarcação, ainda antes do Calha Norte, havia três modos de fazê-lo: como Colônia Indígena, como "área contínua" ou como Território Federal Indígena. Um homem proeminente de Iauaretê alega ter feito uma viagem pelo rio Purus, entre os Apurinã, Jarauara e outros, para conhecer de perto dois desses modelos nos anos 1970. Diz então ter conhecido uma colônia e uma área contínua e garantiu que muito melhor seria a colônia, porque na área contínua os índios "são deixados por si sós". Já no modelo da colônia teriam ajuda e "desenvolvimento", teriam alguma "autoridade" para ajudar e dar incentivo. Os bens de consumo são os principais marcadores diferenciais dessas duas situações. A colônia representa abundância de mercadorias (e índios vestidos), a área contínua representa a carência de mercadorias (apenas sal, fósforo e anzol, e índios nus). Assim, tudo indica que, ao entrar no assunto "terra", as pessoas de Iauaretê não estavam exatamente preocupadas com quantidade, mas com qualidade. O que então se manipulava eram certas categorias apreendidas por sua eficácia em manter ou transformar modos de vida. A extensão da terra parece ter sido relegada a um plano secundário, o que não é de se estranhar, pois o alto rio Negro não era nem é hoje uma fronteira econômica, ou seja, não havia disputas pela posse da terra.

---

10 Peter Silverwood-Cope (1975, p.20ss.) aponta então a existência de uma Reserva Florestal decretada em 1961, a existência de grande área de propriedade dos salesianos em Iauaretê, Pari-Cachoeira e Taracué e a delimitação de área identificada, em 1976, em Iauaretê por um convênio Funai/Radam. E pergunta-se como enquadrar situação tão caótica às categorias vigentes no Estatuto do Índio: Reserva Indígena, Parque Indígena, Colônia Agrícola Indígena ou Território Federal Indígena?

Deve ficar claro que esse é um relato atual, que recorre a experiências e categorias dos anos 1970 para atribuir sentido àquilo que esteve em jogo no final dos anos 1980. E não é o único ponto de vista, como veremos a seguir.

Quando a ideia de Colônia Indígena ressurgiu com o Projeto Calha Norte, alguns chefes de Iauaretê rapidamente aderiram à proposta. Eram lideranças das comunidades tariano de Iauaretê, ou seja, daqueles que são hoje considerados seus moradores tradicionais e que pertencem a sibs de hierarquia alta – alguns deles descendentes do antigo tuxáua Leopoldino, mencionado na primeira seção do capítulo. Conta-se também que essa posição encontrou ferrenhos adeptos entre os professores indígenas. Esses segmentos da população do distrito vieram, entre 1988 e 1989, a tomar parte no que ficou conhecido como "Triângulo Tukano", uma articulação política das lideranças dos centros missionários salesianos logisticamente viabilizada pelo Calha Norte. Era, evidentemente, uma estratégia para contornar o impasse criado com os resultados das assembleias gerais de 1987, quando representações indígenas vindas de toda a região questionaram os propósitos do Projeto Calha Norte. A 2ª Assembleia, realizada em abril de 1987, em São Gabriel, parece ter deixado muita coisa no ar. A FOIRN foi fundada nessa ocasião, porém com sérias divisões internas na primeira diretoria eleita. Por esse e por outros motivos, essa nascente organização não chegou, em seus primeiros anos de existência, a constituir um canal de expressão unívoca de "interesses indígenas" gerais. Ainda que o ato de sua fundação tenha sido baseado na reivindicação genérica da demarcação de uma área indígena contínua, permaneceu em aberto um espaço para que, nos anos seguintes, diferentes alinhamentos políticos se efetuassem.

O Triângulo Tukano resultava assim da formação desse espaço político de negociação entre índios e militares, rapidamente percebido por algumas lideranças dos antigos centros missionários, mas ao mesmo tempo questionado por outros segmentos da população indígena do alto rio Negro – os três vértices desse triângulo são Taracuá, Pari-Cachoeira e Iauaretê, muito embora essa última ponta tenha sido majoritariamente Tariano. Segundo contam pessoas de Iauaretê que participaram dessa articulação ao lado de outras lideranças do rio Tiquié, a criação do "Triângulo" se deu precisamente porque os próprios idealizadores da FOIRN não conquistaram sua direção logo na primeira eleição. Para eles, como sugeriu Dominique Buchillet (1991, p.109), o Calha Norte representava o primeiro sinal mais forte de interesse do governo federal pela região do alto rio Negro.

Paralelamente, naquele final dos anos 1980 vinha ocorrendo uma reciclagem na pastoral indigenista das missões salesianas. Após terem sido denunciados em 1980 por crime de etnocídio no Tribunal Russel em Amsterdã, os salesianos começaram paulatinamente a se alinhar com o discurso indigenista do Cimi, Conselho Indigenista Missionário (órgão da linha progressista da CNBB), ao mesmo tempo que assistiam à montagem de estrutura paralela de poder na região pelo Calha Norte (Ricardo, 1991, p.101). O desencontro que se configurou entre a igreja local e o Projeto Calha Norte favoreceu a aproximação de algumas lideranças indígenas da FOIRN ao indigenismo não governamental católico – essa foi uma mudança e tanto, porque, como vimos, os militares brasileiros aplaudiram por muitos anos a obra catequética de caráter nacionalista no rio Negro. E assim formou-se um quadro de referências divergentes, que de certa forma disponibilizou códigos contraditórios que alimentaram a polarização das posições assumidas pelos índios do alto rio Negro entre 1988 e 1990. Essa polarização é nitidamente perceptível nos relatos das pessoas de Iauaretê sobre o que aconteceu por lá nesses anos.

As Colônias Indígenas foram apresentadas em uma reunião do Triângulo Tukano realizada em Taracuá, em junho de 1988, como o verdadeiro caminho do progresso para os índios do Uaupés e Tiquié. Para obter serviços de saúde, educação e projetos econômicos a serem proporcionados pelo governo federal, seria preciso que admitissem os termos vigentes em um decreto presidencial de 1987, justamente aquele que havia feito a distinção entre índios aculturados e não aculturados. Bastaria que os índios do Uaupés se reconhecessem como habitantes da primeira categoria e a eles se destinariam uma colônia e seus benefícios. Diziam os militares que os índios do rio Negro não poderiam ser considerados isolados ou arredios, mas sim índios integrados e interessados em receber benefícios do governo. Como discordar disso? Os Tariano de Iauaretê

Cidade do índio

já haviam, como vimos, pensado até em um município; agora, pela sua Ucidi, como poderiam hesitar em aderir a tal proposta? Não faltou coerência nessa decisão, portanto. Porém, outras comunidades tariano situadas rio abaixo parecem ter se mostrado mais sensíveis aos questionamentos que eram levantados com relação a tal modelo. Colônia, como o próprio nome diz, significava "colonização", o que significava também que, caso fosse aceita, os índios passariam a trabalhar para mineradoras e madeireiras que viriam para a região. Essas comunidades fundaram em 1988 uma nova associação no distrito, a Unidi (União das Nações Indígenas do Distrito de Iauaretê), por meio da qual passavam a buscar apoio externo junto à FOIRN e ao Cimi. Criou-se então uma séria divisão na área. Chegou-se a sugerir uma separação: caso Iauaretê se tornasse uma colônia, então que se demarcasse um perímetro, um "quadrado", onde poderia ser "posta até uma prefeitura". No caso das comunidades abaixo, preferiam "ser livres". Trabalhar para os brancos é outra coisa que se conhece muito bem no Uaupés, desde há muito tempo. E sabe-se muito bem o grau de exploração que pode vir embutido na formação dessas relações. A essa decisão também não faltou coerência.

Ucidi e Unidi puseram-se assim em disputa, recorrendo a recursos e conexões externas para legitimar suas respectivas e coerentes posições. Houve várias viagens de pessoas ligadas à Ucidi para Manaus, onde se encontravam com militares do Conselho de Segurança Nacional para apresentar abaixo-assinados e assinar outros documentos aceitando as colônias – há cópias desses documentos ainda hoje arquivadas por pessoas de Iauaretê que participaram das reuniões. Houve também tentativas de pessoas ligadas à Unidi de organizar assembleias em Iauaretê com a presença de "assessores" do Cimi para esclarecer os moradores sobre os direitos dos índios previstos no "231"[11] – houve, por exemplo,

---

11 Esta é uma referência ao artigo da Constituição Federal promulgada em 1988, que definira um novo conceito de Terra Indígena, incluindo nela não somente os espaços de habitação e as áreas cultivadas, mas também o território necessário para a "preservação dos recursos ambientais necessários ao bem-estar dos povos indígenas, bem como da terra necessária para sua reprodução física e cultural, em conformidade

um sério incidente por ocasião de uma assembleia da Unidi em 1989, quando dois advogados e um jornalista dessa entidade que participavam do encontro foram detidos pelo comandante do pelotão do Exército em Iauaretê a pedido da diretoria da Ucidi. Na visão daqueles ligados à Ucidi, a Unidi era um empecilho a "atrapalhar o progresso na área indígena". E para as pessoas ligadas à Unidi, a Ucidi, em troca de benefícios para algumas lideranças, jogava a favor da entrada de "empresários brancos", para os quais os índios significavam apenas mão de obra barata.

É de se notar que a posição da Unidi ganhava respaldo legal com a nova Constituição Federal. Mas, em seu primeiro ano de existência, a nova Carta não produziu efeitos imediatos sobre o processo que se desenrolava no alto rio Negro, e no início de 1989 um conjunto de portarias interministeriais criou várias Colônias Indígenas e Florestas Nacionais na região (ver Cedi, 1991, p.125). Porém, as promessas que haviam sido feitas pelos militares não se cumpriram. Em Iauaretê, um hospital construído pelo Calha Norte permaneceu fechado por mais de dez anos, e a construção da nova pista de pouso e a criação do pelotão do Exército apenas serviram para desalojar várias famílias do bairro de São Domingos Sávio, que tiveram de se deslocar para outras áreas e abrir espaço para as novas instalações militares. Projetos econômicos nunca foram vistos. Esses acontecimentos levaram à desmoralização da Ucidi, que teve sua diretoria trocada em 1990. Alguns membros da Unidi, que participaram de comissões da FOIRN que se deslocaram à Brasília para tratar da revisão das demarcações com autoridades federais, levaram consigo o estatuto da Ucidi juntamente ao da Unidi. Gente ligada à Ucidi começava a mudar de ideia. "Com esses papéis pudemos chegar a Brasília para dizer como deveria ser a demarcação da nossa terra", relatam ainda hoje membros da diretoria da Unidi.[12]

---

com seus hábitos, costumes e tradições". Essa nova definição constitucional tornou caduco o decreto que havia criado a figura da Colônia Indígena, bem como a distinção entre aculturados e não aculturados, pois os direitos indígenas sobre o território que ocupam passaram a ser, no novo texto constitucional, "originários", isto é, históricos (cf. Almeida & Carneiro da Cunha, 2001).

12 Na primeira metade dos anos 1990, a FOIRN se fortaleceu com novas parcerias não governamentais que surgiram. A situação das Terras Indígenas foi totalmente revista

Muita gente das comunidades que formaram a base da Unidi, quando essa organização foi fundada em 1988, vem se transferindo para o povoado de Iauaretê e, assim, convivendo mais diretamente com os grupos com que se rivalizou no passado. A necessidade de prover estudo aos filhos, sem poder contar com o internato dos missionários, como se alega em geral, vem levando muitas famílias das comunidades localizadas no "Uaupés abaixo" – esta é uma expressão local usada para designar o trecho do Uaupés entre a comunidade tariano de Urubuquara e Iauaretê, onde estão situadas cerca de vinte comunidades que formam até hoje a base da Unidi – a se concentrarem no "centro", outra expressão local usada para qualificar o povoado de Iauaretê, onde hoje a população residente é duas vezes maior do que a que vive no "Uaupés abaixo". Vivendo em Iauaretê, muitas pessoas que vieram das comunidades de rio abaixo afirmam hoje que jamais foram contra o progresso, salientando que sua resistência à criação das colônias devia-se sobretudo a um temor de que, nesse caso, "a área ficasse aberta", livre para a entrada de estranhos.

Esse antagonismo reflete-se em certa medida na atual configuração socioespacial do povoado de Iauaretê. Trata-se de uma situação cuja descrição não é fácil, pois é necessário levar em conta uma combinação de três variáveis: etnia, hierarquia e origem geográfica. Entre os dez bairros atuais de Iauaretê, como vimos na seção anterior, temos cinco que ali já se encontravam antes dos anos 1970, todos eles correspondendo a comunidades tariano, sendo três delas formadas por sibs de hierarquia alta – Dom Bosco, Santa Maria e São Pedro – e duas outras compostas de sibs inferiores – São Miguel e Domingos Sávio. Havia também Fátima, residência exclusiva de quinze famílias Hupda (Maku) ligadas à comunidade de Santa Maria, para cujos moradores costumavam prestar

---

(Andrello, 1996). Não só foi demarcada uma área indígena contínua no alto rio Negro, como outras quatro foram demarcadas no médio rio Negro, em 1998. No total são cinco áreas contíguas que totalizam mais 10 milhões de hectares (ver Ricardo, 2001). O Projeto Calha Norte significou, por fim, apenas a militarização da fronteira, com seis pelotões do Exército atualmente instalados em pontos considerados estratégicos. A maior parte do contingente desses pelotões é formada por índios da região. E, diga-se de passagem, as duas mineradoras que chegaram a operar na área na segunda metade dos anos 1980 retiraram-se em 1990, alegando inviabilidade econômica.

serviços. Por volta de 1988, duas novas comunidades começaram a se formar em Iauaretê, com famílias provenientes do rio Papuri e dos trechos "Uaupés abaixo" e Uaupés acima". São as comunidades de Aparecida e Cruzeiro, que se formaram por famílias que conseguiram espaço para moradia em terras consideradas de propriedade da missão. As famílias que vieram do Papuri se estabeleceram em proporções equivalentes nas duas novas comunidades, ao passo que aquelas do alto e do baixo Uaupés dirigiram-se para as comunidades de Aparecida e Cruzeiro, respectivamente. Esse último traço consiste em tendência e não em regra excludente.

Paralelamente ao surgimento de novos bairros, as comunidades tradicionais dos Tariano também cresceram, porém isso se deu principalmente com a incorporação de famílias com as quais seus membros mantinham alianças matrimoniais. A grande maioria delas são Tukano, Pira-Tapuia, Wanano e Tuyuka provenientes de comunidades do Uaupés acima e do Papuri. Mesmo as poucas famílias Desana que residem hoje nessas comunidades tradicionais são originárias dessas regiões – os Tariano usualmente não se casam com os Desana. E os seus poucos moradores atuais provenientes do Uaupés abaixo são alguns Arapasso com os quais igualmente mantêm relações de afinidade. Isso quer dizer que a composição étnica dos bairros chamados tradicionais inclui hoje famílias de todos os grupos étnicos que se podem encontrar nas comunidades ribeirinhas da região de abrangência do distrito de Iauaretê (Tariano, Tukano, Pira-Tapuia, Desana, Wanano, Arapasso e Tuyuka), muito embora a quase totalidade desses novos moradores seja originária do Papuri e do trecho do Uaupés acima de Iauaretê. Para as comunidades mais novas, quase todas as etnias estão hoje igualmente representadas, mas com as famílias do Uaupés abaixo se concentrando em Cruzeiro, as do Uaupés acima em Aparecida e as do Papuri em ambas as comunidades.

A distribuição das etnias pelos bairros é, portanto, apenas aparentemente aleatória. Há alguns traços significativos. Em primeiro lugar, parece-me plausível afirmar que os grupos tariano que viviam em Iauaretê desde a época da chegada dos salesianos, bem como aqueles mais próximos que ali se agregaram com a instalação da Missão, mantinham um volume de alianças matrimoniais com grupos do Papuri e do Uaupés

Cidade do índio

acima maior do que com os grupos do Uaupés abaixo. É o que se pode inferir da consideração da origem geográfica de seus moradores que não são Tariano. Isso faz sentido ainda se pensarmos que a maior parte das famílias originárias do Uaupés abaixo – que, aliás, correspondem hoje a mais de 50% da população de Iauaretê – reside em áreas cedidas pela Missão, ou seja, parece que a maioria delas não contava com cunhados tariano em Iauaretê para "pedir terreno". Outro traço significativo é que não há moradores tariano provenientes de comunidades do Papuri e do Uaupés, acima e abaixo, residindo nas comunidades tradicionais de Iauaretê. Ou seja, do mesmo modo que grupos de outras etnias não aliados aos Tariano de Iauaretê, esses outros Tariano, vindos de outras partes e pertencentes a sibs em posição hierárquica mais baixa, tiveram de obter espaço junto aos missionários.

Essa digressão sobre distribuição e mobilidade espacial, embora fragmentária, sugere uma ressonância das alianças interétnicas e das segmentações hierárquicas intraétnicas na rivalidade que envolveu as organizações indígenas que emergiram no distrito de Iauaretê entre 1988 e 1990. Como vimos, a querela entre Ucidi e Unidi opunha nitidamente grupos do Uaupés abaixo àqueles residentes no povoado central. Nesse momento a população permanente de Iauaretê era aquela dos bairros tariano tradicionais. Os bairros de Aparecida e Cruzeiro ainda não existiam como tais, e consistiam ainda em conjuntos espalhados de casas provisórias de famílias que começavam a permanecer em Iauaretê durante o período letivo – lembremos que esta é a época do fechamento dos internatos. Eram ainda poucas as famílias que residiam permanentemente nesses novos bairros.

A Ucidi era uma organização totalmente controlada pelos Tariano dali, em cuja diretoria se sucederam indivíduos pertencentes aos principais sibs tariano (*Perisi* e *Koivathe*). A não concretização das promessas do Calha Norte levou essas lideranças ao descrédito e abriu espaço para que os Tariano de sibs menores e Tukano recém-chegadas ao povoado assumissem a frente dessa associação. Alguns anos mais tarde, a sigla Ucidi deixaria de existir e, em seu lugar, apareceria a Oici, Organização Indígena do Centro Iauaretê. Isso ocorreu em um contexto de crescimento da FOIRN, multiplicação acelerada de organizações indígenas pelo distrito e criação de uma coordenação geral para fazer a ligação com a federação. Com essa mudança de nome, a organização passa a representar exclusivamente os bairros do povoado central. No processo de transformação do siglário local (sequência Lidi, Ucidi, Oici), ocasionado por diferentes conjunturas que se apresentaram aos índios de Iauaretê, houve pelo menos uma constante, pois ser presidente dessas organizações significa ainda hoje ocupar o cargo de "líder geral" de Iauaretê, posição criada bem antes do surgimento de organizações indígenas. A incorporação dessa figura no jogo das disputas entre associações indígenas parece ter possibilitado que, hoje em dia, homens tariano de sibs inferiores tenham acesso a essa posição, coisa que não ocorria nos seus primeiros anos de existência.

A Unidi, por sua vez, mantém desde sua fundação a mesma sigla, a mesma abrangência e uma diretoria baseada na aliança entre um sib tariano do médio Uaupés e seus cunhados pira-tapuia e arapasso residentes nesse mesmo trecho do rio – *Thumunini, Uhiaka Yapapu* e *Talhakana* são os nomes atribuídos a esse sib por diferentes subgrupos tariano; seus membros residem há muito tempo em uma comunidade hoje chamada Nova Esperança, antigamente conhecida por "Cigarro", *Uti-kayá* em tukano, e casam-se com mulheres pira-tapuia, da comunidade de São Francisco, e arapasso, da comunidade de Loiro. Sua posição hierárquica, segundo o relato de vários informantes, é relativamente baixa, ainda que abaixo deles figurem vários outros sibs considerados "servidores" dos sibs maiores. Aponta-se que, no passado, os membros desse sib viveram com seus irmãos maiores em Iauaretê e que, por desentendimentos, seguiram descendo o Uaupés até o igarapé Cigarro.[13]

Verificamos, assim, que a constituição de organizações indígenas na área do distrito de Iauaretê revela uma articulação complexa entre dois tipos distintos de relação. De um ponto de vista, havia os Tariano e outros grupos étnicos se defrontando com atores externos que lhes apresentavam distintas alternativas quanto à demarcação de terras e o modo

---

13 O esquema hierárquico dos Tariano será apresentado no Capítulo 5, no qual teremos a oportunidade de tratar da trajetória dos grupos tariano localizados "Uaupés abaixo".

de obter outros benefícios. A aproximação com funcionários da Funai e militares, por um lado, ou, por outro, com assessores do Cimi e lideranças emergentes da FOIRN propunha diferentes agendas e, assim, favorecia a criação de organizações indígenas distintas. As estratégias de que lançaram mão os militares do Calha Norte envolveram, para além do grande número de promessas, a nomeação de índios para cargos na Funai (em Manaus, em São Gabriel e em Postos Indígenas da região), o estímulo à formação de comissões indígenas para audiências com autoridades em Brasília (para o que não parece ter faltado apoio financeiro de empresas de mineração) e até o financiamento da Assembleia Geral de 1987, que deu origem à FOIRN. Táticas de cooptação, dir-se-ia, com a fabricação de lideranças dispostas a endossar os planos militares de colonização e povoamento das fronteiras. Porém, a promulgação da nova Constituição e as mudanças na pastoral indigenista da Igreja católica abriam novas perspectivas para os grupos dissidentes, com um novo conceito de "Terra Indígena" servindo como código genérico para expressar a oposição à ideia de Colônia Indígena.

Esse ângulo de visão, no entanto, não permite enxergar certos aspectos talvez mais cruciais nessas diferenças de posição. O que importa ressaltar aqui, a meu ver, é que o antagonismo que se estabeleceu entre Unidi e Ucidi não produziu propriamente novas linhas de fissão em unidades sociais antes homogêneas, mas configurou um espaço político que separava, social e geograficamente, unidades preexistentes do esquema hierárquico local. A ponta tariano do Triângulo Tukano tinha, assim, suas especificidades, pois nos espaços adjacentes ao vértice central – isto é, Iauaretê – encontravam-se segmentos que, embora hierarquicamente inferiores, se sentiam em posição suficientemente segura para questionar o monopólio que os sibs de alta hierarquia de Iauaretê buscavam manter nas negociações com as autoridades de Manaus e Brasília. De onde viria tal segurança? Se, para fazer sua política, os grupos tariano de Iauaretê reivindicavam, como o fazem até hoje, a importante posição de "chefes" – *masá ma'mi-simia kurua*, "grupo dos primogênitos maiores", como se diz em tukano –, os Tariano de rio abaixo certamente se valiam de suas relações estratégicas com os Pira-Tapuia e Arapasso – *basúki'*, "cunhados", como se diz em tukano. Ambas são relações conceitualizadas no registro mítico, o qual, para todos os grupos do Uaupés, define o campo do parentesco, estabelecendo uma ordem hierárquica entre agnatas – no interior de uma mesma etnia – e prefigurando as relações possíveis de afinidade – entre diferentes grupos e etnias. Tais relações correspondem respectivamente aos princípios da descendência e da aliança, dois idiomas que operam de forma simultânea ou alternada na atualização local – "Uaupés abaixo" ou "centro Iauaretê", por exemplo – de uma mesma matriz relacional geral, ou seja, de uma socialidade uaupesiana.[14]

Não desejo estabelecer um impasse do tipo "o que vem antes e o que vem depois", mas apenas sugerir que talvez o tempo do Calha Norte no alto rio Negro não tenha promovido divisões jamais vistas entre os índios e que, no desfecho dos acontecimentos, o papel desempenhado pelas organizações indígenas e seus apoios externos pode ter sido tão importante quanto o foram as relações em curso há muito mais tempo entre os índios do Uaupés. Pois não seria absurdo pensar que as siglas Unidi e Ucidi podem ter sido apenas um novo código por meio do qual

---

14 Para uma discussão mais aprofundada sobre a tensão descendência/aliança no Uaupés, remeto o leitor aos seminais artigos de Hugh-Jones (1993) e Cabalzar (2000). No primeiro caso, o autor propõe a utilização do conceito lévi-straussiano de "casa" para caracterizar mais acuradamente a organização social do Uaupés, tomando tal conceito como um recurso analítico capaz de superar a aparente contradição, normalmente apontada, entre os princípios linear e cognático. No caso do Uaupés, a coexistência desses princípios corresponderia a momentos rituais diferenciados, como a casa He, quando são realizados os rituais de iniciação masculina e reforçados os laços internos dos sibs patrilineares, a *food-giving house*, ou dabucuris, quando as alianças entre grupos afins são celebradas em rituais de oferecimento de comida. Cabalzar, de maneira complementar, relaciona os dois princípios em jogo a "ambientes sociais" distintos no interior de um mesmo "nexo regional", tomando como exemplo o caso tuyuka do alto Tiquié. No ambiente central, ocupado por sibs de alta hierarquia, operaria mais marcadamente o princípio da descendência, com ênfase na memória genealógica, na tradição e nos rituais, ao passo que, no ambiente periférico, operaria a aliança, onde se localizam sibs de baixa hierarquia. Nesse ambiente periférico, a importância dos casamentos com afins espacialmente próximos é muito maior (ver Cap. 1). Para uma discussão aprofundada sobre a trajetória histórica dos diferentes sibs tariano e sobre a dinâmica hierárquica entre eles, remeto o leitor ao Capítulo 5 deste livro.

diferenças mais profundas vieram a se expressar. Embora ninguém duvide de que as colônias indígenas tenham sido um mecanismo usado por militares para restringir os direitos indígenas, elas foram, também, o primeiro sinal que pôde ser percebido pelos índios de Iauaretê de um interesse mais efetivo das autoridades federais pelas suas vidas.

Como muitas ex-lideranças da Ucidi ainda hoje costumam frisar, o que interessava realmente era o progresso que viria junto com as colônias, ou seja, algo que, como vimos, vinha sendo perseguido de muitas e infrutíferas maneiras. No mais, em Iauaretê, como aconteceu em Pari-Cachoeira, não surgiram empresas interessadas em explorar minérios. Se por um lado esse fato causava um certo ciúme, por outro era apontado como algo positivo: "olhe para os Machado (líderes tukano de Pari); enquanto foram ricos em Manaus e Brasília, a casa da família deles aqui estava caindo". Além disso, em Iauaretê, como na região como um todo, a terra não é apropriada para planos mirabolantes de colonização agrícola, e todos sabem muito bem disso, como também já vimos. Minha impressão é que, em Iauaretê, nunca se chegou a temer uma invasão maciça na área do distrito, pois não há, em toda a longa história de contato dos povos indígenas do alto rio Negro, nenhuma referência concreta que tenha a ver com conflito de terras.

Aliás, não faz muito tempo, o atual presidente da Unidi, um tariano do Uaupés abaixo, pensava intrigado sobre os trabalhos de demarcação física das Terras Indígenas do alto e médio rio Negro, concluídos em 1998 e dos quais a FOIRN participou direta e ativamente. Andavam dizendo que, como os alemães financiaram os trabalhos de demarcação,[15] eles

---

15 As Terras Indígenas da região foram demarcadas com recursos provenientes do Programa Integrado de Proteção das Terras Indígenas da Amazônia Legal (PPTAL), um componente do Programa de Proteção das Florestas Tropicais do Brasil (PPG-7), extenso programa de conservação das florestas brasileiras financiado pelo Grupo dos Sete. Os recursos são internalizados em órgão do governo brasileiro e aplicados em inúmeras ações de conservação, incluindo a regularização de áreas indígenas. Até a época das demarcações no rio Negro, o PPTAL vinha sendo financiado exclusivamente pela cooperação alemã (KfW), o que envolveu a supervisão dos trabalhos por técnicos da GTZ, órgão de cooperação técnica do governo alemão. Vários desses técnicos visitaram a FOIRN no período.

poderiam futuramente "requerer" a terra para eles. É surpreendente que mesmo para líderes da Unidi, uma das organizações indígenas da região mais afinadas com as diretrizes da FOIRN, os meandros e as implicações externas do movimento indígena que se institucionalizou na Amazônia no contexto pós-Constituição sejam ainda tão obscuros. A meu ver, isso vem reforçar a ideia de que a formação das organizações indígenas no distrito de Iauaretê e a intensidade com a qual as pessoas assumiram posições antagônicas devam-se principalmente às relações de identidade e diferença que, em sua raiz, nada tinham a ver com as categorias jurídicas que vieram para definir os rumos do reconhecimento oficial dos direitos territoriais indígenas da região.

Na virada dos anos 1980 para os 1990, o impasse entre a demarcação de colônias ou áreas indígenas foi a tônica. Em questão de cinco anos, tudo se resolveu com o reconhecimento integral pelo governo federal dos mais de dez milhões de hectares das Terras Indígenas da região. Seria ingenuidade, no entanto, pensar que esse ato pudesse promover uma reconciliação das posições que os diferentes segmentos tariano vinham assumindo ao longo de quase uma década. Na verdade, nos anos que se seguiram não faltou assunto para o debate, como não falta até hoje. Em meados da década de 1990 a população do povoado já ultrapassava a marca dos 1.800 moradores permanentes. Os bairros mais antigos haviam crescido e o novo bairro do Cruzeiro se dividiu em dois, dando origem ao bairro de Dom Pedro Massa – dois anos depois, uma nova divisão desse último daria origem a outro bairro, São José. A incipiente atividade comercial dos anos 1980, por exemplo, se consolidou e, após a demarcação, levou a uma nova polarização de opiniões quanto à permanência ou à saída dos comerciantes brancos que, apesar da existência de um número superior de comerciantes indígenas, controlava a maior parte do movimento de entrada de mercadorias no povoado. A adesão progressiva dos salesianos à "teologia da inculturação" ao longo desses anos levaria a outros debates em torno da problemática da "cultura". Tratava-se agora de valorizar justamente aquilo que, por décadas, havia sido considerado "coisa do diabo" – valorizar e não negar, pois as "sementes do verbo" podem ser colhidas em todas as culturas. Nesse ponto, as discussões se deram sobretudo com os religiosos, e

Cidade do índio

a muitos pareceu que sair com os comerciantes brancos e "voltar" para a cultura dos antigos não era, a princípio, coerente com a civilização e o progresso que os índios do Uaupés já haviam alcançado. Somado a isso, o período fechou-se com a promulgação da nova Constituição do Amazonas em 1989, em que Iauaretê apareceu como um município novo na divisão político-administrativa do estado.

Entramos na década de 1990, portanto, com combustível mais do que suficiente para alimentar novas discussões. Para além de algumas tendências gerais, não é fácil hoje identificarmos claramente as posições que foram se configurando em torno dessas questões em termos das origens sociais ou pertencimento étnico, conforme tentamos fazer com relação às primeiras associações do distrito. Mas parece estar crescendo uma postura que busca uma mediação entre duas posições antagônicas previsíveis: a dos grupos que defenderam a criação das colônias indígenas, posicionando-se hoje a favor de um município em Iauaretê e da entrada de grandes comerciantes, e aquela dos que defendiam a área indígena contínua, sendo contra tudo isso. Hoje, no entanto, com a demarcação consumada, há gente que fala em criar uma administração local baseada na estrutura das organizações indígenas, em "distrito municipal indígena" e até em "município indígena". E assim o adjetivo "indígena" começa a aderir a figuras até pouco tempo impermeáveis a qualquer peculiaridade local, isto é, a categorias absolutamente exteriores, vindas de Manaus ou Brasília, e que sempre chegaram a Iauaretê através de muitas mediações. São, no entanto, expressões ainda ditas com muita incerteza. Não deixam, contudo, de sinalizar que a "cultura indígena" começa a ser pensada sob nova perspectiva e a ser considerada quando se debatem assuntos como terra, situação jurídica, comércio ou administração. Só isso já demonstra que começa a surgir uma nova consciência em torno do assunto (Turner, 1993; Hugh-Jones, 1991), mas de modo mais importante parece se fortalecer a ideia de que civilização e progresso não são necessariamente contraditórios com a chamada "cultura dos antigos".

Portanto, a situação de Iauaretê hoje no cenário regional envolve, para muita gente de lá, certa ambiguidade. É nesse espaço incerto que se constitui um debate local sobre o futuro, em diversos eventos que

fazem parte da vida cotidiana no povoado. Todos os temas mencionados fazem parte das muitas discussões de que tive oportunidade de
participar ao longo da pesquisa de campo. Tais debates eram sempre
pontuados por inúmeros assuntos como: comparações da vida de hoje
com o tempo das malocas, digressões sobre o crescimento dos bairros
locais, dificuldades enfrentadas para controlar a juventude, organização das feiras e do comércio, circulação do dinheiro e a relação entre
"civilização dos brancos" e "cultura dos antigos". No próximo capítulo,
trataremos um pouco de cada um deles.

Caderno de imagens

1
Chegando a Iauaretê pelo porto principal.

2
Antenas do telefone público da Embratel; ao fundo, na outra margem, o prédio do antigo posto do Serviço de Proteção aos Índios.

3
Travessia diária dos alunos dos bairros de Santa Maria e São Pedro.

4
Fundo de algumas casas comerciais.

5
Colégio São Miguel, mantido em Iauaretê pelo governo do Amazonas.

6
Banho no igarapé, no bairro de Aparecida.

7
Travessia de alunos pelo rio Uaupés.

8
Coando a massa da mandioca.

9
Entrada de um dabucuri de ingá no bairro de Aparecida.

10
Marco da fronteira Brasil-Colômbia (1934): ao fundo, o posto indígena.

11
Refeição coletiva em um centro comunitário.

12
Igreja, sede da paróquia de São Miguel Arcanjo.

13
Prédio da antiga Missão Salesiana.

14
Embarque dos alunos.

15
Posto da Infraero.

16
Entrada do Pelotão de Fronteira do Exército.

Cidade do índio

17
Casas do Pelotão.

18
Comércio indígena.

19
Petroglifo em uma das pedras da cachoeira de Iauaretê.

Créditos:
Figuras 1 e 2 – Beto Ricardo/ISA.
Figuras 3 a 18 – Pedro Martinelli/ISA.
Figura 19 – Sônia Lorenz/ISA.

4
A vida nos "bairros"

> "A comunidade indígena não tem fins lucrativos.
> Seu objetivo é a formação de seus membros e de
> seus filhos."
>
> (Miniestatuto da Comunidade
> de Dom Pedro Massa, 1993)

Ao refletirem sobre as mudanças que vêm se processando no povoado de Iauaretê desde os anos 1980, seus moradores começam a lançar mão de comparações com os centros urbanos regionais e com as transformações a que estes vêm igualmente assistindo. A concentração populacional e o aspecto urbano que começou a se desenhar em Iauaretê nesse período passaram a induzir a paralelismos com as cidades de São Gabriel da Cachoeira, no Brasil, e Mitu, na Colômbia, que, assim como Iauaretê, constituem polos de atração da população indígena do chamado interior. Boa parte das transformações visíveis em Iauaretê são referenciadas às ações do poder local, isto é, às "obras" ali implantadas pelos quatro prefeitos que se sucederam desde 1985 na administração do município de São Gabriel. Como se costuma contar a visitantes, o primeiro deles trouxe as antenas repetidoras de canais de televisão, mas o que veio em seguida nada fez – justamente o prefeito do período das promessas do Calha Norte. O terceiro prefeito investiu em várias coisas: reforma da serraria, repasse de um barco com capacidade de 35 toneladas à comunidade, construção de escola no bairro de Santa Maria, quadra de esportes, pontes, escadaria no porto principal e compra de uma casa para a associação de mulheres. O último deles pavimentou a via principal, reformou o colégio, instalou um novo gerador de energia e construiu uma cobertura para o ginásio de esportes.

De acordo com vários moradores, a sucessão de obras contribuiu decisivamente para que a vida em Iauaretê se tornasse cada vez mais diferente daquela que se levava nas "comunidades ribeirinhas". Além de todas as novidades citadas, diz-se que em Iauaretê as pessoas passaram a depender cada vez mais do dinheiro para garantir as refeições diárias em suas casas, pois a crescente escassez de peixes e a exiguidade de espaço para novos roçados obrigam muita gente a comprar sua alimentação no comércio local. Nas comunidades não se vive com essa preocupação, pois a partilha diária da comida nas refeições comunitárias garante a alimentação para todos. Em Iauaretê, isso só ocorre aos sábados, o dia marcado para o trabalho comunitário que acontece em todos os bairros. Sob esse aspecto, Iauaretê é um povoado que social e economicamente se situa a meio caminho entre a "comunidade ribeirinha" e a "cidade". As características das cidades de São Gabriel e Mitu são em geral contrapostas e situadas no pano de fundo sobre o qual se dá a reflexão local sobre as próprias transformações de Iauaretê. Em vários aspectos, conta-se que São Gabriel está à frente de Mitu, pois tem ruas calçadas, muitos carros e energia elétrica. Mas, em outros quesitos, Mitu leva vantagem, pois lá há melhor atendimento à saúde, esgoto e água tratada. Ouvi uma menção a um colombiano que teria afirmado que o problema de São Gabriel da Cachoeira era a falta de praças; esse senhor foi contestado duramente, pois de que adiantam as praças existentes em Mitu se lá as pessoas não contam com a bela pavimentação que se vê em São Gabriel? Mas em geral se reconhece que Mitu é uma capital, onde mora um governador. Isso é um sinal inequívoco de importância, pois em Mitu as autoridades são mais acessíveis, e não é difícil conversar com o governador ou com um deputado.

Em Iauaretê, o interesse na obtenção dos recursos de que as pessoas que vivem nessas cidades desfrutam é patente. As reivindicações por arruamento, pavimentação, novo gerador de energia, ginásio de esportes coberto (tudo isso conquistado no último período eleitoral) atestam isso.[1] Porém, paira hoje uma sensação generalizada de ambiguidade, pois, ainda que Iauaretê seja em geral considerado o maior distrito municipal[2] de São Gabriel da Cachoeira, não o é formalmente, pois não consta como tal na Lei Orgânica desse município. Para muitos moradores, isso representa um sinal de que muitos benefícios deixam de chegar ali, como por exemplo telefones públicos, que foram primeiro instalados em localidades menores como Pari-Cachoeira, no rio Tiquié, e Assunção, no rio Içana. O fato de não haver um reconhecimento oficial leva à conclusão da existência de planos maiores por parte de políticos de Manaus com relação a Iauaretê: paralelamente à tão propalada proposta de criação de um Território Federal no Rio Negro, em 2002, defendida por todos os políticos regionais, o que se quer no fundo é criar ali um novo município, não obstante a demarcação das Terras Indígenas. Tal conclusão é sistematicamente confirmada quando, em visitas a São Gabriel, as pessoas de Iauaretê são abordadas por políticos e comerciantes tentando lhes convencer de que esse é o caminho mais seguro para melhorar a vida por lá.[3]

No passado, como vimos, houve muitos adeptos dessa ideia. Em geral, apontam-se os professores e outros funcionários como os que mais se interessaram pela criação do município de Iauaretê quando a ideia surgiu no início dos anos 1980. Depositou-se então a esperança na

---

1 Todos esses benefícios foram solicitados formalmente em um discurso lido pelo líder geral de Iauaretê, o tariano Mário Rodrigues, por ocasião da visita do governador do Amazonas, Amazonino Mendes, ao povoado de Iauaretê no dia 26 de setembro de 1999.

2 O distrito municipal corresponde a uma subunidade administrativa da Prefeitura municipal. As localidades assim designadas devem contar, de acordo com a Lei Orgânica Municipal, com um representante direto do prefeito, encarregado de coordenar localmente as ações da Prefeitura e encaminhar as demandas da população à administração pública.

3 Em 2003, várias pessoas de Iauaretê também se alarmaram com boatos correntes a respeito da ampliação das instalações militares no povoado. Segundo se comenta, o Exército havia realizado estudos topográficos visando à criação de uma grande vila militar com capacidade para mais de mil pessoas. Paralelamente, o pelotão ali instalado requereu uma grande área de roças do bairro de São Domingos Sávio para expansão imediata de sua área de treinamento.

"colocação de uma prefeitura" como forma de aumentar os empregos, colocar mais dinheiro nas mãos das pessoas e permitir que todos pudessem melhorar suas casas e educar melhor os filhos. Hoje, no entanto, o assunto é abordado com certas ressalvas, e mesmo aqueles que no passado se entusiasmaram com a ideia hoje se mostram mais cautelosos. Em primeiro lugar, já se sabe muito bem que uma prefeitura não empregaria mais do que cerca de trinta pessoas e, em segundo lugar, há ainda o problema de saber se mesmo esses poucos postos de trabalho poderiam ser integralmente ocupados por pessoas de Iauaretê. Ninguém parece acreditar nisso e alega-se com muita frequência que não há gente preparada em Iauaretê para assumir todos os cargos de administração que seriam criados. E justamente as pessoas que são consideradas "as mais preparadas", aquelas que possuem maior grau de escolaridade, são as que suspeitam de que a proposta seja realmente "o caminho do desenvolvimento para Iauaretê". Além dessas questões, o processo de crescimento de São Gabriel serve como um espelho, e várias pessoas questionam a criação do município por perceberem também que lá o crescimento favoreceu pessoas que vieram de fora para explorar o comércio e assumir postos nas novas instituições: "são os brancos nordestinos que vieram de fora que ocupam o centro da cidade com os seus comércios". Afirma-se que "os Baré, que são os moradores tradicionais de São Gabriel, estão morando só na periferia hoje". Se vierem brancos para administrar Iauaretê, vão querer imediatamente ocupar as melhores áreas no centro, conjectura-se.

Mas, no geral, observamos uma forte divisão de opiniões, e entre os que simpatizam com a ideia pode-se afirmar que reina a expectativa de criação de empregos e aumento da circulação de dinheiro. O levantamento realizado em 2002 nos 411 domicílios do povoado demonstrou que aqueles que querem o município (50,75%) lançam mão dessa justificativa para explicar sua posição. Por outro lado, aqueles que se posicionam contra (32,83%) alegam em geral a falta de pessoas preparadas e o temor de que um município possa acarretar uma invasão dos brancos. Há também uma parcela da população que afirma estar em dúvida (15,3%) e alguns poucos que se dizem indiferentes (1%). Vê-se, assim, que a obtenção de dinheiro, hoje necessário para a subsistência, leva esse assunto ao centro das discussões locais, como no passado ocorreu com as colônias indígenas.

Porém, paralelamente ao aquecimento desse debate, e na ausência de uma equação que dê conta da polarização entre as diferentes posições, os moradores dos hoje chamados "bairros" de Iauaretê prosseguem investindo uma grande parte de seu tempo e de seu trabalho na vida comunitária. Apesar de muito maiores e diversificados do que as chamadas "comunidades ribeirinhas", é no interior dos bairros que a vida social mostra-se mais dinâmica, e é onde a própria ambiguidade dessa peculiar situação social parece ser amenizada. Em que medida a criação de um município em Iauaretê contradiz esse dado do cotidiano? Estariam aqueles que defendem a proposta interessados em transformar o modo como se leva a vida ali? Estariam, enfim, interessados em adotar o estilo de vida dos brancos que vivem nas cidades?

Neste capítulo, exploraremos essas questões pelo exame de alguns relatos a respeito da constituição das comunidades ribeirinhas, que substituíram as malocas após a chegada dos salesianos. Exploraremos algumas descrições fornecidas por pessoas de Iauaretê a respeito do cotidiano das malocas, contrastando-as com aquelas relativas à formação e organização das novas comunidades e, em seguida, dos bairros de Iauaretê. O intuito é saber o que mudou e o que permaneceu. Ao final, trataremos da emergência do comércio em Iauaretê e dos significados atribuídos pelos índios do Uaupés ao dinheiro e às mercadorias. Esses são, a meu ver, temas fundamentais para a compreensão da dinâmica da vida comunitária no povoado, imprescindíveis que são atualmente para a produção da comunidade indígena dita "civilizada".

Da maloca à comunidade

Vamos iniciar a descrição tomando por base o relato de dois homens tukano do rio Papuri, Moisés Maia e Gregório Soares, das comunidades do Pato e de Santa Luzia, respectivamente. Eles vivem há cerca de dez anos no bairro de São Miguel, para onde se transferiram com a finalidade de cuidar dos filhos matriculados no colégio de Iauaretê. Têm hoje mais de sessenta anos, tendo nascido em uma época em que as malocas de seus antepassados vinham sendo abandonadas. Conviveram, no entanto, por décadas com seus pais e avós, que vivenciaram diretamente tal processo de substituição pelas comunidades. Moisés Maia veio a ser capitão na comunidade do Pato e, em seu tempo, esforçou-se para transformar aquela importante comunidade dos chefes tukano do Papuri em uma vila como a que via nascer em Iauaretê. Seus sucessos e fracassos nessa empreita é o que lemos em detalhes em seu depoimento.

Os dois informantes são unânimes em apontar que uma maloca era ocupada usualmente por um conjunto de irmãos casados, sendo o chefe da unidade residencial o irmão mais velho ou, se ainda vivo, o pai desses irmãos. Seus relatos referem-se ao dia a dia e ao modo como o líder havia que proceder para garantir um bom relacionamento interno. O compartimento de sua família era um dos que se localizavam no lado direito da maloca, confrontando-se com outro, à esquerda, onde se encontrava instalado seu irmão menor. Este era como um "braço direito", que o auxiliava na medida em que estava sempre disposto a ser o primeiro a acatar aquilo que o irmão recomendava a todos. As duas descrições enfatizam particularmente o papel do líder e sua esposa na criação de uma atmosfera geral de mutualidade.

Pela manhã, depois que voltavam do banho ou da pescaria, era o chefe quem convocava a todos para a refeição matinal. Sua esposa se encarregava de pedir às outras mulheres que trouxessem a comida para o salão frontal da maloca. Com os adultos, participavam da refeição os jovens já iniciados e as moças que já haviam tido a primeira menstruação. Para os homens, casados e não casados, a comida era posta no centro, a quinhampira (*biâti*) e a mujeca (*pẽ'êke'*) com beiju. Para as mulheres, a esposa do chefe em geral ajuntava a mujeca feita por todas as mulheres da maloca em um camoti de tuyuca. Depois redistribuía a cada uma delas para que alimentassem os filhos que ficavam nos compartimentos familiares. O que sobrava no camoti era a refeição das mulheres. Quando o chefe já era velho e seus filhos já estavam casados, as noras ajudavam a sogra com a comida a ser servida. Nessas ocasiões, o chefe geralmente falava sobre como devia ser a vida das pessoas ali. Ao final da refeição, cada mulher colocava uma cuia de mingau sobre um suporte, das quais todos os homens tomavam uma pequena quantidade.

Essas cuias de mingau eram postas na entrada dos compartimentos familiares, de modo que a partilha promovida pela refeição coletiva na parte central complementava-se com um último repasto que os homens deveriam tomar passando pelo espaço mais íntimo dos demais corresidentes. Em seguida, cada qual ia cuidar de seu trabalho. Os homens tratavam de pescar no fim da tarde, para que houvesse peixe para uma refeição noturna e para a manhã seguinte.

Na maior parte dos dias ficava garantida a todos disponibilidade para cuidar de seus próprios trabalhos e roças. Aos menos empenhados em abrir seus roçados, coisa que era imediatamente perceptível a todos pelo fato de suas esposas pouco contribuírem com as refeições coletivas, ficava, no entanto, franqueado o acesso à partilha de alimentos. Mas isso não deixava de causar vergonha. Do mesmo modo, sempre havia mulheres "mais preguiçosas", que não se empenhavam adequadamente no trabalho de limpeza do mato ao redor da maloca – a cada mulher da casa cabia a responsabilidade de cuidar da faixa externa que correspondia ao seu compartimento interno. Nesses casos, cabia igualmente ao chefe conversar com os que se afastavam da conduta desejada. Para tanto, ele cuidava de relembrar, durante as refeições matinais, como seus avós haviam vivido naquela maloca e como sempre se esforçaram para manter as coisas em ordem. Nas ocasiões em que o chefe necessitava da colaboração dos outros homens para a realização de uma tarefa específica, ele avisava de antemão, um ou dois dias antes. Isso acontecia logo depois da refeição matinal, quando, perante todos, dizia à sua esposa que ela poderia preparar bebida. Então todas as mulheres deveriam fazer caxiri, e os homens saíam para pescar. Com o caxiri preparado, o chefe convocava os homens para uma jornada de trabalho coletivo, nas roças ou na própria casa. Esse expediente permitia também ao chefe possuir um número maior de roças do que os demais. Mas a isso correspondia uma obrigação de pôr uma quantidade maior de alimentos e bebida em circulação na maloca.

Outra cena cotidiana descrita pelos informantes diz respeito à relação do chefe com os mais jovens. Rapazes ainda solteiros entregavam às mães o produto de suas pescarias, embora não assumissem a responsabilidade de pescar todos os dias. Daquilo que obtinham, algo era sempre dado ao chefe e à sua esposa. Assim, os que mais trabalhavam para o chefe da maloca eram os solteiros já iniciados. Eles ocupavam um lugar específico na casa: dormiam em um dos cantos do salão frontal, bem ao lado do compartimento do chefe. As mães desses jovens iniciados davam farinha e beiju à esposa do chefe para que eles se alimentassem diretamente com a família do chefe, para além das refeições coletivas. Nos dias normais, após o banho matinal, eles regressavam e se ajuntavam onde o chefe estava deitado, em geral perto do fogo. Ele os acolhia, sempre lembrando que aquilo que faziam, banhando-se logo cedo, era exatamente o que os antepassados faziam. Certo dia, ele tratava de ensinar os cantos do sib aos rapazes; em outra manhã passava a falar da hierarquia entre os sibs. Encantações para o parto ou o modo de proceder no ritual do cigarro eram itens igualmente tratados nessas ocasiões, de modo que, como sublinham os informantes, os rapazes iam se tornando "bem preparados para a vida". Quando houvesse uma festa de caxiri, o chefe dirigia-se ao rio bem cedo para banhar-se com os rapazes. No porto, punham-se a tocar vários instrumentos, como as flautas sagradas, a cabeça de veado, o casco de jabuti. Para as festas mais importantes, quando seriam realizadas as danças e entoados os cantos herdados dos ancestrais, o chefe exigia que os jovens purificassem o estômago, ingerindo grande quantidade de eméticos preparados com raspas de cipós para vomitar (*akó-etoásehe*, "vomitar água"). Durante a festa, paramentado com seus adornos cerimoniais, o chefe mostrava como os ancestrais cantavam e dançavam.

Em uma comparação sugestiva, Gregório Soares afirma que o chefe "era o aparelho de som da maloca", aludindo ao fato de que, nas festas realizadas hoje nos bairros de Iauaretê, este é um equipamento imprescindível. Assim como esse aparelho, sem o qual não pode haver festa animada, no tempo das malocas cabia ao chefe zelar para que as festas fossem ao mesmo tempo excitantes e pacíficas, pois, ao mesmo tempo que comandava a distribuição do caxiri e a execução dos cantos, responsabilizava-se também por dirimir brigas e discussões. Havendo algum incidente, coisa, aliás, praticamente certa em todas as festas, o chefe tomava providências para que os envolvidos fossem retirados do espaço central da maloca. Se houvesse alguma briga entre mulheres,

Cidade do índio

que fossem para seus compartimentos; se houvesse entre homens, eram postos para brigar fora da maloca. O momento de encerrar a festa era também definido pelo chefe. Ele via que as pessoas já estavam satisfeitas e guardava os instrumentos. Se ainda restasse caxiri, ele dizia que poderia ser consumido no dia seguinte. O *boo-nimí*, "dia do resto de caxiri", contava com a participação das mulheres no salão frontal.

Nas festas com convidados, os chamados *peorã*, geralmente grupos maku que faziam as vezes de servidores nas malocas tukano, eram os "seguranças" do chefe. Quando este deixava o seu banco por algum motivo, para cantar e dançar, o servo devia sentar ali, prevenindo desse modo que alguém pudesse "colocar algum malefício". É por isso que esses servidores conheciam bem o canto dos chefes, já que ficavam muito próximos deles. Como organizador desses eventos, o chefe de uma maloca contava com a ajuda de outros moradores para a realização de tarefas específicas. O *bayá* era especialmente preparado para executar determinados cantos, de sua exclusiva responsabilidade; outros se responsabilizavam pela cerimônia do cigarro, momento das festas em que dois grupos aliados punham-se a fumar conjuntamente e narrar simultaneamente suas respectivas histórias. Havia os *kumua*, xamãs especialistas em encantações mágicas, que eram os responsáveis por diversos preparativos para as festas, entre eles o de administrar o *yôkâ-paa-diporó*, "prato de assentar manicuera", título de uma encantação que potencializa a fermentação do caxiri. Havia também uma pessoa que contava a história da caixa de enfeites cerimoniais que havia nas malocas, os *basâ-bu'sa*, "canto dos enfeites". Quando essas *performances* eram realizadas, havia grande organização, e cada qual sabia bem o seu papel, desempenhando-o com o respeito dos demais. Assim, apesar do papel proeminente desempenhado pelo chefe, ele jamais procurava impor sua vontade aos outros, sempre sugerindo, jamais ordenando. Ainda que a iniciativa de, por exemplo, convidar cunhados de outra maloca para uma festa devesse ser sua, só o fazia com a aprovação da maioria.

A vida tranquila em uma maloca dava, enfim, alegria ao chefe, como apontam os informantes, e o som dos cantos e instrumentos que enchia a maloca nos dias de festa o tornava mais corajoso. Ele sentia que tinha uma grande família, era um *niki po'rã* – literalmente, "filho do mesmo".

Com a chegada dos missionários e o fim das malocas, os dois homens tukano afirmam que suas cerimônias foram se acabando. De acordo com Gregório Soares:

> Quando os missionários chegaram, eles não puderam compreender nossos dabucuris e festas com *miriã* (flautas sagradas). Começaram então a perseguir essas coisas, dizendo que eram coisas do diabo. Os padres disseram também que era melhor morar em uma casa diferente, em casas separadas. Os velhos tiveram então um primeiro choque, porque deixaram de ter quem os orientasse. E logo deixaram de contar para os filhos como essas coisas eram feitas. Quando eles começaram a fazer casas particulares, usaram palha branca e casca de árvores. Mas logo os padres disseram que o melhor era com barro. Então alguns começaram a usar assim, mas não foi de uma hora para outra. As portas eram trançadas com palha, como ainda se fazia na maloca. Depois de algum tempo os padres mostraram como se fazia uma porta com tábuas e dobradiças. Passaram a ter que comprar dobradiças dos missionários.

Nas palavras de Moisés Maia, "Comparando com a vida dos nossos avós, agora é muito diferente, porque eles se preocupavam somente em viver com mais tranquilidade. O trabalho era a roça, a pescaria. E tinham também uma vida coletiva, nas refeições, nos trabalhos e nas festas. Era isso que eles tinham na sua vida, mas então as coisas foram mudando".

Assim, o dia a dia na nova comunidade mostrava-se diferente daquele que se conhecia até então. Segundo os dois informantes, os velhos diziam que naquele tempo passou a aparecer muita coisa nova para se trabalhar, ao passo que no tempo da maloca era apenas a roça. Então, com a comunidade, instituiu-se o domingo, quando se reza a manhã inteira, e o trabalho coletivo passou a ser direcionado a coisas como construção de capela, de escola, plantação de arroz e pasto. Os antigos, dizem eles, viam que o trabalho aumentava. A reorganização das unidades residenciais em comunidades maiores implicava ainda uma transformação radical na vida ritual das malocas. Os objetos cerimoniais das duas malocas vizinhas que vieram a formar a comunidade do Pato foram, de acordo com Moisés Maia, trocados com os padres por mercadorias como espingardas, facões, sal, fósforo etc. Instrumentos e adornos, sem os quais boa parte dos rituais

Cidade do índio

tradicionais não poderiam ser realizados, terminaram por ser integralmente entregues ao quase lendário padre João Marchesi, o fundador da Missão de Iauaretê.

Mas o principal dilema a ser enfrentado seria como garantir que o regime geral de partilha que reinava na maloca não se desarticulasse totalmente. Morando em casas separadas, cada uma das famílias, por exemplo, passou a ter que dispor de seus próprios utensílios domésticos, como peneiras, prensas e abanos trançados. Ao mesmo tempo, uma mulher que estivesse em dificuldades para alimentar seus filhos não poderia recorrer tão facilmente a uma parente para obter alguma porção de beiju. Na maloca, tudo isso era mais fácil, pois tanto os objetos domésticos como os alimentos ficavam acessíveis a todos os corresidentes. Esse livre acesso àquilo que pertencia a outro era garantido pelo imperativo de não negar empréstimos, tradução para o termo tukano *wasosehé* (o verbo é *wasó*, "emprestar"). Fora da maloca, isso ficou mais difícil, além do que a pregação dos padres insistia em uma máxima que chegava a causar certo estranhamento entre os índios: "quem trabalhasse comia, quem não trabalhasse não comia". Embora essa exortação soasse estranha, incidia principalmente sobre a relação hierárquica existente entre os membros de uma mesma maloca e destes para com os Maku. Do ponto de vista dos missionários, as prerrogativas dos chefes significavam privilégios que haveriam de ser igualmente extirpados. Eles acharam que havia gente que "vivia sem trabalhar", sem perceber que o bom andamento do trabalho coletivo era também parte das diligências que cabiam a um bom chefe.

Veio então a introdução do sistema eletivo para a escolha do chefe da comunidade. De acordo com os informantes, foi esse sistema que permitiu que "irmãos menores" pudessem então se tornar "capitães". Se na maloca a chefia era naturalmente ocupada pelo irmão maior, detentor de conhecimentos e capacidades próprias a ele reputadas pela descendência, nas novas comunidades não tardaria para que aqueles com melhor domínio da língua dos "civilizados" e de seus conhecimentos passassem a ocupar posição de destaque. Moisés Maia aponta que o termo "capitão" adentrou o rio Papuri junto com uma turma de militares que, nos anos 1930, subiu esse rio com a missão de reconhecer e demarcar a fronteira com a Colômbia.[4] Ao abordar as comunidades indígenas do Papuri, os militares indagavam pelo capitão, posto que inicialmente veio a ser assumido pelo próprio chefe, que, por incumbir-se de receber a comissão, era logo reconhecido pelos militares como o capitão do lugar. Mas, com o correr dos anos e a interferência dos missionários no assunto, outros homens passariam a ser eleitos para o cargo. Entre os requisitos para assumir essa posição passou a figurar uma maior desenvoltura no trato com a Missão e, assim, na organização da comunidade de acordo com os novos padrões. O capitão deveria também possuir uma casa grande, oferecendo à comunidade um espaço adequado à organização de festas.

É nesse contexto que Moisés Maia veio a se tornar o primeiro capitão eleito da comunidade do Pato. Sem dúvida, o longo período de permanência da Missão de Iauaretê, onde, além dos estudos básicos, trabalhou como carpinteiro, o favoreceu significativamente, mas seu *status* de membro da principal linha de descendência de seu sib não deixou de influenciar na eleição. Com efeito, o caso de Moisés parece ser um daqueles em que indivíduos em posições estratégicas logram combinar o prestígio de pertencer a um sib de alta hierarquia às habilidades que vieram a ser adquiridas na convivência com os brancos. Além disso, um pouco antes de ser capitão, Moisés mostrou-se atento a uma expectativa que, no passado, recaía sobre o líder de uma maloca, qual seja, a de dedicar cuidados especiais à formação dos jovens. Ele conta que, ao retornar à sua comunidade após longo período de permanência na Missão, tomou a iniciativa de passar a ministrar aulas para as crianças antes que estas partissem para o período de estudos junto aos missionários. Ele conseguiu junto às freiras de Iauaretê um quadro-negro e outros materiais necessários para, ainda antes do início do processo de implantação de escolinhas rurais nas comunidades, dar curso a uma experiência precursora: equipar a comunidade com uma escola. Segundo diz, lembrava-se das dificuldades que havia enfrentado nos primeiros anos

---

4 O relato escrito dessa viagem encontra-se em Rondon (1945). O tenente-coronel Frederico Rondon foi o responsável por chefiar a comissão brasileira que demarcou a fronteira com a Colômbia entre 1931 e 1936.

de estudo e, assim, julgava conveniente que as crianças da comunidade chegassem à Missão com melhores noções da língua portuguesa e da escrita. Sua iniciativa fez que sua comunidade fosse uma das primeiras a, mais tarde, contar com uma escola oficialmente instalada pela Missão. Sem dúvida alguma, esse foi um procedimento que contribuiria consideravelmente para que viesse em seguida a assumir o posto de capitão eleito.

Como capitão, diz Moisés, ele teve a oportunidade de verificar o quanto as pessoas respeitavam sua palavra. Assim, para a realização de qualquer tarefa coletiva, esperava-se uma palavra final do capitão. E, quando este não correspondia a essa expectativa, criava-se um clima de revolta na comunidade. Por isso, era muito importante observar um comportamento correto e saber "dirigir a comunidade". Era de fundamental importância, por exemplo, que nos dias de caxiri o capitão cuidasse de não ficar bêbado antes dos demais, para que pudesse garantir um desenrolar tranquilo da festa até seu final. Mantendo um comportamento adequado, o capitão lograva ser atendido nas convocações de trabalho. Sua esposa também tinha que assumir responsabilidades. Quando o capitão convocava os homens para o trabalho, ela tinha de convocar as mulheres. Quando o marido animava os homens, ela cuidava de animar as mulheres. Quando participavam de uma jornada de trabalho coletivo na roça de alguém, as mulheres já levavam seus cestos de carga, pois ao final do trabalho podiam tirar mandioca daquela roça e levar para casa. Eram procedimentos de que dependia a própria comunidade. O capitão devia, por fim, ser uma "pessoa acolhedora", *masa poo-tẽ rí*, em tukano. Era isso que, segundo Moisés, lhe garantia credibilidade junto aos parentes e cunhados.

Em seu tempo como capitão, a comunidade do Pato assistiu a mudanças significativas, a começar pela construção da capela que ele cuidou de organizar. Situada em um ponto médio do rio Papuri, a comunidade sediou também uma filial da cooperativa criada em Iauaretê, em meados da década de 1970 (cf. Cap. 3). Paralelamente, um grande projeto de criação de gado e uma serraria foram idealizados e postos em prática no lugar, para o que Moisés contou com o apoio da missão e do posto indígena da Funai, reaberto em Iauaretê, em 1975. O lugar deveria então ser um modelo para o rio Papuri, em um momento em que os missionários tinham como meta a implantação das assim chamadas comunidades de base.[5] Estimulado por essas novidades, Moisés Maia relata seu empenho em transformar o Pato em uma "vila", onde poderiam vir morar seus cunhados desana e pira-tapuia:

> Em uma ocasião, fiz uma proposta para os Pira-Tapuia e Desana para que viessem para o Pato para fazermos uma comunidade bem grande. Todos eles concordaram (São João e Santa Marta do Urucu [Desana], e São Paulo, Taracuá, Tucunaré Baixo e São Gabriel [Pira-Tapuia]), dizendo que era o que estavam esperando mesmo. A ideia era ter bastante produção agrícola, um trabalho grande e uma escola grande. Seria como na própria missão. A Funai, através do Ribamar do posto de Iauaretê, disse que apoiaria e que futuramente poderia ter até um aeroporto lá. O Ribamar levou essa ideia para Brasília e o pessoal de lá ficou admirado com essa intenção de formar um povoado grande para ter muita produção. Eles ficaram curiosos em saber como eram os índios daqui, porque de nenhuma outra parte tinha aparecido uma ideia como essa.

Poder-se-ia dizer que os Tukano e seus vizinhos do médio Papuri aderiam então integralmente àquilo que idealizavam as agências indigenistas em operação na região. O assim chamado "desenvolvimento comunitário" preconizado por antropólogos ligados à Funai (ver Silverwood-Cope, 1975), uma vez adotado como palavra-chave por uma nova geração de salesianos que chegava ao distrito de Iauaretê nos anos 1970, parece ter funcionado como um novo método que vinha para consolidar a "civilização dos índios", iniciada poucas décadas antes com o fim das malocas. Mas os planos de Moisés não chegaram a se concretizar, pois esse também foi o tempo em que a Missão começou a diminuir as vagas do internato. Com isso, muitos pais tiveram que se mudar para Iauaretê para cuidar dos filhos que adentravam as classes ginasiais. Moisés constata hoje que todos os projetos de transformar o Pato em

---

5 Como vimos no capítulo anterior, em meados da década de 1970 a pastoral indigenista dos salesianos passou a se esforçar para incorporar o conceito de "promoção humana e social", o que envolvia a instituição de novos cargos e projetos econômicos nas comunidades.

uma grande comunidade vieram a fracassar devido a vários fatores, entre eles a saída das famílias para Iauaretê. Essa foi também a sua trajetória, muito embora não tenha se mudado de um dia para o outro. Ele conta que chegaram a ter 24 cabeças de gado na comunidade quando ele passou a alternar temporadas na Missão. Foi então que o gado começou a diminuir. Quando havia apenas quinze cabeças, ele se mudou definitivamente para Iauaretê, já no início dos anos 1980.

Os planos de formar uma grande comunidade no Pato, com os Tukano, Desana e Pira-Tapuia, era, sem dúvida, um intento de levar adiante o negócio de "entrar na civilização", mas, parece-me, ao mesmo tempo, uma expansão daquele ideal que subjazia às antigas relações que tinham lugar nas malocas. Como vimos, a partilha do cotidiano e os rituais coletivos realçavam a atmosfera de identidade interna e davam ao líder a certeza de que possuía uma grande família. Sob o teto da maloca, todos eram *niki po'rã*, "filhos do mesmo", isto é, um único sujeito coletivo. Se a capacidade de bem acolher as pessoas veio a ser o principal atributo esperado de um capitão, podemos supor que, mesmo nas novas comunidades, a constituição desse sujeito coletivo continuou a ser perseguida. Porém, as circunstâncias não se configuraram de maneira que permitisse que o idealizado pelos missionários e índios para o rio Papuri se concretizasse. Esse rio é hoje uma das zonas mais esvaziadas do distrito de Iauaretê, com sua população tendo decaído de cerca de 1.100 pessoas para pouco mais de seiscentas nos últimos quatro anos. Os índios podem claramente perceber que a concentração de recursos e serviços em Iauaretê contribuiu para inviabilizar experiências como a que se tentou na comunidade do Pato. Porém, não se pode garantir que os planos de Moisés Maia poderiam ter sido de fato alcançados, pois entre suas lembranças consta também um grave incidente que ocorreu por ocasião de uma festa de caxiri, paralelamente às iniciativas de implantação dos novos projetos.

Tratou-se do assassinato de um sobrinho de Moisés por um cunhado desana que então residia na comunidade. Este era casado com uma mulher tukano também sobrinha de Moisés e, morando uxorilocalmente, veio a ter relações sexuais com as duas irmãs de sua esposa. Foi então que, naquela festa, um dos homens da comunidade expressou o mal-estar reinante entre seus parentes diante da situação. Houve briga e o desana acabou matando o cunhado tukano com uma facada no pescoço. O pai do jovem morto retirou-se então da comunidade por muitos anos, e, ainda que o desana tenha igualmente se retirado para junto de seus parentes do igarapé Urucu, uma divisão preexistente na comunidade evidenciou-se irremediavelmente. O cunhado desana era ligado por afinidade a uma das linhas de descendência do sib tukano do Pato, que, por sua vez, tinha lá suas diferenças com a linha à qual pertencia o jovem assassinado. Ocorreu então uma divisão, com as famílias das duas diferentes linhas se evitando e morando em margens opostas de um igarapé que divide a comunidade. A família tukano que se retirou veio a retornar mais tarde ao Pato, e as coisas foram se esfriando aos poucos. Mas então as famílias da comunidade começaram a se retirar para Iauaretê. Hoje, ao tratar do quase total esvaziamento da comunidade – apenas dois grupos domésticos continuam lá, tendo os demais se transferido para Iauaretê –, Moisés fala principalmente do problema dos estudos das crianças e da diminuição do rebanho, mas seus familiares afirmam que o caso do sobrinho assassinado é ainda o que o marcou mais profundamente. "Ele carrega essa tristeza", dizem, pois ainda que não tivesse nada a ver com a briga, o assassinato ocorreu em seu tempo como capitão da comunidade. O episódio parece constantemente insinuar que a transformação projetada para a comunidade do Pato talvez não tivesse sido mesmo possível.

O principal desafio era, portanto, conseguir ampliar a escala daquilo que, desde os tempos da maloca, era responsabilidade do líder: garantir as condições de convivência e ânimo entre os membros do grupo local. Esse aumento de escala é o que, precisamente, veio a ocorrer em Iauaretê nos anos seguintes, à medida que as comunidades dali cresciam. Mas não se tratou de um processo planejado, como o que acalentou Moisés Maia para a comunidade do Pato. No entanto, aconteceu. Os dilemas somente entrevistos naquela comunidade do médio Papuri haveriam de ser, de fato, enfrentados um pouco mais tarde com a formação dos bairros de Iauaretê. Retornemos então ao povoado, visitando alguns de seus bairros.

São Miguel, Cruzeiro, Dom Pedro Massa: bairros de Iauaretê

Vale mencionar que, no período que vai do fechamento dos internatos, no início dos anos 1980, até 2002, apareceram 287 novas casas no povoado, sendo 106 nas comunidades "tradicionais" (Santa Maria, São Pedro, Domingos Sávio, Dom Bosco e São Miguel) e 181 nos locais onde vieram a se formar as "novas" comunidades (Cruzeiro, Dom Pedro Massa, São José, Aparecida e Fátima). Das 411 casas contabilizadas no levantamento que realizamos entre 2001 e 2002, apenas 85 encontravam-se ali antes do início do processo de fechamento dos internatos. Assim, o número de comunidades ao redor da Missão dobrou e o número de pessoas é cerca de seis vezes maior do que há vinte anos.

Como vimos no capítulo anterior, a composição étnica dos bairros de Iauaretê é bastante diversificada internamente, além do que há significativas variações entre eles. Vimos que há uma classificação corrente que distingue entre bairros "tradicionais" e bairros "novos", e que os primeiros resultaram do crescimento das antigas comunidades tariano que ali se formaram a partir da implantação da Missão Salesiana. Essas comunidades, por sua vez, se constituíram por orientação dos missionários, agregando vários grupos domésticos tariano pertencentes, em geral, a um mesmo grupo agnático que residia em malocas vizinhas. Esse é nitidamente o caso das comunidades de Santa Maria, São Pedro e São Miguel. As duas primeiras chegaram a formar uma única comunidade, passando mais recentemente por um processo de fissão que restabeleceu uma antiga divisão entre diferentes linhas de descendência de um mesmo sib tariano (ver Cap. 5). A comunidade de Dom Bosco, outro dos bairros tradicionais, correspondeu inicialmente a uma concentração de grupos tariano que se transferiram do lado colombiano para o brasileiro em função de maus-tratos e violências perpetrados por balateiros colombianos. Os que vinham da Colômbia pertenciam a um sib de alta posição na hierarquia e passaram a dividir espaço com um sib inferior.

No caso dos novos bairros, que começaram a se constituir em meados da década de 1980, grupos tariano exerceram igualmente papel de destaque. Os primeiros que se formaram, Cruzeiro e Aparecida, tiveram como primeiros moradores famílias tariano oriundas, respectivamente, do rio Papuri e do trecho do rio Uaupés localizado acima de Iauaretê. No início dos anos 1990, o bairro do Cruzeiro passou por uma onda de crescimento, motivada pelo afluxo crescente de famílias tariano, agora procedentes em sua maioria das comunidades situadas no trecho do Uaupés localizado abaixo de Iauaretê. Esse novo impulso deu origem à divisão do Cruzeiro e à formação do novo bairro de Dom Pedro Massa. Ao que parece, os grupos tariano a jusante de Iauaretê foram os que mais tardiamente passaram a se agregar ao povoado, muito prova-velmente em função das rivalidades com os Tariano de Iauaretê que tiveram lugar na década anterior, dos quais já tratamos no Capítulo 3. Mais tarde, ao final dos anos 1980, uma nova divisão em Dom Pedro Massa veio a originar o bairro de São José, cuja população é formada majoritariamente por grupos domésticos Pira-Tapuia e Tukano oriundos do rio Papuri. O bairro de Aparecida não assistiu a nenhuma divisão e é hoje o maior de Iauaretê, com mais de setenta grupos domésticos. Embora sua população seja majoritariamente composta de tarianos oriundos do alto rio Uaupés, nos últimos anos vem também recebendo muita gente do rio Papuri.[6]

O fato é que, seja nos bairros tradicionais, seja nos novos, os Tariano formam o contingente predominante, e foi principalmente por meio das alianças feitas com eles que outros grupos, como os Tukano, Pira-Tapuia e Wanano, tiveram um lugar nas comunidades de Iauaretê. A diferença é que, principalmente em Cruzeiro e Dom Pedro Massa, a solicitação de espaço para novas moradias podia também ser dirigida aos missionários, uma vez que esses bairros se formaram em terras oficialmente entregues à Missão Salesiana nos anos 1930. A formação e o crescimento do bairro de São Miguel, o primeiro a se constituir ao redor da missão, são um bom exemplo de como se constituíram esses bairros.

Em publicações da Missão Salesiana, São Miguel é referido como a primeira "vila de tarianos católicos" a surgir em torno do centro

---

6 Como já assinalamos, o Papuri é a sub-região do distrito de Iauaretê que mais vem se esvaziando nos últimos anos. Em geral, alega-se que o motivo é a situação cada vez mais crítica de falta de peixe, mas há que se considerar igualmente a carência de abastecimento nas missões javerianas – Teresita, Piracuara e Monfort, todas localizadas nesse rio em lado colombiano – por causa da guerrilha colombiana.

missionário de Iauaretê. Seu nome é, assim, o do padroeiro da Missão, São Miguel Arcanjo. A comunidade formou-se com os moradores de três malocas tariano que se encontravam dentro dos limites da área então cedida aos salesianos pelo governo federal e que era ocupada por membros de um mesmo sib tariano, os Adaruna, Arara. Não se tratava de um sib da alta hierarquia entre os Tariano, mas de um grupo designado *Kayaroa*, "servidores" (ver Cap. 5). Na foz de um igarapé chamado Querari, localizava-se a principal maloca dos Adaruna, chamada *Aâ wi'í*, "casa de gavião". As famílias de suas três malocas correspondiam a um grupo de parentesco agnático, com um grupo de irmãos casados e seus filhos. O irmão mais velho, chamado Belisário, era o chefe do grupo. Assim que deixaram as malocas para residir em casas familiares separadas e alinhadas em torno da Missão, ele se tornou o primeiro capitão reconhecido formalmente pelos missionários. Com o batismo cristão, os homens adaruna passaram a ostentar os sobrenomes Rodrigues, Fontoura e Pereira.

A saída da maloca implicava, como vimos para o caso dos Tukano do Pato, o abandono de práticas como o xamanismo, a iniciação e o consumo de substâncias como o caapi e o ipadu. Tudo isso era intolerável aos missionários, e os Tariano de São Miguel, precisamente os primeiros da região a adotar o modo de vida recomendado pelos padres, estavam entre os primeiros a acatar tais imposições. Eles apontam que vários objetos, como pedras e outros talismãs usados pelos xamãs, foram logo de saída levados pelos padres. Não fazem menção, por outro lado, à entrega de outros itens de uso ritual, como as flautas sagradas e as caixas de adornos cerimoniais. A razão disso é que, por ser um grupo em posição hierárquica inferior, simplesmente não os possuíam.

Mas, não obstante a intolerância demonstrada pelos missionários, o novo estilo de vida em torno da Missão parecia atrair novos moradores. Nos anos que se seguiram à fundação de São Miguel, outros grupos tariano de malocas localizadas em suas vizinhanças vieram a levantar pequenas casas na comunidade, onde se hospedavam por ocasião de festas e outros eventos religiosos ligados à Missão. Tratava-se de famílias de dois outros sibs tariano, cujas malocas se situavam no Uaupés pouco acima de Iauaretê. Os que pertenciam a um sib conhecido pelo nome

Tepa adotaram os sobrenomes Cordeiro e Alencar, os do sib *Makuía*, Sodré. Assim como os Adaruna, tratava-se de sibs em posição inferior na escala hierárquica tariano e, ao que parece, numericamente pouco expressivos. Com o tempo, ao longo das décadas de 1940 e 1950, período em que muita gente saiu de Iauaretê para trabalhar nos seringais da Colômbia, as famílias remanescentes desses sibs terminaram por fixar residência permanente na comunidade de São Miguel.

Famílias de outras etnias começaram a se agregar à comunidade mais tarde, na época em que se prenunciava o fechamento do internato da Missão por volta do final dos anos 1970. Os moradores mais antigos da comunidade afirmam que, quando isso aconteceu, parentes por afinidade de várias localidades passaram a deixar seus filhos nas casas de seus cunhados ou concunhados de Iauaretê, já que a Missão deixava de oferecer alojamento aos alunos. Mas esse foi um procedimento que se mostrou inviável, pois não tardaram a surgir intrigas e brigas entre as famílias em função de alegações de que as crianças que ficavam longe de seus pais não eram bem tratadas. Foi então que os próprios Tariano de Iauaretê passaram a sugerir a seus parentes de outros grupos que viessem residir em suas comunidades, construindo suas próprias casas. A partir daí, os antigos moradores tariano da comunidade de São Miguel apontam uma extensa sucessão de famílias pira-tapuia, tukano, desana e arapasso que foram se fixando na comunidade. Os Pira-Tapuia (cinco grupos domésticos) vieram da comunidade de Teresita, situada no lado colombiano do rio Papuri, onde reside a maior parte do contingente desse grupo e é sede de uma missão javeriana. Tradicionalmente, um dos sibs pira-tapuia de Teresita trocava mulheres com os Tariano do sib Adaruna, fato que favorecia a aceitação desses cunhados como moradores permanentes. Esse é também o caso de outros oito grupos domésticos tukano dos rios Papuri e Uaupés e de outros dois grupos domésticos arapasso do Uaupés. Esses grupos fixaram-se em São Miguel por possuírem irmãs casadas na comunidade com homens das famílias Rodrigues, Fontoura e Sodré. Quanto aos Desana, um grupo com o qual os Tariano tradicionalmente não trocam mulheres, houve a incorporação de dois grupos domésticos, mas nesse caso por serem coafins: esses desana eram casados com mulheres de um grupo tukano que também trocava irmãs com os Tariano de São Miguel.

Quatro outros casos de incorporação, dois tukano e dois desana, ambos oriundos do rio Papuri, demonstram que o processo de crescimento das comunidades de Iauaretê passava também por mecanismos extraparentesco. Nesses casos, dois antigos barracões destinados a hospedar as famílias tukano e desana do igarapé Turi, rio Papuri, passaram com o tempo a ser ocupados permanentemente pelos quatro grupos domésticos mencionados. Esses barracões, que haviam sido construídos com o auxílio da Missão, permitiam que os grupos desse igarapé pudessem participar de atividades religiosas, como o Natal e a Páscoa. Outros barracões desse tipo existiam também em outros bairros e, tal como os que haviam em São Miguel, prestaram-se como abrigo temporário para famílias que iniciavam um processo de transferência paulatina para Iauaretê. Os Tukano e Desana que ocuparam os barracões existentes em São Miguel obtiveram, mais tarde, permissão dos Tariano para levantar suas próprias casas e se agregar à comunidade.

Um último caso de incorporação que merece menção diz respeito a um Tukano que chegou mais recentemente do rio Tiquié, ou seja, de fora dos limites do próprio distrito de Iauaretê. A fixação desse homem e sua família em São Miguel se deu em uma situação absolutamente *sui generis*, por meio da compra de uma "palhoça comercial" que já se encontrava em funcionamento na comunidade. O homem tukano havia conseguido acumular algum dinheiro no garimpo do Traíra no final dos anos 1980, o que lhe permitia tornar-se comerciante em Iauaretê. Nesse momento, com a instalação do pelotão do Exército e a construção da nova pista de pouso no povoado, corriam boatos de que o dinheiro passava a entrar na comunidade em maiores quantidades. O comércio em questão havia sido recentemente aberto por um dos cunhados arapasso dos Tariano de São Miguel. Estes chegaram mesmo a sugerir que o cunhado, tendo trabalhado no Exército em São Gabriel e conseguido abrir um comércio nessa cidade, viesse para Iauaretê com essa finalidade, isto é, facilitar o abastecimento da comunidade com mercadorias de fora. Assim, a venda do pequeno negócio não agradou aos Tariano, e a permanência do novo comerciante tukano na comunidade só foi possível graças à intervenção de outros moradores tukano da comunidade. Tratava-se dos chefes tukano oriundos da comunidade do Pato, que então confirmaram que o recém-chegado pertencia, na verdade, a um grupo do Papuri que há algumas gerações se transferira para o Tiquié. Nesse caso, avaliavam que o novo comerciante detinha prerrogativas suficientes para se fixar em Iauaretê e manter seu pequeno negócio ali. Apesar disso, a substituição de um comerciante aparentado aos Tariano por outro com quem não possuíam laços de parentesco era motivo para constantes intrigas e maledicências na comunidade. Ambos, o Arapasso e o Tukano, terminaram por amargar certo estigma no contexto da comunidade.

Mas esse último caso demonstra que, mesmo em situações em que a incorporação de novos moradores não se deu pela via do parentesco agnático ou por afinidade – no caso, uma transação comercial –, a acomodação da situação não deixa de recorrer a tais relações, pois foram os Tukano do Papuri que entraram em cena para legitimar os pleitos de "seu irmão menor". De fato, a relutância em aceitar o novo comerciante na comunidade tinha a ver com o próprio negócio que estava sendo efetuado, isto é, a venda do comércio. Sua implantação na comunidade havia sido tratada antes com o cunhado arapasso, e agora este deixava de ocupar o papel que lhe havia sido designado como membro da comunidade. Além disso, o novo comerciante tukano tinha uma esposa baré, etnia com a qual os grupos do Uaupés praticamente não se casam. Tornava-se assim problemático identificar um vínculo de afinidade com esse homem. Em geral, como esclareceu um dos moradores de São Miguel, quando alguém chega a uma comunidade distante da sua, onde não conhece os moradores, logo na recepção o líder pergunta quem é o visitante. Caso a primeira resposta não permita uma identificação imediata, isto é, o estabelecimento de um termo de "consideração apropriado" – o que é bem mais plausível no caso de os dois indivíduos pertencerem à mesma etnia, caso em que imediatamente utilizarão o conjunto de pares terminológicos recíprocos *Ma'mí/Nihá* (irmão maior/irmão menor), *Meêkihí/Meé* (sobrinho/tio) e *Makikihí/Pakîroho* (neto/avô), os quais denotam posições hierárquicas –, vai-se tentar localizar um parente em comum, questionando-se sobre quem são os cunhados do visitante ou de seu pai, e com quem estes são casados. Com esse mecanismo é quase impossível não se identificar algum tipo de parentesco entre duas pessoas que hoje vivem em Iauaretê. Porém, por essa via, a situação do novo morador tukano também não era alentadora.

Assim, São Miguel se tornou um bairro, tendo sua população quadruplicado em cerca de 25 anos, passando de 83 moradores em 1975 para 345 em 2002. São hoje cerca de 55 grupos domésticos e um número muito próximo desse de casas. O número de moradores tariano ainda supera o dos outros grupos (109 pessoas em vinte casas), mas é quase igualado pelo número de moradores tukano atuais (102 pessoas em dezoito casas). O restante dos moradores (135 pessoas em dezessete outras casas) são pira-tapuia, desana e arapasso (cf. Cap. 3).

O relato dos Tariano de São Miguel sobre a história de sua comunidade ecoa muitos dos elementos já apontados pelos Tukano do Pato. Eles contam que, desde que seus antepassados deixaram suas malocas, sete homens do sib adaruna se sucederam no cargo de capitão. O primeiro deles, já mencionado, era Belisário, irmão maior do sib e que liderava a principal das três antigas malocas. Depois dele, os dois outros que passaram pelo cargo foram seu filho João e seu sobrinho Teodoro, ambos tendo sido indicados pelo capitão anterior. Teodoro permaneceu como capitão até 1992, o que nos leva a presumir que o tempo médio de permanência no cargo de cada um desses três capitães foi de cerca de vinte anos. Como afirmam seus descendentes, no tempo deles, o capitão só deixava o cargo depois de velho e, ainda assim, indicava aquele dentre seus filhos que deveria sucedê-lo. No tempo de Teodoro, já havia o cargo de catequista, que, além de prestar serviços religiosos internos às comunidades, auxiliava o capitão no planejamento da construção e alinhamento das casas na comunidade. Os catequistas eram ex-alunos da Missão, cuja nomeação também permitia que os missionários interferissem diretamente na vida intracomunitária. A partir de 1992, o sistema de indicação do capitão de São Miguel mudou radicalmente. Era um momento em que os missionários passavam a estimular a implantação de projetos comunitários, como roças coletivas, criação de gado e produção de artesanato, e para isso introduziram o sistema de eleições para a escolha de encarregados das novas rotinas de trabalho. O sistema passou, tal como no caso da comunidade do Pato, a ser adotado também para a escolha do capitão, em um momento em que as comunidades eram bem maiores e diversificadas internamente.

A partir daí, houve outros quatro capitães em São Miguel, e embora os residentes não tariano pudessem agora interferir diretamente na escolha, os homens do sib adaruna continuaram a se suceder no cargo. Os Adaruna costumam argumentar que os que chegaram de fora resistiam em disputar uma eleição para o cargo de capitão, restringindo-se a assumir outras funções que são hoje igualmente eletivas, como as de "catequistas" e "animadores". De fato, parece haver em São Miguel um reconhecimento tácito de que as famílias Rodrigues e Fontoura, que formam o sib adaruna, gozam de prerrogativas diferenciais e se expressam sobretudo no controle da posição de capitão. Além disso, um homem adaruna ocupou a destacada posição de "líder geral" de Iauaretê entre 1999 e 2002. Foi um fato novo, pois, desde a criação dessa nova forma de liderança no final dos anos 1970, apenas os Tariano de alta hierarquia das comunidades de Dom Bosco e Santa Maria a haviam ocupado. Em suma, tanto internamente quanto no contexto mais geral do povoado, os Tariano de São Miguel, como moradores tradicionais de uma das primeiras comunidades de Iauaretê, mantêm-se como um dos mais respeitados grupos locais. Isso fica patente também quando se indaga pelo nome indígena da comunidade: é unanimidade que o nome é *Aâ wi'í*, o mesmo da principal maloca que os Adaruna ocuparam no passado, mesmo que esta se localizasse em um ponto relativamente distante da atual comunidade.

No tempo de seus três primeiros capitães, o centro da vida social em São Miguel era, de acordo com os moradores de hoje, a própria casa do capitão. Um dos requisitos para ocupar essa posição era, portanto, a capacidade de proporcionar à comunidade espaço adequado aos eventos coletivos, bem como, assinalam várias pessoas, encarregar-se de sua organização. Com o crescimento populacional, os Tariano de São Miguel passaram a avaliar que era preciso promover certas mudanças nesse padrão tradicional. Com efeito, enquanto São Miguel esteve sob a direção de seus três primeiros capitães, algo da organização interna da maloca parece ter sobrevivido, isto é, ainda que com a agregação, logo nos primeiros anos, de outros grupos tariano vizinhos, o irmão

Cidade do índio

maior do sib adaruna permanecia com o encargo de animar a comunidade nascente. Sua casa, maior que as demais, parece ter então substituído o espaço central de sua antiga maloca, onde as festas e os rituais eram realizados. Foi somente ao final do tempo desses três capitães que alguns homens adaruna, já então escolarizados e com melhor fluência na língua portuguesa, passaram a idealizar a construção de um centro comunitário. Com o posto indígena da Funai, eles conseguiram acessar políticos locais de São Gabriel para a obtenção dos recursos e materiais necessários. E até hoje se recordam da grande quantidade de sacas de cimento e de telhas de zinco que obtiveram para a construção do grande barracão que foi erguido ao lado da casa do capitão Teodoro. Hoje a casa do velho capitão já não existe e, em seu lugar, uma capela de alvenaria foi construída recentemente.

O centro comunitário de São Miguel é utilizado hoje em dia não apenas para celebrações internas à comunidade, mas, esporadicamente, também para eventos maiores, que envolvem a participação de pessoas de várias outras comunidades.[7] É importante salientar que às transformações arquitetônicas corresponderam outras transformações, que dizem respeito ao modo de gerir os assuntos comunitários. Atualmente, todos os bairros de Iauaretê, bem como a maioria das comunidades espalhadas pelo distrito, possuem seus centros comunitários. As festas e os eventos realizados nesse espaço parecem substituir os antigos rituais das malocas, pois é por meio deles que aquela atmosfera de mutualidade com que o líder se esforçava para preencher a maloca é perseguida nesse novo contexto. O índice mais visível desse movimento é a partilha do caxiri, a cerveja de mandioca que anima as festas quase semanais realizadas nos centros comunitários de Iauaretê. O calendário das festas e celebrações é talvez o assunto mais central nas reuniões de sábado pela

---

7 O mais importante deles é a reunião anual da Coordenadoria das Organizações Indígenas do Distrito de Iauaretê (Coidi), usualmente realizada no mês de agosto. Para essas assembleias gerais do distrito são convocados representantes de todas as quatroze organizações indígenas localizadas no médio/alto Uaupés e Papuri. O papel da Coidi, teoricamente, é funcionar como instância intermediária entre a FOIRN e as organizações de base, mas, desde sua fundação em 1997, sua diretoria vem sendo ocupada por homens residentes em Iauaretê.

manhã, realizadas assiduamente após a usual refeição coletiva de caldo de peixe apimentado com beiju também realizada nesse dia. É, pois, no centro comunitário que a vida ritual coletiva ganha expressão e a ideia de uma comunidade unida é permanentemente reposta.

A esse propósito, os Tariano de São Miguel fazem questão de afirmar que "esse negócio de comunidade já existia no tempo das malocas". Ao fazer essa afirmação, os Tariano destacam um aspecto específico do estilo de vida de seus antepassados: todos os corresidentes contavam com a colaboração mútua, principalmente na forma do trabalho. E, mesmo entre malocas vizinhas, era frequente que um convite para uma festa de caxiri trouxesse implícito que, antes da bebida, haveria trabalho, como a abertura de um roçado, a retirada de palha para reforma do telhado da maloca ou outras atividades. A continuidade que se quer frisar, portanto, diz respeito ao modo como as famílias na nova comunidade continuaram contando com o trabalho de seus parentes. Trata-se de um aspecto central da vida comunitária, do qual se lança mão quando se pretende mostrar que das malocas aos bairros algo permaneceu. Assim, em contraste com tudo aquilo que os missionários combateram vigorosamente, aquela mensagem de que "todos eram irmãos", que deveriam viver em comunidade, haveria de ser agenciada pelos meios que já se conheciam, pois do salão frontal da maloca, passando pela casa do capitão, ao centro comunitário, a partilha nas festas e no trabalho continuou sendo a marca da vida comunitária. Esse caso tariano aproxima-se, assim, nitidamente da experiência relatada pelos Tukano da comunidade do Pato que apresentei antes.

Mas em Iauaretê as coisas foram se tornando cada vez mais complexas. Para alguns dos moradores não tariano de São Miguel, a transformação em bairro dificultava em muito a manutenção da coesão comunitária. Alguns dizem frases como "hoje seria melhor que cada um trabalhasse por sua própria conta", pois seria, de seu ponto de vista, quase impossível manter esse grande número de corresidentes afinados em torno de um mesmo "plano de trabalho". Outro problema muito frequentemente mencionado diz respeito ao "controle da juventude". Como os salesianos já diagnosticavam no final dos anos 1980, o fim dos internatos e a concentração demográfica, aliados à entrada da televisão, acarretariam o aparecimento de novos comportamentos entre os jovens. A contiguidade espacial entre as comunidades de Iauaretê e o contato cotidiano dos adolescentes e jovens no novo colégio levantado na década anterior criavam uma situação radicalmente distinta da que os pais estavam habituados em suas comunidades de origem. Assim, ao longo dos anos, a vida sexual da juventude passou a ser um assunto a despertar cada vez maior preocupação. Nas reuniões comunitárias, quando eventos e planos de trabalho são debatidos, a necessidade de incentivar a participação da juventude é, assim, sempre assinalada. Os efeitos desse problema são muitos, tendo influenciado a divisão entre os novos bairros que vieram a se formar a partir dos anos 1980.

As dificuldades no que se refere a cuidar da juventude figuram entre os motivos que levam ao início do processo de sucessivas fissões que envolveram três dos novos bairros de Iauaretê – Cruzeiro, Dom Pedro Massa e São José – entre 1993 e 1998. Esses são bairros que se formaram na parte frontal de Iauaretê, em um terreno colateral às instalações da Missão, no qual a aceitação de novos moradores passava também pela autorização dos missionários. Portanto, ao contrário dos casos da comunidade do Pato e do bairro de São Miguel que vínhamos descrevendo, aqui não se verifica a existência anterior de um grupo agnático focal em torno do qual novos grupos domésticos vêm a se agregar. Essa é a parte de Iauaretê que apresenta mais marcadamente um aspecto urbano, com as casas muito próximas umas às outras e com algumas edificações que abrigam instituições diversas, como os Correios, a representação da Prefeitura Municipal, o posto de meteorologia, a agência de controle do tráfego aéreo, a loja comunitária e o escritório das organizações indígenas. Em 2002, um posto da Polícia Federal também funcionou ali durante alguns meses.

Até 1993, havia nessa parte do povoado apenas uma comunidade, que começara a se constituir nos anos 1980, com a chegada de algumas famílias tariano oriundas das comunidades vizinhas do baixo rio Papuri, como Aracapá e Japurá. De fato, antes mesmo que a comunidade fosse instituída, algumas pessoas dessas comunidades passaram a experimentar um novo ramo de atividade: o comércio. Inspiravam-se na experiência não muito bem-sucedida da cooperativa indígena que havia sido criada na década anterior, bem como no negócio da troca de artesanato por mercadorias que há muito tempo os padres mantinham em sua despensa. Mas eram também pessoas com alguma experiência em trabalhos diferenciados, algumas delas tendo passado temporadas relativamente longas em Manaus. Elas dizem que, ao retornar para Iauaretê, aquelas mercadorias que traziam para "uso próprio" passaram a ser objeto de propostas de compra pelos moradores das outras comunidades, pois àquela altura já havia assalariados e aposentados em número considerável e sem opções suficientes para a compra de produtos industrializados – na despensa da Missão se podia obter alguma coisa, "mas não dava para todos", comenta-se. Os primeiros comerciantes de Iauaretê foram esses que se instalaram naquela comunidade em formação, logo batizada com o nome Cruzeiro, referência a uma grande cruz afixada em sua área mais elevada. É ali que hoje se encontra o centro comunitário, a capela e a quadra de esportes. Esses primeiros comerciantes mantêm-se até hoje no ramo, e seus negócios contribuem para acentuar o aspecto citadino do atual bairro.

O crescimento do bairro do Cruzeiro, como pontuamos, teve duas fases: uma primeira em que as famílias vinham principalmente das comunidades tariano do Papuri, entre 1988 e 1991 aproximadamente, e uma segunda quando ocorre um maior afluxo de famílias procedentes das comunidades do rio Uaupés abaixo de Iauaretê, especialmente grupos tariano de Urubuquara e Nova Esperança. Tratava-se daqueles que, no período anterior, contestaram a adesão dos tariano de Iauaretê aos planos dos militares do Calha Norte. Essa segunda onda de crescimento então ocasionaria a divisão da comunidade, de modo que, se em 1988 a população da comunidade do Cruzeiro era de 100 a 130 moradores, em 1992 seriam dois bairros: Cruzeiro, com 174 moradores, e Dom Pedro Massa, com 168 (cf. números apresentados no Cap. 3). Esses números demonstram que em quatro ou cinco anos o número de moradores dessa parte de Iauaretê mais que dobrou, ensejando a divisão da nova comunidade. Em 1997, Dom Pedro Massa atinge a marca de trezentos moradores, o que, em 1998, acarretou uma nova fissão e a formação do bairro de São José. Neste, os Tariano são um grupo minoritário, com população majoritariamente composta de famílias pira-tapuia, tukano e desana do rio Papuri. Nos dados relativos ao ano 2000, a população dos três bairros resultantes desse processo é de trezentos, duzentos e 170 moradores, em Cruzeiro, Dom Pedro Massa e São José, respectivamente.

Ao que parece, algumas das novas comunidades que então se formavam em Iauaretê encontraram certos limites ao crescimento por agregação de novas famílias. O aumento demográfico e o grande número de jovens em uma mesma comunidade são unanimemente apontados como causas das divisões no Cruzeiro e em Dom Pedro Massa. Mas, por outro lado, não se pode negligenciar que as distintas posições assumidas pelos diferentes segmentos tariano que se nuclearam nos dois bairros quanto a questões como demarcação de terras e criação das Colônias Agrícolas Indígenas jogavam contra a produção de uma comunidade de acordo com os termos que vínhamos discutindo, pois os antagonismos eram efetivos e ainda muito recentes.

Entre os grupos que vinham se estabelecendo em Dom Pedro Massa, incluíam-se aqueles que formaram a base da Unidi, ao passo que entre os do Cruzeiro havia alguns que participaram ativamente das diretorias da Ucidi. Progresso e civilização eram questões, como vimos no capítulo anterior, centrais nas discussões que foram travadas ao final da década de 1980. A respeito desse ponto, pessoas ligadas à Unidi são categóricas em afirmar que nunca foram contra o progresso. Tal postura é em geral muito enfatizada quando se lembram das acusações que lhes lançavam os "chefes" da Ucidi de que, ao reivindicar a criação de uma "área indígena única", quisessem "voltar para trás" e viver "só na cultura dos antigos". Em contrapartida, vivendo hoje em Iauaretê, dizem o seguinte: "nós que viemos das comunidades ribeirinhas temos mais experiência de trabalho comunitário do que esse pessoal de Iauaretê, que vivia por aqui só tomando caxiri e brigando". E entre estes incluíam-se os grupos tariano do Papuri que vinham se estabelecendo no Cruzeiro. Porém, nesse aspecto os Tariano da Ucidi, ao julgarem o tipo de demarcação defendida pela Unidi, tinham igualmente algo a acrescentar: "não gosto de área indígena, porque não tem movimento", diz um de seus antigos líderes. Ora, temos aqui um índice de estética social, pois fica claro que não era a quantidade de terra que parecia estar em jogo, mas

Geraldo Andrello

um julgamento estético relativo à vida cotidiana e à produção, isto é, a "beleza do cotidiano" (Overing, 1991, p.16-7; Overing & Passes, 2000, p.12). Portanto, as rivalidades entre diferentes segmentos tariano que tiveram lugar na década anterior influenciaram não apenas a dinâmica de constituição das primeiras organizações indígenas do distrito, mas também a formação dos novos bairros do povoado de Iauaretê. O ponto curioso é que moradores do Cruzeiro e de Dom Pedro Massa, no passado associados respectivamente à Ucidi e à Unidi, lançam mão de elementos que parecem corresponder a diferentes aspectos de uma mesma estética comunitária para justificar suas posições: coesão no trabalho e animação coletiva. O caso é que não parecia haver condições mínimas para que a efetuassem conjuntamente, pois as emoções vividas recentemente não garantiam harmonia e expressão de afeto necessárias para tanto.

Mas há também um fator a mais nesse caso: como afirmam vários dos moradores de Dom Pedro Massa, "ficou muito difícil entender a vida dos nossos jovens". Assim, para além dos antagonismos entre os Tariano, o crescimento acelerado produzia novos problemas. Várias outras famílias pira-tapuia e tukano vinham se agregando a esses bairros e, ao contrário do caso de São Miguel, não havia um grupo focal em torno do qual os recém-chegados se articulassem pela via do parentesco por afinidade, sendo que boa parte das novas famílias recorria aos missionários para obter terrenos para a construção de suas casas. A divisão da comunidade respondia, assim, por uma dificuldade crescente e real: aumentava o número de jovens na comunidade, e vinham de partes distantes umas das outras no distrito, de modo que o capitão enfrentava dificuldades crescentes para evitar excessos, bebedeiras, brigas e eventuais casos de estupro. Em contraste com São Miguel – onde o cargo de capitão é até hoje ocupado por homens do sib tariano, que fundou a comunidade sem que isso se torne objeto de questionamentos –, em Dom Pedro Massa verifica-se uma enorme relutância entre os mais votados nas reuniões comunitárias em aceitar a indicação para o cargo.

Apesar disso, uma vez que a decisão da separação foi concretizada, novos capitães, animadores e catequistas terminaram por ser escolhidos, com a responsabilidade expressa de zelar pela educação da juventude de suas respectivas comunidades. É isso que se depreende do estatuto que os líderes de Dom Pedro Massa tiveram o capricho de redigir após a divisão, no qual se registra explicitamente a frase em epígrafe do presente capítulo: "a comunidade indígena não tem fins lucrativos. Seu objetivo é a formação de seus membros e de seus filhos". Na busca desse objetivo, a comunidade evidencia, de maneira ainda mais clara do que nos casos anteriores, uma incorporação criativa da "civilização", isto é, das coisas dos brancos. Em um livro de ata das reuniões realizadas no bairro Dom Pedro Massa ao longo de mais de dez anos – precisamente o livro aberto em 1993 com o estatuto da comunidade –, registra-se o discurso do primeiro capitão eleito nesse ano, do qual se destaca a seguinte frase: "antigamente fomos atrasados na civilização e atualmente somos civilizados, é preciso levar para frente a educação de nossos filhos para serem homens de educação no futuro". A produção da nova comunidade, hoje um bairro consolidado em Iauaretê, conjugava, dessa maneira, seu propósito de cuidar da juventude com aquisição progressiva de civilização.

O livro-ata da comunidade, em si mesmo um signo da civilização, contém outros elementos que vale destacar. Nas reuniões realizadas no centro comunitário do bairro entre 1994 e 2000, reiterava-se constantemente a necessidade de que todos se esforçassem para "não fofocar", isto é, para que no interior da comunidade fossem evitadas acusações veladas quanto à participação desigual de seus moradores nos eventos coletivos, no trabalho comunitário, na preparação de caxiri para as festas ou nas atividades voltadas para a obtenção do dinheiro necessário para propiciar certos benefícios comunitários. Essa recomendação era parte imprescindível das falas do capitão e de outras lideranças, assim como das intervenções femininas que pontuavam os encontros. O assunto parece revestir-se de grande seriedade, pois é em geral a justificativa mais alegada para explicar a relutância de muitos dos indicados em aceitar o cargo de capitão. Em uma das reuniões, chegou-se a sugerir a instituição de uma multa a ser aplicada àqueles que insistissem no hábito de falar mal de parentes ou do capitão. Outras regras foram igualmente conjecturadas, em especial aquelas que incidiam sobre o mau comportamento dos jovens. Cogitava-se entregar aqueles que porventura se envolvessem em brigas sérias à liderança geral do povoado, à Funai ou, até mesmo, à polícia de São Gabriel.

Em resumo, as atas das reuniões do novo bairro refletem inequivocamente a necessidade de zelar pela boa convivência das famílias que formaram o bairro. O caráter reiterativo das falas proferidas nas sucessivas reuniões evoca nitidamente as considerações de Peter Gow a propósito de reuniões muito similares que observou entre as comunidades nativas do rio Urubamba, na Amazônia peruana. Tal como em Dom Pedro Massa, eram comunidades multiétnicas, mas que nesse caso se formaram após uma longa história de envolvimento dos grupos indígenas locais com os patrões da economia da borracha. Nesses núcleos historicamente constituídos, as exortações do capitão, a sua "boa fala", embora aparentemente vazias e repetitivas, referiam-se não aos valores tradicionais desses grupos, mas à necessidade de fortalecer os laços comunitários internos, postos permanentemente à prova pelas obrigações virtuais de seus moradores em ir morar e viver junto de outros parentes em outras localidades. Nesse sentido, as apreciações estéticas quanto à vida na comunidade – cuidar das construções e das praças, fazer festas de caxiri sem brigas etc., assuntos que abundam nas atas de Dom Pedro Massa – podem servir para amenizar em certas circunstâncias um dilema permanente de seus moradores: "Por que eu não estou vivendo onde estão meus parentes?" (Gow, 1991, p.228). Em Iauaretê, isso faz sentido não apenas no bairro de Dom Pedro Massa, mas também nos demais, onde há muitos moradores com pais e irmãos ainda vivendo em suas comunidades de origem.

Nesse aspecto, as festas de caxiri, tão pormenorizadamente planejadas nas reuniões de Dom Pedro Massa, parecem desempenhar papel central. Como no caso das comunidades do baixo Urubamba descrito por Gow, também nos bairros de Iauaretê as festas são realizadas em datas como Dia dos Pais, Dia das Mães, Dia do Trabalho, Dia do Soldado ou Dia do Catequista. Há também as festas dos aniversariantes do mês ou de casamentos realizados no próprio bairro, para as quais se recomenda expressamente que os responsáveis, ou seja, os donos das festas, tratem de evitar as brigas. É esse conjunto de festas que anima a vida comunitária e parece manter os moradores de um bairro interessados em continuar vivendo ali. De modo importante, os dias de festas referem-se principalmente a datas igualmente celebradas no colégio de

Iauaretê, de modo que se prestam a marcar com frequência quase semanal a vida civilizada que se leva no bairro. O caráter exterior, por assim dizer, das efemérides que ocasionam as festas denota, a meu ver, que, não obstante o fato de se prestarem a recriar o "senso de comunidade" do tempo das malocas, o fazem com novos recursos, isto é, por meio da civilização dos brancos. Vale lembrar aqui a sugestiva comparação do informante tukano que mencionamos na primeira seção do capítulo: o chefe "era o aparelho de som da maloca", pois era por sua iniciativa que as *performances* rituais, com adornos e instrumentos cerimoniais, eram apresentadas nas festas. Nos centros comunitários de Iauaretê, o aparelho de som é um equipamento imprescindível, sem o qual as festas não alcançam a animação desejada. Mas assim como o aparelho de som, outros itens, como uma capela bem construída, materiais esportivos coloridos e completos para várias faixas etárias, uma praça bem cuidada e limpa, grandes panelas usadas nos eventos coletivos, compõem um cenário de civilização, objeto de grande valor estético.

Irving Goldman ([1963] 1979, p.202), em sua monografia sobre os Cubeo do rio Cuduiari, afluente do Uaupés colombiano, mostrava como, nas malocas onde desenvolveu seu trabalho de campo ao final dos anos 1940, as festas de caxiri constituíam exibições de amizade e confiança entre grupos vizinhos. Tratava-se da ocasião por excelência em que os membros de uma mesma maloca, homens, mulheres e jovens, punham-se a trabalhar conjuntamente, com a finalidade de reunir parentes próximos para beber, cantar, dançar e narrar em público as histórias da origem dos sibs. Contrastava-se com outras ocasiões cerimoniais, como os rituais de nominação e iniciação, e dependia da capacidade de um líder e seus corresidentes em disponibilizar uma maloca com tamanho suficiente para acolher muitos visitantes e oferecer-lhes caxiri em abundância. Tais festas prestavam-se, assim, a exibir os recursos econômicos de uma maloca, constituindo fonte de reputação e prestígio para um chefe. O bom humor envolvia o evento desde sua preparação e era utilizado como sinal da harmonia reinante na maloca perante os visitantes. O ânimo demonstrado entre os moradores de uma maloca podia servir de atrativo para novos corresidentes de casas satélites. De acordo com Goldman: "Os Cubeo usam a organização conjunta de festa de caxiri como um meio de lidar com os atritos pequenos da vida comunitária, uma vez que aqueles que dividem essa responsabilidade, pelo ato simbólico de fazer algo em conjunto, reafirmam sua proximidade. Em larga escala, a participação de uma festa de caxiri exerce a mesma função" (ibidem, p.206).

Essa imagem é, a meu ver, perfeitamente aplicável à vida comunitária que os moradores dos bairros de Iauaretê pretendem para o seu cotidiano. Assim como os Tukano da comunidade do Pato idealizaram atrair seus cunhados para a formação de uma vila, os moradores dos bairros de Iauaretê, ao dedicarem cuidados especiais para o embelezamento de suas comunidades, parecem considerar que a corresidência com afins e coafins vem exigindo maior frequência de festas para propiciar o manejo do ânimo coletivo.

O dilema que se apresenta, portanto, às novas comunidades idealizadas pelos grupos do Uaupés diz respeito às dificuldades de alcançar, no âmbito de um grupo local formado principalmente por parentes ligados por afinidade, ou que nem sequer possuíam relações de parentesco, o mesmo grau de convivialidade que caracterizava o grupo de parentes agnáticos que no passado coabitavam a mesma maloca. Com efeito, em um discurso por ocasião de uma troca de capitães em Dom Pedro Massa, o senhor que então deixava o cargo se dizia satisfeito com o trabalho realizado e agradecia o apoio de seus "cunhados, primos e amigos". Isso sugere que, de fato, a vida de hoje nas comunidades de Iauaretê é levada principalmente entre afins. As comunidades de Iauaretê são feitas principalmente, e cada vez mais, de cunhados e concunhados.

O que parece se passar aqui é, com efeito, uma atualização localizada de relações de afinidade entre diferentes grupos exogâmicos. Pois o que veio a permitir, por exemplo, a transformação da comunidade tariano de São Miguel em um bairro multiétnico foi, precisamente, um conjunto de relações de afinidade preexistentes. Assim, a existência de um grupo agnático fundador da comunidade de São Miguel parece garantir a agregação contínua de afins sem que se observe uma divisão da comunidade. No caso dos bairros Cruzeiro e Dom Pedro Massa, a divisão vem a ocorrer em razão tanto da possibilidade aberta de que novas famílias se agreguem ao bairro por meio da cessão de terrenos pelos missionários,

Cidade do índio

como da existência anterior de uma linha de fissão virtual, que polariza-
va diferentes segmentos tariano. Nesse sentido, poderíamos dizer que
a concentração demográfica que se verifica atualmente em Iauaretê é
sancionada, entre outros fatores, também pelo fato de que os grupos que
para lá vão afluindo são parte de um sistema regional de hierarquias e
alianças interétnicas. O aumento populacional decorre, assim, também
dos novos casamentos que passaram a ocorrer nos próprios bairros,
uma vez que a concentração crescente de grupos afins consistiu, por
assim dizer, em uma contração espacial das redes de aliança que no
passado se expandiam geograficamente por diferentes trechos de rio.
Nesses casos a residência pós-marital não obedece necessariamente
à regra virilocal, que ainda vigora entre os grupos que vivem nas comunidades ribeirinhas.

Essa nova situação é o que, a meu ver, estimula os moradores dos
bairros de Iauaretê a buscar novas formas de atualizar aquela socialidade
que vigorava nas malocas, isto é, nos termos propostos por Overing &
Passes (2000, p.14), garantir a convivialidade entre um número cada
vez maior de corresidentes. Como salientam esses autores, falar em socialidade na Amazônia, ideia que implica dizer que o social depende da
agência individual e que os dois são mutuamente constitutivos, remete
imediatamente a noções de paz, igualdade, generosidade e partilha. Por
isso, a opção pelo termo convivialidade para qualificar uma estética da
comunidade. Mas é preciso observar que, como sugeriu S. Hugh-Jones
(s.d.a), no Uaupés tal noção de convivialidade não circunscreve apenas
um grupo local, isto é, não é restrita ao círculo de parentes agnáticos
residentes em uma mesma maloca. Outras formas de interação, em
particular os rituais de troca entre grupos afins, prestam-se a estender
a socialidade para além do grupo local. Aparentemente, os bairros
de Iauaretê dão testemunho dessa potencialidade, reproduzindo em
uma mesma localidade redes sociais que antes apresentavam maior
dispersão geográfica.

Foi, aliás, o estudo de Irving Goldman sobre os Cubeo do alto
Uaupés que forneceu algumas ideias, como as de "tato nas relações
sociais" e "conforto psíquico em vez de conforto material", para as
formulações de Joanna Overing a propósito da noção de convivialidade

(ver também Overing, 1991). Segundo a autora, os valores estéticos relacionados à manutenção da convivialidade dizem respeito a "um senso de comunidade indígena, ou ao domínio do conhecimento produtivo que, no entendimento indígena, permite a construção e a manutenção da comunidade". Trata-se, assim, de um "conhecimento estético" que corresponderia às capacidades interiores das pessoas em manter uma vida social agradável, ou relações sociais tranquilas com quem se convive e trabalha. São capacidades que permitem controlar internamente forças predatórias pré-sociais, cuja origem, de acordo com as filosofias sociais dos grupos indígenas amazônicos, relaciona--se a acontecimentos cosmogônicos de caráter brutal e extravagante. Nesse sentido, a socialidade é algo que deve ser constituído por meio de ações cuidadosas, levadas a efeito por seres humanos sensatos e razoáveis (Overing & Passes, 2000, p.12). Isso leva à proposição de que, entre esses grupos, vigora, por um lado, uma antipatia generalizada por estruturas hierárquicas e corporadas e, por outro, uma extrema valorização da autonomia das pessoas.

Que a autonomia seja valorizada entre os grupos do Uaupés não há dúvida, o que fica claro quando os informantes tukano afirmam que, no passado, os moradores de uma mesma maloca, apesar de afinados com aquilo que planejava o chefe, gozavam de tempo suficiente para se dedicar a seus próprios trabalhos. Mas, por meio desses mesmos relatos e daqueles fornecidos pelos Tariano, não parece ser possível sustentar que não houvesse respeito pela hierarquia. Mesmo na passagem das malocas às comunidades, como vimos, a palavra do líder continuou a ser respeitada, e até mesmo demandada, pois era sua fala que organizava a vida coletiva. Com base nos relatos apresentados na primeira seção, depreende-se que, nas antigas malocas do Uaupés, a convivialidade e a coesão social eram alcançadas em uma dinâmica peculiar, isto é, aquela em que os talentos do líder em, ao mesmo tempo, falar e escutar seus corresidentes gerava o reconhecimento de sua posição hierárquica. Tal reconhecimento propiciava então a organização bem-sucedida de festas e rituais, pois se tratava de um recurso simbólico que, uma vez bem manejado, viabilizava a obtenção de recursos materiais. Como observava Irving Goldman, o ânimo e a boa organização das festas em uma maloca garantiam a boa reputação de um chefe. Nesse sentido, parece-me plausível afirmar que a ideologia hierárquica que se observa entre os grupos do Uaupés torna-se efetiva somente se aqueles reputados como chefes demonstram capacidades específicas, isto é, se são realmente capazes de exercer aquele conhecimento estético de que nos fala Overing. Tal conhecimento é, assim, um dos pilares da hierarquia que, se bem exercida, garante a convivialidade.

Nas novas comunidades e bairros de Iauaretê, novos caminhos surgiriam para que pessoas em posição hierárquica inferior pudessem desempenhar o papel antes reservado aos chefes. Os novos capitães eleitos manejavam novos recursos: eram homens que detinham maiores conhecimentos da língua e dos modos dos brancos, por meio dos quais se credenciavam a atuar como mediadores da civilização. Os conhecimentos rituais de que dispunham os chefes nas malocas parecem, assim, ter sido substituídos por novos elementos: era a civilização que se agregava ao conhecimento estético de que continuavam a depender as novas comunidades. Essa é uma hipótese aventada por Kaj Arhem (2001, p.147-8) com relação a processos mais recentes de substituição de malocas por comunidades em zonas mais remotas do Uaupés colombiano. Nos casos descritos pelo autor, a personalidade jurídica e o reconhecimento pelo governo, cristalizados em documentos e certificados oficiais, são tratados com reverência e investidos de uma qualidade "quase sagrada". Eles vieram, segundo o autor, a constituir uma contraparte da parafernália cerimonial dos sibs, que, não obstante as mudanças em curso, ainda existem naquela região. Em Iauaretê, o livro de atas das reuniões de Dom Pedro Massa parece desempenhar a mesma função.

Com o crescimento das comunidades de Iauaretê e sua transformação em bairros, novas necessidades viriam, no entanto, a surgir, pois vários itens imprescindíveis para a manutenção da coesão comunitária dependem da obtenção de dinheiro. O dinheiro, como veremos, associa-se às próprias capacidades subjetivas dos brancos, e é ele que, em grande medida, garante a civilização e a estética comunitárias. As formas como ele entra e circula na comunidade, sem que esta deixe de ser "sem fins lucrativos", é o assunto de que passaremos a tratar nas próximas seções.

Feiras e dabucuris[8]

Pelo livro de atas de Dom Pedro Massa, verificamos algumas estratégias para a obtenção de dinheiro, tais como a venda de artesanato feminino produzido nos dias de trabalho coletivo ou de "comida regional", pipoca e caxiri nas casas ou em feiras organizadas na comunidade. Como reza o estatuto do bairro, não se trata propriamente de atividades que visam ao lucro individual, pois seu propósito é obter a "necessidade básica", que, ao lado de coisas como a eleição de um "padrinho" para tomar conta da juventude ou a reiteração permanente por parte dos líderes comunitários para que se evitem fofocas e maledicências, concorre para que se alcance o "bem-estar da comunidade". A princípio, eram iniciativas comerciais absolutamente experimentais, uma vez que a própria comunidade fornecia os insumos, como, por exemplo, milho de pipoca e óleo de cozinha, para que as famílias, individualmente, se encarregassem da venda da pipoca. Na primeira ocasião em que se tentou, as coisas foram postas de modo que a adesão das famílias ao negócio fosse voluntária; em seguida, foi sugerido que aqueles que não estivessem dispostos a "experimentar o comércio" contribuíssem então com dinheiro.

Mas poucos podiam, ou podem, efetivamente fazê-lo, pois, entre os 241 atuais moradores do bairro de Dom Pedro Massa, apenas 29 contam com renda regular mensal – 21 assalariados e oito aposentados. Das 36 famílias do bairro, apenas vinte contam com algum tipo de renda. Os 21 assalariados são genericamente designados como os "funcionários", em sua grande maioria professores e assistentes de enfermagem. Sua participação na vida comunitária é também um assunto frequentemente discutido nas reuniões, pois em várias ocasiões ficam impedidos de participar em razão de compromissos profissionais. Assim, apesar de ocuparem uma posição muito valorizada na comunidade, já que dominam um conhecimento que lhes permite executar os "trabalhos dos brancos", não se avalia com isso que fiquem desincumbidos de participar dos eventos da comunidade. A solução normalmente posta

---

8 Dabucuris são rituais de trocas que envolvem, geralmente, sibs que mantêm alianças matrimoniais.

em prática é a seguinte: se alguém não puder participar do trabalho coletivo, deve contribuir em dinheiro para a compra dos alimentos a serem consumidos na refeição coletiva. Nota-se, portanto, que a comunidade se esforça por integrar aqueles entre seus membros que possuem recursos diferenciados, consignando-lhes contribuição monetária. Ainda assim, as eventuais contribuições em dinheiro dos moradores assalariados não resolvem integralmente o problema. E como o negócio da pipoca parece não ter prosperado, nos últimos anos passou-se a investir na comercialização de outro "produto regional": o caxiri, a cerveja de mandioca.

Com efeito, a venda do caxiri passou a ser uma prática adotada por um grande número de famílias nos últimos anos. Alguns dizem que seu consumo é até mesmo mais alto hoje do que o consumo de bebidas alcoólicas antes da proibição de 1999.[9] Nesse ano, "feiras" passaram a ser promovidas para a venda de beijus, frutas, comida pronta e caxiri. Primeiramente, a ideia foi posta em prática no bairro do Cruzeiro aos domingos pela manhã. Para isso, foram improvisadas algumas barracas na praça dessa comunidade, que serviam para que os moradores do Cruzeiro e dos outros bairros vendessem seus produtos. Aparentemente, a adesão das mulheres ao negócio foi tamanha que, em pouco tempo, as feiras começaram a surgir também nos outros bairros. A princípio, as pessoas que idealizaram a feira pensaram que os produtos que viriam a ser comercializados em maior quantidade seriam frutas e farinha. Era uma tentativa de proporcionar uma ocasião para que aquelas pessoas, que tentavam vender seus produtos para os comerciantes locais com pouco sucesso, pudessem oferecê-los diretamente aos consumidores. Muita gente, com efeito, se queixa de que os comerciantes locais dificilmente

---

9 Nesse ano, os comerciantes brancos que atuavam em Iauaretê foram retirados pela Funai e pela Polícia Federal, após pressão constante por parte de algumas organizações indígenas, em especial a Associação dos Comerciantes Indígenas. Nesse mesmo momento ficou determinada a proibição da venda de bebidas alcoólicas em cumprimento das disposições do próprio Estatuto do Índio, que não vinham sendo observadas pelos comerciantes brancos, nem mesmo pelos comerciantes indígenas. Tratou-se, assim, de uma "legalização generalizada", com os índios concordando em paralisar a venda de bebidas para garantir a pronta saída dos brancos. A situação assim permanece até hoje. Mas a venda do caxiri disparou.

aceitam comprar ou trocar com mercadorias aquilo que é produzido na região. Os comerciantes, por sua vez, dizem que as pessoas costumam dar preços a seus produtos tomando por base os próprios preços das mercadorias, o que tornaria inviável sua comercialização sem prejuízos. A feira foi a solução encontrada para o problema, permitindo que aqueles que desejavam vender pudessem chegar a suas próprias conclusões quanto aos preços adequados dos produtos.

Mas as feiras não foram apenas uma solução para o problema econômico. Tornaram-se também eventos recreativos. Nesse ambiente, o que prosperou foi a venda de comida pronta e grandes quantidades de caxiri. Com isso, as ocasiões de beber caxiri multiplicaram-se surpreendentemente, pois não há um final de semana sequer em que não sejam promovidas entre duas a quatro feiras em diferentes bairros. As mulheres do bairro de Santa Maria, na margem oposta ao lado mais densamente povoado, começaram a solicitar o uso do centro comunitário do Cruzeiro para promover suas próprias feiras, em local onde os consumidores têm maior facilidade de acesso. Paralelamente, algumas casas também começaram a vender caxiri, dando uma opção noturna àqueles que não saciavam totalmente a sede nas feiras matutinas e vespertinas. As festas de caxiri continuam sendo realizadas aparentemente no mesmo ritmo de antes, com as famílias das comunidades se reunindo para celebrar dabucuris e organizar festas em geral, como de aniversário, Dia dos Pais, Dia das Mães. E agora, quando não há um motivo especial para realizar uma dessas festas, as feiras oferecem uma opção para as pessoas saírem de suas casas. Embora atualmente o caxiri seja vendido, a feira é realizada no mesmo centro comunitário dos bairros onde são feitas as festas. E as mulheres, em vez de rodar o salão em fila servindo todos os presentes, dispõem-se em mesas centrais com suas grandes panelas, vendendo cuias, jarras e copos da bebida. Pelo que se observa nessas ocasiões, arrisco dizer que a maior parte do caxiri acaba sendo oferecida gratuitamente entre parentes mais próximos e amigos.[10] Não tenho dúvida de que essas feiras podem também ser qualificadas como eventos da comunidade.

---

10 Em uma dessas feiras, um senhor me disse que havia conseguido apurar R$ 12,00. O litro do caxiri é vendido geralmente a R$ 1,00, de modo que sua venda corres-

Cidade do índio

Antes do aparecimento das feiras, os dabucuris (ver nota 8) serviam para recompensar pessoas assalariadas que se dispunham a colaborar financeiramente com a comunidade. Mas não se restringiam apenas a grupos afins, podendo envolver também sibs pertencentes a um mesmo grupo exogâmico. Vários moradores de Iauaretê ainda descrevem os requintes que envolviam a preparação dos dabucuris no tempo de seus avós. Eram grandes festas, nas quais as caixas de ornamentos rituais eram abertas e instrumentos musicais e cantos específicos eram entoados de acordo com o que estivesse sendo oferecido: peixe, caça, frutos do mato ou artefatos (bancos e cestarias). Era também uma ocasião em que os mais velhos consumiam o alucinógeno caapi (*banisteriops caapi*), que lhes permitia entrar em contato com o mundo mítico invisível.[11] Os dabucuris eram organizados com antecedência, e o grupo que tomava a iniciativa marcava o dia em que iria visitar a comunidade de seus parentes, informando aquilo que ofereceria aos anfitriões. Estes então se preparavam para receber os visitantes, de modo que, no dia marcado, havia bebida e comida em quantidade suficiente para que a festa durasse até dois dias seguidos.

Os dabucuris realizados hoje nos bairros de Iauaretê, apesar de despidos de preparação mais elaborada e da falta de adornos e instrumentos cerimoniais, ainda permitem entrever a sequência básica de movimentos que devem ser observados ao longo do ritual. Em julho de 2000, por exemplo, um dabucuri foi oferecido pelos moradores do bairro do Cruzeiro oriundos das comunidades situadas no Uaupés abaixo de Iauaretê. Eles trouxeram para o centro comunitário do bairro grande quantidade de buriti, que foi oferecida aos demais moradores do Cruzeiro. O dabucuri foi, portanto, levado para dentro da própria comunidade. Em linhas gerais, o ritual desenvolveu-se da seguinte maneira.

---

ponderia a uma quantidade de doze litros. Porém, a panela de caxiri preparada por sua mulher era um grande caldeirão com mais de trinta litros. Ele voltou para a casa com a panela vazia.

11 Detalhes sobre o modo tradicional de realizar esses rituais podem ser encontrados em S. Hugh-Jones (1979 e 1993), para os Barasana, chamados *bare ekaria wii*, Chernela (1993), para os Wanano, chamados *po'oa*, e Journet (1988), para os Curipaco, chamados *puudari*. Em tukano esse ritual é chamado *poo'sé*, tendo essa palavra conotação de reciprocidade obrigatória.

Uma fila de cerca de quarenta pessoas – os homens à frente, seguidos pelas mulheres – entra no centro comunitário carregando os frutos e dando uma grande volta pelo salão. Gritam continuamente: "êêêêê êêêê". Depositam então buriti no centro e dançam em torno das dádivas tocando carissu, tipo de flauta de Pã feita de pequenas taquaras. Depois de alguns minutos, bebem caxiri servido pelas mulheres que já se encontravam no centro comunitário. Depois de mais algumas danças, posicionam-se diante das dádivas, com os que irão recebê-las posicionando-se do lado oposto. Ocorre então uma espécie de confronto verbal. Todos falam ao mesmo tempo e bem alto, referindo-se às dádivas; os que as trouxeram insinuam que os receptores não darão conta de consumir tudo, enquanto estes sugerem que a quantidade de buriti não será suficiente para todos que deveriam recebê-lo. Este é o momento em que os dois grupos participantes de um dabucuri afirmam suas diferenças, fazendo referências a seus antepassados, nomes, origem e domínio territorial. Em seguida, três ou quatro dos doadores empunham seus instrumentos, apontam-nos ao chão e, em bloco, caminham rápida e duramente em direção aos receptores, como que para acertá-los nos pés. Param bruscamente em frente aos opositores, simulando ruídos de disparos. Estes repetem então o mesmo gesto. Depois de novas danças, os receptores juntam as dádivas, rodam o salão gritando e as levam para fora. Depois ocorrem ainda várias danças com carissu, ao som de músicas apropriadas a um dabucuri de buriti, com os receptores se alternando aos doadores nas apresentações. Dizem que, antigamente, os dois grupos que participavam dos dabucuris trocavam as mulheres para dançar. Nesse momento, os homens se mostram mais serenos e sentam-se para tomar caxiri e conversar, enquanto os mais jovens se encarregam de prosseguir com as apresentações.

Se comparado às descrições dos antigos dabucuris, esse ritual mostra-se bastante mais simples. Mas sua finalidade básica parece resguardada, isto é, dissolver a distinção inicialmente afirmada entre os dois grupos em favor de uma atmosfera de consanguinidade e identidade que marca sua fase final. Assim, dabucuris como esse parecem se prestar a reforçar ou criar novos vínculos entre diferentes grupos que hoje convivem em um mesmo bairro. Em ocasiões muito parecidas à

Cidade do índio

descrita, é também muito frequente nos bairros de Iauaretê que dabucuris sejam oferecidos a um indivíduo, ou grupo de indivíduos, que se oferece para pagar as taxas de energia da capela e do centro comunitário ou contribui com a compra de materiais esportivos e de construção. Esse tipo de dabucuri, ainda mais condensado e geralmente associado a outras festas ou comemorações, vem sendo oferecido com regularidade para professores, soldados e outros funcionários, que em geral formam segmentos nitidamente diferenciados no âmbito de uma comunidade.[12] Assumir a responsabilidade pelo pagamento de algumas das contas comunitárias consiste em uma atitude voluntária de algumas dessas pessoas, não parecendo haver nenhum tipo de pressão explícita por parte de seus vizinhos para que o façam. Mas, uma vez tomada a iniciativa, a comunidade parece obrigar-se a retribuir, e é o capitão quem cuida de responsabilizar-se por marcar a data e organizar esses eventos.

Assim, os dabucuris internos aos bairros de Iauaretê respondem tanto à necessidade de criação de uma identidade comensal entre os grupos corresidentes quanto à de retribuir e, assim, estimular pessoas em posição de aumentar a circulação interna de dinheiro a fazê-lo. Nesse último caso, a comunidade afirma-se como tal, evidenciando que as pessoas assalariadas são parte de um conjunto maior de relações, ou seja, que aquilo que podem demonstrar a cada mês com seus recursos financeiros não é mais do que aquilo que a comunidade pode promover quando age como sujeito coletivo. Nesses bairros, o dabucuri constitui,

---

12 Desse modo, o que se passa em Iauaretê no que se refere aos dabucuris difere radicalmente da situação descrita por Kaj Arhem para o rio Pira-Paraná, no Uaupés colombiano. De acordo com o autor, o processo de substituição das malocas por comunidades nessa área vem levando a um abandono desses rituais em favor de novos tipos de eventos. Em suas palavras, "no contexto da comunidade [o dabucuri] é crescentemente substituído por eventos seculares, públicos e novos rituais sincréticos – reuniões comunitárias, festas de jornadas de trabalho, festas de padroeiros, e as reuniões dominicais – que congregam parentes consanguíneos e afins, criando um ambiente comunitário de comensalidade e consanguinidade" (Arhem, 2001, p.148). Em Iauaretê, os dabucuris, além dos casos que apontamos, são realizados também em datas festivas, como Dia das Mães, Dia dos Pais e Dia do Catequista. São realizados até mesmo para visitantes que vêm a Iauaretê para desenvolver projetos com os grupos indígenas, como missionários ou representantes de ONGs.

assim, um esforço para neutralizar as diferenças individuais que começam a emergir em seu próprio seio.

Um detalhe que merece destaque é que feiras e dabucuris podem perfeitamente ser combinados em prol dos fins comunitários. Temos um exemplo que ilustra bem essa possibilidade. Trata-se de um caso em que um dabucuri foi planejado como parte de um evento que incluía também uma feira, que seria realizada no dia seguinte. O organizador do evento foi o capitão do bairro do Cruzeiro, que explicou que sempre ficava envergonhado ao ter de solicitar a contribuição das famílias para comprar aquilo que a própria comunidade necessitava, como materiais de construção para a capela ou o centro comunitário. O capitão aproveitou então o dia 19 de abril, Dia do Índio, para convocar um dabucuri para os jovens da comunidade, como forma de comemorar a data. Com isso, além de proporcionar uma ocasião para que a juventude pudesse compreender melhor como são feitos os dabucuris, o capitão pretendia convencer as famílias da comunidade a contribuir para a compra dos materiais esportivos necessários para o campeonato interbairros em Iauaretê. O dabucuri foi realizado no sábado e, no domingo, os jovens venderiam na feira os galetos assados, peixes e rãs moqueados que lhes foram doados no dia anterior. As duas transações demonstram que as mesmas coisas podem, em Iauaretê, circular sob diferentes regimes de valor, pois, se no sábado foram oferecidas como dádivas, no domingo eram vendidas como mercadoria (ver Appadurai, 1986).

O episódio ilustra mais uma vez como as relações que formam a comunidade devem ser manejadas pelo capitão no cotidiano. Mobilizar as famílias corresidentes – oriundas, como vimos, de diferentes partes do distrito – para cuidar de sua própria juventude é o que parece em questão nessa sequência dabucuri-feira promovida no bairro, fazendo circular e alocar diferentes valores de troca de modo eficaz e de acordo com os propósitos da comunidade. Assim, cabe também ao capitão imaginar formas de fazer circular o dinheiro por meio e para produzir a própria comunidade. Isso explica, a meu ver, por que uma parte dos moradores de Iauaretê demonstra certo temor à ideia de se criar um município, pois por vezes ouvem que em um município é o prefeito quem manda. Realmente, esse pode ser um preço muito alto a ser

Cidade do índio

pago pelo aumento dos empregos, pois mesmo entre aqueles mais favoráveis ao município não se encontra uma justificativa do tipo "queremos um prefeito para dirigir melhor as comunidades". Como já se afirmou até para militares que vieram comandar o pelotão de Iauaretê, quem resolve as coisas nas comunidades é o capitão. É ele quem encaminha tanto o problema dos jovens quanto a organização das feiras. É a ele que cabe manter o que Joanna Overing (1991, p.27) chama de um alto moral comunitário. No mais, não creio que as pessoas que defendem a criação de um município em Iauaretê estejam interessadas em abrir mão do modo comunitário de viver o dia a dia, de organizar as rotinas e planejar trabalhos. Um município e seus empregos se afiguram mais propriamente como meios de introduzir e aumentar os valores que circulam no processo da comunidade.

Os comerciantes dizem que as feiras têm ajudado efetivamente as pessoas a saldar suas dívidas no comércio. O encarregado pelo funcionamento e pela manutenção do gerador de energia diz que, depois das feiras, o atraso no pagamento das taxas de energia começou a diminuir. O pagamento de pequenas taxas escolares e a aquisição de uniformes vêm também sendo facilitados com o dinheiro que as mulheres obtêm na venda de caxiri. Engenhosamente, portanto, problemas econômicos parecem estar sendo contornados com as feiras/festas, contribuindo para promover uma redistribuição do dinheiro que circula no povoado. As pessoas podem agora mais facilmente contribuir com a própria comunidade, que necessita igualmente de dinheiro para o pagamento das taxas de energia das capelas e centros comunitários e para a compra de itens de uso coletivo, como bolas, redes e uniformes esportivos.

Mas há que se mencionar que as feiras e o aumento do consumo de caxiri vêm gerando, de acordo com comentários correntes, dificuldades adicionais para "controlar a juventude", que, em pequenas turmas, hoje vaga pelos bairros movida pelo som dos aparelhos eletrônicos que animam as festas e pelo cheiro do caxiri. As brigas entre as turmas de bairros diferentes estão se tornando um tema do cotidiano do povoado, e o problema passou a ser assunto de destaque em reuniões de lideranças e assembleias. Ao ouvir os boatos corriqueiros a respeito do assunto, parece até não ser necessário arrolar casos e evidências para relativizar a gravidade do problema e saber se as coisas estão realmente se agravando. Com isso, o prefeito municipal de São Gabriel começa a cogitar a ideia de implantar um destacamento policial em Iauaretê, em parte movido pelos falatórios, mas principalmente por seu próprio interesse em criar uma situação que torne a criação do novo município um fato inexorável. A Missão Salesiana, embora seja contra a solução policial, não deixa de contribuir para reforçar o clima de gravidade que envolve o assunto. Às vezes, mesmo aqueles que questionam a criação do município de Iauaretê concluem que o crescimento e os problemas decorrentes impõem a necessidade de uma solução desse tipo, "administrativa".

Parece haver uma contradição aqui: comunidades interessadas em manter um relacionamento tranquilo entre corresidentes e cuidar de seus jovens contam com o caxiri produzido em suas próprias casas, para ser partilhado nas festas e vendido nas feiras. Ao mesmo tempo, o aumento no uso da bebida acarreta novos conflitos entre as comunidades. A solução não é, portanto, totalmente perfeita, de modo que alternativas não deixam de ser permanentemente imaginadas. No entanto, soluções extracomunitárias, por assim dizer, para encaminhar problemas relacionados com a juventude geralmente não são bem-vindas. Quando, por exemplo, os missionários propõem soluções assistenciais para acabar com certos transtornos causados por alguns rapazes que vivem em Iauaretê sem suas famílias, são os próprios capitães das comunidades que se opõem, alegando que esses jovens só estão interessados em jogar bola e em festas, e, mais importante, não colaboram nos dias de trabalho coletivo.[13]

Nesse sentido, vale mencionar outra estratégia posta em prática mais recentemente para obter os recursos necessários à produção da comunidade, igualmente registrada no livro de atas, por ocasião de minha pesquisa de campo no povoado. Foi uma tentativa das lideranças de Dom Pedro Massa para elaborar um projeto para um novo programa

---

13 Recentemente, a despensa da Missão foi invadida e alguns alimentos, roubados. Implicitamente, o roubo foi atribuído a jovens nessa situação. Como alternativa, o padre diretor se propôs a oferecer diariamente refeições para estudantes em dificuldades e sem seus pais no povoado, mas a iniciativa foi rechaçada pelos capitães.

do Ministério do Meio Ambiente dirigido aos grupos indígenas da Amazônia (o Projeto Demonstrativos dos Povos Indígenas – PDPI, financiado com recursos do Grupo dos 7). O projeto consistia na implantação de uma criação comunitária de galinhas, a fim de resolver o problema da falta de alimentos que muitas famílias do bairro enfrentavam em razão da crescente escassez de peixes em Iauaretê. Fui então convocado para ajudar na redação do formulário, que deveria ser preenchido e enviado ao ministério.

Uma das perguntas desse formulário era sobre os benefícios que o projeto traria. A resposta dada a essa pergunta mostrou que a segurança alimentar para a comunidade não era um fim em si mesmo, mas um meio que proporcionaria a participação de todas as famílias nos dias de "trabalho comunitário". Explicaram então que não há como mobilizar as pessoas se muitas delas têm todos os dias que se preocupar com a alimentação da família. Assim, a carência e os assuntos mais básicos do cotidiano, ou seja, a comida na mesa, acabam por prejudicar os vínculos comunitários. E acrescentaram que é com o trabalho comunitário que a comunidade consegue promover o bem-estar de todos, coisa que se materializa na palhoça comunitária limpa, bem cuidada e enfeitada, numa praça bonita, na construção da capela, no pagamento de taxas de energia elétrica, na abertura das roças familiares. Fica-se com a impressão de que o projeto em questão não é propriamente econômico, em um sentido estrito. Um trecho da resposta escrita no formulário ficou assim:

> os recursos do PDPI são imprescindíveis para que possamos iniciar nossa produção comunitária de galinhas. À medida que esta criação aumentar, a comunidade vai ter melhores condições de promover sua própria união na realização de seus trabalhos comunitários. Tarefas como a limpeza de nossa praça, a manutenção de nossa palhoça comunitária, a contribuição para o pagamento de taxas (energia elétrica, por exemplo), dependem da participação de todas as famílias. A existência de uma criação coletiva de galinhas vai ajudar a animar e estimular a participação de todos. Após o término desse projeto, nossa esperança é que as famílias da comunidade de D. Pedro Massa possam contar com uma unidade de criação de galinhas autossuficiente. Com isso, acreditamos que teremos em nossas mãos um recurso que poderá no futuro garantir a confiança em nossas lideranças e o aumento do bem-estar de todos.

Depois de lida, essa resposta gerou certa satisfação em todos os membros da comissão encarregada da elaboração do projeto. O que pareceu estar em jogo e representar o objetivo de fundo do projeto era o sentido de comunidade de que tratamos, além do esforço constante por parte do capitão e seus auxiliares em manter esse valor presente para todos os seus membros. A condição para isso é a autossuficiência dos grupos domésticos, quesito que o projeto pretende equacionar. Imagino que, se o projeto vier a ser aprovado e a comunidade receber os recursos previstos no orçamento, haverá futuramente uma avaliação quanto ao seu sucesso. Muito provavelmente essa avaliação focalizará o objetivo formal do projeto, que é implantar e fazer prosperar uma unidade de criação de aves na comunidade. Pode ser que não dê certo e a avaliação seja negativa. De outro ângulo, no entanto, o projeto vem dando certo desde sua elaboração, pois ele não é nada mais nada menos, como não o serão sua implantação e seus "resultados", que um recurso que contribui para viabilizar o processo da comunidade. Não penso que seja diferente quando as pessoas demonstram interesse nos supostos empregos a serem gerados por um virtual município, pois pessoas empregadas e famílias autossuficientes possuem mais tempo, recursos e tranquilidade para se dedicar à vida comunitária.

Parece, portanto, tratar-se de uma situação em que, do ponto de vista dos atores locais, distintos modos de ação econômica – a produção para o autoconsumo, o acesso a serviços remunerados, a circulação do dinheiro que entra na comunidade por meio de dabucuris e feiras e até mesmo os novos projetos apoiados por ONGs e novos programas governamentais – devem necessariamente se combinar e, juntos, garantir a subsistência. Tal estratégia combinatória associa-se a uma lógica de reprodução social específica, na qual a própria criação de um município diz respeito à satisfação das necessidades sociais das famílias e comunidades de Iauaretê, ou seja, sua reprodução dentro de certos padrões valorizados (cf. Olivier de Sardan, 1995, p.118-9). Essa finalidade maior abre caminho para que as pessoas de Iauaretê possam vislumbrar sua própria inserção em relações de produção múltiplas e variadas, entre si e com instituições de fora que venham para dar empregos e aumentar a entrada de dinheiro na comunidade.

Cidade do índio

Mas a monetarização crescente das relações que se observam em Iauaretê leva-nos a questionar se as trocas em geral não estariam sendo paulatinamente contaminadas pelo uso do dinheiro. Tal questão evoca as considerações de Marx quanto à dissolução dos laços comunitários e à individualização que decorrem da monetarização das trocas. O dinheiro, disse Marx [(1844) 1974, p.38], "enquanto conceito existente e ativo do valor, confunde e troca todas as coisas, então ele é a confusão e a troca gerais de todas as coisas, isto é, o mundo invertido, a confusão e a troca de todas as qualidades humanas e naturais". Tal condenação do dinheiro associava-se a um sentimento de nostalgia por um mundo idealizado, no qual a produção se restringia aos valores de uso e a interdependência comunitária entre as pessoas não havia sido corrompida pela troca, ou melhor, pelo mercado (Parry & Bloch, 1989, p.4). Talvez os moradores de Iauaretê concordem com Marx quanto aos perigos que envolvem o uso permanente do dinheiro, mas não creio que concordariam em aceitar a ideia de que é a comunidade que está em risco. Isso porque o acesso às coisas que somente o dinheiro permite adquirir vem se dando, como vimos, por meio da própria comunidade.

Mas o que dizer dos "comerciantes indígenas" de Iauaretê? Em que medida aqueles primeiros moradores do Cruzeiro, que ali estabeleceram seus negócios antes mesmo da instituição da comunidade, se enquadram nesse cenário? Não estariam esses indivíduos se distanciando de uma lógica de reprodução em direção a uma lógica de acumulação?

Comércio

Com efeito, o uso do dinheiro em transações de mercadorias e produtos entre brancos e índios no Uaupés ocorre há algumas décadas. Já nos anos 1940, os atuais centros administrativos do médio e alto rio Negro – as sedes municipais de Barcelos, Santa Isabel e São Gabriel da Cachoeira – se consolidavam como os principais núcleos populacionais da região, resultando, nas palavras de Eduardo Galvão, em "constelações sociais de caráter diferenciado" (Galvão, 1976, p.432). São Gabriel da Cachoeira era um centro comercial e administrativo, onde se encontravam estabelecidos os patrões que mantinham atividades rio acima.

Mas a circulação de dinheiro era extremamente restrita, sendo o comércio praticado na forma de permuta ou escambo. O dinheiro era substituído por farinha, banana, peixe e outras "utilidades locais". Mesmo porque a freguesia principal era constituída pelos índios, que ainda desconheciam o valor do dinheiro, "não sabendo contar os cruzeiros ou mil-réis" (Carvalho, 1952, p.12-3 e 29).

O relato do zoólogo José C. M. Carvalho (1952) dá conta de que, ao final dos anos 1940, os barcos que navegavam pelo rio Uaupés eram sistematicamente abordados por canoas indígenas para comercializar seus produtos: traziam peixes frescos e moqueados, farinha, cará, abóbora, cucura e tapioca para trocar com anzóis, sabão, querosene, tabaco, sal, fósforos e pentes.[14] E ocorria, desde então, o deslocamento de índios até São Gabriel para a venda de produtos, porém se defrontando com um nível de exploração que nada ficava a dever ao estilo dos regatões que subiam o Uaupés, pois, como aponta Carvalho (p.71), os índios que empreendiam tais incursões queixavam-se

> da exploração dos comerciantes, alegando que não lhes permitem descer com mercadorias além de São Gabriel, cobrando-lhes taxas exorbitantes, a fim de obrigá-los a vender tudo naquela praça. Disse-me saber que em Manaus um paneiro de farinha está valendo Cr$ 110,00 e que aqui pagam a Cr$ 40,00 ou Cr$ 50,00. Mostrou-me algumas contas de suas compras e confesso que os preços são realmente astronômicos.

Visitar o comércio na cidade é, portanto, prática antiga entre os índios do Uaupés, onde, desde essa época, conseguia-se crédito para a

---

14 "Eles aguardam o batelão na margem, aproximando-se à medida que este chega a certa distância. Na proa vem sempre um índio, no meio as crianças e, como piloto, a mulher. Durante a permuta, o homem consulta a mulher sobre o que está realizando. Não pude perceber uma só reclamação pela quantidade ou qualidade do que recebiam. Geralmente eles empunham sua mercadoria e, mostrando-a, dizem o que querem em troca, v.g. pindá (anzol). O motorista lhes dá uma quantidade que corresponde ao valor do peixe ou bananas etc. Feito isto, empunham outra coisa e assim até terminar o negócio, às vezes muitos metros além do ponto de início. Na despedida há sempre o perigo de alagamento. Uma vez a sós na canoa, vale a pena ver a expressão de contentamento pela realização de um feliz negócio" (Carvalho, 1952, p.41).

aquisição de uma gama cada vez maior de mercadorias, tais como sabão, sal, querosene, anzóis, facões, machados, enxadas, panelas, facas, pratos, colheres, garfos, redes, roupas (camisas e paletós), chapéus, chumbo, pólvora, escovas, espingardas, violas, pentes, espelhos, linhas e agulhas, pregos, fumo, fósforos e brincos (cf. Carvalho, 1952, p.40). O dinheiro, ainda que não fizesse parte dessas transações, começava a ser usado como escala de equivalência entre mercadorias e produtos indígenas. Tal escala dava uma dimensão aos índios das indecentes taxas de lucro dos comerciantes locais. No baixo Uaupés, Carvalho (p.32) faz menção à existência de certa tabela de preços, na qual há itens, como o paneiro[15] da farinha, cuja equivalência é feita diretamente com determinadas mercadorias – nesse caso, o paneiro era trocado por 2,5 metros de pano. Outros itens, como peixes, frutas, galinhas e porcos, eram trocados por um pequeno lote de mercadorias que perfaziam uma quantia especificada em dinheiro. Essa incipiente monetarização das relações entre índios e comerciantes certamente envolvia, na época, uma parcela ainda reduzida da população indígena, convivendo com casos clássicos de exploração do trabalho, pois, mesmo que em menor escala, grupos indígenas ainda eram persuadidos a trabalhar no extrativismo da piaçava, do cipó ou da sorva em relações de patronagem.

Em Iauaretê, especificamente, conta-se que a venda de mercadorias a dinheiro apareceu depois que as pessoas começaram a trabalhar para os caucheiros colombianos no período do segundo *boom* da borracha, por volta dos anos 1940. Quando retornavam, sabiam como funcionavam as transações em moeda, pois, se muitos não chegavam a pôr as mãos no dinheiro propriamente dito, tinham suas contas anotadas no "talonário do patrão". Conta-se também que, desde então, os missionários tinham dinheiro, mas não davam para os índios. Eles "queimavam o dinheiro no fundo da missão, quando as notas se umedeciam e colavam". O dinheiro chegava a estragar e eles não o davam para os índios. Mas foi a partir do final dos anos 1960 que, segundo vários moradores de Iauaretê, o dinheiro propriamente dito começou a aparecer e passou

---

15 Trata-se de medida utilizada até hoje na região. Equivale a duas latas do querosene comercializado nessa época, ou seja, 80 litros.

a "fazer parte da vida dos índios". O dinheiro veio com a missão, mas a fonte era a Aeronáutica, que começava a construir pistas de pouso na região. Em Taracuá, o irmão coadjutor (auxiliar subordinado aos padres) salesiano Thomas Henley foi encarregado pela Aeronáutica de adquirir junto aos índios materiais que seriam necessários para as construções, tendo recebido dinheiro para efetuar os pagamentos. Em Iauaretê, a mesma coisa ocorreu alguns anos mais tarde, com a intermediação também ficando a cargo de um irmão salesiano (Guilherme Adamek). Nos anos 1970, a moeda veio a ser injetada de modo mais significativo na região, agora com uma unidade do Batalhão de Engenharia e Construção e outras firmas de construção e topografia que então se instalavam em São Gabriel da Cachoeira para a construção da estrada que ligaria essa cidade a Cucuí. Muitos índios aparentemente começaram a trabalhar para esses órgãos e empresas. Nesse período, várias outras instituições começam a atuar na região do alto rio Negro, empregando igualmente vários índios (ver Cap. 3).

Como já ressaltamos anteriormente, o fato é que, a partir dos anos 1980, a concentração demográfica e o crescimento dos trabalhos remunerados em Iauaretê pareciam induzir o surgimento da atividade comercial nos moldes daquela que se via na cidade. A situação era ainda reforçada pelo fato de que, desde o final dos anos 1960, o engajamento de índios do distrito de Iauaretê como mão de obra nos seringais da Colômbia praticamente se extinguira. A onda da cocaína nos anos 1980, por sua vez, mostrou-se efêmera, e muitos daqueles que se fixaram na Colômbia para trabalhar nas plantações de coca e no refino da droga nesse período estavam de volta a Iauaretê no início dos anos 1990. Obter mercadorias foi se tornando então um problema mais complicado depois dessas transformações. Como vimos no caso do bairro de São Miguel, parentes com certa experiência no ramo comercial em São Gabriel foram instados a voltar para Iauaretê e abrir um negócio para abastecer a comunidade. Por outro lado, a decadência do extrativismo no Amazonas fez que antigos regatões, que no passado subiam os rios para negociar com as comunidades indígenas, passassem a se fixar em São Gabriel permanentemente, abrindo novos estabelecimentos comerciais que viriam a florescer com o aumento do número de funcionários públicos e, mais tarde, dos contingentes militares transferidos para a região. Esses novos varejistas de São Gabriel viriam a ser os novos "patrões" dos índios de Iauaretê que decidiram se embrenhar na vida comercial, junto aos quais passariam a buscar crédito. Assim, a atual dinâmica de circulação de mercadorias no rio Uaupés possui parentesco próximo à economia da dívida que, até os anos 1970, foi central na região como um todo: permanece a prática de se adiantarem mercadorias a crédito aos índios, porém o pagamento das dívidas não se faz com breu, balata, seringa e outras resinas e produtos, ou mesmo com o trabalho, mas com o próprio dinheiro, que passou a chegar às mãos indígenas naquela década.

Essas são as circunstâncias históricas que favorecerão o surgimento de um comércio indígena no rio Uaupés, concentrado especificamente no povoado de Iauaretê. À primeira vista, os comerciantes indígenas parecem ocupar a posição de intermediários, que se encarregam de transportar a Iauaretê as mercadorias disponíveis no comércio da cidade de São Gabriel da Cachoeira. Os já altos preços dos itens obtidos na cidade, todos eles importados de Manaus, praticamente duplicam ao serem oferecidos no comércio local. As enormes dificuldades com transporte e as perdas ocasionadas ao longo da viagem de cerca de quatro dias de barco entre São Gabriel e Iauaretê, assim como a existência de corredeiras intransponíveis no médio Uaupés – que obrigam a uma penosa operação de descarga e transporte terrestre até outro barco que aguarda no porto de cima –, são as justificativas apontadas para o alto preço das mercadorias. Esses preços no comércio local são, assim, absolutamente desproporcionais ao padrão de renda que vem se estabelecendo. Nesse contexto, as dívidas com os comerciantes, "a venda por fiado", constituem um fato corriqueiro do cotidiano do povoado, e as relações entre os comerciantes indígenas e seus fregueses tornam-se objeto de grandes cuidados por parte dos primeiros. Não se pode dizer, portanto, que, apesar do acesso crescente dos índios à moeda, a situação de exploração típica das relações de patronagem que a região conheceu historicamente tenha se diluído, pois a entrada de mercadorias na região permanece sob o controle dos comerciantes brancos de São Gabriel, em sua quase totalidade oriundos da região Nordeste. É o sistema da dívida que parece se reciclar, apesar do aumento da circulação de dinheiro.

Mas, como sugeriu Stephen Hugh-Jones (1992, p.44),

mesmo sob brutais condições de exploração por aviamento, nas quais comerciantes brancos utilizam bens manufaturados adiantados a crédito para envolver os índios em uma espiral de dívidas sem fim, é importante olhar para a situação a partir de ambos os lados. Isto significa ter em mente que a economia indígena tem sua própria lógica interna, que reage e se adapta a forças externas, e que os próprios índios são agentes que frequentemente demandam os bens que recebem, e que por vezes utilizam-nos para criar novas dívidas entre os seus.

Aliás, já notava Nimuendaju ([1927] 1982, p.182) que, diferentemente das pressões que envolviam as relações entre comerciantes e índios endividados, os índios mantinham entre si negócios a crédito, porém o pagamento se fazia em prazos quase indeterminados, sem que por isso surgisse desconfiança. Em Iauaretê, apesar das transformações econômicas mais recentes, a afirmação de Nimuendaju ainda faz certo sentido, como veremos a seguir.

Para o Uaupés colombiano, Irving Goldman ([1963] 1979, p.69) informa que, por volta dos anos 1940, o comércio entre os Cubeo e os balateiros e comerciantes da cidade de Mitu era muito frequente, não havendo entre eles uma só mulher adulta que não mantivesse contratos para venda de farinha a comerciantes. Vários homens que mantinham contato com centros comerciais na Colômbia ou no Brasil eram os responsáveis por introduzir objetos industrializados nos canais de comércio entre os próprios índios. Nesse circuito nativo, outras regras entravam em operação, como a obrigação de dar um objeto sempre que ele fosse solicitado. Segundo Goldman, nas transações entre os Cubeo a generosidade era o mais importante princípio em operação, a obrigação de dar sempre um pouco a mais do que aquilo que havia sido recebido. No comércio da farinha, as mulheres, por sua pouca experiência com os comerciantes, seguiam basicamente os princípios indígenas, acontecendo, por exemplo, de uma mulher chegar a trocar um par de brincos de metal barato por dois paneiros de farinha. E ainda que homens mais experimentados estivessem mais aptos para se engajar nessas transações comerciais, seria impróprio que interferissem em negócios que diziam respeito exclusivamente às suas esposas.

Cidade do índio

A situação descrita por Goldman é ilustrativa da continuidade, notada por Hugh-Jones (1992, p.51), entre o comércio de mercadorias entre um comerciante e um intermediário indígena e o escambo que a partir daí ocorre entre os próprios índios, envolvendo as mesmas mercadorias. De acordo com Hugh-Jones, entre os Barasana o escambo seria a forma pela qual as mercadorias dos brancos passam a circular entre os índios, permutadas em geral por objetos nativos. Essas trocas ocorrem entre indivíduos particulares mais ou menos próximos que não pertencem a uma mesma comunidade. Não são mediadas pelo dinheiro, não envolvem equivalências fixas nem parcerias formais permanentes. Ainda assim não constituem um tipo de relação que possa ser considerado marginal, cuja principal motivação seria o lucro pessoal. Ao contrário, o escambo entre objetos de origem indígena e bens industrializados envolve geralmente pessoas que residem em um mesmo território e são membros de uma mesma rede de parentesco, constituindo, desse modo, uma marca de sua relação. A natureza dos bens envolvidos, as quantidades possuídas pelas partes, bem como as relações existentes entre os parceiros e seu *status* relativo, são os critérios que determinarão a forma como os objetos serão solicitados e em que termos a troca deverá ocorrer:

> Normalmente, as mercadorias são trocadas entre pessoas de *status* aproximado, que procuram substituir um tipo que já possuem por outro que desejam. De maneira alternativa, uma parte pode se sentir na obrigação de abrir mão de mercadorias ocidentais mais valorizadas em favor de objetos indígenas menos desejados, uma vez que está mais interessada nos benefícios sociais que decorrem da troca. Finalmente, coisas oferecidas por pouca ou nenhuma retribuição podem ser variavelmente interpretadas como sinal de fraqueza, respeito, generosidade ou força. (Hugh-Jones, 1992, p.63)

Tal como no caso cubeo, entre os Barasana a avareza e a recusa de uma troca solicitada seriam motivo de severas críticas, carregando uma conotação associal, de maneira que, além das funções utilitárias dos objetos envolvidos, o principal valor que se encontra em jogo é a relação social que está sendo iniciada ou reiterada. Além disso, uma boa parte do valor dos objetos trocados e do significado a eles atribuído derivaria das circunstâncias em que foram obtidos: mercadorias, portanto, não são apenas objetos com funções utilitárias insubstituíveis, possuem valor porque são "objetos dos brancos", cuja posse investe seu proprietário de respeito e prestígio, sobretudo se sua obtenção envolveu viagens e negociações em cidades distantes. É por esses motivos que uma separação radical entre dádiva e escambo seria imprópria, ainda que esse último se diferencie das trocas cerimoniais que ocorrem entre grupos aliados, os dabucuris. Haveria assim um *continuum* entre esse tipo de troca entre índios e o sistema da dívida que os conecta a comerciantes brancos. Entre esses dois polos, caracterizados, respectivamente, por simetria e assimetria, interpõem-se diferentes arranjos, entre os quais se situariam casos de intermediários indígenas manejando, por um lado, as relações com comerciantes e, por outro, havendo-se com uma rede de parentesco. Em Iauaretê, a situação mostra-se mais complexa do que a descrita por Hugh-Jones entre os Barasana, uma vez que a intermediação indígena assume vários matizes. Há pequenos e grandes comerciantes, e transações mais próximas do modelo do escambo e aquelas estritamente comerciais. Mas há também formas de redistribuição que os comerciantes maiores parecem estar quase obrigados a fazer, como uma espécie de dádiva dirigida à sua comunidade.

Embora haja atualmente em Iauaretê umas trinta pessoas que se apresentem como comerciantes, é preciso distinguir entre os que exercem essa atividade com maior regularidade e volume daqueles que o fazem em escala menor e, por assim dizer, mais localizada. Com efeito, na primeira categoria encontraremos apenas cinco ou seis pessoas, em cujas biografias observaremos experiências peculiares, em especial o fato de terem passado por diferentes empregos dentro e fora da região. Temporadas em Manaus – em empregos na Funai ou no Instituto de Meteorologia, assim como em empresas de navegação do Amazonas ou construtoras que atuaram na abertura de rodovias nos anos 1970 – fazem parte do currículo desses que foram os primeiros comerciantes indígenas de Iauaretê. Outros casos dizem respeito a pessoas que logo se empregaram no colégio e contaram com o apoio de parentes vivendo em São Gabriel para entrar no negócio da compra e venda de mercadorias. A grande maioria desses comerciantes faz parte da Atidi, Associação dos

Trabalhadores Indígenas do Distrito de Iauaretê. O cuidado de evitar o nome "comerciantes" na sigla da associação é justificado por seus idealizadores como uma forma de não evidenciar a finalidade lucrativa de sua atividade, o que insinua uma possível desaprovação moral por parte de seus corresidentes. A comunidade, como vimos, é explicitamente "sem fins lucrativos", e o comércio que aí se faz não deve sê-lo demasiadamente, ao que parece.

Nesse sentido, o estatuto da Atidi é marcadamente voltado para o "bem-estar e abastecimento do Distrito de Iauaretê", ou seja, além da solução das dificuldades que envolvem a atividade comercial em Iauaretê, os idealizadores da Atidi fizeram questão de observar em seu estatuto que nenhuma de suas ações deve, em hipótese alguma, prejudicar a "convivência harmônica entre os sócios com a população". Os principais membros da associação geralmente fazem questão de frisar que prestam um serviço à comunidade, buscando realçar que o comércio indígena de Iauaretê "foi uma conquista", uma vez que, por ocasião da retirada pela Funai de alguns comerciantes brancos que atuavam em Iauaretê até 1999, muitas pessoas, tanto lá como em São Gabriel da Cachoeira, alegavam que os comerciantes indígenas não conseguiriam abastecer Iauaretê por conta própria. Hoje, a Atidi é proprietária do único barco que transporta pessoas e cargas entre São Gabriel e Iauaretê, adquirido por meio de um financiamento a juros baixos obtido junto ao Centro Ecumênico de Apoio ao Desenvolvimento em Salvador, Bahia (Cead), ONG que oferece crédito a pequenos agricultores. Segundo informação recente de um de seus diretores, esse barco transportou em dois meses cerca de 60 toneladas de mercadorias rio acima.

De fato, apesar de os moradores de Iauaretê constantemente se queixarem dos preços das mercadorias, há muita gente de lá que se dirige aos estabelecimentos comerciais para propor trocas de mercadorias por farinha, beijus ou frutas. O negócio é, em geral, altamente desfavorável aos comerciantes, pois os preços correntemente atribuídos a esses produtos em Iauaretê são surpreendentemente altos. Assim como os preços das mercadorias dobram quando chegam ao povoado, com o preço da farinha ocorre o mesmo: em São Gabriel ela custa R$ 1,00/kg, ao passo que em Iauaretê, R$ 2,00/kg. Mas em hipótese alguma se pode dizer que haja em Iauaretê uma demanda pelo produto que seja maior que a oferta. Aliás, boa parte da mandioca retirada das roças familiares do povoado vem sendo, como vimos, convertida em caxiri, e não em maiores quantidades de farinha. Nesse caso, não é possível explicar o alto preço da farinha pela lei da oferta e da procura. Tenho a impressão de que o preço daquilo que é produzido pelos próprios índios é estabelecido em face do alto patamar dos preços das mercadorias. Vê-se claramente, por meio do exemplo da farinha, que o aumento de preços dos produtos locais segue à risca o padrão de variação dos preços das mercadorias ao serem transportadas de São Gabriel a Iauaretê, ou seja, a lei da oferta e da procura não regula sozinha o mercado local, há também aí um componente moral. Ao ser indagado sobre o alto preço da farinha em Iauaretê, um dos maiores comerciantes do povoado assim explicou: "é caro mesmo, mas pense em todo o trabalho que a pessoa tem para produzir". E se há gente em Iauaretê que poderia estar interessada em baixar o preço dos produtos locais, são os comerciantes.

Ocorre, no entanto, que os comerciantes se sentem profundamente embaraçados quando recebem a visita de um freguês trazendo-lhe produtos para trocar ou vender. Nessas circunstâncias, duas lógicas se cruzam, pois do ponto de vista daquele que traz os produtos de seu trabalho trata-se de uma transação qualificada com a expressão *a'mêri o'osehé*, ao passo que, para o comerciante, tratar-se-ia de *duarí*. A primeira expressão é corriqueiramente traduzida como "fazer negócios", empregada sobretudo para descrever o movimento de pessoas das comunidades vizinhas quando chegam a Iauaretê para adquirir mercadorias. Porém, a expressão se decompõe etimologicamente em *a'mêri* – palavra que denota reciprocidade e deve ser sempre acompanhada por um verbo (cf. Ramirez, 1997, p.6) – e *o'osehé*, "doação", de modo que uma tradução mais precisa seria "dar-se mutuamente", ou, de modo mais simples, "reciprocidade". Já a expressão *duarí* é, também corriqueiramente, traduzida por "vender", mas deriva do substantivo *duá*, "esperto" ou "astuto". Com isso depreende-se que a venda de mercadorias, típica atividade dos brancos, é, por assim dizer, a operação dos espertos. Os brancos, entre si ou com os índios, a realizam sem os mesmos embaraços que demonstram os comerciantes indígenas, pois no caso destes os fregueses são, na maior parte das vezes, parentes ou corresidentes – o que frequentemente dará no mesmo. E entre parentes e vizinhos vigora aquela obrigação, notada por Goldman e Hugh-Jones, de jamais se recusar a participar de uma troca proposta. As trocas frequentes entre vizinhos, *dika-yuú* (expressão que, não obstante, leva a conotação de "armadilha"), envolvem principalmente comida, e alguma coisa dada é sempre retribuída. Segundo apontam os comerciantes, as mulheres mais velhas são as que abordam o comércio com frequência trazendo alguma coisa ao dono – ou, preferencialmente, à dona – do estabelecimento. "Olha o que eu trouxe para você, sobrinha", costumam dizer, credenciando-se imediatamente a receber alguma mercadoria como retribuição.

Os comerciantes buscam contornar essa situação de diferentes maneiras. Eles dizem que os casos mais difíceis dizem respeito àquelas ocasiões em que as pessoas pedem dinheiro em troca, pois nesses casos não há como reaver a quantia, já que será impossível revender o produto agregando alguma margem de lucro aos já altos valores solicitados. Em geral, eles sugerem que a pessoa deixe sua farinha ou suas frutas para serem vendidas e que retornem alguns dias depois para retirar o dinheiro. Mas essas transações resultam, em geral, em prejuízos, com o próprio comerciante pagando por boa parte dos produtos. As esposas de dois dos comerciantes cujas famílias fazem parte dos bairros mais tradicionais de Iauaretê veem-se, literalmente, acossadas com as solicitações dos parentes de seus maridos, que tendem a pagar sem discutir os preços solicitados pelos produtos. Esse é, portanto, um dos principais dilemas enfrentados pelos maiores comerciantes de Iauaretê, cinco deles estabelecidos no bairro do Cruzeiro e um em Dom Pedro Massa (entre estes se incluem os dois mencionados).[16] Todos eles são unânimes

---

16 De acordo com a Atidi, a divisão entre grandes, médios e pequenos comerciantes é feita de acordo com a quantia em dinheiro que movimentam anualmente. Os grandes movimentam mais de R$ 50.000,00, os médios entre R$ 20.000,00 e R$ 50.000,00 e os pequenos abaixo de R$ 20.000,00. Embora eu tenha tentado, foi impossível checar esses números em campo, uma vez que a organização das notas e recibos existentes nos comércios não permite em hipótese alguma essa contabilidade. Os números são certamente aproximados, mas não acredito que estejam muito distantes da realidade, pois as pessoas fazem em geral compras mensais e podem se recordar dos valores de cada uma delas nos meses passados.

em apontar que, em face das insistentes demandas por trocas, é imprescindível que se mantenha a polidez no tratamento com os fregueses. Afirmam que, além de nunca dizer não, é preciso tratar bem as pessoas, considerar suas propostas e jamais gritar com elas. O comportamento inadequado, segundo dizem, é o que faz desaparecer a freguesia, de modo que é preciso se conformar com os pequenos prejuízos cotidianos, aceitando os produtos daqueles que não têm dinheiro para que se possam assegurar na clientela aqueles que contam com renda mensal.

Quanto aos comerciantes menores, sua freguesia geralmente se restringe justamente a um círculo de parentes relativamente próximos, de modo que, nesses casos, o comerciante ajuda e é ajudado por eles. Como diz um deles: "são meus próprios parentes que me ajudam". Nesses casos, a pessoa abre um pequeno comércio e serve seus parentes assalariados, contando com o pagamento em dinheiro das mercadorias que a eles entrega para poder saldar sua dívida na cidade. Mas também estes ficam sujeitos às propostas de troca. E assim ajuda, reciprocidade e dívidas (cf. Hugh-Jones, 1992, p.69) combinam-se na efetivação das relações comerciais que foram se constituindo em Iauaretê.

Mas talvez o principal desafio enfrentado pelos comerciantes indígenas seja o de como lidar com o fiado, pois praticamente todas as compras são feitas a crédito em Iauaretê. É praxe retirar mercadorias ao longo do mês e pagar quando chega o pagamento.[17] Todo comerciante conta, assim, com uma lista de funcionários, soldados e aposentados que costumam comprar em seu estabelecimento. Esses clientes, mais ou menos fixos, são em geral "aqueles em que se confia" e o crédito não apresenta um risco muito grande. Mas, assim como as propostas de troca de produtos por mercadorias, as solicitações de crédito são corriqueiras e cotidianas. Assim como os negócios propostos, não se pode simplesmente negá-las, sob o risco de passar a ser alvo de críticas e fofocas. Os comerciantes costumam manter duas listas de devedores: a

---

17 A grande maioria dos funcionários conta com um procurador na cidade, que recebe o dinheiro e envia para Iauaretê, ao passo que o pagamento dos aposentados é feito por meio da agência local dos Correios.

primeira se encontra, por assim dizer, em vigor, isto é, dos assalariados que muito provavelmente aparecerão para saldar seus compromissos assim que receberem o pagamento; a segunda diz respeito a uma lista de devedores que praticamente se iniciou com a própria abertura do comércio. Ali está anotado o débito de muitos anos, e algumas dívidas ultrapassam o montante de R$ 10.000,00. O pagamento dessas dívidas é algo com que não se pode contar para levar o negócio adiante, e aqueles que porventura aparecem para pagar a conta o fazem para abrir imediatamente nova linha de crédito. De acordo com os comerciantes, os nomes dos devedores aparecem em diversas listas ao mesmo tempo, pois a existência, hoje, de vários estabelecimentos comerciais à mão permite que as pessoas manejem suas dívidas de acordo com suas necessidades e possibilidades de pagamento.

Assim, do ponto de vista dos comerciantes, sua posição como intermediários é ingrata, uma vez que o crédito obtido na cidade se dá mediante o pagamento de juros, ao passo que no comércio entre índios tal dispositivo encontra-se absolutamente fora de cogitação, pois seria uma imoralidade que uma mercadoria fosse entregue a determinado preço e, depois, cobrada por preço maior. Alguns dizem que preferem nem mesmo contabilizar se estão tendo lucro ou prejuízo, pois temem que possam vir a concluir que é melhor fechar o negócio. Aqueles que são também assalariados não sabem dizer se o comércio lhes aumenta a receita ou se estão pagando para ser comerciantes, pois o salário é muitas vezes usado para saldar ou amortizar a dívida com os grandes comerciantes da cidade. Além disso, aquilo que consomem em sua própria casa, seja em mercadorias, seja em produtos locais, entra também por meio do comércio.

Em outras palavras, no comércio indígena de Iauaretê não há separação entre a casa e a firma, entre a transação comercial e a reciprocidade com os parentes, entre o investimento comercial e o gasto para o próprio consumo – em termos marxistas, entre o consumo produtivo e a produção consumptiva. Trata-se, pois, de uma situação que parece ilustrar de modo ainda mais apurado a seguinte afirmação de Stephen Hugh-Jones: "É dessa maneira que a moralidade do parentesco se mistura com a do mercado" (ibidem, p.67).

Isso fica ainda mais evidente se levarmos em consideração que, em sua própria comunidade, o comerciante é levado a participar com colaborações monetárias bem mais significativas do que a dos outros moradores. Exemplo disso são as contribuições em dinheiro para a finalização da capela de Dom Pedro Massa e a aquisição de um conjunto de holofotes para a iluminação pública do Cruzeiro. Em ambos os casos, foram os comerciantes que arcaram com todas as despesas. Eles são também os principais patrocinadores de uma nova e farta modalidade de festas que vem sendo realizada em Iauaretê: o aniversário dos jovens. As festas dos filhos dos comerciantes são aquelas de que participam pessoas de várias comunidades, com comida distribuída mais fartamente, havendo casos em que as pessoas trazem vasilhas para levar um pouco para sua própria casa. Em suma, o envolvimento do comerciante na vida social também é um trabalho da comunidade e, se estão frequentemente ausentes nas jornadas de trabalho coletivo, não parecem faltar compensações, que se traduzem na obrigação de trocar, de dar fiado, de contribuir com benefícios coletivos e patrocinar grandes festas. Tenho a impressão de que há um fluxo de valores mais intenso entre as casas comerciais e a comunidade do que com relação às demais.

Quanto às dívidas de muitos dos moradores de Iauaretê para com os comerciantes, não se pode dizer que se trate de mera transferência da dívida que os conecta aos comerciantes brancos a seus próprios clientes indígenas. Creio haver aqui algo mais do que uma atualização da cadeia de endividamento que caracterizou a economia da borracha na Amazônia, pois o surgimento do comércio monetarizado entre os próprios índios parece transformar radicalmente o caráter que a dívida assumiu historicamente no alto rio Negro. Refiro-me aqui àquela observação de Stradelli que mencionei no Capítulo 2, segundo a qual era a dívida para com os patrões que tornava o homem *um homem*. Tratava-se de uma afirmação que se referia aos chamados Tapuia, os moradores dos sítios e povoações existentes ao longo do rio Negro no período da borracha, principalmente os Baré, índios considerados civilizados, condição que cultivavam precisamente por meio do endividamento. Dizia Stradelli que, uma vez que saldassem sua dívida, tratavam imediatamente de buscar outro patrão, junto ao qual adquiriam uma nova. Era o fetiche da dívida, mais que o da mercadoria, que lhes movia, pois um homem sem dívidas não tinha valor. Em Iauaretê, passa-se o contrário, pois, se a dívida não torna o devedor um homem, garante, por outro lado, que o credor, isto é, o comerciante indígena, não deixe de sê-lo. Em outras palavras, regulando a acumulação desmedida, as dívidas mantêm os comerciantes na comunidade.

Afinal, são principalmente os comerciantes que, no âmbito da comunidade, se encarregam de agenciar a circulação de dinheiro e mercadorias, itens, como já vimos, imprescindíveis hoje à sua produção cotidiana. São eles, enfim, que parecem aceitar o desafio de lidar com essas concretizações materiais do conhecimento dos brancos, isto é, com os poderes invisíveis da civilização. É hora, afinal, de passarmos a explorar os significados específicos atribuídos pelos índios ao dinheiro dos brancos.

De dinheiro, mercadorias e corpos

Ainda que se diga que "viver no dinheiro", ou seja, à base de dinheiro, seja um atributo dos brancos, também se ouve por vezes em Iauaretê que os índios já são "movidos pelo dinheiro". Mas também se diz que os brancos já têm dinheiro no banco quando nascem, ao passo que, para os índios, o "banco é a roça", onde, pelo trabalho, obtém-se a subsistência. Houve um tempo em que o dinheiro dos brancos era chamado "papéra", papel, instrumento por meio do qual eles exerciam seu poder sobre as coisas. Isso é o que denota uma expressão ainda bastante usual em Iauaretê, principalmente quando se trata de cooptar um antropólogo para escrever ofícios, cartas ou projetos às autoridades: *kumu-papéra*, "xamã do papel", uma forma de qualificar minhas próprias capacidades sempre que me dispunha a oferecer meus préstimos nas reuniões, assembleias e sessões de registro das mitologias. A expressão dá conta, no fundo, de efetuar um paralelo entre os poderes dos brancos e as capacidades xamânicas dos *kumua*, deixando claro que a fonte desse poder são seus papéis. Em outras palavras, se os xamãs indígenas sopram palavras, os brancos colocam-nas no papel.

A apropriação desses poderes dos brancos levou muito tempo e, certamente, foi o que despertou o interesse dos índios do Uaupés pela escola que os salesianos trouxeram para a região (a esse respeito, ver a instigante discussão de Lasmar, 2002, p.233-5). Há várias piadas sobre esse primeiro contato dos índios com o dinheiro, que chegou a ser usado até mesmo para fazer cigarro. Já me disseram que, em anos passados, a expressão *wãtî i'ta*, literalmente "merda do diabo", foi usada para qualificar o dinheiro. A flagrante conotação negativa da expressão parece, no entanto, relacionar-se ao fato de que, segundo diziam os missionários aos índios, o dinheiro provocava a ambição descontrolada nas pessoas. Assim, os índios esforçaram-se para encontrar a pior das traduções possíveis. Hoje outra forma é mais frequentemente utilizada: *niyéro*, corruptela que dispensa comentários. Mas avalio que a expressão mencionada, *kumu-papéra*, é a que melhor nos ajuda a compreender o significado atribuído pelos índios do Uaupés ao dinheiro dos brancos. Até hoje se recorda um episódio, por volta dos anos 1930, quando uma comissão de demarcação de limites pagou seus trabalhadores indígenas com dinheiro. A conversão daquele papel em mercadorias junto aos missionários causaria grande decepção, pois o que se podia obter era muito pouco e, em vez da espingarda solicitada, um dos trabalhadores obteve apenas uma barra de sabão. Bem cedo, portanto, percebeu-se que o valor do dinheiro relacionava-se à quantidade e que isso tinha que ver com o conhecimento dos brancos, não com trabalho. Percebeu-se, assim, que o preço das mercadorias, seu *wapatí*, era definido pela quantidade de dinheiro necessária para adquiri-las. Coisas muito valiosas, como a espingarda, mercadoria por excelência, só poderiam ser obtidas com grande quantidade de dinheiro, pois seu valor, *wapatisehé*, era muito alto.

Essa noção de valor refere-se, mais propriamente, a "valor de troca", pois sua raiz, *wapá*, é uma palavra dependente cuja tradução é "pagamento" (cf. Ramirez, 1997, t. II, p.212). Ela forma vários verbos relacionados às transações entre pessoas ou grupos, tais como: "pagar" (*wapayeé*), "cobrar" (*wapaseé*), "ganhar" (*wapáta'a*), "tirar fiado" (*wapamarî*), "ter dívida" (*wapamoó*), "ser caro" (*wapabɨhɨ̂*). É uma palavra que serve, portanto, para qualificar diferentes situações, como a dívida com os patrões, *wapamoó*, "não ter o pagamento", ou a retribuição cerimonial de dádivas a um grupo aliado, *wapayeé*, "fazer o pagamento".

Aplica-se tanto a mercadorias quanto a alimentos transacionados entre grupos em rituais de troca, mas – esse é um ponto importante – também a benzimentos e curas xamanísticas, o que sugere que o conceito de *wapatisehé* não deve ser tomado simplesmente como medida de valor, tal como o trabalho social abstrato. Que o trabalho gera valor, não há dúvida, como o atesta a justificativa para o alto preço da farinha de mandioca em Iauaretê, como vimos. Mas, se o conceito qualifica também habilidades xamânicas, somos levados a supor que o valor está aqui associado a capacidades subjetivas. A expressão *kumu-papéra* indica, aliás, que o dinheiro constitui uma forma de subjetivação dos brancos e que, assim, seu conhecimento é uma fonte de valor superior ao trabalho. Desse modo, embora algum dinheiro ou mercadoria pudessem ser obtidos com trabalho, consegui-los em maiores quantidades e em sua ampla gama de variedades dependia da aquisição de novas capacidades, isto é, aquelas controladas pelos brancos.

Nesse sentido, ainda que o dinheiro e os preços sejam, sem dúvida, utilizados como medidas de equivalência no comércio e no mundo do trabalho assalariado de Iauaretê, não deixam, por outro lado, de sintetizar os conhecimentos monopolizados pelos brancos, constituindo suas manifestações visíveis. Assim, do mesmo modo que os meios xamânicos, o dinheiro tem um lado perigoso, pois ocasiona atitudes descontroladas e vorazes, o que coincide com os julgamentos que os índios têm dos brancos. Há muitos casos de pessoas que, uma vez de posse de certa quantidade de dinheiro – por meio de empregos, comércio ou projetos –, demonstram atitudes desmedidas, gastando de maneira indevida quantias significativas. Esses casos levam a avaliações correntes de que não é fácil guardar dinheiro, como se este tivesse vida própria. Por isso ele é perigoso, e há funcionários e líderes de associações indígenas que procuram evitar guardar consigo dinheiro destinado a atividades coletivas e pagamento de serviços. "Dá medo", costumam afirmar. Isso sugere que há algo oculto nos *papéra* dos brancos.

A expressão *kumu-papéra* parece ter sido utilizada pela primeira vez para o naturalista italiano Ermano Stradelli, que percorreu o Uaupés em duas ocasiões no final do século XIX e é lembrado hoje por vários moradores de Iauaretê como o "Conde". Conta-se que ele subiu até as cabeceiras do Uaupés e foi o responsável por negociar com os colombianos a definição da fronteira com o Brasil. Teria subido até Bogotá, de onde retornou trazendo uma "bola de ouro", que hoje está no Rio de Janeiro. Esse foi o pagamento oferecido pelos colombianos para que a Colômbia "chegasse até Iauaretê". É por isso que toda a grande porção de terra delimitada pela margem direita do Uaupés até a foz do Papuri não pertence mais ao Brasil. Stradelli sabia como conseguir ouro e dinheiro, mas não apenas negociando a fronteira com os colombianos. O relato a seguir, fornecido por um senhor tukano de Iauaretê, nos dá uma boa noção dos poderes a ele creditados:

O Conde estava viajando, subindo para cá marcando o limite da nação brasileira. Muita gente trabalhava remando para ele. Ele queria chegar à nascente do Uaupés, onde está *yamîri-wi'í* [literalmente, casa da noite]. Chegaram então na cabeceira de um igarapé chamado Juquira [um dos que formam o Uaupés] e subiram em uma montanha. Encontraram um lago em cima da montanha. Passaram desse lago, desceram da montanha e subiram em outra montanha. E desceram de novo e chegaram lá. Tinha um corredor grande. Tinha esteio de pedra. Lá dentro, tinha uma porta para se entrar. Era tudo escuro. Ali ele parou quase uma semana. Ficou lendo os livros, principalmente de noite. Ele entrava no escuro. Aí no meio tinha uma pedra em forma de mala, baú. Aí ele ficava sentado, lendo, acendendo vela de todas as cores. E tomando as pastilhas. Foi uma semana. No final da semana aquele baú se abriu. Aí não se podia dormir, para ver o que ele iria fazer. Aí ele abriu a mala e fez um barulho muito grande. Ele pegou dinheiro, assinou o nome dele, tirou outras notas de seu bolso e colocou na mala. Parece que tirou metade do dinheiro, assinou o nome dele e fechou. No outro dia, segunda-feira, ele falou para os rapazes dele que ficassem ali. Ele disse que iria demorar uma semana, eles deveriam aguardar ali, pois tinha comida. Então ele fez uma volta no corredor e entrou em um outro buraco, aí sumiu por uma semana. No último dia, os foguetes, os sinos tocaram, em todas as montanhas se ouviu esse tipo de sino. Aí começaram as festas, e no outro dia ele saiu, com uma sacola bem cheia. Ele trouxe uma calça e uma camisa, três pedaços de sabão e uma garrafa de cachaça. Para os adultos, ele também deu calça, sapato. Entrou com paletó branco e saiu com paletó preto. Então festejaram com ele. Ele falou aos que estavam com ele que não contassem nada a ninguém, pois ali nem colombiano nem outras pessoas poderiam entrar. Isso faz muito tempo. Então apareceu um colombiano que quis entrar, mas logo pegou a febre amarela e morreu. E chegou também o americano, mas não deu para ele. Voltou doente. Fico pensando por que ele havia feito isso. Mas os velhos já diziam que as serras, os morros, as montanhas, as pedras, as praias, os rios, são as casas, casas de gente. Os velhos já diziam que ali era a casa da noite, igual do Rio de Janeiro. Nós, sem conhecer o Rio de Janeiro, já sabemos que lá está cheio de montanhas, mas não são montanhas, é uma cidade. (Guilherme Maia, Iauaretê, 2002)

Os feitos de Stradelli são, de fato, mencionados por várias outras pessoas. Retirar dinheiro de caixas de pedra existentes em serras ou sob as pedras das cachoeiras é uma de suas habilidades frequentemente mencionadas. Comenta-se também que, ao longo de sua viagem, teria entrado em diversas outras serras do médio e alto Uaupés para obter ouro, negociando, diretamente com seus "donos", variados tipos de *wãtî*, termo em geral traduzido por "diabo" que designa um modo de existência espiritual – refere-se a espectros de pessoas mortas, seres que habitam as florestas e serras ou espíritos ancestrais que propiciavam os rituais de iniciação masculina (ver C. Hugh-Jones, 1979, p.113). Conta-se, ainda, que ele era capaz de introduzir uma torneira nas pedras das cachoeiras e, assim, recolher o ouro amolecido que por ali escoava. Usando um prato ele recolhia quantidades de ouro, que eram cortadas com uma faca. Em versão recentemente publicada da mitologia tariano (Barbosa & Garcia, 2000, p.256-8), lemos que Stradelli foi vítima dos espíritos que possuíam o ouro por ele retirado das serras e das cachoeiras, pois é comum que essas entidades reclamem em troca a alma de uma pessoa, do mesmo modo que se passa com os "pais" ou "donos" dos peixes e animais que são pescados e caçados pelos humanos (ver Arhem, 1996).

O detalhe que, a meu ver, demonstra que os *papéra* dos brancos revestem-se de poderes xamânicos é sua origem nas "casas de gente", que existem tanto em serras quanto em praias, pedras e rios, tal como indicado no relato. E além de uma caixa de pedra repleta de dinheiro e outros papéis, o Conde sai dessa casa na pedra trazendo consigo roupas e cachaça, que figuram certamente entre as primeiras mercadorias que os índios tiveram conhecimento. Essas casas, visíveis somente aos xamãs, constituem sítios de parada da cobra-canoa que trouxe em seu ventre os ancestrais míticos dos grupos indígenas atuais do Uaupés, como veremos no último capítulo. São chamadas *pa'mîri-wi'i*, "casas de transformação" ou "casas de fermentação", pois, nas sucessivas paradas da canoa dos ancestrais, a humanidade atual foi sendo gestada e, paulatinamente, adquirindo seus objetos rituais (o tabaco, o caapi, os adornos cerimoniais, os bancos, as cuias em seus suportes). Esses objetos e substâncias são, em seu conjunto, chamados *wa'î-õ'ari*, "ossos de peixe", uma vez que esta foi a forma primordial da pré-humanidade. Por terem sido os meios que propiciaram a transformação dos ancestrais dos índios do Uaupés em seres humanos verdadeiros, são mais frequentemente referidos como "instrumentos de vida e transformação". Ainda que em sua atual forma material quase todos esses objetos tenham sido condenados e levados pelos missionários, a chamada "força de vida" que guardavam continuou a ser transmitida até as presentes gerações. Isso se dá por meio da nominação, pois também os nomes vêm dos ancestrais e das casas de transformação. Assim, do mesmo modo que a força de vida indígena está associada a determinados objetos rituais, o dinheiro e as mercadorias parecem figurar no relato como suportes materiais das capacidades subjetivas dos brancos, isto é, da civilização. No Capítulo 5, veremos como as roupas e os nomes dos brancos vieram a ser historicamente incorporados ritualmente. Por ora, é preciso introduzir, ainda que de forma breve, uma digressão sobre a constituição da pessoa no Uaupés. Tomo um exemplo tukano.

Para os Tukano, a formação do feto no ventre materno se dá pela introdução do sêmen paterno em repetidas relações sexuais. A relação sexual é designada pelo termo *nihîsãa*, cuja tradução literal é "introduzir um feto". A vagina é chamada *nihî-sope*, literalmente "porta do feto", e o pênis, *nihî-sakihî*, literalmente "haste de introduzir o feto". O esperma, *sũhũ*, é a substância responsável pela formação integral do corpo da criança que vai nascer e costuma ser comparado a outra substância, o *bekoâwî*, larva branca de certo tipo de mosca, com a qual põe os ovos na pele das pessoas. O esperma é comparado também à polpa do biriba, igualmente branca e viscosa. Ao entrar no útero da mulher, o esperma começa a se enrolar e, assim, formar um corpo. Toda a matéria corporal provém do esperma, inclusive o sangue, como salientam vários informantes, de modo que, ao contrário de outros grupos do Uaupés, os Tukano não consideram o sangue e outras secreções vaginais como o que cabe à mulher na formação do feto. Nem por isso a participação feminina na concepção é menosprezada, pois ao útero, *nihî-su'tiro*, literalmente "roupa do feto", creditam-se poderes transformativos especiais, de um tipo que os homens parecem desprovidos. Como uma "roupa" ou "envoltório" do feto, o útero é explicitamente concebido como casa, não apenas por sua função de proteção, mas também porque as casas de transformação existentes no percurso da cobra-canoa foram os sítios de gestação dos ancestrais. No mesmo sentido, as antigas malocas eram concebidas como o útero dos sibs patrilineares (ver, por exemplo, a descrição de C. Hugh-Jones (1979) para os Barasana e a de Reichel-Dolmatoff (1971) para os Desana). Não se trata de associação metafórica, pois as afirmações dos informantes a esse respeito são claramente literais: "o útero também é uma casa de vida, como aquelas em que o próprio Ye'pâ-masɨ (demiurgo tukano) habitou para adquirir mais força para o seu corpo".

Nesse sentido, o útero feminino reveste-se de poderes análogos aos chamados "objetos de vida e transformação" mencionados nos mitos de origem dos grupos do Uaupés, por meio dos quais os demiurgos fazem surgir a humanidade. Os principais objetos que formam esse conjunto são os seguintes: o banco cerimonial, *kumuro*, o suporte de cuia, *sãriri*, a cuia, *wahâtoro*, e o cigarro, *miropɨ*. No início da saga mítica, os criadores sentam no banco e fumam o cigarro, soprando fumaça sobre a cuia, que contém o caldo adocicado de várias frutas silvestres. Essa operação é o início daquilo que se designa como o *pa'mɨsehé* (amadurecimento, surgimento, crescimento, ou, mais corriqueiramente, "fazer a própria história"), que corresponde ao surgimento dos *pa'mĩri-masa*, a "gente de transformação", designação geral para todos os grupos étnicos do Uaupés pertencentes à família linguística tukano. O útero é muito frequente-mente associado à cuia de transformação, possuindo a propriedade de fermentar o esperma, em processo análogo à fermentação do caxiri. Ao fermentar, diz-se que o caxiri "está vivo", o mesmo se passando com o sêmen no interior do corpo feminino, processo a partir do qual emerge a vida. A associação do útero à cuia de transformação é patente em encantações maléficas proferidas com a finalidade de provocar a esterilidade das mulheres. Por meio dessas fórmulas mágicas pode-se, por exemplo, aquecer a cuia/útero para que o esperma, ao entrar, ali seja "frito" e desapareça, ou então ser virada de boca para baixo, o que impede a entrada do esperma. Após o nascimento de uma criança, a placenta deve ser enterrada bem fundo, para que uma nova gravidez imediata seja evitada.

Mas, ao nascer, a pessoa ainda não está completamente pronta. O parto é designado com a expressão *pa'mɨ wihá* (literalmente, crescer/fermentar + sair). A respiração é um sinal de que a criança possui força de vida, *katisehe*, mas em quantidade, por assim dizer, mínima. A potencialização da força de vida de uma pessoa ocorre somente com a nominação, que ocorre pouco tempo depois do nascimento. O ato de atribuir um nome a uma criança constitui uma operação xamânica, realizada por um homem considerado *basegɨ*, detentor de *basesehé*, as encantações mágicas retiradas dos mitos que são administradas por meio de cigarros, líquidos ou alimentos vegetais. Todo homem adulto costuma conhecer algumas dessas encantações, imprescindíveis para cuidar da família e proteger os filhos. Mas um conhecimento mais extenso dessa matéria é responsabilidade dos *kumua*, termo corriqueiramente traduzido por "rezadores", ou "benzedores", mas que qualifica mais propriamente aqueles que se especializam no conhecimento dos mitos de seu sib. Assim, o nome de uma pessoa pode ser dado pelo pai, pelo avô paterno ou por um *kumu* do sib a que pertence. Como já apontamos no primeiro capítulo, a nominação é designada pela expressão *wamê-yee*, em que *wamê* quer dizer "nome", e *yee* denota transformação ritual; *baseke-wamê* é a expressão usualmente traduzida por "nome de benzimento", referindo-se às encantações específicas utilizadas para a atribuição de cada um dos nomes disponíveis em um estoque limitado. De modo geral, afirma-se que o nome aloca uma alma na pessoa, designada pela expressão *ehêri porã*, literalmente "filho da respiração". Mas não estou certo de que antes da nominação a criança não possua alma, pois, após o parto, sua força de vida já se manifesta através da respiração. Além disso, essa alma que se atribui com o nome é também referida como um "segundo corpo". Trata-se, por assim dizer, de um corpo imaterial, mas paradoxalmente concebido como uma junção de objetos de transformação interna e invisivelmente acoplados ao corpo exterior. Em outras palavras, não é possível fazer uma distinção radical entre corpo e alma. Explico.

Entre os Tukano existe um conjunto de oito nomes masculinos (*Yu'ûpuri, Ye'pârã, Doêtihiro, Se'êripîhi, Akîto, Doê, Kî'mâro* e *Bu'û*) e cinco femininos (*Yepario, Yu'upakó, Durigó, Yusió* e *Diâtoho*). Todos eles possuem origem bem definida, na medida em que aparecem na narrativa mítica designando o surgimento dos ancestrais tukano que viriam, por sua vez, a dar origem às séries de sibs patrilineares que até o presente compõem o grupo como um todo. O surgimento desses ancestrais ocorre nas paradas da cobra-canoa de transformação, que perfaz um extenso percurso desde o Lago de Leite para povoar o rio Uaupés. Não há espaço aqui para explorar em detalhes esse mito, discussão que reservo para o último capítulo, mas cabe assinalar que todos os ancestrais que aparecem na narrativa surgem como irmãos mais novos de *Ye'pâ-masî*, "gente da terra", o demiurgo tukano a quem coube a responsabilidade de buscar pelo surgimento da humanidade ao lado de *Imîkoho-masî*, "gente do universo", o demiurgo desana. Antes do início da viagem da cobra-canoa, os dois receberam de *Imîkoho-Yêkî*, o Avô do Universo, uma caixa de adornos cerimoniais com vários conjuntos completos de enfeites, os *basa bu'sa*, "enfeites de dança", que incluem cocares feitos das penas de vários pássaros, colares de ossos e conchas, cilindros de quartzo, cintos de dentes de onça e chocalhos de tornozelo. Cada conjunto de enfeites correspondia a um dos diferentes grupos indígenas que viriam a habitar o Uaupés e, ao longo da viagem da cobra-canoa, se multiplicar. A multiplicação dos enfeites cerimoniais corresponde, portanto, ao surgimento dos ancestrais dos diferentes sibs ao longo do trajeto, precisamente nas casas de transformação, onde os viajantes cantavam e dançavam paramentados com esses enfeites.

O surgimento dos oito nomes masculinos dos Tukano é, assim, descrito como o processo de multiplicação ancestral do grupo. Conta-se que, ao longo da viagem, a caixa foi então ficando cada vez mais cheia de enfeites e que era regularmente aberta e verificada pelo demiurgo nas paradas das casas de transformação. O processo que se deu no início da viagem, por meio do qual *Ye'pâ-masî* obteve as capacidades necessárias para conduzir a cobra-canoa, vai se repetir em várias casas de transformação, e é isso que faz surgir novos ancestrais e nomes. A obtenção de tais capacidades é, ao mesmo tempo, um processo de aquisição de corporeidade, muito embora se esteja tratando de atributos como força, coragem e tranquilidade. Para adquiri-las, *Ye'pâ-masî* desce ao *wamî-diâ*, o escuro e aquático mundo inferior, submergindo no Lago de Leite. Conta-se que é ali que ele "pega corpo", *upí*, o qual se constitui por meio da junção dos objetos que vai obter nas casas do mundo de baixo, também chamadas *wa'î-masa wi'seri*, "casas dos peixes". Com eles, "fez o corpo ficar em pé, na carne desta terra", como se aponta em uma fala ritualizada a respeito do que ali se passou. Afirma-se que o banco, *kumuro*, é a base sobre a qual é posto um suporte de cuia, *wahâtoro sãriri*, e agregados outros objetos, como forquilha de cigarro, *miropî*, e o bastão ritual, *yaîgî*. A matéria-prima de todos esses objetos é o quartzo existente no mundo de baixo. Com cipós são ainda feitas as veias e, com os cristais, a cabeça e o cérebro. "Os materiais juntos tornaram-se gente", afirma-se em seguida. O resultado é um corpo sentado sobre um banco, sendo a cuia sobre o suporte aquilo que corresponde ao coração. Além dos objetos, certas substâncias, como o ipadu, o paricá e o tabaco, são experimentadas. Com esse último, *Ye'pâ-masî* soprou para que seu próprio corpo tivesse vida.

Todo esse processo, minuciosamente descrito em um registro material, é, no entanto, qualificado como a obtenção de uma "alma", mais precisamente, como mencionamos, o *ehêri porã*, "filho da respiração", tratando-se no mundo presente de algo imaterial e invisível. O processo é, ao mesmo tempo, a forma de obtenção de um nome, pois a expressão *Ye'pâ-masî* qualifica o demiurgo tukano, de fato, como um "tipo de gente", cujo plural é *Ye'pâ-masa*, "gente da terra", a autodesignação dos Tukano. Em sua singularidade, como primeiro ancestral dos Tukano, o nome que veio a adquirir no mundo de baixo é *Ye'pârã*. Do mesmo modo como ocorreu com o nome de *Ye'pârã*, os nomes dos irmãos mais novos que vão surgindo são descritos por conjuntos similares aos objetos de transformação que ensejaram o surgimento de *Ye'pârã*. Nesse sentido, esses itens podem ser tomados literalmente como objetificações de um princípio vital que é, por assim dizer, transportado pelos nomes. Objetificação é, nesse caso, o mesmo que personificação. É por isso que, a meu ver, os índios descrevem a alma-nome como um "segundo corpo". Alguns dos nomes que compõem o conjunto de nomes masculinos dos Tukano têm igualmente origem em outras casas de peixes e, por isso, alguns deles referem-se aos próprios nomes de certas espécies, como a traíra, *Doê*, ou o tucunaré, *Bu'u*.

A expressão *wa'î-ô'ari*, "ossos de peixe", que mencionamos antes, consiste em uma referência explícita à origem dos nomes tukano, pois eles sintetizam o chamado *katisehe*, a "força de vida" retirada das casas submersas dos peixes. É por isso também que se diz que, no passado, "nossos avós foram peixes", assumindo definitivamente a forma humana em sua emergência na cachoeira de Ipanoré. Conta-se que é por esse motivo que os peixes são até hoje inimigos dos humanos, pois eles são, precisamente, o que restou da pré-humanidade. Continuaram peixes justamente porque não puderam passar pelo "buraco de transformação", o *pa'mîri-pee*, existente em uma laje daquela cachoeira. Mas foi, afinal, em suas casas que os ancestrais obtiveram os objetos de transformação, isto é, seus nomes. Por isso, a gente-peixe, os *wa'î-masa*, está constantemente buscando se vingar dos humanos. Quando, por exemplo, uma criança recém-nascida não recebe proteção xamânica apropriada durante o parto, os *wa'î-masa* aproveitam para lhe roubar a alma, deixando a deles no lugar. Quando isso acontece, a criança não se desenvolve normalmente e, às vezes, pode até morrer. É uma forma de roubar uma pessoa e levá-la para as casas invisíveis dos peixes sob os rios, como que reavendo aquilo que no passado lhes foi tomado pelos ancestrais dos humanos de hoje. A mais famosa das casas da gente-peixe fica em Temendavi, localidade do baixo rio Negro. Outra forma de ataque dos *wa'î-masa* são os chicotes invisíveis com ponta de espinhos. Quando se vai tomar banho no porto no mesmo lugar onde foi banhado um recém-nascido, fica-se sujeito a seu ataque.[18]

---

18 Uma doença geralmente provocada é um inchaço na perna (*Yôkorôá*, "bichos duros") que resulta do açoite dos *wa'î-masa*. Por isso as mulheres, depois de darem à luz, tomam banho mais abaixo do porto principal, para proteger os outros moradores do lugar. Há várias outras doenças que provêm das casas dos *wa'î-masa*, como malária, diarreia, vômitos, febres, gripes, dores de cabeça, tumores etc.

Mas são os próprios nomes que proveem proteção contra os ataques dos *waî-masa* e a feitiçaria em geral. Pois, além do banco e da cuia em seu suporte que conformam o corpo interior formado pela alma-nome, há também outros objetos de proteção associados aos nomes, como o escudo, *batípa'ke'*, e o pari[19] de proteção, *imîsapo*. Todos esses objetos são introduzidos no corpo de uma criança no momento da nominação, realizada por meio de uma encantação específica. A encantação é feita pelo *kumu*, que sussurra frases fixas de acordo com o nome escolhido para a criança. As palavras são sopradas em um cigarro, que, uma vez aceso, é entregue ao pai para que fume e solte baforadas sobre a criança. O texto sussurrado pelo *kumu* é fixo e faz, obrigatoriamente, referência à casa onde surgiu o primeiro ancestral a portar o nome escolhido. A casa onde o ritual é realizado torna-se a própria casa de transformação onde surgiu o nome, e os objetos de transformação que lá foram obtidos são invocados e, verbal e invisivelmente, tratados com o caldo adocicado de várias frutas, *i'pîtiri akokaha*. Toda a operação é realizada na fala do *kumu*, que, ao citar todos os objetos e prepará-los com os caldos de fruta, arrola as qualidades associadas ao nome na terceira pessoa do singular. As frases a seguir nos dão uma ideia aproximada do que se trata:

Kîî Akîto, Akîto Kîî yaá katirí wahâtoro
Ele (nome, nome) dele vida cuia
A cuia de vida de Akîto

Kîî yaá katirí sãriro
Dele vida suporte [de cuia]
Seu suporte de vida

Tií wi'i diâ wakîra-wi'i
Aquela casa [nome da casa]
Estão em dia *wakîra-wi'i*

Kîî katisehe, Kîî yeé katisehe wahâtopa
Ele vidas dele vidas fruta de cuia
Sua vida, a fruta da cuia de sua vida

---

19 Cerca de talas de jupati, usada como armadilha de pesca.

Cidade do índio

Kĩĩ yeé katisehe sãriri
Dele vidas suportes [de cuia]
Seu suporte de vida

Kĩĩ yeé katisehe kumu kaári
Dele vidas banco fileiras
Sua fileira de banco de vida

Toó mii mahâ nuhu katiróti nuhuaha
Lá [da casa] trazer sentar com a vida sentar-se
A essa casa, ele trouxe e sentou-se com sua vida

We'tití nuhuaha, pi'ti sãã ta'tia nuhuaha
Proteger sentando-se, fixar colocar dentro compartimento sentando-se
Protegeu-se e sentou-se ali dentro

Kĩĩ we'tití nuhuahapî,
Ele proteger-se sentou-se
Ele protegeu-se e sentou-se

A'té Kĩĩ yeé katisehe imîsapo
Este dele vidas pari [já tecido]
É o seu pari de vida

Kĩĩ yeé katisehe kumu kaárî
Dele vidas fileira de banco
Sua fileira de bancos de vida

Kĩĩ yeé katisehe mîropî
Dele vidas cigarro
Seu cigarro de vida

Kĩĩ yeé katisehe wahâtopa
Dele vidas cuia
Sua fruta de cuia de vida

Teré mii mahâ nuhu katiróti nuhuaha we'tití nuhuaha
Essas coisas trazer sentar ter vida sentando-se proteger-se sentando-se
Teve sua vida trazendo essas coisas, protegendo-se e sentando-se

A'té ĩtâboho batípa'ke', ĩtâki batípa'ke' sîô pũri batípa'ke'
Este quartzo escudo tipo de quartzo escudo folha de ouro escudo
Seu escudo de quartzo, seu escudo de ..., seu escudo de folha de ouro

Ouro batípa'ke', ferro batípa'ke', sõ'kô piri batípa'ke'
Ouro escudo ferro escudo pedras de ralo escudo
Escudo de ouro, escudo de ferro, escudo de pedras de ralo

Geraldo Andrello

Miî ka'móta' nuhuaha, we'tití nuhuaha
Pegar cercar sentar-se proteger-se sentando-se
Pegou essas coisas e fechou protegendo-se, sentando-se

A'té Kîî yeé katisehe imîsapo
Este dele vidas pari (cerca de varas)
São seus paris de vida

Ĩtâboho imîsa, ĩtâki imîsa, sîô pũri imîsa, ouro imîsa, ferro imîsa, wayûku imîsa,
Quartzo pari .... ?????? .... ??????? .....
Pari de quartzo, pari de ...., pari de folha de ouro, pari de ferro, pari de
[outro tipo de quartzo]

Esse é o trecho inicial do *basesehé* utilizado para dar o nome de *Akîto* a uma criança. O texto integral é muito mais extenso e, ao final, incluirá as frases em que são mencionadas as frutas em cujo caldo os objetos invocados serão embebidos. A casa de origem é mencionada no início e, em seguida, passa-se a arrolar os objetos sempre qualificados como "de vida", usados pelo ancestral para sentar-se e proteger-se. No tempo das malocas, afirma-se que era necessário "passar por todas as casas", isto é, refazer todo o caminho da viagem da cobra-canoa, trazendo desde a casa de surgimento do nome os objetos de transformação até a casa da criança que estava sendo nomeada. Hoje se aponta que a encantação ficou mais curta, uma vez que o caminho não é refeito, mas apenas invocada a casa de origem. Terminada a operação ritual, considera-se que a pessoa nomeada passa a contar com nova proteção, *we'tîro*, "capa", contra doenças ou ataques maléficos. O nome pessoal será, assim, um recurso com que a pessoa contará ao longo da vida, podendo ser acionado sempre que necessário (por exemplo, quando tem sua "alma presa" por algum ataque maléfico: *ehêrí põ'ra yẽ'esehé*). Mas o principal atributo da alma que adere à pessoa junto com o nome é a inteligência e a capacidade de adquirir conhecimento.

Quando uma pessoa morre, o corpo se desfaz na terra, volta para a terra, *ye'pâ* (a origem dessa palavra é pira-tapuia, pois em tukano "terra" é *di'tâ*). Mas a alma se decompõe, pois uma parte dela, que nasceu com o corpo, se dirige para *dia-wapîra wi'i*, e a outra, aquela associada ao nome pessoal, volta para a casa de transformação à qual o nome da pessoa que morreu está associada. Assim, é como uma essência que retorna à sua fonte de origem, podendo ser realocada em outras crianças que venham a receber o mesmo nome. A reciclagem dos nomes é comumente feita em gerações alternadas, de maneira que há uma tendência de que um filho primogênito receba o nome do avô paterno. Quando a outra parte da alma – aquela que não corresponde ao nome pessoal – não é bem encaminhada à *dia-wapîra wi'i*, a casa das almas, o espectro (*wẽrîkï'-wãti*, "diabo morto") do morto permanecerá ligado ao mundo dos vivos, importunando-os. São fantasmas ou visagens. Em determinadas épocas do ano, algumas almas que vivem nessa casa são liberadas e se transformam. Assumem então a forma de pássaros, cobras ou insetos, de acordo com a classificação do morto no esquema hierárquico. Os grupos hierarquicamente superiores transformam-se em pássaros de plumagem bonita.

É importante salientar que os nomes, assim como a substância corporal constituída pelo sêmen masculino, são transmitidos por linha paterna, de modo que o pertencimento de uma pessoa à etnia do pai, definido desde a concepção, é reiterado com a nominação. A mãe, sempre pertencente a uma etnia distinta, constitui, por excelência, o elemento exterior do processo. Os Tukano costumam afirmar que as mulheres formam a parte do sib "que se vai" e se presta a propiciar o crescimento de outros. Portanto, o que os sibs patrilineares do Uaupés acumulam e transmitem às suas futuras gerações é a força de vida obtida pelos ancestrais no passado mítico, cuja forma interior é a de objetos de transformação invisíveis e imateriais. Sua forma exterior, visível e material, é a dos adornos cerimoniais, depositados nas caixas existentes nas malocas do passado. Conta-se que essas caixas foram repassadas ao longo de sucessivas gerações, desde a emergência dos grupos do Uaupés na cachoeira de Ipanoré. Por outro lado, podiam também ser roubadas em guerras contra grupos inimigos.

Essa tradicional riqueza dos grupos do Uaupés era, portanto, passível de incremento, herdada que era dos ancestrais e, ao mesmo tempo, suplementada pela troca com grupos aliados ou pela guerra. Com efeito, entre os enfeites acondicionados nas caixas, alguns não podiam ser fabricados – é o caso dos colares *Dasiá-tuu* e *Da'sîri*, feitos de ossos e conchas,[20] e do *Itaboho*, cilindro de quartzo com uma perfuração, que servia para que pudesse ser igualmente pendurado ao pescoço. Outros eram passíveis de confecção por especialistas – como os *Maha-poari*, elaborados cocares feitos com penas de arara, tucano e outros pássaros, os *Yaî-ipiri*, cintos de dentes de onça e de queixados, e o *Kitió*, chocalho de tornozelo feito com a casca da fruta que leva o mesmo nome. Tanto os Desana do rio Tiquié como os Tukano do rio Papuri fazem referência a trocas de cocares e cintos de dentes com um grupo conhecido como *Me'kâ-masa*, hoje desconhecido. Isso se fazia em uma cerimônia chamada *dika-yuú yee*, "fazer troca", para a qual haveria danças e cantos específicos, de acordo com os objetos que eram transacionados. Dançavam sem a paramentação completa, utilizando somente os objetos da troca; em primeiro lugar, os que ofereciam, depois os que recebiam. Há também inúmeras histórias até hoje contadas sobre as expedições organizadas por líderes de guerra com a finalidade específica de atacar malocas mais distantes, como as dos Baniwa ao norte, para roubar-lhes as caixas de enfeites. Assim, tal como as esposas de um sib, obtidas pela troca de irmãs ou pelo rapto junto a sibs de outros grupos exogâmicos, os enfeites cerimoniais podiam igualmente ser obtidos no exterior do grupo. Eles vinham suplementar o princípio vital que se herdava dos ancestrais.

Como manifestações materiais dos nomes, os enfeites cerimoniais encapsulam aquilo que em tukano é chamado *katisehé*, a força de vida dos antepassados, obtida em sua transformação mítica e transmitida para as novas gerações. O termo *katisehé* pode, de fato, ser traduzido de várias maneiras: força, princípio vital, subjetividade, intencionalidade, alma etc. (ver Fausto, 2002). Como já vimos, os modos usuais de agenciar e potencializar esse aspecto da pessoa dizem respeito a um conhecimento esotérico que fundamenta a capacidade xamânica dos *kumu*, atribuindo às suas falas, *u'ukunsehé*, o poder de reintroduzir no presente o passado mítico. A nominação é o modo prototípico dessa operação, transmitindo às novas gerações as capacidades veiculadas pelos objetos de

---

20 As conchas desses colares seriam "do oceano", tendo chegado ao Uaupés no bojo da cobra-canoa, que percorre a costa brasileira para, em seguida, adentrar os rios Amazonas, Negro e Uaupés.

transformação associados aos nomes. Os enfeites cerimoniais serviam para exteriorizar ritualmente tais capacidades, pois, como explicaram vários informantes, exibindo seus enfeites e cantos em um dabucuri, os homens de uma maloca "mostravam a seus parentes *quem eram* eles". Nessas ocasiões também se punham a recitar, pública e simultaneamente, seus mitos de origem, em cerimônias que envolviam confrontações verbais e cênicas,[21] destinadas a reafirmar posições hierárquicas. As trocas e as guerras para a suplementação de enfeites demonstram que capacidades subjetivas podem também ser capturadas no exterior.

Um termo genérico utilizado para designar tanto nomes como enfeites atesta isso: *apeka*, palavra formada por *ape*, "outro", e *ka*, "coisas", ou seja, "coisas de outros" ou "coisas outras". Trata-se de um termo que parece possuir vários referentes, pois pode também ser usado para os artefatos que só se obtêm com grupos específicos, como os raladores de mandioca baniwa, os bancos tukano e os cestos de carga maku. São especialidades artesanais de uso cotidiano, trocadas entre os diferentes grupos étnicos. Embora a circulação dos enfeites cerimoniais fosse muito mais restrita, sua possível obtenção junto a outros grupos os torna passíveis de ser designados com o mesmo termo. Os Barasana, grupo que se localiza na Colômbia e ainda possui as caixas de enfeites, lhes atribuem um termo análogo ao *apeka* tukano: *gaheuni*, que teria exatamente a mesma tradução (S. Hugh-Jones, comunicação pessoal, 2002). Como a força de vida que guardam também foi, em sua origem, obtida no mundo aquático da gente-peixe, o componente da alteridade lhes seria efetivamente intrínseco. Esse dado nos remete à discussão do início da seção, isto é, aos significados do dinheiro dos brancos, seus papéis, e aos muitos objetos a ele associados, as mercadorias. Pois, e este é o ponto importante, essas últimas são também qualificadas como *apeka*: elas são *apeka* de branco.[22]

---

21 Ver a descrição de um dabucuri entre Tukano e Tariano no Capítulo 6.

22 Passa-se algo parecido entre os Kayapó, para os quais as mercadorias dos brancos são subsumidas na categoria *Nekret*, que, antes do contato, designava as prerrogativas associadas a papéis cerimoniais e aos ornamentos usados ritualmente. Envolve ainda outras prerrogativas, ligadas a direitos sobre certas partes dos animais caçados

Assim, como se diz em Iauaretê, brancos e índios possuem seus respectivos "instrumentos", *o'mo*. Os instrumentos dos brancos são, sem dúvida alguma, os signos da civilização, valores que, como vimos, circulam na produção da vida comunitária em Iauaretê. Parece-me plausível, pelo que foi dito, sugerir que a obtenção das coisas dos brancos veio a se inscrever no mesmo registro que a obtenção de *apeka* de outros grupos. Portanto, assim como enfeites trocados ou roubados, as mercadorias vieram a veicular capacidades que serviram para incrementar aquelas que os homens recebem dos ancestrais de seus sib. Se os *apeka* indígenas constituíam objetificações da força de vida introjetada na pessoa por meio da nominação, os *apeka* dos brancos, as mercadorias, foram igualmente tomados por objetificações de uma capacidade que podia ser manipulada por um meio xamânico muito particular, os *papéra*, o dinheiro. Talvez por isso as mercadorias e o dinheiro puderam ser incorporados como novos recursos para viabilizar a produção da comunidade. Nesse caso, as demandas por emprego, dinheiro e mercadoria em Iauaretê não devem ser interpretadas apenas como "reificação" das coisas dos brancos em sua materialidade ou utilidade técnica. Roupas e dinheiro são, com frequência, referidos como "arma" do homem branco, isto é, sua *we'tîro*, "capa" ou "proteção"; às vezes se diz até que os brancos já nascem de roupa.

Do que foi dito até aqui, podemos deduzir que, do ponto de vista indígena, o dinheiro foi inicialmente tomado como algo que, para os brancos, possuía uma importância equivalente àquela que os instrumentos de transformação e os adornos cerimoniais possuem para os índios: são meios e capacidades imprescindíveis na vida de hoje, que como tais existem em um plano da realidade em que o presente não é distinto do passado narrado nos mitos. Essa hipótese é consistente com o que disse Stephen Hugh-Jones em sua análise dos mitos de origens dos brancos coletados entre os índios do Uaupés. Esses mitos, segundo o autor: "tornam claro que o conhecimento e o poder dos brancos são

---

e às propriedades de certos animais domésticos. Ao lado dos nomes, os *Nekrets* constituem os emblemas das Casas, descritas como "grupos de descendência uterinos" (ver Lea, 1986 e 1992, bem como a discussão de Gordon, 2003).

concebidos como uma transformação e concentração dos poderes e conhecimentos xamânicos pelos quais a sociedade indígena foi criada e que asseguram a sua reprodução hoje" (Hugh-Jones, 1988, p.150).

O motivo central desses mitos é expresso em um episódio em que o criador, após a emergência da humanidade a partir do ventre da cobra-canoa, apresenta um arco e uma arma de fogo para os ancestrais dos índios e dos brancos. Em um primeiro momento, o ancestral dos índios toma a arma de fogo e o dos brancos, o arco, porém nenhum deles é capaz de usar esses instrumentos. Quando o criador ordena a troca dos objetos entre eles, imediatamente o branco sai atirando com a arma e o índio com o arco. E então índios e brancos seguirão trajetórias diferentes, levando suas respectivas aquisições. Os índios permanecem nas cabeceiras do Uaupés e os brancos serão mandados rio abaixo, em direção sul, onde fabricarão muitas outras mercadorias (ver Cap. 6). Como enfatiza o autor, apesar do controle atual que os brancos têm sobre os objetos manufaturados, sua origem não escapa do mesmo esquema mítico que deu origem a todas as coisas, fora do qual nada mais pode ter sido criado. Portanto, o dinheiro teria existido desde sempre sob as cachoeiras. Assim como os objetos de transformação indígenas foram obtidos nas casas dos peixes, é também de lá que os brancos haveriam retirado suas coisas. No passado, foram o dinheiro e as roupas do Conde Stradelli, hoje se comenta que as casas dos peixes são como cidades, com ruas, casas e carros (para outros exemplos da associação entre brancos e gente-peixe, ver Lasmar, 2002). Para finalizar, uma palavra sobre a noção de objetificação.

C. Gregory (1982, p.32) enfatizou a definição marxista do conceito de objetificação, opondo-o ao de "personificação": no caso do primeiro, ocorreria uma conversão de pessoas em coisas, pois o tempo de trabalho despendido na produção torna-se ele próprio "coisa"; no segundo, alimentos, abrigo e vestuário são meios pelos quais um grupo doméstico produz pessoas por meio de coisas. Nessa linha, haveria uma separação radical entre pessoas e coisas. Mas não parece ser isso que se passa no Uaupés, pois aí, como vimos, objetificação e personificação se confundem. Nesse sentido, a formulação proposta por M. Strathern para esses conceitos mostra-se mais produtiva (1988, p.176ss.). De acordo com a autora, a objetificação constitui um mecanismo simbólico mais geral, por meio do qual as pessoas tornam o mundo conhecido, isto é, objetificado. E isso pode ocorrer de duas maneiras distintas: por "reificação" ou "personificação". No primeiro caso, que diz respeito à lógica ocidental, a da mercadoria, apreende-se a natureza do objeto em si, ao passo que, no segundo, o que se apreende são capacidades ou poderes. No primeiro caso, os objetos aparecem como coisas; no segundo, como pessoas. Se o primeiro ocorre no regime da mercadoria, o segundo ocorre no da dádiva. Essa formulação apresenta uma clara ressonância com a discussão anterior e se presta a qualificar com precisão o estatuto desses objetos que, no Uaupés, são definidos como *apeka*: trata-se de objetificação como personificação.

Uma anedota que se ouve frequentemente em Iauaretê é a seguinte: "os brancos fabricam muitas coisas, já os índios só fabricam gente". E parece que, para continuar "fabricando gente", nos grandes bairros de Iauaretê é imprescindível hoje lançar mão das coisas fabricadas pelos brancos. A comunidade indígena, como indicava o estatuto de Dom Pedro Massa, não tem realmente "fins lucrativos", seu propósito é a constituição de pessoas. Mas hoje em Iauaretê há pessoas e grupos que intentam novas formas de fusão das capacidades dos índios e dos brancos. Refiro-me a grupos de alta hierarquia que vêm se esforçando para inscrever suas falas ancestrais nos *papéra* dos brancos, investindo grande parte de seu tempo na produção de livros de mitologia. Na última seção deste capítulo, passo a tratar desses fatos mais recentes, que sugerem a emergência de uma nova percepção das relações entre a civilização dos brancos e a cultura dos antigos.

Civilização ou cultura

Em face da concentração e do crescimento demográfico do povoado de Iauaretê, verificamos certo incômodo entre alguns moradores tariano das comunidades tradicionais. Alguns deles reivindicam maior respeito às prerrogativas dos Tariano por parte daqueles que foram se estabelecendo no povoado nas últimas décadas, em particular quanto a seus direitos sobre as terras circunvizinhas ao povoado e aos melhores locais de pesca. Essa posição é mais nitidamente perceptível entre os membros do bairro São Pedro, situado na margem oposta à da Missão, em relação de contiguidade espacial com outro bairro, Santa Maria. No passado, os primeiros moradores dos dois bairros formaram uma única comunidade, composta dos membros de um mesmo sib tariano, os *Koivathe*, que ali viviam em duas grandes malocas por ocasião da chegada dos salesianos (ver Cap. 5). A chegada de novos parentes do Papuri e do Uaupés nos anos 1970 levou os membros da principal linha de descendência do sib a decidir pela formação de duas comunidades, reinstituindo a divisão que no passado separava os *Koivathe* em duas malocas. Esse processo deu origem à comunidade de São Pedro, atualmente com dezesseis grupos domésticos, dos quais apenas dois não são tariano. Os moradores tariano pertencem a dois distintos sibs: *Koivathe* e *Kayaroa*, sendo os primeiros chefes e os segundos servidores, um arranjo que persiste desde os tempos em que ainda viviam nas malocas.

São Pedro diferencia-se nitidamente dos demais bairros atuais de Iauaretê, e sua própria classificação como "bairro" é frequentemente eclipsada por sua semelhança mais próxima às comunidades ribeirinhas espalhadas pelo distrito. O processo de fusão de todos os moradores tariano da margem direita do Uaupés, em Iauaretê, em uma mesma comunidade e a subsequente separação do grupo que veio a formar a comunidade de São Pedro sugerem, com efeito, uma reação de tipo tradicionalista ao crescimento demográfico das comunidades locais. Um de seus membros é enfático ao comentar a situação atual do povoado: "com tanta gente amontoada aqui em Iauaretê, já não se pode esperar que os nossos filhos respeitem as moças como se fazia antes". Com essa afirmação, o informante alude a uma consequência do crescimento demográfico de Iauaretê, atualmente muito debatida pelas pessoas. Trata-se do diagnóstico corrente de que essa concentração demográfica sem precedentes não permite que a juventude adquira um conhecimento apropriado sobre o mapa das relações sociais em que sua família se insere. E isso passa a acarretar problemas sérios no que diz respeito à observação das uniões conjugais apropriadas e à intensidade da vida sexual dos jovens, o que vem levando a um aumento impressionante no número de mães solteiras no povoado.

Nosso informante diz ainda em tom categórico que "a verdadeira comunidade existia na maloca", muito embora os padres queiram fazer crer que as comunidades surgiram depois da sua catequese. Na maloca, diz ele, havia um líder para dizer o que seria feito, como e quando, dando a entender que os jovens tinham a oportunidade de ouvir seus pais com maior frequência e aprender a quem se deve respeitar. Não é o que passa quando as comunidades estão tão ajuntadas e crescidas, como em Iauaretê, diz ele. No atual contexto, é muito frequente que rapazes tariano deixem de respeitar, por exemplo, as moças desana, coisa que seria inconcebível no passado. Ocorre que os pais não levariam mais os filhos para conhecer as primas com quem podem se casar. Assim, eles podem até mesmo ter relações sexuais com moças tariano de outras partes do distrito sem que sequer saibam disso. Ao se separarem da comunidade de Santa Maria, os Tariano de São Pedro buscam, assim, "manter a juventude na linha", ensinando-os a se comportarem apropriadamente. Nessa comunidade, há apenas duas famílias não tariano, de cunhados, e que foram aceitas por já terem dado uma de suas irmãs em casamento aos Tariano: "eles podem viver com a gente e serem membros da comunidade, e suas filhas poderão se casar com os nossos filhos", sentencia-se.

Fica evidente que esses Tariano mais tradicionalistas recorrem ao antigo modelo da maloca para produzir uma versão idealizada de sua vida comunitária no presente. Entre eles se ouve por vezes que, antes da chegada dos missionários, os índios de Iauaretê já "tinham muita civilização" e que os padres deveriam ter vindo apenas para ensinar a ler, escrever e contar. Essa civilização preexistente à implantação da Missão é o que eles pretendem esclarecer na forma de um livro, para o qual eu mesmo fui convocado a colaborar como redator. Ali planejam narrar a história da origem dos Tariano, sua migração para o Uaupés e tudo o que ocorreu em Iauaretê desde sua chegada ao lugar. Paralelamente, pretendem também reconstruir uma maloca e retomar antigas práticas rituais, como, aliás, já vêm experimentando ao apresentar as danças e os cantos tradicionais dos *Koivathe* nas festas da comunidade. Intentam ainda reaver suas caixas de adornos cerimoniais há décadas entregues aos padres, as quais, segundo informações que circulam em Iauaretê, estão em um museu mantido por freiras salesianas em Manaus. De seu ponto de vista, é preciso "organizar Iauaretê", isto é, garantir que os direitos dos seus tradicionais moradores sobre os recursos naturais dos arredores do povoado sejam respeitados e que certas coordenadas sociais de relacionamento entre os grupos sejam devidamente transmitidas aos jovens que já nasceram e cresceram em Iauaretê. E isso passa por uma revalorização e afirmação da chamada "cultura dos antigos", a "civilização" que os índios possuíam antes da chegada dos padres. Eles dizem que, se os Tariano houvessem saído de Iauaretê para ir invadir a terra de outros, ninguém teria gostado, de maneira que, aqui, eles, os "donos do lugar", deveriam ser mais respeitados.

Essa reivindicação da cultura dos antigos por parte dos Tariano dos sibs de alta hierarquia de Iauaretê pode soar paradoxal, tendo em vista, como já foi discutido no capítulo anterior, sua inclinação, no passado, em aceitar os planos de colonização dos militares como forma de garantir o progresso e a civilização dos brancos para Iauaretê. O que teria se passado então ao cabo dos cerca de quinze anos desde que a avalancha de promessas do Calha Norte os seduzira? Houve certamente o surgimento de uma perplexidade quanto ao contínuo crescimento demográfico de Iauaretê, bem como quanto aos chamados "problemas sociais" que daí decorreram. Mas houve também uma mudança importante na postura dos próprios missionários quanto às expressões culturais indígenas, à qual nos referimos no final do capítulo anterior. Sua aproximação à pastoral indigenista mais progressista do Cimi, bem como a influência dos padres javerianos da Colômbia que assumiram as missões do Papuri nos anos 1950, mais propensos à Teologia da Libertação, os fez nos anos 1970 iniciar uma mudança radical na prática missionária. Foi naqueles anos que, como se recordam várias pessoas de Iauaretê, começaram a aparecer novos salesianos que, além de falar em promoção humana e projetos econômicos, passaram a recomendar aos índios que valorizassem sua própria cultura.

A mudança de postura dos religiosos foi também motivo de perplexidade para os índios, pois quem poderia esperar que tudo aquilo que fora condenado como "coisas do diabo" – o xamanismo, a iniciação, os instrumentos sagrados etc. – pudesse então passar a ser recomendado enfaticamente. Houve, em Iauaretê, um padre espanhol que chegou a ser afastado da Missão pelos superiores, a pedido dos próprios índios, pois pretendia pôr fim a certas práticas, como as comemorações cívicas e as missas de formatura no colégio, por considerá-las incompatíveis com a "cultura indígena". O mesmo padre, segundo se comenta, queria restringir as mercadorias trocadas pela Missão a sal, sabão, fósforos e facões, que seriam as "únicas necessárias aos índios". Esse episódio serviu para que os salesianos percebessem que era preciso cautela e muita paciência para se aprofundar no negócio da inculturação. Nos anos seguintes, algumas adaptações de "apresentações culturais" passaram a fazer parte da agenda de festividades da missão, como torneios de danças tradicionais envolvendo grupos de diferentes partes do distrito.

Independentemente do que isso possa ter representado do ponto de vista dos missionários, interessa, a meu ver, ressaltar que, apesar da perplexidade gerada pelas mudanças de rumo, novos espaços pareciam se abrir aos índios. Como chegaram a dizer alguns, "a gente não chega a entender a civilização", indicando com isso que os brancos são incompreensíveis, uma vez que passaram a valorizar aquilo que outrora condenavam. Mas a outros, como parece o caso dos Tariano de São Pedro, os espaços de valorização cultural que foram surgindo – depois dos missionários, o aparecimento constante de antropólogos e ONGs com projetos de educação diferenciada – ofereciam novas vias para reivindicar prestígio e idealizar um cenário futuro ao povoado de Iauaretê. Isso não se passa apenas com os Tariano, mas também com grupos tukano de alta hierarquia que hoje vivem no povoado. Há homens tukano da comunidade do Pato, por exemplo, que, assim como os Tariano de São Pedro, ressentem-se igualmente da perda progressiva de reconhecimento de seu *status* de chefes por parte dos corresidentes nos bairros onde vivem.

Com efeito, as hierarquias tradicionais entre os grupos indígenas do Uaupés expressam-se de maneira ambígua em Iauaretê. Entre os segmentos que reivindicam a posição de chefes junto a seus respectivos grupos nota-se um incômodo reinante, que diz respeito ao fato de que tais posições, segundo eles próprios apontam, deveriam ser objeto de reconhecimento por parte dos segmentos inferiores. Vivendo em bairros multiétnicos, pessoas que em seu contexto de origem contavam com meios para afirmar uma posição hierárquica – como a promoção de festas e rituais em suas comunidades de origem – já não dispõem dos mesmos recursos, pois aqui toca participar do dia a dia de uma comunidade em que seu voto vale tanto quanto o dos demais na eleição do capitão. Esse estado de coisas impede tanto o reconhecimento por outros como também não facilita ocasiões nas quais a hierarquia poderia vir a ser enfatizada. Ao contrário, como em geral se comenta em Iauaretê, com os padres foi introduzida a história de que "todos são irmãos", de maneira que as diferenças entre os grupos passaram a ser minimizadas, por assim dizer. Antes, cada qual tinha seu próprio lugar para morar; agora, todos querem ir para Iauaretê e os moradores antigos foram exortados pelos missionários a ceder espaço para famílias de outras etnias. Nesse contexto, as iniciativas de revitalizar a cultura constituem, ao mesmo tempo, reação a uma tendência de indiferenciação que, cotidianamente, parece ser pressentida por vários dos moradores de Iauaretê. Alguns mencionam o fato de que hoje há muitos alunos no Colégio que não sabem dizer a qual sib específico pertencem, pois não receberam tal informação dos próprios pais.

A cultura é, assim, não apenas aquilo que diferencia os índios dos brancos, mas também aquilo que diferencia os índios entre si. Uma afirmação que ouvi em Iauaretê ilustra bem esse ponto: "os índios aqui em Iauaretê são o mesmo tipo de gente, porque comem a mesma comida, o que muda entre nós, Tukano, Desana, Pira-Tapuia, são as histórias, os cantos, as danças, quer dizer, a cultura". A cultura, portanto, aparece como algo exclusivo dos índios, que os distingue entre si. Já os brancos, com suas outras comidas, seriam outro tipo de gente. Não possuem cultura, pois não possuem benzimentos nem nomes cerimoniais, e suas "coisas", isto é, as mercadorias, o dinheiro, a escrita e seus conhecimentos, foram historicamente classificadas como "civilização". Como ressaltamos no primeiro capítulo, lidar hoje com a chamada "cultura dos antigos" é algo que exige criatividade por parte das lideranças do movimento indígena do rio Negro, e cumpre potencializá-la também por meio dos recursos da civilização. Os dilemas que isso acarreta para uma instância de representação macrorregional como a FOIRN são vários e não cabe a nós aqui enumerá-los (para essa discussão, ver Jackson, 1991, 1994 e 1995). No contexto específico de Iauaretê, por outro lado, a questão parece manifestar-se com nuanças próprias, pois aqui, como vínhamos discutindo, o assunto da cultura associa-se explicitamente a uma ênfase na diferenciação hierárquica intra e interétnica. Assim, entre os Tariano, por exemplo, somente aqueles reputados chefes encontram-se em posição de reivindicar prerrogativas e pensar formas de "organizar Iauaretê" com base em um discurso consciente sobre revitalização cultural.

As novas circunstâncias sociais engendrariam, portanto, uma associação nítida entre revitalização cultural e reafirmação da hierarquia entre os grupos, o que leva alguns a definir esse processo virtual como uma forma de "mostrar quem é quem em Iauaretê". Um mesmo "tipo de gente", é certo, porém com atributos, prerrogativas e capacidades distintas de acordo com a posição hierárquica. Aqui também não se trata de abrir mão daquela civilização veiculada pela obra missionária, pois aos padres se credita o aprendizado da escrita e dos números. A conciliação desses dois mundos é, aliás, enunciada explicitamente em certas ocasiões, como naquela assembleia que mencionei no primeiro capítulo.

Lembremos que, naquela ocasião, as lideranças presentes tinham por objetivo debater projetos a ser implantados no futuro, após a demarcação das Terras Indígenas. O documento que foi então produzido mencionava coisas aparentemente contraditórias, tais como: "fortalecimento e incentivo dos comerciantes indígenas para que haja maior e melhor investimento na área" e "modo de constituição familiar entre as tribos, valorizando ou de acordo com nossos costumes ancestrais" (Relatório da Pré-Assembleia, Iauaretê – 20 a 21 de fevereiro de 1998). Aqui também o contexto era encontrar soluções para os "problemas sociais" de Iauaretê, como abastecimento e o controle da juventude. Ora, o modo como a assembleia se refere aos "costumes ancestrais" parece corresponder àquilo que M. Strathern (1998, p.118) chama tradição "valorizada e explícita", o que não seria o mesmo que uma "tradição não manifesta, implícita". Essa última seria tradição apenas para o observador; para o portador ela seria simplesmente vida. Assim sendo, essa tradição que se reivindica, que poderá pôr fim ou amenizar os novos conflitos, já faz parte, afirma Strathern, de um "novo tempo", não do "velho mundo da cultura indígena". Ela não estaria, por assim dizer, em choque com os novos comportamentos, pois tanto estes quanto a tradição assim reinventada fazem parte de um "novo tempo". Nessa mesma linha, Manuela Carneiro da Cunha (2004) sugeriu recentemente que hoje, em diferentes circunstâncias, verifica-se a existência de dois níveis de aplicação da noção de cultura: um, "literal", que corresponderia ao uso geralmente observado em textos antropológicos, isto é, "algo que, embora dinâmico e cambiável, informaria a respeito de valores e ações"; outro que corresponderia a um uso político por parte de seus portadores. Esse último consistiria em um metadiscurso sobre a cultura. De acordo com a autora, um análogo do "kastom", termo vernacular pelo qual os nativos da Melanésia referem-se de maneira reflexiva e objetificada a seus próprios "costumes" (trata-se de um *pidgin* do termo inglês *custom*).

Nesse "novo tempo" sugerido por Marilyn Strathern, a separação ou a convivência entre a modernidade e a tradição, ou entre o novo e o velho, constitui muitas vezes a própria forma como as pessoas descrevem sua realidade social. Ela sugere, assim, que cabe à análise tomar esse dado como um problema a ser enfrentado, e não usá-lo como modelo. A partir de suas observações sobre as mudanças ocorridas nas terras altas da Papua-Nova Guiné, entre as décadas de 1960 e 1990, com a atividade comercial em franca expansão e o aumento da circulação de dinheiro, Strathern sugeriu que, ao distinguir, no presente, entre o velho e o novo, as pessoas acionariam uma concepção não evolucionista da história, isto é, não tratariam a mudança social como um desenvolvimento linear e progressivo, de substituição de velhos por novos comportamentos, mas como o "deslocamento de um tipo de socialidade para outro". Tal processo seria análogo ao movimento que, no passado, se daria entre os tempos ordinário e ritual, entre as orientações doméstica e política, entre as esferas da produção e da transação. A distinção entre o velho e o novo expressaria, assim, uma versão daquilo que a autora chama de "socialidades alternadas", ou tipos de engajamento social com diferentes ritmos ou temporalidades que supõem a troca de posições e perspectivas entre pessoas no decorrer da vida social. Em sua Papua-Nova Guiné revisitada, Marilyn Strathern encontrou tradicionalistas convictos altamente interessados na exploração comercial das terras em torno de seu povoado. Lá as pessoas demonstravam a capacidade de agir seguindo tanto o velho quanto o novo. Em Iauaretê, uma vez que se reivindicam ao mesmo tempo "investimentos comerciais" e "costumes ancestrais", algo semelhante parece estar se configurando.

Mas se há nisso tudo "invenção de tradição", essa moda que hoje seduz muitos antropólogos, o que se passa em Iauaretê leva a pensar naquilo que disse Sahlins (1997b, p.136) a esse respeito: "a defesa da tradição implica alguma consciência; a consciência da tradição implica alguma invenção; a invenção da tradição implica alguma tradição". Significativamente, aquilo que hoje em Iauaretê é chamado de "cultura dos antigos" configura-se como referência ao patrimônio material (ornamentos e instrumentos sagrados) e imaterial (nomes, rituais, mitos, encantações e cantos) que distinguiam os sibs pertencentes às hoje chamadas etnias do Uaupés. Era esse patrimônio que, mais nitidamente no passado, constituía a expressão formal da identidade dos sibs. Os rituais que envolviam esse patrimônio formavam também a base das relações políticas entre os grupos, e era a esse nível que as posições hierárquicas eram reconhecidas e consolidadas em diferentes conjunturas. De acordo com S. Hugh-Jones (2003), os líderes eram os "que possuíam um grande conhecimento esotérico e se mobilizavam para manter e aumentar os bens sagrados de sua maloca, podendo disponibilizar os recursos necessários para patrocinar os rituais. Tais capacidades rituais prestavam-se a fortalecer sua posição política".

Em Iauaretê, em razão dos fatores que discutimos, poder-se-ia questionar quanto à integridade desse patrimônio. Já vimos que uma enorme erosão se processou em seu aspecto material com a obstinação salesiana em tomar as flautas sagradas e as caixas de enfeites então existentes nas malocas. Por outro lado, de acordo com o levantamento domiciliar que realizamos em Iauaretê, em 309 das 411 casas do povoado respondeu-se afirmativamente quanto à atribuição de nomes tradicionais aos filhos. Em 386 casas respondeu-se que os partos realizados haviam sido "benzidos" com encantações apropriadas. Nesse caso, como aventamos no primeiro capítulo, o componente imaterial do patrimônio distintivo dos sibs do Uaupés parece, em certa medida, ter persistido, apesar da "entrada na civilização dos brancos". Ao menos parece ser o que esses números indicam e, de maneira mais importante, o que afirmam os Tariano de São Pedro. Talvez seja também por esse motivo que, às vezes, ouvimos os índios do Uaupés afirmarem que "não perderam toda a sua cultura, mas apenas 50%".[23] A meu ver, essa é uma forma de comunicar aos brancos que, apesar da quase ausência de malocas e de *performances* rituais grandiosas, isto é, apesar de os vermos pouco, certas práticas foram deslocadas para o espaço doméstico, ou seja, o lado imaterial e invisível daquilo que alguns moradores de Iauaretê chamam de cultura parece ter permanecido inatingível aos missionários.

No contexto de Iauaretê, começa a ser importante tornar visível e atribuir uma forma material àqueles signos capazes de marcar distinções entre os próprios Tariano e destes para com os outros grupos presentes no povoado. É a essa necessidade que, a meu ver, responde o empenho dos Tariano de São Pedro em produzir um livro contendo as falas de seus antepassados. Trata-se, sem dúvida nenhuma, de um novo item que vem ocupar o espaço dos ornamentos e instrumentos sagrados que no passado constituíam o aspecto material do patrimônio dos sibs. Assim como esses objetos, as falas ancestrais, *u'ukunsehé*, que incluem os mitos, as encantações, os nomes e os cantos, são veículos de um princípio ou força vital transmitidos ao longo de gerações. Isso que venho chamando de "patrimônio" é o que alguns grupos hoje residentes de Iauaretê frequentemente classificam como sua "riqueza", cujo valor, *wapatisehé*, explica-se por sua própria origem: trata-se de itens materiais e imateriais obtidos pelos ancestrais em sua transformação mítica e repassados ao longo das gerações de um sib. Por isso, a expressão na língua tukano usada para qualificá-los é *ĩsâ yẽkisimia kióke'*, literalmente, "o que nossos avós tiveram". O que são, como foram obtidos, transmitidos e o que até hoje representam é o que os Tariano de São Pedro pretendem contar no livro que planejam publicar em Iauaretê.[24] O mesmo se passa

---

23 Essa é uma característica dos índios da região perspicazmente notada por Beto Ricardo, coordenador do Programa Rio Negro do Instituto Socioambiental. Ele sempre fez questão de indagar sobre o sentido dessa frase inusitada.

24 Esse foi um trabalho que teve início em 2002, nos meses em que estive em Iauaretê para realizar meu trabalho de campo. Fui convocado formalmente para participar de várias sessões em que participaram os homens mais velhos do sib liderado pelos Tariano de São Pedro, chamados a contribuir para a elucidação da "história dos

entre alguns homens tukano, particularmente aqueles pertencentes ao sib de chefes que residiam anteriormente na comunidade do Pato. Aos Tariano interessa ressaltar suas prerrogativas como "moradores legítimos" de Iauaretê; aos Tukano, mostrar que chegaram antes ao Uaupés e, por isso, também possuem plenos direitos de viver no povoado.

Minha presença constante em Iauaretê entre 2001 e 2002 favoreceu grandemente esses projetos, pois lá estava um antropólogo a colocar seus préstimos como redator à disposição. Todos sabiam que era uma forma pela qual eu esperava aprender muita coisa, mas nos dois casos parecia haver um reconhecimento de que eu também estava ajudando e que com minha colaboração os livros poderiam de fato ser publicados.[25] Ao longo do processo, foi ficando claro que os livros representavam uma nova forma de objetificação da relação entre os homens de um

---

Tariano". A base foi uma fita cassete deixada por um antigo capitão já falecido, na qual relata o que se passou em Iauaretê antes e depois da chegada dos missionários salesianos. Esse trabalho resultou em um manuscrito preliminar, que ainda está sendo revisado e aprimorado por eles. Minha função foi redigir em português "correto" toda a história, que foi sendo traduzida por um padre tariano residente no bairro de Santa Maria. Minha convocação para essa tarefa devia-se em parte ao fato de, desde o ano anterior, eu colaborar sistematicamente com um trabalho similar, idealizado e posto em prática pelos chefes tukano da comunidade do Pato, com quem morei durante boa parte do trabalho de campo. Esse livro foi publicado em 2004 (ver Maia & Maia, 2004).

25 A Federação das Organizações Indígenas do Rio Negro (FOIRN) vem publicando, com o apoio do Instituto Socioambiental (ISA), uma coleção de livros intitulada Narradores Indígenas do Rio Negro, destinada a acolher manuscritos de autoria indígena. Até o momento seis volumes foram editados. Cabe mencionar que, desde muito tempo antes dessa iniciativa, vários índios do rio Negro parecem ter se mostrado especialmente interessados em colocar no papel as histórias contadas por seus antepassados. É o caso do baré Maximiano Roberto, que no final do século XIX entregou a Stradelli o manuscrito de sua *Lenda do Jurupari*. Nas décadas de 1950 e 1960, Marcos Fulop e Gerardo Reichel-Dolmatoff trabalharam com informantes igualmente letrados, que pareciam interessados em colaborar em pesquisas antropológicas pela oportunidade que entreviam de efetuar o registro de mitos tukano e desana, respectivamente (ver Fulop, 1954 e 1956, e Reichel-Dolmatoff, 1971). Nos anos 1970, o desana Luís Lana publicou, com o apoio da antropóloga Berta Ribeiro, o livro *Antes o mundo não existia*, cuja segunda edição veio a ser o primeiro volume da coleção antes mencionada.

grupo agnático e seus ancestrais. Uma objetificação, poderíamos dizer, daquilo que hoje no Uaupés se costuma chamar de "cultura". Nos dois capítulos finais deste livro, exploraremos em detalhes os conteúdos respectivos dos manuscritos tariano e tukano com os quais colaborei longamente durante a pesquisa de campo. Ali, teremos ocasião de verificar que esses livros, que muito provavelmente passarão a circular em Iauaretê em um futuro próximo, não são reificados como coisas em si mesmas, mas considerados objetos de valor, pois aquilo que registram é foco de alta estima subjetiva. São, ao mesmo tempo, objetificação e personificação, e se prestam a operar uma apresentação externa – objetificação como *appearance* (ver também Gell, 1999, p.37) – de uma relação que vem sendo eclipsada por outras tantas que vêm se constituindo em Iauaretê. Não é fortuito que, paralelamente à redação de livros, os Tukano e Tariano manifestem seu interesse em reaver as caixas de enfeites, levadas há décadas pelos salesianos, reconstruir malocas e retomar práticas rituais.

Os relatos permitem ainda entrever como a civilização dos brancos é pensada nesse mesmo registro, pois ali não só se dá conta de como os ancestrais indígenas obtiveram suas capacidades subjetivas, mas também das formas de subjetivação dos brancos.

5
Filhos do sangue do Trovão: os Tariano

Os Tariana ganharam uma certa supremacia no Uaupés, avassalando as tribus visinhas dos Yuruparí e Pira-Tapuya e parte dos Macús, estado que se prolongou, ao menos teoricamente, até os nossos dias. Hoje esta mais nobre das tribus do Uaupés está se tucanisando cada vez mais, já tendo abandonado por completo o uso da língua antiga, trocando-a pela Tucana.

Curt Nimuendaju ([1927] 1982)

Os "filhos do sangue do Trovão", *bipó diroá masi*, são os Tariano, designação por eles recorrentemente afirmada e aceita por todos os outros grupos com os quais convivem hoje no Uaupés. Outro ponto de consenso entre os Tariano e seus vizinhos diz respeito a seu lugar de origem: os Tariano não são originariamente do rio Uaupés, tendo ali chegado em tempos passados e se estabelecido pelas imediações de Iauaretê muito antes da chegada dos brancos, conforme se afirma com frequência. Mais precisamente, seu lugar de origem é a cachoeira de Uapuí, localizada no alto curso do rio Aiari. Em termos de distância geográfica, esse afluente do rio Içana é muito próximo ao curso do alto Uaupés, para o qual teriam atravessado por caminho terrestre. Esse deslocamento em direção sul é um evento que a narrativa mítica tariano situa logo após seu surgimento como "gente" (*masa*), ou seja, embora sua origem tenha-se dado ao lado daquela de outros grupos de língua aruak que ainda hoje habitam a bacia do Içana, o processo de crescimento e dispersão dos Tariano como grupo ocorre à medida que se deslocam da bacia do Içana para a do Uaupés. Em algumas versões de sua origem mítica, há alusões a respeito de conflitos com os Baniwa, que os teriam levado a migrar para o sul.

Ao longo do percurso em direção à região de Iauaretê, há alguns sítios de parada mais ou menos prolongada, nos quais é estabelecida uma ordem hierárquica entre os ancestrais tariano que surgiram no rio Aiari. Outros ancestrais dos Tariano vêm também a aparecer nesses locais, sendo incorporados ao final da escala hierárquica. Essas personagens míticas são os ancestrais dos diversos sibs patrilineares que compõem o que hoje se designa "etnia tariana", um grupo exogâmico distinto no contexto do rio Uaupés. A relação de hierarquia entre os ancestrais define a classificação dos sibs. Assim, há sibs "menores", ou mais novos, com posição hierárquica inferior. Alguns ficaram ao longo do caminho em direção a Iauaretê, outros foram enviados pelos sibs "maiores" para outras partes do Uaupés, descendo até as proximidades das cachoeiras de Ipanoré e Urubuquara. Outros, ainda, dirigiram-se a localidades do baixo rio Papuri. Os sibs maiores concentraram-se em Iauaretê, onde até hoje vivem seus descendentes. A atual distribuição espacial dos Tariano é, assim, coerente com a narrativa da trajetória de seus ancestrais, de modo que hoje ocupam um território descontínuo. Com o tempo, os Tariano foram deixando sua língua, hoje falada apenas por indivíduos pertencentes a sibs inferiores. A explicação que dão para isso está relacionada ao fato de que, uma vez vivendo no Uaupés, os homens da maior parte dos sibs passaram a se casar com mulheres wanano e tukano, de modo que as crianças nascidas dessas uniões foram se habituando às línguas maternas. Hoje praticamente todos são falantes do tukano, que funciona como língua franca no Uaupés. Sua língua original é muito próxima à dos Baniwa, grupo aruak que ocupa praticamente toda a extensão do rio Içana. Hoje, à exceção dos Desana, os Tariano mantêm laços matrimoniais com várias outras etnias do Uaupés. Seguindo a regra da exogamia, homens tariano não se casam com mulheres de sua própria etnia.

Tais fatos, narrados com esse nível de detalhe, são praticamente senso comum em Iauaretê e podem ser confirmados por jovens e adultos, homens e mulheres, tariano ou tukano. Mas uma interpretação mais profunda de sua história é restrita aos homens tariano mais velhos, particularmente àqueles pertencentes às principais linhas de descendência dos sibs maiores. Quando os indagamos a respeito da designação "filhos do sangue do Trovão", ou das circunstâncias precisas acerca de sua origem, eles afirmam tratar-se de uma história muito longa, cujo relato, por sua enorme duração, exige paciência aos interessados. Alguns deles costumam fazer uma analogia esclarecedora, afirmando tratar-se do "Antigo Testamento dos índios". Trata-se daquilo que Christine Hugh-Jones (1979) qualificou em seu estudo sobre os Barasana como "era pré-descendência", um longo período de gestação da atual humanidade, anterior à sua organização social em grupos exogâmicos compostos de sibs hierarquizados.

Neste capítulo, exploraremos principalmente a história mais recente dos Tariano, que fala de sua trajetória até o Uaupés e da dispersão dos diversos sibs por diferentes localidades desse rio. É nesse registro que eles narram a chegada dos primeiros brancos no Uaupés, bem como as disputas e rivalidades antigas envolvendo chefes de diferentes linhas de descendência dos sibs estabelecidos em Iauaretê. Mas a base sobre a qual fundamentam sua narrativa histórica são os mitos de origem, pois é por meio deles que se conhecem os eventos que justificam sua fixação em Iauaretê. Como veremos, foi ali, na Cachoeira da Onça, que os ancestrais iniciaram uma história de feitos extraordinários, que, mais tarde, viria a propiciar o surgimento dos filhos do sangue do Trovão.

Segmentos e geografia

A população atual dos Tariano no Distrito de Iauaretê é estimada em cerca de 1.300 indivíduos.[1] Suas comunidades estão distribuídas ao longo do médio e alto curso do rio Uaupés, em três distintos núcleos de concentração. O primeiro e mais importante deles é formado pelas comunidades situadas no povoado de Iauaretê e imediações. Quatro dessas

---

1 Além desses, há um número desconhecido de famílias que hoje vivem na cidade de São Gabriel da Cachoeira e em outras comunidades ou centros urbanos do rio Negro, como Santa Isabel e Barcelos.

comunidades correspondem aos bairros mais antigos do povoado (São Miguel, Dom Bosco, Santa Maria e São Pedro) e outras seis estão localizadas a pouquíssima distância (Japurá, Aracapá e Sabiá, à margem direita do rio Papuri, muito próximas à sua foz, e Campo Alto, Itaiaçu e Miriti, às margens do rio Uaupés, a primeira abaixo de Iauaretê e as duas últimas acima – ver Figura 2 no Cap. 3). Os outros dois núcleos tariano estão separados do primeiro por comunidades tukano, arapasso e pira-tapuia, um no alto curso do Uaupés e outro no médio, ou seja, há um núcleo situado a montante do núcleo central de Iauaretê, formado por duas comunidades (Santa Rosa e Periquito), e outro a jusante, formado por quatro comunidades (Ipanoré, Urubuquara, Pinú-Pinú e Nova Esperança). Em termos populacionais, Iauaretê concentra hoje a grande maioria da população tariano (novecentos indivíduos). Mas há que se notar que metade desse total corresponde a pessoas que, nas últimas décadas, vêm se transferindo das comunidades dos dois núcleos periféricos e das imediações do núcleo central para o povoado. Para ter uma ideia dessa proporção, basta mencionar que, dos novecentos Tariano hoje residentes em Iauaretê, menos da metade são membros das antigas comunidades que aí se encontravam antes do início do processo de concentração populacional no povoado que se iniciou ao final dos anos 1970. Os Tariano dessas antigas comunidades, elas próprias constituídas em razão da chegada dos missionários em 1930, somam uma população que não ultrapassa hoje o patamar de quatrocentas pessoas.

A dinâmica espacial das comunidades tariano é, portanto, determinada por uma articulação complexa de fatores: é importante, em primeiro lugar, considerar seus relatos acerca de sua própria origem como grupo diferenciado e seus deslocamentos mais antigos – cuja sequência, como vimos no Capítulo 2, foi objeto de hipóteses arqueológicas –, bem como a implantação da missão salesiana em Iauaretê e seus desdobramentos mais recentes, que, no bojo das mudanças verificadas nas últimas décadas, veio promovendo a concentração dos Tariano em seu núcleo de povoamento mais importante. Embora mais de dois terços de sua população localizem-se hoje no povoado de Iauaretê, os núcleos tariano do alto e do médio Uaupés ainda mantêm-se como tais, seja pela permanência de parte de seus moradores nesses locais, seja pelo reconhecimento partilhado entre os diferentes sibs de que cada qual possui seu "próprio lugar".

O quadro a seguir fornece uma relação de todos os sibs tariano, apontando sua situação espacial. As duas colunas à direita da coluna de nomes indicam, respectivamente, as comunidades em que hoje encontramos representantes de cada um dos sibs e seu núcleo original de localização. Os sibs que originalmente se situavam em comunidades do alto e médio Uaupés têm parte de seus membros vivendo hoje em comunidades do povoado de Iauaretê. Assim, a coluna do meio dá uma ideia aproximada da localização atual e mais dispersa dos sibs, ao passo que a coluna da direita indica sua localização quanto ao núcleo original antes do início do processo de concentração demográfica em Iauaretê. Os diferentes sibs aparecem agrupados em distintas séries, o que corresponde à sua classificação hierárquica. Essa ordem, como já foi dito, é baseada na sequência mítica de seu surgimento, tal como ocorre em casos de outros grupos do Uaupés já descritos. Veremos, no entanto, que o caso tariano apresenta características próprias.

Quadro 1 – Sibs tariano: hierarquia e localização

Primeiro grupo – Perisi (Enu Pukurana ou "filhos do Trovão")	Comunidades atuais	Núcleo original
Kameda	Extintos	Iauaretê e imediações
Uhuiaka Kasi Numáda		
Uhuiaka Uhuiaka Seri	Dom Bosco, Iauaretê	
Kuenaka	Dom Bosco, Iauaretê	
Adaruna	Matapi, rio Içana	
Kameua	Extintos	
Kali		
Uhui		
?	Aparecida, Iauaretê	
Psi Sawi	Aparecida, Iauaretê, e Itaiaçu, rio Uaupés acima	
Kuisivada Kabana	Aparecida, Iauaretê, e Itaiaçu, rio Uaupés acima	
Uhua Dakeno	Extinto	

Continuação

Segundo grupo – Koivathe	Comunidades atuais	Núcleo original
Koivathe	São Pedro e Santa Maria, Iauaretê	Iauaretê e imediações
Kuenaka Dakásami	Ipanoré	Médio rio Uaupés
Pukuta	Extinto	?
Samida	Santa Maria e Dom Bosco, Iauaretê	Iauaretê e imediações
Sahami	Dom Bosco, Iauaretê	
Yawi	Santa Maria, Iauaretê	Médio rio Uaupés
Pukudana Kawaiaca	Campo Alto, rio Uaupés abaixo	Iauaretê e imediações
Sami	Santa Maria, Iauaretê	
Han-Huhada Sarape	Santa Maria, Iauaretê	
Kui	Japurá, rio Papuri, e	
Kali-Dáseri	Cruzeiro, Iauaretê	
Makuía	Aparecida, Iauaretê	Alto rio Uaupés
Talhakana	Nova Esperança, médio Uaupés, e Cruzeiro e Dom Pedro Massa, Iauaretê	Médio rio Uaupés
Terceiro grupo – Kayaroa (Paipherináseri)	Comunidades atuais	Núcleo original
Kumadeni	Urubuquara, médio Uaupés, e Ilha de São João, Iauaretê	Médio Uaupés
Kuena Yawialipe	Aracapá, rio Papuri, e Cruzeiro, Iauaretê	Iauaretê e imediações
Hewáli	?	
Malidá	Umari, rio Uaupés acima, e Dom Pedro Massa, Iauaretê	
Haiku-Saçali	São Miguel, Iauaretê	
Tepavi Hiparu		
Koeça	Dom Bosco, Iauaretê	
Tephana Sipa	?	
Paseda Hidalida	Extintos	
Tephana Huli		
Iawiça	São Pedro, Iauaretê	
Yeku	São Domingos Sávio,	
Daduna	Iauaretê	
Masienda	São Miguel, Iauaretê	

Continuação

Terceiro grupo – Kayaroa (Paipherináseri)	Comunidades atuais	Núcleo original
Mamialikune	Periquito e Santa Rosa, rio Uaupés acima, Urubuquara, médio Uaupés, Aparecida, Iauaretê	Alto Uaupés

Obs.: Os sombreados do quadro prestam-se unicamente para marcar os sibs extintos.

O quadro apresenta três séries distintas de sibs. A primeira série é composta de onze unidades, das quais há seis extintas. A respeito dessas últimas, não obtive informações detalhadas a respeito de sua trajetória. Os informantes dos outros sibs que fazem parte desse bloco afirmam usualmente que "morreram todos". A respeito dos dois primeiros da relação, conta-se que, quando os Tariano surgiram no rio Aiari e passaram a crescer em razão de intercasamentos com outros grupos linguísticos, aqueles não teriam obtido mulheres e, assim, não teriam deixado descendentes. Esse primeiro bloco é designado pelo termo *Perisi*, uma categoria que se aplica de modo mais generalizado a filhos primogênitos ou a sibs que ocupam a posição hierárquica superior em seus respectivos conjuntos. Outra expressão empregada para essa série é *Ennu Pukurana*, "filhos do Trovão". Trata-se da expressão original, na própria língua tariano, da designação correntemente usada no Uaupés para designar o conjunto dos Tariano. Nessa forma de uso mais restrita, a expressão se presta a marcar a posição hierárquica superior desse conjunto de sibs. Logo abaixo dele, encontramos uma segunda série composta de treze unidades, designada em seu conjunto pelo nome do sib que encabeça a lista, *Koivathe*. Trata-se de um termo para o qual os Tariano não fornecem tradução, afirmando ser propriamente "um nome". Esses *Koivathe* são, em geral, considerados o "segundo grupo dos Tariano" ou os "mais novos". Ao final da sequência, encontramos uma terceira série de quinze sibs, designada corriqueiramente pelo nome *Kayaroa*, termo da língua tukano cuja tradução é "periquito". Na própria língua tariano, eles são designados paradoxalmente pelo termo *Paipherináseri*, os "irmãos mais velhos", muito embora sejam os "mais novos", pois são considerados servidores dos sibs do segundo grupo, os *Koivathe*. Essa designação, tacitamente aceita como incorreta, mas corrente, relaciona-se ao evento mítico de seu surgimento, quando relutaram em ser referidos como "mais novos". Os nomes específicos de cada um dos sibs são também nomes pessoais ou apelidos dos Tariano, para a maioria dos quais não há tradução conhecida.

A ordem em que os sibs se encontram dispostos na tabela corresponde, de acordo com a narrativa mítica da origem dos Tariano, à sequência do surgimento de seus ancestrais. Aqueles que primeiro surgiram na cachoeira de Uapuí são considerados "irmãos mais velhos" (*paiphe*), os que apareceram ao longo da trajetória em direção ao Uaupés são os "mais novos" (*noeri*). De maneira geral, a alocação dessas unidades em três séries hierarquizadas é amplamente reconhecida pelo conjunto dos Tariano. Ainda que possa haver variações na sequência exata dos nomes em cada uma das séries de acordo com a posição do informante nesse esquema, a ordem hierárquica mais geral não é objeto de polêmicas entre pessoas pertencentes a sibs de diferentes séries. Ao longo do trabalho de campo, tive inúmeras ocasiões de conversar sobre o assunto com duas ou mais pessoas simultaneamente, em diferentes posições nessa escala, e pude notar que há concordância geral entre os Tariano quanto a isso. Ainda que diferentes informantes apresentem os dados com maior ou menor grau de detalhamento, não parece haver controvérsia quanto à classificação das pessoas como pertencentes à primeira, segunda ou terceira série de sibs, bem como sobre a alocação dos sibs em cada uma delas. Além da posição hierárquica – ou melhor, como marca de sua posição hierárquica –, os sibs possuem nomes, cantos, histórias e, no passado, objetos e adornos cerimoniais específicos, que constituíam um patrimônio distintivo.

A tabela foi composta com informações fornecidas por homens pertencentes aos principais sibs, *Perisi* e *Koivathe*, considerados as "cabeças" das duas primeiras séries, que reivindicam a prerrogativa de contar a história dos Tariano e o direito de "escalar os grupos", isto é, recordar a posição hierárquica de cada um deles em sua ordem original. Cada um deles afirma-se, assim, detentor de um corpo de conhecimentos específicos, entre os quais nem sempre há plena coerência. O homem que me forneceu a lista da primeira série é membro de uma proeminente família *perisi*, e na ocasião em que nos sentamos para tratar do assunto fez questão de convocar outros membros de seu sib. O mesmo se passou com a lista da segunda série, quando estavam presentes representantes de todas as linhas de descendência do sib *koivathe*. Quanto ao terceiro bloco, a inclusão e ordem dos grupos foram estabelecidas também pelos homens do sib *koivathe*, ao qual se reconhece em geral a chefia não apenas dos sibs do segundo bloco como também do terceiro. Alguns informantes tendem a fundir a segunda e a terceira séries, alocando todos os sibs conhecidos como *Kayaroa* ao final da sequência dos sibs encabeçados pelos *Koivathe*.

Esse sistema de segmentação dos Tariano mantém certas similaridades com o dos grupos de língua aruak de sua região de origem. Esses grupos correspondem, com efeito, a um grande conjunto disperso pela bacia do Içana, no Brasil, e em extensas partes do Guainía, na Colômbia e Venezuela, onde são, respectivamente, conhecidos pelos etnônimos Baniwa, Curripaco e Wakuenai (ver Wright, 1981; Journet, 1988; Hill, 1983, 1993). De acordo com as descrições etnográficas disponíveis, esse grande conjunto aruak do qual os Tariano teriam feito parte no passado – uma população estimada atualmente em mais de 15 mil pessoas (Cabalzar & Ricardo, 1998) – é subdividido em fratrias compostas de cinco ou mais sibs patrilineares. Assim como os Tariano, todos eles apontam como seu lugar de origem a cachoeira de Uapuí, *Hipana*, no alto rio Aiari. Segundo Journet (1988, p.62ss.), essas fratrias constituem agrupamentos de sibs que, muito embora não partilhem de um ancestral comum, concebem-se como uma sequência de irmãos, mais velhos e mais novos, ao que corresponde uma ordem hierárquica de "chefes" e "servidores". Dentro de uma mesma fratria, os sibs consideram-se consanguíneos, de modo que entre eles não deve haver alianças matrimoniais. Cônjuges devem ser buscados em sibs considerados afins, pertencentes a outra fratria. Apesar da grande coerência apontada pelo autor quanto às relações de consanguinidade e afinidade entre os sibs, as fratrias não são nomeadas como tais, sendo frequentemente objeto de explanações contraditórias por parte de diferentes informantes quanto à sua composição interna. Além disso, os sibs de uma mesma fratria não ocupam territórios contínuos. Ainda que a regra da exogamia opere em ambos os níveis, não se trata aqui de exogamia linguística, pois a língua falada pelos sibs aruak é a mesma e as variações dialetais existentes tampouco correspondem às distinções de fratria.[2]

O uso da noção de fratria no caso das séries de sibs tariano pode, no entanto, acarretar confusões. Em primeiro lugar porque não verificamos a ocorrência de intercasamentos entre elas. Isto é, essas séries formam, em seu conjunto, uma unidade exogâmica discreta no contexto atual do Uaupés, e só não podemos dizer que pratiquem a exogamia linguística por terem deixado sua língua materna.[3] Além disso, no Uaupés o termo fratria vem sendo usado, à exceção dos Cubeo e Makuna (ver Goldman, [1963] 1979 e Arhem, 1981),[4] para designar unidades maiores, que geralmente incluem grupos linguísticos exogâmicos – tukano, desana, pira-tapuia, wanano etc. – que se consideram consanguíneos, tal como ocorre ao nível dos sibs entre os Aruak (ver especialmente C. Hugh-Jones, 1979; Jackson, 1983; e Cabalzar, 1995). Assim, entre os grupos tukano do Uaupés, a fratria é uma unidade fracamente estruturada, não nomeada, podendo incluir grupos geograficamente distantes, que por vezes

---

2 As variações dialetais ao longo do rio Içana são claramente perceptíveis de acordo com o trecho do rio em que uma comunidade se localiza. Assim, no médio/baixo Içana verifica-se a ocorrência da variante chamada "karu" ou "karum". Subindo o rio, verificamos a ocorrência de outro dialeto, conhecido como "nhame". Este é correntemente falado por sibs pertencentes a diferentes fratrias baniwa, como os Oaliperê-dakenai e os Hohodene. No alto Içana, a variante falada é conhecida pelo termo "kuri" ou "kurri" – do qual vem o etnônimo "curripaco". A tradução de todos esses termos é "não". Ou seja, as variantes dialetais da língua falada por esses aruak são designadas por um termo nitidamente diferenciado entre elas.

3 Assim como nos outros grupos do Uaupés, a terminologia de parentesco tariano é do tipo dravidiano, de modo que o casamento preferencial de um homem é com a FSD ou MBD. Pela reiteração dos laços de aliança, é muito frequente que uma esposa pertença ao mesmo grupo exogâmico da mãe de ego. À diferença dos demais sistemas dravidianos amazônicos, no Uaupés a geração de ego inclui uma terceira categoria além de cunhados (ou esposas potenciais) e irmãos (ou irmãs): são os "filhos de mãe", pakó-makí em tukano. Trata-se de primos paralelos matrilaterais, com os quais não se trocam irmãs (ou não são feitos casamentos).

4 No caso dos Cubeo e Makuna, não haveria interdição de casamento entre pessoas do mesmo grupo linguístico. Assim, com base nos dados de Goldman ([1963] 1979), podemos dizer que os Cubeo aproximam-se mais do padrão aruak, pois entre eles se verifica a existência de três fratrias, cada qual formada por um conjunto de sibs cujos membros trocam mulheres com sibs de uma fratria diferente de sua própria.

nem sequer mantêm contatos frequentes entre si. Nesse caso, seria problemático tratar as séries de sibs tariano como fratrias, pois os próprios Tariano em seu conjunto são, em geral, incluídos em uma unidade exogâmica maior, que incluiria também os Desana. É nesse nível que, no Uaupés, a noção de fratria vem sendo aplicada.

Meus dados a respeito da formação de fratrias no Uaupés não permitem estabelecer claramente uma lista dos grupos que as compõem, havendo um grau razoável de contradição nas afirmações de diferentes informantes. De modo geral, há ampla aceitação de que os Tariano e os Desana não deveriam trocar mulheres entre si, o que por vezes, dependendo do informante, se estende também aos Arapasso. Haveria neste caso uma fratria que incluiria esses três grupos. Há, porém, alguns poucos casos de casamento entre Tariano e Desana, e mais ainda entre os Tariano e os Arapasso.[5] Os próprios Tariano justificam sua inclusão em uma fratria ao lado dos Desana por considerar que também estes teriam surgido no Aiari e, assim como eles, migrado mais tarde para o Uaupés. Isso tudo torna, a meu ver, inapropriado transpor o emprego do termo fratria, tal como foi utilizado nas etnografias dos grupos aruak, para qualificar as séries de sibs tariano.

Com efeito, minha impressão é de que o sistema de segmentação tariano explica-se em grande medida pela própria dinâmica social que teve lugar ao longo de seu deslocamento histórico da bacia do Içana à do Uaupés. Nesse processo, é possível que grupos menores tenham sido incorporados em posições hierárquicas inferiores, como seria o caso de vários dos sibs classificados como *Kayaroa*, em particular o último da lista, os *Mamialikune*.[6] Há também informações que sugerem que os

---

5 Os Arapasso às vezes são incluídos em outra fratria, ao lado dos Pira-Tapuia e Wanano. Os homens tukano geralmente não se casam com mulheres wanano, não porque sejam incluídos na mesma fratria, mas porque mantêm com estas uma relação de "filhos de mãe" (ver nota 3).

6 Para esse grupo, todas as versões disponíveis da narrativa mítica tariano são unânimes em apontar sua origem e incorporação no Uaupés: "Vocês são gente?", teria perguntado *Koivathe* aos *Mamialikune*. Vendo que sim, os teria levado para dentro da maloca onde se reuniam os Tariano na Ilha de Arumã, alto Uaupés, e lhes indicado um lugar atrás dos chefes.

Koivathe teriam sido o primeiro grupo tariano a estabelecer aliança com os Tukano, talvez por terem sido os primeiros a alcançar Iauaretê. A esse respeito, coincide o que contam os *Koivathe* e certos sibs tukano de alta hierarquia. Ambos afirmam que, ao chegar a Iauaretê, os Tariano teriam encontrado ali *Wa'ûro*, o chefe dos Tukano, com todos os seus grupos.

De modo importante, dois nomes relacionados aos *Koivathe* parecem confirmar sua posição precursora no que diz respeito ao estabelecimento de alianças com os Tukano. *Iesê* é um nome que ainda aparece na genealogia desse sib, precisamente em uma de suas linhas de descendência que demonstra a reiteração de antigos laços matrimoniais com os Tukano. Isso sugere que o primeiro casamento entre os Tukano e os Tariano teria ocorrido entre um homem tukano de alta hierarquia e uma mulher *Koivathe*. Além disso, os *Koivathe* são um dos poucos sibs tariano que possuem um nome específico na língua tukano, *O'âparo-porã*, "filhos da mucura", na verdade um apelido a eles atribuído pelas mulheres tukano. Como em inúmeros outros casos de apelidos verificados entre os vários grupos do Uaupés, este também possui conotação sexual, pois, segundo afirmam os homens *koivathe*, as mulheres tukano que eles "agarravam" diziam que eles tinham o mau cheiro da mucura.[7] Nomes ou apelidos, como veremos, dizem algo a respeito da história de seus portadores, isto é, de suas antigas relações. Um sib tariano que, além de nome próprio em sua língua, possui um apelido atribuído pelas mulheres de um grupo de cunhados não é, assim, um detalhe fortuito. Como afirmam várias pessoas de Iauaretê, apelidos dados por mulheres "eram aqueles que pegavam mesmo". Por meio dos nomes, podemos também recuperar uma história de relações com os colonizadores. Voltarei a esse ponto adiante.

Fatores como esses – incorporação e liderança sobre outros sibs e alianças estratégicas estabelecidas com os Tukano – parecem ter desem-

---

7 No mesmo sentido, o termo tukano *daseá* seria um apelido atribuído por mulheres desana que teria se consolidado como etnônimo. Segundo afirmam os próprios Tukano, que na realidade se autodesignam *Ye'pâ-masa*, "gente da terra", essa qualificação resultaria do fato de que os jovens tukano andariam em bandos, como a ave tucano, "sempre atrás de mulheres para agarrar". Os Desana são considerados pelos Tukano seus principais cunhados, relação definida entre os dois grupos desde os tempos da transformação mítica.

penhado um peso decisivo na integração dos *Koivathe* ao sistema social do Uaupés. Isso responde em parte pela proeminência que esse sib viria a ganhar nesse rio, mesmo situando-se em um nível hierárquico secundário no conjunto dos sibs tariano. Além disso, ao contrário dos sibs da primeira série, os *Koivathe* lograram manter, ao longo da colonização, uma estabilidade territorial notável, constituindo junto com outros sibs que os acompanhavam como servidores o bloco historicamente mais numeroso entre os Tariano. A esse respeito, os *Koivathe* costumam dizer que os sibs da primeira série, os chefes, nunca tiveram servidores, bem como que teria sido a eles – chefes, por sua vez, dos Tariano do "segundo grupo" – que coube a tarefa de conduzir até Iauaretê todos os sibs inferiores e indicar-lhes seus respectivos lugares de moradia. Apontam, inclusive, que, no passado, vendo que os sibs *perisi* não tinham quem lhes servisse, deram a eles o sib *malidá*, cujos descendentes até hoje vivem na comunidade de Umari, localizada no Uaupés acima de Iauaretê, em um ponto mais próximo de onde se encontravam as antigas malocas *perisi*. Desse modo, a feição que hoje assumem os Tariano como grupo social diferenciado reflete um modo muito específico de atualização dos elementos básicos da organização social das sociedades indígenas rio-negrinas – descendência patrilinear, hierarquia, exogamia – no curso de uma trajetória histórica peculiar.

De fato, há variações significativas entre as narrativas dos sibs *perisi* e *koivathe* quanto à trajetória dos Tariano do Içana para o Uaupés, e é nos relatos dos últimos que encontramos informações específicas sobre como os Tariano se distribuíram por diferentes localidades do Uaupés. Já os *Perisi*, ao contar a chegada dos Tariano a Iauaretê, enfatizam elementos distintos daqueles que os *Koivathe* privilegiam. Os *Koivathe* falam de guerras com outros grupos e de distribuição de lugares a grupos servidores, motivos ausentes na narrativa *perisi*. A trajetória desses últimos não é tematizada por conflitos ou guerras com grupos tukano e não há outros sibs que os sigam. Essas diferenças nos relatos tariano sobre a ocupação de Iauaretê indicam, a meu ver, que tal processo pode ter sido bem mais complexo do que pode parecer em uma primeira análise, isto é, talvez não se trate de apenas um movimento migratório, mas de um conjunto de movimentos envolvendo diversos grupos e relações. O relato dos *Koivathe*, por exemplo, concentra-se em afirmar sua liderança sobre outros sibs que os seguiam ou a eles se agregaram ao longo da trajetória. Não falam, por outro lado, de outras etnias atuais do Uaupés. Os *Perisi*, por sua vez, fazem menção explícita aos Desana, que teriam surgido e os seguido desde o Aiari. Mas não há rivalidade hoje entre os sibs *perisi* e *koivathe*, e sim um reconhecimento mútuo de suas respectivas posições. Homens *koivathe* costumam ser bem recebidos em festas do bairro Dom Bosco, assim como há homens *perisi* que afirmam terem oferecido dabucuris aos bairros de São Pedro e Santa Maria.

O respeito de que gozam os *Koivathe* associa-se também ao fato de serem o único grupo tariano considerado "chefe" que se mantém concentrado onde se localizavam as malocas de seus antepassados, hoje as comunidades de São Pedro e Santa Maria. Não é o que se passou com os sibs *perisi*, que em sua maioria moravam no lado colombiano da fronteira. Obrigados a se transferir para terras brasileiras em razão das agressões praticadas por balateiros colombianos, estabeleceram-se junto a sibs *kayaroa*, como os *Koeça* – cuja maloca localizava-se onde se formaria a comunidade de Dom Bosco –, os *Tepavi Hiparu* e os *Haiku-Saçali*, cujas malocas se situavam onde viriam a se formar as comunidades de São Miguel e, mais tarde, Aparecida. Dom Bosco é onde moram, portanto, os chefes dos Tariano, o que é reconhecido por praticamente todos os moradores atuais do povoado. Mas Santa Maria e São Pedro, localizadas à margem oposta da Missão, gozam de uma reputação de tradicionalidade única, pois foi ali, nas antigas malocas dos *Koivathe*, que os primeiros salesianos aportaram para tratar da implantação da futura Missão. Como veremos adiante, era também a essas malocas que outros brancos, que no século XIX transitavam pelo Uaupés, se dirigiam para tratar de vários outros assuntos.

A implantação da Missão Salesiana em Iauaretê viria certamente determinar transformações profundas na organização socioespacial dos grupos tariano estabelecidos em suas imediações. Alguns anos antes da chegada dos salesianos, Nimuendaju ([1927] 1982, p.156) dá conta da existência de quatorze grupos locais tariano ali, em um trecho do Uaupés que, de acordo com o etnólogo, não ultrapassaria dois quilômetros em linha reta. Com a chegada da Missão, em pouco tempo as malocas mais próximas transformaram-se em comunidades, às quais outros grupos foram estimulados a fixar moradia. Na outra margem, as duas malocas *koivathe* então existentes transformaram-se em uma única comunidade, que décadas mais tarde se dividiria em duas, restabelecendo a antiga separação do sib em distintas malocas. Por meio da memória oral dos Tariano *Koivathe* é possível entrever os movimentos anteriores à chegada dos missionários, bem como o espaço geográfico que correspondia à esfera de influência desse sib, precisamente Iauaretê e suas imediações. Os materiais a serem analisados aqui foram compilados em várias sessões de trabalho convocadas pelos próprios *Koivathe* ao longo de meu trabalho de campo em Iauaretê. Como pontuamos no capítulo anterior, seu interesse não é apenas escrever sua história, mas também divulgá-la entre os outros grupos de Iauaretê na forma de um livro.

À medida que o trabalho avançava, fui percebendo que os *Koivathe* desempenharam papel proeminente ao longo da colonização e que isso se relacionava diretamente ao *status* de chefes que parecem ter efetivamente exercido junto a vários outros sibs tariano. Assim, não obstante a instabilidade intrínseca ao sistema hierárquico do Uaupés (ver Chernela, 1993, p.125-48), os *Koivathe* parecem ter logrado manejar a seu favor um conjunto diversificado de relações: por um lado, liderando outros sibs que os acompanharam no processo de estabelecimento dos Tariano no rio Uaupés; por outro, fazendo alianças com aqueles "civilizados" que passaram a visitar sua região a partir da segunda metade do século XVIII. Sua posição intermediária é o principal fator que, a meu ver, explica por que viriam a ser considerados os chefes dos Uaupés.

Chefes dos Uaupés

No Capítulo 2, mencionamos de passagem que uma primeira fase da incorporação dos Tariano do sib *koivathe* ao sistema social do Uaupés os levaria a fazer guerra com outros grupos, como os Wanano e os chamados Arara. Esse aspecto de sua trajetória é, como vimos, especialmente sublinhado por Eduardo Neves (2001) ao formular um modelo relativo à configuração social pré-colonial do Uaupés. Essas guerras parecem relacionar-se diretamente às novas alianças que os Tariano *Koivathe* passaram a estabelecer com os grupos do Uaupés. A guerra contra os Wanano tem origem em função de alegações de maus-tratos por parte das primeiras esposas que os Tariano obtiveram desse grupo. Quanto à guerra com os Arara, teria ocorrido após o assassinato de um filho do chefe dos *Koivathe* pelos primeiros. A morte dessa criança, quando pescava com um servidor dos *Koivathe*, resultou da inveja dos Arara, que viam que os Tariano cresciam muito rapidamente e viviam bem, sempre fazendo festas. Nos dois casos os Tariano saíram vitoriosos. No primeiro, eles foram atacados pelos Wanano em sua maloca fortificada da serra do Jurupari – local da antiga maloca dos *Koivathe*, a cerca de oito quilômetros a sudeste de Iauaretê[8] – e conseguiram matar quase todos os inimigos fazendo rolar grandes toras serra abaixo. Apenas um dos Wanano se salvou e retornou a sua terra com a ajuda de um xerimbabo para contar o ocorrido às mulheres, que aguardavam os guerreiros wanano com caxiri. Na guerra com os Arara, os Tariano os atacaram em sua maloca, localizada em uma ilha do Uaupés um pouco acima de Iauaretê. Todos os Arara foram mortos nessa ocasião, à exceção de um casal, que teria fugido para o rio Içana. Dizem que esse casal deu origem novamente ao grupo arara, hoje um sib baniwa.[9]

Essas histórias de guerras constituem, ainda hoje, parte importante da tradição oral *koivathe*, sendo-lhes reconhecido, pelos outros grupos

---

8 Essa maloca é a que nos referimos no Capítulo 2, onde, de acordo com o levantamento arqueológico realizado por Eduardo Neves (1998; 2001), os Tariano teriam se estabelecido em tempos pré-coloniais. Foi com a ajuda de homens do sib *koivathe* que Neves chegou até a serra do Jurupari e pôde verificar a nítida ressonância entre os relatos sobre as guerras tariano registrados por Brandão de Amorim e Stradelli no final do século XIX e as histórias ainda contadas por eles a respeito dos feitos de seus antepassados. O autor, no entanto, não coletou novas versões das narrativas míticas registradas no século XIX, utilizando-as principalmente para, a partir da toponímia, localizar sítios arqueológicos de interesse para o estudo da antiguidade do sistema social do Uaupés.

9 Os homens *koivathe* vieram mais recentemente a conhecer alguns desses Arara do Içana em São Gabriel da Cachoeira. Afirmam haverem sido convidados a visitar suas comunidades no Içana, mas não aceitaram o convite, pois dizem saber que o que os aguarda lá é vingança e morte.

de Iauaretê, o direito exclusivo de narrá-las em detalhe. Com efeito, essas são as mesmas histórias coletadas por Brandão de Amorim ([1926] 1987) e Ermano Stradelli ([1896] 1964) no final do século XIX. Nessas versões antigas, os conflitos com os Wanano e Arara consistem em episódios articulados em uma mesma narrativa, sendo esses dois grupos inimigos dos Tariano aliados entre si. De acordo com a narrativa registrada por Brandão de Amorim, os Tariano teriam matado as esposas obtidas dos Arara, por estas se recusarem a viver com eles, já que não podiam participar dos rituais das flautas Jurupari. Em seguida, tal como na narrativa contemporânea, ocorreu o assassinato do filho do chefe tariano a mando do chefe arara e a retaliação tariano, que aniquilou os Arara. O único Arara que se salvou contou aos aliados wanano o que se passara. Houve então o ataque wanano à serra do Jurupari, quando os Tariano também os aniquilaram, à exceção de um deles. O sobrevivente, com ajuda da anta, retornou aos seus para contar o destino dos guerreiros wanano às suas esposas. Essa versão agrega ainda uma tentativa frustrada de vingança por parte das mulheres dos Wanano, que teriam convocado outros grupos, como arapasso, desana, cubeo e tukano, para guerrear contra os Tariano. Já a versão apresentada por Stradelli dá conta de que o assassinato do pequeno filho do chefe dos Tariano pelos Arara se devia ao fato de que a filha do chefe dos Wanano, prometida ao filho do chefe dos Arara, teria preferido um jovem *koivathe* como marido.

Findas as guerras, os Tariano voltaram a se casar com mulheres wanano e, com o tempo, foram aumentando em número, até que os grupos que se concentravam em Iauaretê sob o comando de *Koivathe* passariam a se dispersar por outras localidades do Uaupés. É, portanto, através da memória oral *koivathe* que podemos conhecer os detalhes dessa nova fase de crescimento e dispersão dos Tariano. Em seu relato, encontramos os nomes de quase todos os sibs da segunda e terceira série da tabela apresentada na seção anterior, assim como os lugares onde vieram a se estabelecer após a saída da serra do Jurupari:

> Depois de muito tempo de convivência, os Talhakana foram para o rio Uaupés, no lugar chamado yaká-sa'ro. Depois de mais algum tempo, os Samida também foram para o Uaupés, a um lugar conhecido como dumeyoa, que fica do lado da Colômbia. Seu irmão o acompanhou, fixando-se

no lado brasileiro, num lugar chamado *símio-paa*. Pouco tempo depois, Kui, do grupo dos Koivathe, foi morar no lugar onde hoje se encontra a Aduana dos colombianos. Kalina e Sami foram morar em *musinó nikinó*, defronte à atual comunidade de Japurá. Hanhuhada e Pukudana foram morar no igarapé *we'kú yisé-yaa*. Yawi foi morar em Ipanoré. Pukudana Makuia foi morar no Oá-poewa e seu irmão, os Mamialikune, em *mumí nikinó*, acima da atual comunidade de Santa Rosa. Os irmãos Kuenaka e Kali [do grupo Koiwathe] saíram da serra do Jurupari e vieram para um lugar próximo da atual comunidade de São Pedro, mas ainda não tão na beira. Os Yawialipe cuidaram da construção de sua maloca. Kumada foi para Urubuquara, Kui Kaparo para Ipanoré. Dakassa também foi para Ipanoré. Kuenaka e Kali ficaram morando próximos à atual comunidade de São Pedro. Depois que estava tudo pronto recomeçaram a realizar suas festas, cerimônias e tudo mais que faziam quando ainda viviam na serra do Jurupari. Kuenaka sempre procurava reunir seus irmãos dispersos para que não esquecessem sua tradição. Depois de um bom tempo é que teve a distribuição dos lugares para os grupos dos servidores dos Koivathe. Eles tinham a função de pescar e realizar outras tarefas para o seu chefe. Eles ficaram destacados do seguinte modo: Yawialipe ficou em Aracapá; em Yeé-bui [pedra da raiz, D. Bosco] ficou outro grupo de servidores, chamado Koeça, com a mesma função dos anteriores. Em A'a-wi'i [casa de gavião, São Miguel] ficou Hauku-Saçali. Duaduna ficou no lugar onde havia o forno de queimar tijolos [Cruzeiro]. Iawiça ficou em bú-wahari [cuia de cotia, atual Auxiliadora, pequeno núcleo que faz parte do atual bairro de São Domingos Sávio] para pescar nos igarapés próximos. A função de todos eles era de pescar e caçar para os Koiwathe. Vinham trabalhar para eles e vigiavam estes locais. Esta área compreendia desde Aracu [*maha-poari-yõa*] até Miriti, no rio Uaupés. E adentrava pelo Papuri até Aracapá.

A profusão de nomes que aparecem no relato diz respeito a nomes de sibs propriamente ditos e aos apelidos que os chefes recebiam. Em geral, um nome próprio é seguido por um apelido, e é isso que explica certas variações entre os nomes registrados na tabela da seção anterior e os que aparecem no relato, pois este apresenta, por vezes, somente o apelido e, por outras, somente o nome próprio. Na tabela, de modo geral, os nomes são compostos, com nome e apelido em sequência. Por serem todos termos da língua tariano, não há tradução em português conhecida para a grande maioria dos casos. Um estudo sobre os significados desses nomes demandaria pesquisa entre os poucos homens do sib *Mamialikune* que ainda hoje falam o Tariano. Infelizmente, não pude realizar essa checagem em campo. Há nomes próprios, no entanto, com origem conhecida, como é o caso de Kuenaka, Kali e Kui. Estes foram os nomes dos três irmãos mais conhecidos por *Diroá*, demiurgos, que, no começo dos tempos, propiciaram o surgimento dos Tariano no rio Aiari. Eles são os "filhos do sangue do Trovão", dos quais descendem os principais sibs tariano. Os nomes Uhui, Uhuiaka, Sami, Sahami, Pukurana e Pukutha são igualmente associados aos *Diroá* e, assim, à qualidade de filhos do Trovão, correspondendo a outras formas que assumem os três primeiros em variações dialetais da antiga língua tariano. Pode-se dizer que esse conjunto de nove nomes são os principais nomes tariano, em geral atribuídos a indivíduos de gerações alternadas das linhas de descendência que os adotam.[10] Mas também se prestam a designar alguns dos sibs em seu conjunto. Por serem os nomes principais, são utilizados pelos sibs *perisi* e *koivathe*. Os *Kayaroa*, os servidores, não possuem a prerrogativa de usá-los e seus sibs aparecem na tabela referidos principalmente por apelidos.

No relato anterior aparecem dezessete sibs que teriam sido liderados pelos *Koivathe* na serra do Jurupari. De acordo com a narrativa, foi um longo tempo de convivência, até que se inicia um processo de dispersão por outras localidades do rio Uaupés e do baixo rio Papuri. Um primeiro movimento leva à separação, em ordem hierárquica, dos *Samida, Yawi, Pukudana (Kawaiaca), Sami, Han-Huhada (Sarape), Pukudana Makuia, Talhakana, Kalina (Kali-Dáseri)* e *Mamialikune*. Esse movimento se faz acompanhar do abandono definitivo da maloca da serra do Jurupari, quando os irmãos *Kuenaka* e *Kali*, descendentes diretos de *Koivathe*, transferem sua maloca para um local mais próximo das margens do Uaupés. O grupo chamado *Yawi* é o primeiro que se desloca Uaupés abaixo, iniciando

---

10 Embora esta seja uma afirmação usual entre os Tariano, que sugere que um homem terá sempre o nome de outro pertencente à segunda geração ascendente, a quantidade limitada de nomes disponíveis a um sib acarreta um uso muito mais frequente de um mesmo nome e, assim, inúmeros casos de repetição. Na genealogia *koivathe*, por exemplo, a sequência "Kuenaka, Kali, Kui" aparece muitas vezes, sendo geralmente aplicada à sequência de filhos masculinos de um homem. Os nomes "Uhuiaka", "Pukurana" e "Pukutha" parecem mais restritos aos sibs *perisi*.

a concentração de grupos tariano existente até hoje no médio Uaupés, nas cachoeiras de Ipanoré e Urubuquara. Aparentemente, em um menor espaço de tempo outros três grupos irão se separar dos *Koivathe* e engrossar o contingente tariano do médio Uaupés. *Dakassa* (*Kuenaka Dakásami*) e *Kui Kaparo* transferem-se para Ipanoré e *Kumada*, para Urubuquara. Até aqui quase todos os grupos que se separam fazem parte da segunda série da tabela de sibs, isto é, todos se relacionam diretamente aos *Koivathe*. A exceção são os *Mamialikune* e os *Kumada*, sibs da terceira série, isto é, *Kayaroa*. Os *Mamialikune* se deslocam em direção oposta àqueles que desceram o Uaupés, indo se estabelecer no alto Uaupés, onde até hoje se localizam duas comunidades desse sib, que formam o núcleo tariano periférico do alto Uaupés. O único sib da segunda série não mencionado nesse relato de dispersão é um grupo chamado *Sahami*.

A narrativa dá a entender que outro intervalo significativo de tempo se passa até que um novo movimento de dispersão venha a ocorrer. Dessa vez, pode-se dizer que não se trata de uma dispersão como a que ocorrera antes, que significou o início da formação dos núcleos populacionais tariano no médio e alto Uaupés. Agora ocorre uma "distribuição de lugares" aos grupos servidores que teriam permanecido junto aos *Koivathe*, um conjunto de lugares onde novas malocas serão erguidas, porém mantendo-se como satélites de um centro representado pela maloca *Koivathe*. A distribuição dos servidores desenha, com efeito, a área ocupada pelo contingente que forma o núcleo central dos Tariano, em cujo centro se encontra hoje o povoado de Iauaretê. No mapa do distrito de Iauaretê apresentado no Capítulo 4, podemos observar seus contornos, claramente delineados na narrativa: de Aracu a Miriti, no rio Uaupés, e, avançando pelo rio Papuri, até Aracapá. Além desses limites, iniciam-se os territórios ocupados pelos Tukano e Pira-Tapuia, tanto no Uaupés quanto no Papuri, os vizinhos mais próximos dos Tariano.

Os grupos que ocuparão as novas posições nessa área são *Kayaroa*: *Yawialipe, Hauku-Saçali, Koeça, Iawiça* e *Duaduna*. À exceção dos *Yawialipe*, que ocuparão Aracapá no rio Papuri, todos os outros se estabelecem nos locais onde algumas das comunidades do povoado de Iauaretê irão se formar. Lá estão, hoje em dia, os descendentes dos *Hauku-Saçali* no bairro de São Miguel,[11] que ocupou o espaço da maloca de *A'â-Wi'i* (casa do gavião). No bairro Dom Bosco, ainda estão os descendentes dos *Koeça*, os primeiros moradores da maloca de *Yeé-bui* (pedra da raiz). Do mesmo modo, descendentes dos *Iawiça* e *Duaduna* encontram-se no bairro de São Domingos Sávio. Essa é a configuração que, no final da década de 1920, os primeiros salesianos que chegam a Iauaretê encontrarão: na margem esquerda do Uaupés, três pequenas malocas ocupadas por esses sibs *Kayaroa*, ao passo que na margem oposta, próximas à embocadura do rio Papuri, já havia duas malocas *koivathe*, nos lugares conhecidos como *Wekê-dipo'ka-yoa* (ponta da pata de anta) e *Korē-yoa* (ponta da vagina), onde hoje encontramos os bairros de Santa Maria e São Pedro.

Seguindo ainda a comparação do relato *Koivathe* com a tabela dos sibs tariano, nota-se que há outros seis nomes de sibs *kayaroa* que não figuram na narrativa: *Hewáli, Malidá, Tepavi Hiparu, Masienda, Tephana Sipa, Yeku*. Há, porém, motivos para sugerir que três deles constituem segmentos de outros sibs mencionados – *Tepavi Hiparu* e *Masienda* seriam, de fato, *Haiku-Saçali*, e os *Yeku, Duaduna*. Nos três casos, essa hipótese diz respeito ao local comum de moradia atual e à adoção de sobrenomes portugueses comuns, fatores que em geral caracterizam os sibs no Uaupés, não somente entre os Tariano. Nesse caso, o relato *Koivathe* deixaria de fora apenas três sibs *Kayaroa* listados na tabela: *Hewáli, Tephana Sipa* e *Malidá*. E há que se lembrar que esse último é aquele que os *Koivathe* dizem "ter dado" aos Tariano *Perisi*, os chefes que não tinham servidores.

Em suma, a memória *koivathe* apresenta-nos um quadro geral da história da dispersão dos sibs tariano, como o constatamos até os dias de hoje. Ficam de fora apenas os sibs da primeira série, que lhes são hierarquicamente superiores. A respeito da trajetória destes, os *Koivathe* silenciam. Dizem tratar-se de uma história que não lhes cabe contar, já que diz respeito aos sibs *perisi*, seus superiores na hierarquia. Em todo

---

11 Como veremos mais adiante, a autodesignação desse sib é *Adaruna*, Arara. Trata-se do mesmo grupo a que nos referimos no Capítulo 4, quando discutimos a formação e o crescimento do bairro de São Miguel.

caso, os relatos dos próprios Perisi não apresentam informações a respeito de outros sibs, restando, assim, aos *Koivathe* o relato de uma história tariano mais inclusiva.

Informações prestadas por homens pertencentes a sibs que os *Koivathe* tratam como seus subordinados confirmam sua posição de chefia no passado. Mas, ao mesmo tempo que confirmam certas prerrogativas *Koivathe*, as histórias contadas por homens de sibs inferiores procuram enfatizar suas próprias estratégias para se desincumbir de tarefas que a hierarquia tradicional lhes reservaria. Homens do sib *talhakana*, por exemplo, afirmam que, pouco antes da chegada dos salesianos a Iauaretê, viviam no lado colombiano do Uaupés, em um lugar chamado *yaká-sa'ro*, como aponta a narrativa citada. Eles próprios afirmam que eram os *bayroa* dos *Koivathe*, isto é, seus cantores. À medida que aumentaram em número, receberam de seus chefes outro lugar para ocupar na área de domínio *koivathe*. Esse novo lugar era um igarapé situado um pouco abaixo do povoado atual de Iauaretê. Os *Talhakana* continuaram crescendo, o que, segundo eles, não agradava aos chefes *koivathe*. Há outros casos assim, principalmente entre os Tukano, em que o crescimento demográfico de um sib hierarquicamente inferior acarreta uma tensão geral no sistema. O vigor que demonstra ao aumentar é sinal de que poderá vir a questionar posições cristalizadas. Trata-se, aparentemente, de um fator que confere dinamismo à instituição da hierarquia no Uaupés.[12] O crescimento dos *Talhakana* é o que levaria, mais tarde, à sua saída da área de Iauaretê e seu estabelecimento na comunidade de Cigarro, pertencente ao núcleo tariano do médio Uaupés. Esse último movimento resultou de um desentendimento entre o chefe *talhakana* e os *Koivathe*.

Outro caso diz respeito aos *Iawialipe*, grupo que teria sido destinado pelos *Koivathe* a ocupar o lugar de Aracapá, no baixo rio Papuri. Os *Koivathe* os tinham como servidores diretos, incumbidos que foram da construção da nova maloca em que moraram depois de abandonar a serra do Jurupari.

---

12 Suspeito que o crescimento acelerado em termos de número de pessoas seja o índice visível do controle de capacidades xamânicas e rituais sobre as quais o sistema hierárquico também se assenta. Lembremos que a hierarquia uaupesiana já foi descrita em termos de papéis rituais diferenciais (C. Hugh-Jones, 1979).

Embora pertencentes à terceira série de sibs, os *Kayaroa,* os *Iawialipe* passaram a ser servidores próximos dos *Koivathe,* sendo seus porta-vozes. Nas histórias sobre as guerras dos *Koivathe,* os *Iawialipe* também aparecem. Um deles era o responsável por cuidar do filho do chefe *koivathe,* mas um descuido fatal permitiu que a criança fosse assassinada pelos Arara. Porém, não é através dessa história que os *Iawialipe* reconhecem a posição dos *Koivathe* como chefes dos Tariano do segundo grupo. Narram, por sua vez, um episódio em que naufragaram nas águas do Uaupés quando levavam a caixa de adornos cerimoniais *koivathe,* ocasião em que esses objetos foram perdidos. Teriam então decidido a se autoexilar no rio Iawiari, onde viveram por muito tempo. Viriam depois a reencontrar os *Koivathe* em Iauaretê, e foram por estes enviados a Aracapá, onde até hoje vivem algumas famílias desse sib. Eles foram chamados de *Iawialipe* por terem passado muito tempo no rio Iawiari. Ao chegarem a Iauaretê, havia outro grupo, os *Iawiça,* que estava em Aracapá. Por determinação dos *Koivathe,* estes foram para Iauaretê e os *Iawialipe* teriam passado àquela localidade. Os *Iawialipe* dizem que foi porque lá era um lugar de malária. Como tinham seus pajés, passaram a viver ali sem maiores transtornos.

O último caso que vem confirmar o reconhecimento da posição de chefia ocupada pelos *Koivathe* diz respeito ao sib *Haiku-Saçali,* cujos membros residem, como já vimos, no bairro de São Miguel, em Iauaretê. Não obtive informação a respeito do significado desse nome, mas, significativamente, eles afirmam possuir outro nome na língua tariano: *Adaruna,* "Arara", grupo de que tratamos no Capítulo 4. Não se trata de coincidência com o nome do grupo que no passado fez guerra com os *Koivathe,* pois eles dizem descender diretamente do casal que teria sobrevivido ao ataque dos *Koivathe.* Embora o relato *koivathe* aponte que os sobreviventes tenham fugido para o rio Içana, os chamados *Haiku-Saçali* sustentam que um casal também estava na roça no momento do ataque e se tornou servidor dos *Koivathe.* Porém, o mais interessante nesse caso é que os moradores do bairro São Miguel que hoje se dizem *Adaruna* só vieram a descobrir sua verdadeira identidade recentemente. Foi um homem de um sib *perisi,* em posição hierárquica superior à dos *Koivathe,* que lhes contou sua própria história. Até então, diziam que usualmente prestavam serviços aos Tariano do bairro de São Pedro, onde vivem os homens da principal linha de descendência *koivathe*.[13] Homens adultos do sib *adaruna* afirmam que ainda viram suas mães indo trabalhar para as mulheres dos *Koivathe*, mas apontam que, depois que os missionários chegaram e todos tiveram acesso a "um pouco de estudo", essas relações de subordinação começaram a se desarticular. Depois que vieram a conhecer sua "verdadeira história", teriam abolido definitivamente o hábito de prestar serviços aos chefes da outra margem do rio.

Os três casos nos dão uma boa amostra da instabilidade que envolve as relações hierárquicas no Uaupés, ao menos entre os Tariano. Nos dois primeiros casos, vemos grupos que, optando por se fixar em novos lugares, desincumbem-se das tarefas usuais, rituais ou de prestação de serviços, que os ligavam a um grupo hierarquicamente superior. No último caso, vemos um sib que igualmente se nega a prestar serviço aos *Koivathe*, mas, ao contrário dos outros dois, continua vivendo em Iauaretê. Não parece haver desentendimentos ou conflitos nesse caso, pois o que vem a sancionar essa nova atitude é a revelação do modo pelo qual seus antepassados foram submetidos no passado. Nesse último caso, o equilíbrio hierárquico é rompido pela aquisição de certo tipo de conhecimento por aqueles que ocupam o polo inferior. Trata-se de um conhecimento da história, cuja eficácia reside em seu poder de alterar relações no presente. A hierarquia tariano, como, aliás, ocorre entre os outros grupos do Uaupés (ver, por exemplo, a discussão de Chernela, 1993, sobre o caso dos Wanano), assenta-se assim sobre um relato acerca de uma história, de maneira que sua contestação é recorrentemente operada por meio de narrativas alternativas, que agregam novos detalhes a versões correntes e reivindicadas pelos sibs em posição de chefia.

Mas não teria sido apenas com relação a outros sibs que os *Koivathe* passariam, com o crescimento demográfico e a dispersão geográfica, a experimentar certa perda das prerrogativas que aparentemente controlaram por extenso período. Em seu relato, eles fazem referência aos dois

---

13 Também foi esse homem *perisi* que contou a origem dos *Adaruna*: seriam também "filhos do Trovão", como os chefes dos Tariano, porém extraviados, por assim dizer, que vieram dar no Uaupés quando houve a explosão do trovão que fez surgir os Tariano no rio Aiari. Os outros grupos tariano os teriam encontrado mais tarde, quando migraram do Aiari para o Uaupés.

irmãos, *Kuenaka* e *Kali*, descendentes diretos de *Koivathe*, que teriam liderado o grupo da saída da serra do Jurupari à nova maloca em que passariam a viver, mais próxima da margem do Uaupés. O relato não faz, porém, referência a um conflito que teria envolvido os dois irmãos em uma disputa pela liderança dos Tariano de Iauaretê. É a versão coletada por Brandão de Amorim ([1926] 1987, p.23) que nos revela que *Kuenaka*, o irmão mais velho, teria resolvido deixar Iauaretê para ir morar com seus parentes mais próximos em Taracuá, no médio Uaupés, deixando o irmão mais novo como chefe dos Tariano de Iauaretê. Essa versão da história foi relatada a Brandão de Amorim por um descendente de *Kuenaka*, chamado Casemiro, tuxáua dos Tariano de Ipanoré nas últimas décadas do século XIX. *Kuenaka*, por ser o mais velho, teria cuidado, no entanto, para que *Kali* não se apoderasse das armas de *Koivathe*, que teriam ficado para sempre depositadas com seus ossos em uma gruta da serra do Jurupari.

Essa informação é consistente com o que dizem vários outros viajantes do final do século XIX e começo do século XX, de acordo com os quais haveria uma rivalidade reinante entre os Tariano de Iauaretê e aqueles do médio Uaupés. No relato contemporâneo dos *Koivathe*, o conflito entre os irmãos parece ter sido obliterado. Mas na genealogia que tracei do sib consta, na quarta geração abaixo do ancestral fundador do sib, a informação de que *Kali*, o irmão caçula, assumiu a chefia do grupo pelo fato de que seu irmão mais velho, *Kuenaka*, morrera sem deixar descendente. O destino do primogênito *koivathe*, *Kuenaka*, é, assim, contado de duas maneiras diferentes, mas ambas sugerem uma cisão desse sib em tempos passados, que resultaria em uma rivalidade que perduraria por muito tempo. Temos, portanto, um indício claro de que, mesmo entre agnatas próximos, as relações hierárquicas entre primogênitos e caçulas estão sujeitas a interpretações divergentes. Do mesmo modo que nos casos anteriores, a história, por ser contada de distintos pontos de vista, está aberta a incongruências, e é isso que parece sancionar a contestação de posições hierárquicas pleiteadas. Nesse sentido, a narrativa dos *Koivathe* de Iauaretê reflete, a meu ver, uma estratégia localizada que, aparentemente, logrou fazer valer um ponto de vista próprio junto a outros grupos que historicamente ocuparam a região de Iauaretê. O reconhecimento e prestígio de que ainda gozam e as evidências concretas de outros grupos que lhes prestavam serviços até muito recentemente dão prova disso.

Assim, esse caso vem ilustrar que o sistema hierárquico do Uaupés alcança certa estabilidade somente em condições específicas. Em primeiro lugar, podemos dizer que, entre os Tariano, as relações de hierarquia que ligam os sibs *koivathe* e *kayaroa*, chefes e servidores, revestiram-se de maior efetividade no passado. Em segundo lugar, mesmo no passado nem todos os sibs pertencentes a essas duas séries estiveram concretamente envolvidos no desempenho de papéis e tarefas estipulados pelos chefes. Aos *Mamialikune*, por exemplo, situados na última posição hierárquica, não recai, de acordo com o relato dos *Koivathe*, nenhum tipo de atribuição específica, e até hoje parecem gozar de uma autonomia praticamente absoluta.[14] O processo histórico de crescimento e dispersão dos sibs viria então a ensejar, em termos sociológicos, o enfraquecimento progressivo das prerrogativas *koivathe*, mesmo que, em relação à ideologia, a história que ainda contam represente um recurso indispensável para reafirmar sua posição no presente.

A dialética entre hierarquia e igualitarismo que se verifica entre os grupos do Uaupés vem sistematicamente chamando a atenção de seus etnógrafos. Desde o trabalho pioneiro de Irving Goldman ([1963] 1979) entre os Cubeo a questão vem se impondo. Para esse autor, o sistema hierárquico dos grupos do Uaupés teria pouca importância social, pois seus sibs e fratrias não correspondem a grupos corporados com controle sobre recursos, como é o caso de linhagens com formas elaboradas de registro genealógico. Ainda assim, a distribuição diferencial de nomes cerimoniais no interior de um conjunto de sibs agnáticos corresponderia, de acordo com o autor, a uma distribuição desigual de *status*. Sibs em posição hierárquica superior gozam do privilégio de controlar e transmitir os nomes mais importantes, mas trata-se de um *status* que se expressa sobretudo nos rituais, ocasiões em que as histórias de origem dos sibs são recitadas publicamente. Goldman argumenta que um dos fatores que

---

14 Por serem o único sib ainda falante da língua tariano, sentem-se perfeitamente à vontade para empreender um projeto próprio de recuperação linguística, e para isso contam com variados apoios externos de pesquisadores e ONGs.

inibem a emergência de um sistema mais efetivo de hierarquia seria o alto potencial de fissão que demonstram os sibs do Uaupés, ponto também enfatizado por Arhem (1981) para o caso Makuna, entre os quais o autor documentou processos de segmentação por crescimento demográfico, bem como processos de declínio demográfico que levam à extinção de sibs. Goldman ([1963] 1979, p.99) afirma ainda que as diferentes modalidades de relacionamento entre os grupos, da exogamia à participação conjunta em rituais, facilitariam igualmente a assimilação de novos segmentos a unidades maiores. O autor sugere, então, que a história no noroeste amazônico pode ser tomada como um processo permanente de formação e fissão de entidades sociopolíticas. Nesse sentido, os Cubeo seriam um agregado de grupos de origem linguística variada, tukano, aruak e maku, ou, em suas palavras, um núcleo de segmentos distintos que perseverou no tempo como uma "tribo". O diagnóstico dessa dinâmica é coerente com sua proposição de que, no Uaupés, a hierarquia constitui um "esqueleto aristocrático" envolvido por um *"ethos igualitário"*.

Christine Hugh-Jones (1979), em seu estudo sobre os Barasana, oferece uma interpretação alternativa. A autora propôs um modelo de papéis rituais de acordo com o qual os sibs são classificados pelas funções que exercem: chefe, dançarino/cantor, guerreiro, xamã e servo, sequência que corresponde a um gradiente hierárquico decrescente. Um grupo exogâmico seria idealmente composto de pelo menos cinco sibs, ocupando cada uma das funções ritualmente estabelecidas. Segundo a autora, esse sistema corresponderia à forma pela qual os Barasana concebem a relação entre uma estrutura hierárquica fixa e a instabilidade que envolve as interações baseadas no princípio da igualdade. A diferenciação interna serviria então para facilitar e garantir sucesso nas relações externas, ou seja, maximizar a posição de dado grupo em relação a outros, garantindo-lhe cônjuges (mulheres) e sobrevivência econômica em um ambiente social incerto. Em suas palavras, "o ideal é o de uma unidade cuja capacidade de sobrevivência em um mundo competitivo é o reflexo da supressão da competição interna" (C. Hugh-Jones, 1979, p.105-6).

Para entender o caso tariano, devemos, a meu ver, buscar uma combinação das sugestões de Irving Goldman e Christine Hugh-Jones. Em seu relato histórico, os *Koivathe,* em primeiro lugar, dão a entender que, ao longo de sua trajetória do Içana ao Uaupés, os Tariano cresciam à medida que novos sibs eram incorporados em lugares específicos. Esse é o caso, como veremos mais adiante, dos *Kayaroa* e *Mamialikune* (ver também nota 6). É importante notar que os *Kayaroa* são incorporados como um grupo único e não como o conjunto de sibs listados hoje pelos *Koivathe*. Isso sugere que a presente inclusão de treze sibs distintamente nomeados nessa categoria abrangente seja um resultado de seu crescimento e segmentação ao longo do tempo. Em segundo lugar, vimos também que o próprio sib *koivathe* pode ter passado por uma cisão, resultado de um processo de disputa entre dois irmãos pela posição de chefia. Esses dados ilustram de maneira precisa as observações de Goldman quanto à dinâmica de fissão e incorporação de novas unidades sociais no interior de um grupo agnático mais inclusivo. O conhecimento ritual e histórico dos *Koivathe* – o controle de nomes importantes e o detalhamento minucioso do processo de fixação e dispersão dos Tariano pelo Uaupés – parece, ademais, constituir um recurso estratégico a respaldar sua posição. Voltaremos a esse ponto.

Por outro lado, as guerras contra os Wanano e Arara narradas pelos *Koivathe* evocam as colocações de C. Hugh-Jones, pois parece plausível afirmar que, ao estabelecer novas relações com os grupos do Uaupés, especialmente com os Wanano, os Tariano tivessem de reforçar sua coesão interna e se organizar em torno de um líder de guerra. A concentração de vários grupos em uma maloca fortificada na serra do Jurupari, bem como o principal objetivo das guerras – a obtenção de mulheres de outros grupos –, é coerente com essa hipótese e sugere que a posição hierárquica atualmente pleiteada pelos *Koivathe* seja aceita por outros sibs em decorrência do papel de liderança que, no passado, teriam desempenhado mais efetivamente.

Com isso, penso ser necessário nuançar a afirmação de Goldman mencionada. Ou seja, com o exame da história das relações entre os *Koivathe* e os demais sibs que os seguiam, não parece ser possível sustentar a existência de um "*ethos* igualitário" subjacente a um "esqueleto aristocrático". Parece haver, mais propriamente, um *ethos* potencial de respeito e consideração à sua posição hierárquica, cuja atualização dependia basicamente das habilidades de seus chefes em angariar confiança entre os grupos inferiores, o que seria possível com recursos materiais e simbólicos.[15] Ainda que podendo ser contestada ou subvertida por diferentes formas de narrar a história, a hierarquia entre os sibs não pode ser considerada apenas um construto ideal que expressa uma ordem mítica, pois em determinadas circunstâncias parece efetuar-se concretamente. Veremos na próxima seção que o envolvimento de homens *Koivathe* nas relações com os primeiros colonizadores que chegaram ao Uaupés, no final do século XVIII, visava, entre outras coisas, à obtenção de novos recursos, como nomes cristãos e patentes, com os quais buscariam legitimar sua posição de chefes dos Uaupés em uma nova conjuntura histórica.

Alianças com os colonizadores

Segundo o cônego André Fernandes de Souza (1848), vigário de São Gabriel da Cachoeira nos últimos anos do século XVIII, em 1793 um "principal" tariano chamado Calisto teria convencido seus parentes e outros tukano e pira-tapuia a formar um aldeamento no Uaupés, logo acima das cachoeiras de Ipanoré. Essa povoação foi então reconhecida pelo cônego como uma missão, que ainda lhe daria o nome de "São Calisto Papa". Por três anos seguidos, o religioso teria feito visitas anuais ao lugar, tendo orientado a construção de uma igreja e distribuído sacramentos fartamente. Em sua última visita, teria batizado 669 pessoas. De suas palavras, depreende-se que os índios eram orientados a descer o rio para lhe buscar – provavelmente na povoação de São Joaquim, na foz do Uaupés, ou mesmo em São Gabriel da Cachoeira – e que, avidamente, buscavam o batismo para seus filhos. Não deixa de soar paradoxal a formação de uma concentração de índios nesse ponto estratégico do Uaupés, pois naqueles anos se registravam revoltas indígenas nos aldeamentos rio abaixo. Alguns Tariano pareciam, no entanto, arriscar descer o rio para trazer um padre que batizasse seus parentes. O lugar e seu principal tinham o mesmo nome: Calisto. Algumas décadas mais tarde, o *Dicionário topográfico, histórico, descritivo da Comarca do Alto Amazonas*, publicado em meados do século XIX pelo militar Araújo e

---

15 Agradeço a Stephen Hugh-Jones por ter-me chamado a atenção para esse detalhe.

Amazonas ([1852] 1984], ainda registra o verbete "São Calisto" como uma povoação tariano existente no mesmo ponto do médio Uaupés.

O nome Calisto reaparece em outras fontes do século XIX, sempre associado aos Tariano. A primeira ocorrência vem justamente do relato do cônego Fernandes de Souza. Muito provavelmente, o batismo do chefe tariano com o nome do santo que viria a ser o padroeiro daquela incipiente missão tenha sido ministrado por esse mesmo religioso, que se orgulhava de ter proporcionado o sacramento a muitos dos seguidores do principal Calisto. Por ocasião da criação da Diretoria de Índios da Província, em meados do século XIX, Jesuíno Cordeiro, o primeiro diretor de Índios do Uaupés nesse período, faz menção a um tuxáua tariano chamado Calisto Antonio entre os escolhidos para receber "patente" em Manaus, em 1848. Assim como um pequeno grupo de tuxáuas nomeados no Uaupés nesse período, Calisto Antonio parecia colaborar com as autoridades locais na obtenção de trabalhadores indígenas e formação de povoações ao longo do Uaupés. Alguns anos mais tarde, Alfred Wallace aponta seu encontro com um tariano que "se regozijava em exibir o nome Calisto" (Tenreiro Aranha, 1906-1907; Wallace [1853] 1992).

Se no final do século XVIII o tariano Calisto encontrava-se em uma povoação logo acima das cachoeiras, o Calisto de meados do século XIX era o chefe de uma grande povoação tariano localizada em Iauaretê. Com 263 moradores, era a maior concentração populacional do Uaupés em 1852 (cf. Tenreiro Aranha, 1906-1907, p.61). Duas décadas mais tarde, o viajante francês Henri Coudreau informa que, até 1852, os Tariano tinham apenas um tuxáua que exercia "uma autoridade absoluta sobre a tribo" (Coudreau, 1887-1889, t.II, p.162). Já por ocasião de sua viagem ao Uaupés, no final da década de 1870, eram dois os tuxáuas tariano, um em Ipanoré, outro em Iauaretê. Esse último parece ser o Calisto com quem Wallace se encontrou, justamente em Iauaretê. Àquela altura, ainda segundo Coudreau, Iauaretê seria o "grande centro dos Uaupés", uma hegemonia que ainda persistia no momento de sua visita à região.

Os relatos de Stradelli e Brandão de Amorim confirmam igualmente a existência da rivalidade entre os tuxáuas tariano de Ipanoré e Iauaretê, apresentando a maior precisão no registro de seus nomes: em Ipanoré, tratava-se de Casimiro, narrador de um dos mitos coletados por Brandão de Amorim, portador do nome tariano Kuenaka; em Iauaretê, tratava-se

Cidade do índio

de Calisto, portador do nome tariano Kali (Brandão de Amorim [1926] 1987); Ermano Stradelli [1896] 1964). O nome Calisto é, com efeito, transmitido ao longo de várias gerações da genealogia *koivathe* sob a forma "Calitro", como o demonstra o diagrama sintético apresentado a seguir.

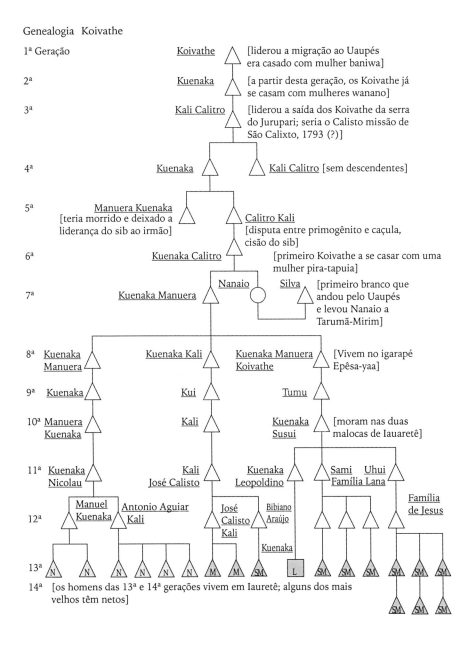

De acordo com a genealogia, a primeira geração é a do ancestral *koivathe*, que liderou os Tariano na migração do Aiari ao Uaupés. Na segunda e terceira gerações aparecem, em primeiro lugar, *Kuenaka* e, em seguida, *Kali*. Este leva como complemento a seu nome cerimonial um novo nome, "Calitro", que, segundo os homens do sib *Koivathe* que detalharam essa genealogia, teria sido atribuído por um padre que missionou no Uaupés muito tempo antes dos franciscanos e salesianos. Parece plausível afirmar que esse padre tenha sido o vigário de São Gabriel, nas últimas décadas do século XVIII, pois, se consideramos que Kali Calitro situa-se dez gerações acima da atual, teremos aproximadamente um intervalo temporal de dois séculos. Mas a evidência principal diz respeito ao próprio nome atribuído pelo cônego Fernandes de Souza àquela povoação tariano então constituída no Uaupés e a seu principal: São Calisto e Calisto. Calisto teria sido, segundo os *Koivathe,* um nome de batismo associado por aquele religioso ao nome cerimonial Kali. Em seu próprio linguajar, o nome passaria a ser transmitido como "Calitro", como um complemento, ou suplemento, a *Kali*. A partir da quinta geração, verifica-se outra combinação, na qual o nome Tariano *Kuenaka* associa-se a outro neologismo, "Manuera", isto é, ao nome cristão Manuel.

Em suma, nas duas primeiras gerações aparecem exclusivamente nomes cerimoniais, como *Koivathe* e *Kuenaka*. A partir daí, os nomes tradicionais tariano combinam-se aos novos nomes adquiridos por meio das relações que começavam a ser estabelecidas com os colonizadores. "Manuera", Manuel, e "Calitro", Calisto, passam assim a corresponder a complementos dos nomes *Kuenaka* e *Kali*, respectivamente, sendo *Kuenaka* o nome dos primogênitos e *Kali* o do segundo filho nas gerações sucessivas. A partir da nona geração, novos nomes aparecem. *Kui, Tumu* (nona geração), *Sami* e *Uhui* (11ª. geração) são outros nomes tariano que passam a ser empregados com o crescimento do sib, associando-se, por sua vez, a novos nomes cristãos que puderam ser incorporados mais recentemente, como Nicolau e Leopoldino (11ª. geração, ambos combinados ao nome *Kuenaka).* Essas combinações de nomes, bem como as inversões a que dão margem, é o que parece ter permitido aos *Koivathe* a construção de uma genealogia tão extensa, cuja profundidade temporal supera em muito o padrão usual de três ou quatro gerações ascendentes verificado entre os sibs do Uaupés. Essa manipulação onomástica permite aos *Koivathe* listar um grande número de antepassados e, assim, registrar vários eventos significativos de sua história coletiva. A saída da serra do Jurupari, a maloca em que viveram em um igarapé chamado *Epêsa-yaa,* e, por fim, a construção das duas malocas na beira do Uaupés são acontecimentos indicados na terceira, oitava e décima gerações, respectivamente. A segunda e sexta gerações indicam ainda o momento em que os *Koivathe* passaram a se casar com mulheres wanano e pira-tapuia, respectivamente.

A recorrência do nome Calisto, sob a forma *Calitro,* entre a terceira e a sexta geração (com um ressurgimento na 12ª.) confirma, a meu ver, a ligação dos Tariano de Iauaretê à povoação de São Calisto, fundada em 1793, no médio Uaupés. A mobilidade dos *Koivathe* entre Iauaretê e o médio curso do rio Uaupés parece, com efeito, ter sido relativamente intensa desde o período colonial, e talvez muito antes disso. É muito provável que na época da formação daquela povoação vários Tariano de Iauaretê tenham se transferido a essa localidade. Brandão de Amorim ([1926] 1987, p.183) faz referência a um velho chefe tariano de Iauaretê, em 1891, que ainda teria estado entre os grupos aldeados em São Calisto. Esse chefe figura em nossa genealogia na nona geração, com o nome *Tumu,* na terceira linha de descendência que vem do *Kali Calitro* da quinta geração. Ou seja, há evidências suficientes para sugerir que o principal Calisto do ano de 1793 teria sido um importante chefe tariano de Iauaretê, com influência suficiente para obter a concentração de vários grupos na missão de São Calisto rio abaixo. De acordo com a genealogia *Koivathe,* esse mesmo chefe os haveria guiado da serra do Jurupari à beira do Uaupés em Iauaretê.

Os *Koivathe* não apontam que seus antepassados tenham se fixado permanentemente na povoação de São Calisto, nem sequer relatam a sua fundação e existência como aldeamento missionário. Ainda que algumas fontes históricas deem conta de que tenha se tratado de uma missão, para os Tariano o que parece ter ficado realmente registrado foi o nome que ali obtiveram com o batismo cristão. O vazio da colonização que ocorre nas primeiras décadas do século XIX (cf. Cap. 2) viria certamente a desarticular esse primeiro esforço de fundação de um aldeamento acima das primeiras cachoeiras do Uaupés. Mas, por motivos diferentes, outros segmentos tariano permaneceriam ou viriam a retornar ao médio Uaupés, como o relato histórico *koivathe* que examinamos indica. De modo importante, é na quinta geração de nossa genealogia que aquela cisão que sugerimos na seção anterior parece ter ocorrido entre os *Koivathe*. Embora eles afirmem que o primogênito *Manuera Kuenaka* tenha morrido sem deixar descendentes, os registros de Brandão de Amorim apresentam, como indicamos, uma versão alternativa, sugerindo que, em vez de morrer sem descendentes, esse primogênito teria deixado Iauaretê em razão de uma disputa com o irmão mais novo, *Calitro Kali*. É esse Calitro que passa a liderar os Tariano de Iauaretê, ao passo que *Manuera Kuenaka* vai se fixar em Ipanoré com os seus, local muito próximo da antiga São Calisto.

O *Calitro Kali* da quinta geração teve apenas um filho, cujo nome corresponde a uma combinação inédita até então: *Kuenaka Calitro*. Aqui o nome tradicional de primogênito, *Kuenaka*, combina-se ao primeiro nome adquirido entre os brancos que vinha sendo transmitido desde a terceira geração. *Kuenaka Calitro* também teve apenas um filho, que, em nova combinação, se chamaria *Kuenaka Manuera*. A partir daí essa linha de descendência se multiplica em três linhas colaterais, cada uma delas se originando de um dos três filhos que teve *Kuenaka Manuera*. O nome dos três filhos de *Kuenaka Manuera* apresentam novas combinações: o primogênito recebe o mesmo nome do pai, mas o segundo e terceiro filhos vêm a se chamar, respectivamente, *Kuenaka Kali* e *Kuenaka Manuera Koivathe*.

É também por sua genealogia que os *Koivathe* circunscrevem temporalmente a chegada dos brancos a Iauaretê. No relato a seguir, eles repassam sua genealogia até a sétima geração, marcando especificamente a chegada dos primeiros brancos:

> Kuenaka, filho do chefe Koivathe, teve um filho chamado Kali Calitro (3ª. geração). Foi ele que trouxe o seu povo para a beira do rio, próximo à atual comunidade de Santa Maria, onde construiu a sua maloca. Ele teve dois filhos: Kuenaka, o primogênito, e Kali Calitro, o segundo filho. Nesse período apareceram os primeiros brancos. Kuenaka, filho de Kali Calitro,

teve dois filhos: Kuenaka Manuera e Calitro Kali (5ª. geração). Após a morte de seu irmão Manuera Kuenaka, o sucessor foi Calitro Kali, o menor. Ele teve um filho chamado Kuenaka Calitro (6ª. geração). Kuenaka Calitro teve um filho chamado Kuenaka Manuera e uma filha chamada Nanayo (7ª. geração). Os Koiwathe estavam vivendo bem. Já haviam organizado e distribuído lugares para seus servidores. Estavam vivendo bem com seus irmãos, como haviam vivido na serra do Jurupari. Foi então que apareceu um estranho, o primeiro não índio na região. Era o Silva, ele queria conhecer a realidade e por isso começou a conviver com os Tariano, participando de tudo o que acontecia. Ele acabou se casando com Nanayo, pois queria saber mais coisas sobre os Tariano e percebia que nem tudo era revelado a ele. Depois ele levou sua esposa para Tarumã-Mirim, perto do lugar onde viria ser construída a cidade de Manaus. Lá, Nanayo teve seu filho, chamado Maximiano Roberto. Depois de vários anos Kuenaka Calitro foi visitar sua filha. Descendo o Uaupés e o rio Negro, levava um mês para chegar até lá. Ele levava artesanatos e cerâmicas, na base de barco a remo, e o Silva também fazia visitas ao sogro. Silva, no início andava bem direito, depois começou abusar, querendo ter mais mulheres indígenas. Daí acabou levando sua cunhada sem permissão. Por esse motivo Silva foi morto pela tribo Tariana. Após esse acontecimento o cacique estava em perigo, tinha medo de ir a Tarumã-Mirim, mas a filha estava lá. Passados três anos, o filho do cacique, Kuenaka Manuera, organizou sua tropa para ir visitar sua irmã. Chegando no futuro município de São Gabriel, foi preso por causa da morte de Silva, seu cunhado, sendo levado até Manaus. Nessa época, tinha uma fortaleza em São Gabriel para expulsar os venezuelanos que invadiam a terra brasileira. O prisioneiro ficou preso durante três anos. Sabendo que seu irmão estava preso, Nanayo foi falar com a autoridade principal, justificando a morte de seu esposo Silva. Com essa justificação, Nanayo teve autorização para dar comida ao seu irmão prisioneiro. Nanayo tentava libertá-lo. Mais tarde, Nanayo, acompanhada de sua parenta, foi falar à autoridade principal, dizendo o seguinte: "Meu pai é o Tuichaua do grupo, homem respeitado, assim como vossa senhoria, chefe de qualquer movimento dessa área. Esse meu irmão que está preso é filho de Tuichaua; por isso peço a vossa senhoria se não pode deixá-lo livre". Com essa justificação, o prisioneiro Kuenaka Manuera, filho do cacique Kuenaka Calitro, depois de três anos foi deixado livre. Nessa ocasião, Kuenaka Manuera recebeu uma nova autorização, mas esta já era no regime dos brancos; por isso ele foi o primeiro que recebeu patente e toda documentação. Mesmo assim, já liberto, este chefe voltou para sua terra acompanhado por dois soldados, para ver se era verdade a justificativa de sua irmã Nanayo. Saindo de Manaus conseguiu chegar à sua terra. O pai dele ainda estava vivo na mesma maloca. Nesses dias, estava preparando dabucuri de peixes aos seus cunhados. Chegando, Kuenaka Manuera contou tudo o que passara durante os anos de prisão e apresentou os dois soldados e seus objetivos. Como o pai de Manuera já tinha organizado o dabucuri, convidou o filho para acompanhar sua dança. No dia seguinte dessa festa, o pai de Kuenaka Manuera organizou uma outra festa para oferecer cerâmicas aos dois soldados que acompanhavam seu filho. Chegando a data marcada, o cacique e seu povo fizeram essa homenagem. Nessa ocasião, os dois soldados bateram fotos para apresentar às autoridades de Manaus. No dia seguinte, Kuenaka Manuera foi até Manaus levar os dois soldados. Voltando de Manaus, Kuenaka Manuera chegou para viver em sua terra livremente, e fardado, sendo respeitado por todo o povo. Ele substituiu seu pai. Kuenaka Calitro e seu filho viram a chegada do famoso conde Marca, este apoiou muito a esses dois caciques.

Esse relato ilustra da maneira mais nítida possível uma das estratégias largamente empregadas por agentes da colonização desde a segunda metade do século XVIII no rio Negro, qual seja o estabelecimento de alianças com chefes indígenas proeminentes pelo casamento com uma de suas filhas. Tratou-se de uma estratégia que, como já vimos, servia para facilitar a obtenção de trabalhadores indígenas a serem levados para as povoações do rio Negro. A chegada do "Silva" a Iauaretê, seu interesse em conhecer os Tariano e tomar a filha de um chefe em casamento são descritos como uma fase de aproximação em que se avalia positivamente seu comportamento: "no início andava bem direito". Mas em seguida, após ter levado Nanayo a Tarumã-Mirim, passa a demonstrar seus reais interesses, acabando por, sem permissão, levar também sua cunhada. Antes do desfecho da história, com a morte do Silva e a prisão do irmão de Nanaio em São Gabriel, o chefe *Kuenaka Calitro* teria tido a oportunidade de visitar sua filha em várias ocasiões, sendo, muito provavelmente, um dos primeiros índios do Uaupés a viajar com certa regularidade a Manaus. Tarumã-Mirim é hoje um dos bairros dessa cidade.

O filho de Nanayo e Silva, Maximiano Roberto, ficaria muito conhecido entre os índios do Uaupés. Foi por intermédio dele que Ermano Stradelli e Brandão de Amorim tiveram acesso a boa parte dos mitos tariano que vieram a publicar. Os dois viajantes registram explicitamen-

Cidade do índio

te em seus escritos sua dívida para com Maximiano, que os introduziu entre os Tariano de Iauaretê e cuidou ele mesmo de registrar muitas das histórias que contavam. O famoso texto da *Lenda de Jurupari*, publicado pelo viajante italiano no *Boletino della Società Geographica Italiana*, em 1890, teria sido, segundo o próprio Stradelli, transcrito por Maximiano, que o entregou praticamente pronto para publicação. Coube a Stradelli uma revisão do texto e a tradução para o italiano.[16] Tanto Stradelli como Brandão de Amorim apontam que Maximiano descendia pelo lado materno dos Tariano de Iauaretê, mas quanto a seu pai apenas informam que era um Baré. Sobre chamar-se Silva e ter sido morto pelo irmão de Nanayo, assim como sobre a prisão deste, nada relatam. O que ressaltam é o grande interesse de Maximiano pelas narrativas indígenas e a boa acolhida de que desfrutava nas comunidades indígenas do Uaupés. Assim como era bem recebido no Uaupés, costumava acolher em Tarumã-Mirim muitos que de lá desciam o rio Negro para conhecer Manaus. Contam também os *Koivathe* que ele costumava ir a Iauaretê para "pedir gente" ao avô materno. Era para levar a uma guerra que estaria havendo em Manaus. E levava Tukano e Pira-Tapuia, mas não Tariano. Outros relatos do Uaupés sobre Maximiano dão conta de que se tratava de um "bom patrão", que por um bom tempo explorou salsa no alto Uaupés junto aos Tariano e Wanano (Barbosa & Garcia, 2000).

Do relato consta também que o irmão de *Nanayo, Kuenaka Manuera*, seria, uma vez liberto e reconduzido a Iauaretê por soldados, o primeiro índio da região a receber uma patente de tuxáua. Teria seguido a Manaus acompanhando os mesmos soldados que o haviam trazido a Iauaretê,

---

16 A importância que exerceu Maximiano Roberto na obra de Stradelli é sublinhada por Câmara Cascudo em um opúsculo dedicado à memória do viajante italiano (ver Câmara Cascudo, 2001, p.65-70). O interesse de Stradelli pelo Jurupari devia-se ao fato de que suas viagens pelo Uaupés coincidiram com a expulsão dos franciscanos pelos Tariano de Ipanoré, quando expuseram na igreja uma das máscaras do Jurupari proibidas à contemplação feminina. Naquele momento, no final do século XIX, quando se empreendia um esforço de organização da atividade missionária no Uaupés, o Jurupari era correntemente associado à figura de Satanás. Apesar do empenho de Stradelli em mostrar o equívoco em que então incorriam os missionários, tal associação será reatualizada pelos salesianos, que chegam à região na primeira década do século XX.

retornando então "fardado" – o que incluía um valorizado objeto dos brancos: a espada. Outros homens *koivathe* futuramente obteriam esse título honorífico, que vinha legitimar, pelos brancos, as prerrogativas de chefia que buscavam assegurar entre outros grupos do Uaupés. *Kuenaka Manuera* ficou conhecido entre os brancos pelo apelido de Mandu, considerado o principal chefe dos Tariano no final do século XIX. Foi ele quem recebeu Stradelli em Iauaretê. O viajante italiano, aliás, aparece agora como personagem da própria história tariano, sendo referido como o "famoso conde marca". Essa forma de se referir a Stradelli devia-se à sua participação na Comissão de Demarcação de Fronteiras com a Venezuela no final do século XIX, bem como a seu interesse em subir até as nascentes do Uaupés, que então definia tacitamente os limites do Brasil na fronteira com a Colômbia.

A partir de *Kuenaka Manuera*, a linha de descendência que vinha de *Koivathe* subdivide-se em três linhas colaterais (oitava geração). Nesse ponto, a narrativa *Koivathe* dá um salto de duas gerações, indicando outros homens que vieram a receber patente e como receberam um dos sobrenomes – Aguiar –, hoje usado pelos membros da principal linha de descendência do sib:

> Mais tarde, Kuenaka Manuera teve um filho principal chamado Manuera Kuenaka, e mais dois irmãos menores (salta à 8ª. e 9ª. gerações). O Manuera Kuenaka (já é da 10ª. geração) era conhecido pelos brancos como Manuel. O Manuel Kuenaka teve um filho chamado Nicolau Kuenaka (11ª. geração, primeira linha de descendência). E Nicolau Kuenaka teve dois filhos: Manuel Aguiar, pai do atual capitão de São Pedro Ernesto Aguiar, e Antonio Aguiar, autor desta história. O sobrenome Aguiar foi dado pelo primeiro missionário salesiano, padre João Marchesi. O pai dos senhores Manuel e Antonio Aguiar, o Nicolau, tinha patente, com o que continuava a dirigir seu povo. Com o passar do tempo, o cacique Nicolau adoentou e foi fazer tratamento em Manaus. Nesse tempo já existia o chefe dos índios com a sigla SPI (Serviço de Proteção de Índios). Como Nicolau tinha essa patente foi renovada com outra documentação. Daí, o cacique Nicolau voltou para sua terra todo fardado. Quem deu essa autorização foi o chefe do SPI, Dr. Bento Lemos. Voltando, recebeu o nome de Capitão, nome considerado até hoje em dia. Após a morte de Nicolau, a espada foi enviada a Manaus para consertar o cabo, daí não foi devolvida.

Cidade do índio

Com o passar do tempo, os padres se organizaram para colocar capitães em todas as comunidades espalhadas por esses rios pertencentes à Paróquia de Iauaretê, até hoje em dia.

Esse trecho nos leva até os atuais moradores da comunidade de São Pedro, cujos descendentes mais novos estão representados no esquema genealógico com a legenda N – com a legenda SM, representam-se aqueles que vivem na comunidade de Santa Maria e, com M, os que passaram à outra margem do Uaupés, para comunidades que se formaram ao redor da missão; o quadrado L indica os filhos de um homem proeminente da terceira linha de descendência, Leopoldino, que acabou deixando Iauaretê. De modo importante, esse trecho faz menção a um "autor" da história, Antonio Aguiar Kali, da 12ª. geração. Isso se deve ao fato de que essa parte do relato *koivathe* é baseada em uma gravação que esse homem fez questão de deixar aos filhos antes de morrer, há oito ou nove anos. Ele era filho de Kuenaka Nicolau, outro *Koivathe* que recebe destaque especial na narrativa em razão das relações que manteve com os brancos de Manaus, particularmente com Bento Lemos, diretor da Inspetoria do Amazonas e Acre do SPI na década de 1920.

A respeito da volta de Nicolau a Iauaretê após receber sua patente em Manaus, encontramos – em feliz coincidência – detalhes importantes nos escritos de William McGovern, que, em 1925, o encontrou em Ipanoré, subindo o Uaupés de retorno a Iauaretê. McGovern teve a oportunidade de chegar a Iauaretê ao lado de Nicolau e presenciar uma circunstância especial, na qual seus parentes o receberam com uma grande festa. De Manaus, Nicolau trazia uma espada e outras insígnias militares, como espáduas e ombreiras, símbolos das novas relações que estabelecera com as autoridades de lá. Para os brancos de Manaus, Nicolau passava a ser um guarda da fronteira do Brasil, pois o que eram a fronteira e a Colômbia lhe teria sido minuciosamente informado. Em que medida essa informação faria sentido aos moradores de Iauaretê de então? Não é essa avaliação que cabe aqui, mas registrar que a viagem a Manaus e os novos distintivos eram os veículos de um prestígio que os filhos de Nicolau esforçaram-se para marcar naquela ocasião. Em meio às danças que os Tariano cuidadosamente paramentados exibiam durante a recepção de Nicolau, seus filhos produziram uma cena que mereceu destaque na narrativa de McGovern. A certa altura, todos os presentes se reuniram no espaço frontal da maloca, diante de sua grande porta fechada. Foi então que a porta foi levantada e Nicolau surgiu exibindo todos os seus novos pertences. E fez um pequeno discurso, no qual discorreu a respeito de suas novas responsabilidades (McGovern, 1927, p.122-3). Subindo o rio Papuri, o viajante inglês teve a oportunidade de verificar o quanto a conquista de Nicolau era valorizada entre outros grupos. Vários chefes pira-tapuia e tukano pediam-lhe que os levasse a Manaus para ter as mesmas honras prestadas a Nicolau.

Outros viajantes que visitaram Iauaretê no início do século XX se reportam aos chefes tariano que se sucedem na genealogia *koivathe*. Logo após a passagem de McGovern pela região, Iauaretê é visitada ainda nos anos 1920 por Curt Nimuendaju, em viagem de reconhecimento pelo Serviço de Proteção aos Índios, e por Boanerjes Lopes de Souza, major da Comissão de Inspeção de Fronteiras. Iauaretê chamava a atenção dos viajantes: de acordo com a descrição de Lopes de Souza (1959, p.118), havia ali "4 malocas e 22 casas de taipa, distribuídas em dois grupos em que o Xibuí-igarapé é a linha divisória. O primeiro, que é maior, obedece ao comando do Capitão Leopoldino e o segundo ao do Capitão Nicolau". Para Lopes de Souza e Nimuendaju, Leopoldino causou ótima impressão, sendo considerado por este uma das "pessoas mais agradáveis" que encontrou ao longo de toda a viagem (Nimuendaju, [1927] 1982). Lopes de Souza vai mais longe e afirma categoricamente que Leopoldino era um chefe altivo e enérgico, em resumo, "muito civilizado". Assim como Nicolau, Leopoldino era também portador de uma patente, concedida pelo Serviço de Proteção aos Índios (SPI), que em Iauaretê estabelecera um posto em 1926. No relatório resultante de sua viagem, Nimuendaju recomenda melhoramentos para a unidade local do SPI para pôr fim aos abusos cometidos pelos comerciantes brasileiros e colombianos contra os índios, mas também para que tomasse a dianteira dos salesianos, que planejavam a instalação da futura Missão de Iauaretê.

Nicolau e Leopoldino situam-se na 11ª. geração da genealogia *koivathe* e são, ambos, ainda frequentemente citados por seus respectivos descendentes das comunidades de São Pedro e Santa Maria. Nos registros de Lopes de Souza e Nimuendaju, nota-se que, sendo ambos portadores de patentes, encabeçavam dois núcleos *koivathe* distintos. Com efeito, o relato que viemos examinando até aqui expressa, a partir da oitava geração, o ponto de vista da primeira linha de descendência, da qual Nicolau ocupa posição de destaque. Por ser a que se situa em posição hierárquica superior, goza do privilégio de narrar uma espécie de versão oficial da história do sib. Mas, em geral, os descendentes da terceira linha de descendência afirmam, em situações privadas, que a importância de Leopoldino na época da chegada do SPI e dos salesianos a Iauaretê era significativamente maior do que a de Nicolau. Como parece ter se passado na quinta geração, quando dois irmãos teriam entrado em disputa pela liderança dos *Koivathe*, um clima de rivalidade envolve os homens pertencentes às tres linhas de descendência que vêm de *Kuenaka Manuera*.

Nesse sentido, Theodor Koch-Grünberg ([1909/10] 1995, t. II, p.27-8), em passagem por Iauaretê no ano de 1903, menciona uma rixa entre dois tuxáuas locais, João e Mateus (provavelmente Manuel), os quais lideravam um significativo contingente tariano. O tariano João teria sido o tuxáua da povoação de Santo Antonio, que, durante o curto período em que os franciscanos estiveram no Uaupés, na década de 1880, reuniu em Iauaretê mais de quatrocentas pessoas. O tuxáua ainda guardava a imagem de Santo Antonio ali deixada pelos franciscanos. Em 1909, essa imagem é reencontrada em Iauaretê pelo bispo do Amazonas, D. Frederico Costa, em sua viagem pelo alto rio Negro, que resultaria na implantação das missões salesianas na região, em 1914. O bispo dá conta de que o já idoso tuxáua João era filho de um antigo tuxáua chamado Marcelino, que chegou a viajar a Manaus para conhecer o governador (Costa, 1909, p.70). Com efeito, alguns homens *Koivathe* fazem igualmente referência ao tempo dos franciscanos e ao fato de que nessa época, na década de 1880, "Iauaretê se chamou Santo Antonio", quando todos os *Koivathe* viviam ainda na mesma maloca.

Trata-se, porém, de mais uma informação colateral à narrativa principal. Isso se deve, a meu ver, ao fato de os tuxáuas mencionados por Koch-Grünberg e Dom Frederico Costa pertencerem à linha de descendência igualmente colateral à linha principal: Marcelino e João são, informam seus descendentes, Tumu e Kuenaka Susui, alocados respectivamente na nona e décima gerações, isto é, avô e pai de Leopoldino. Podemos, assim, verificar nitidamente que o crescimento do sib *Koivathe* leva ao estabelecimento dos membros das diferentes linhas de descendência em duas malocas separadas, bem como ao surgimento de uma rivalidade entre seus respectivos chefes. Stradelli ([1900] 1964, p.71) informa para a última década do século XIX a respeito da existência de duas linhas de descendência em Iauaretê, que, juntos, opunham-se ao grupo do médio Uaupés, em Ipanoré. Ele faz menção à passagem, em Iauaretê, do comando do grupo de uma linha à outra, indicando que o tuxáua Marcelino passava então à chefia no lugar de um "leviano Bibiano", excluído da sucessão por um certo "conselho da tribo". Nunca ouvi os *Koivathe* falarem a respeito da existência de algo parecido com um conselho tribal, mas de uma nova disputa envolvendo um homem chamado Bibiano. Trata-se do Kali que ocupa a segunda linha de descendência na décima geração, que veio a questionar as prerrogativas do filho de seu irmão, Manuera Kuenaka, em assumir uma posição de chefia. O caso é relatado reservadamente por homens pertencentes à terceira linha de descendência e absolutamente eclipsado na narrativa pública autorizada, por assim dizer, pelos homens da primeira linha.

Esse fato favoreceu um fortalecimento da terceira linha de descendência, cujos membros parecem ter se mantido fora da disputa que envolveu as outras linhas de descendência. Como afirmou Stradelli, foi então que Marcelino viria a se tornar o principal tuxáua em Iauaretê, passando mais tarde o lugar a seu filho João. Este veio a ser sucedido por Leopoldino. Em seu tempo, à época da chegada do SPI e dos salesianos, ele estaria disputando com Nicolau a ascendência sobre os Tariano de Iauaretê, para o que as patentes e suas insígnias eram um recurso de extremo valor.

O exame da história e da genealogia relatadas pelos *Koivathe* deixa entrever que itens da civilização dos brancos, como os nomes, as espadas que acompanhavam as patentes e as imagens de santo, parecem ter despertado enorme interesse entre os índios do Uaupés. Em Iauaretê, todas essas coisas que chegaram de fora foram postas em circulação para, aparentemente, agenciar assuntos internos, especialmente para sancionar a posição hierárquica dos *Koivathe*. É significativo, a meu ver, que os tuxáuas tariano nomeados entre meados do século XIX e início do século XX sejam todos pertencentes a esse sib. Nesse sentido, a disputa entre Nicolau e Leopoldino pode também ser lida pelas diferentes relações que buscaram cultivar para com os chamados civilizados.

Os descendentes de Nicolau lembram que ele chegou a ser "compadre do Manduca", Manoel Antonio Albuquerque, o patrão que no início do século XX controlou o Uaupés. Manduca é lembrado principalmente pelas violências que veio a praticar contra os índios do Uaupés, tendo chegado a matar um dos Tariano de Iauaretê. Os excessos de violência levariam Nicolau a buscar providências para sua saída do Uaupés junto às autoridades militares de Cucuí, no rio Negro. De qualquer forma, os descendentes de Nicolau afirmam que, antes disso, ele chegava em sua maloca com muitas mercadorias e pedia gente para trabalhar na seringa.

Não é o que se passa com Leopoldino, odiado que era por Manduca. Leopoldino se recusava a lhe ceder gente e várias vezes teria recebido ameaças de morte. Por outro lado, os homens de sua linha de descendência parecem ter se aproximado de outros agentes, como missionários, e, mais tarde, o SPI. Já vimos que foram eles que guardaram a imagem de Santo Antonio, deixada em Iauaretê pelos franciscanos. Foram os mesmos que acolheram o bispo de Manaus e lhe solicitaram novos missionários. Hoje em dia, os homens dessa linha de descendência garantem que os salesianos vieram para Iauaretê graças à agência do tuxáua Leopoldino. Ele próprio teria tomado a iniciativa de ir a Taracuá tratar com os salesianos a implantação de uma nova missão Uaupés acima – Taracuá é uma missão mais antiga, fundada pelos salesianos no baixo Uaupés por volta de 1920. Os salesianos teriam então marcado a data para iniciar seus trabalhos em Iauaretê e, "dito e feito", aportaram na maloca de Leopoldino em setembro de 1927. Leopoldino queria também que a missão fosse instalada ao lado de sua maloca, na margem direita do Uaupés. Porém, os missionários tinham planos maiores e precisavam de uma área muito maior para as futuras instalações que pretendiam implantar em Iauaretê. Assim, com seu polegar, Leopoldino carimbou um mapa preparado pelos padres, cedendo-lhes uma grande extensão de terras situada na margem oposta. Nos meses seguintes, muitos índios passaram a trabalhar na derrubada das matas e na construção de aterros para as obras.

Afirma-se em Iauaretê que Leopoldino sabia falar português naquela época. Com seus modos notáveis, o tuxáua passaria a conviver mais diretamente com os salesianos e, assim, manejar novos elementos da civilização que seriam veiculados por meio da obra missionária. Em seu tempo a Missão parece ter sido uma fonte estratégica de recursos que o SPI não estava em condições de proporcionar. Lidar com a escrita e com papéis era algo que se aprendia com padres, e esse algo era então apreendido como um instrumento poderoso para lidar com os civilizados, do Brasil e da Colômbia, pois, como afirmam alguns Tariano de Iauaretê, antes da chegada dos missionários, Manduca controlava tudo. Ele conseguia o que queria porque fazia documentos e mandava para o governo de Manaus, dizendo que vivia na fronteira e que os índios do Uaupés "tinham a boca na barriga", isto é, não tinham cabeça. Os governantes de Manaus acreditavam e ele continuava mandando em todo o rio.

Desse modo, ser reconhecido por esses distantes "chefes dos brancos", assim como fazer frente aos abusos que cometiam os comerciantes brasileiros e colombianos contra os índios, passava pela aquisição de algumas de suas capacidades. A missão vinha ao encontro de tal objetivo. Dizem que, ao chegar, o padre Marchesi teria explicado que o trabalho dos salesianos em Iauaretê iria durar sessenta anos. Era um bom tempo. Tempo mais que suficiente para conquistar os poderes dos "kumua-papéra", esses pajés do papel que são os brancos. Em outras palavras, além das mercadorias e do dinheiro, que como mostramos no capítulo anterior sintetizavam as capacidades xamânicas dos brancos, os índios de Iauaretê interessaram-se também pelo seu conhecimento propriamente dito, isto é, por tudo aquilo que ia registrado nos papéis, patentes ou nomes. Não tardaria, porém, para que alguma decepção se insinuasse, pois os padres cobrariam um preço caro por aquela civilização que traziam ao Uaupés. Exigiram o abandono das malocas, dos rituais com as flautas sagradas, e a entrega dos instrumentos e adornos cerimoniais. Em suma, em troca da civilização, eles exigiram a própria riqueza dos índios, e vários foram os expedientes de que lançaram mão para obtê-la: negar sacramentos, proibir a entrada nas missas ou recusar trocas de artesanato ou farinha pelas mercadorias da despensa.[17] Os rituais, o conhecimento e os objetos dos brancos só poderiam, assim, ser obtidos a um custo muito alto, pois aquilo que os índios deviam entregar possuía um valor equivalente ao da civilização: como dizia um dos homens *koivathe* hoje empenhado no fortalecimento de sua própria cultura, "os antigos já tinham muita civilização, só que os padres não entenderam...".

Como vimos na genealogia *koivathe*, os descendentes de Leopoldino são os únicos homens desse sib que hoje vivem fora de Iauaretê. Dizem que Leopoldino, uma vez despojado de seus pertences ancestrais, teria caído em enorme tristeza e adoecido, pois já era um "homem sem valor". Entristecido e doente, decidiu abandonar Iauaretê e viver em Santa Isabel, no médio rio Negro. De fato, houve uma ocasião naquelas antigas malocas dos *Koivathe* que uma velha, ao ver seus irmãos despacharem uma caixa de enfeites à Missão, se pôs a chorar, gritando: "vocês estão entregando a sua vida". E sentenciava que nunca mais se voltaria a viver como antes. Como em muitas ocasiões dizem os índios: "dito e feito".

História e nomes

Pela discussão das seções anteriores, penso ter ficado claro que os nomes constituem um elemento central na narrativa histórica dos *Koivathe*. Os relatos a respeito da ocupação tariano em diferentes partes do Uaupés, assim como aqueles que dizem respeito às primeiras relações com os brancos, articulam-se principalmente com base nos nomes dos sibs e das pessoas, que muitas vezes se confundem. O conhecimento genealógico demonstrado hoje pelos *Koivathe* é especialmente significativo, indicando que a combinação dos nomes dos brancos com os nomes tradicionais constituiria um quadro de referências extremamente apto ao registro de sua história coletiva pós-colonial.

---

17 Houve também espiões aliciados pelos padres entre os ex-alunos para informar-lhes quem eram os que resistiam a adotar as novas condutas. E não raras vezes o padre se punha na porta da igreja antes da missa para impedir a entrada desses infratores.

Iniciando sua genealogia com o antepassado que os teria guiado ao Uaupés, os *Koivathe* buscam fundamentar sua história a partir de sua conexão a uma saga mítica ancestral. Porém, tal como o notou Christine Hugh-Jones (1979, p.38-40), os sibs do Uaupés não dispõem em geral de conhecimento genealógico suficiente que lhes permita operar automaticamente uma ligação entre seus relatos históricos e o passado mítico. Segundo a autora, o estoque de nomes disponíveis aos sibs é de tal maneira limitado – no caso *koivathe* há três nomes principais, *Kuenaka, Kali* e *Kui,* e outros três, *Tumu, Sami* e *Uhui,* que parecem destinados aos membros da linha de descendência em posição hierárquica inferior – que sua alternância nas gerações sucessivas inibiria a acumulação de conhecimento genealógico.[18] Apesar disso, haveria uma clara convicção de que *há* uma genealogia, que se articula ao longo do tempo com séries de irmãos dando margem à formação de linhas de descendência ordenadas entre si de acordo com o princípio da hierarquia. A inexistência de maior ênfase no conhecimento genealógico soaria algo paradoxal do ponto de vista da autora, tendo em vista tratar-se de sociedades em que o pertencimento a sibs patrilineares depende essencialmente da descendência.

Que as genealogias são pouco importantes entre os grupos indígenas das terras baixas sul-americanas, cuja grande maioria não apresenta grupos de filiação unilinear, é quase unanimidade entre os etnólogos da região, visão consolidada desde o famoso artigo de Seeger, Da Matta & Viveiros de Castro (1979) sobre a noção de pessoa. Segundo esses autores, a continuidade social entre esses grupos se daria por via distinta daquela que ocorre entre as sociedades africanas com seus grupos corporados. Aqui se trataria não da linguagem juralista do controle sobre a terra e os recursos, mas de outra, em que se privilegia a transmissão de nomes, substâncias, almas. Nessa linha, Christine Hugh-Jones (1979) sustenta que a relação entre o presente e o passado no Uaupés é garantida pela nominação. Em suas palavras, a nominação

---

18 Algo semelhante se passa com os Yanomami, entre os quais a existência de linhagens foi refutada por Albert (1985, p.117), entre outros motivos, pela limitação do conhecimento genealógico gerada pelo interdito que envolve o nome dos mortos.

Cidade do índio

... serve para manter o estoque de nomes patrilineares que existiram no princípio em circulação, de modo que, idealmente falando, cada geração alternada consiste nos mesmos nomes e nas mesmas almas. Assim as ligações entre pai e filho, apoiando-se mais sobre uma base fisiológica, são erodidas pelo tempo, enquanto os nomes, que são consciente e ritualmente atribuídos, transcendem o tempo. (C. Hugh-Jones, 1979, p.164)

É surpreendente, portanto, que a genealogia *Koivathe* apresente o registro de treze gerações acima da atual, pois trata-se de uma profundidade temporal muito além das três ou quatro gerações ascendentes usualmente verificadas entre os sibs do Uaupés. Parece-me, portanto, plausível sugerir que, ao menos em sibs de alta posição hierárquica, os laços entre pais e filhos revestem-se de maior importância. Nesses casos, a continuidade social é realçada precisamente por meio de um esforço para registrar genealogias mais profundas. Mas também nesses casos os nomes são fundamentais, não obstante o alto grau de repetição que se verifica ao longo das sucessivas gerações. Nesse sentido, podemos dizer que a combinação de nomes indígenas e "civilizados" facilitaria a individualização de um maior número de antepassados que se sucederam no tempo, bem como o realce de sua continuidade como grupo social detentor de prerrogativas distintivas. Assim, a associação dos nomes tradicionais aos nomes historicamente incorporados dos brancos constituiria um meio a mais pelo qual os *Koivathe* buscaram marcar sua posição de chefes. Parece se tratar de uma nova estratégia, ensaiada nesse campo evanescente que é a hierarquia no Uaupés.

Se o relato histórico *koivathe* nos informa a respeito da obtenção dos nomes dos brancos, é a saga mítica de seus ancestrais que dá origem aos nomes tradicionais. Dessa maneira, à articulação entre os diferentes tipos de nomes, que se expressa em sua combinação em sequência – Kali Calitro, Kuenaka Manuera –, corresponde uma combinação análoga entre o mito e a história. Esta vem precisamente se situar como um prolongamento da narrativa mítica, quando os Tariano, estabelecidos em seu território no Uaupés, passam a se relacionar com outros grupos para obter mulheres e, então, crescer por novos meios – as relações sexuais, que substituem as transformações dos seres míticos que dão origem aos nomes. Como já repassamos a narrativa histórica, passaremos a examinar alguns fragmentos da narrativa mítica que a precede. É por meio dela que os Tariano pleiteiam sua prerrogativa de "moradores legítimos de Iauaretê". É também ali que se constata que seu sistema onomástico é similar àquele apresentado no capítulo anterior referente aos Tukano, pois também entre os Tariano os nomes tradicionais correspondem à porção da pessoa que geralmente qualificamos como "alma".

Com efeito, o relato dos *Koivathe* a respeito da migração dos Tariano do Aiari em direção ao Uaupés consiste na parte final de seu mito de origem, onde são narrados os feitos dos primeiros demiurgos. Além de Ennu, o Trovão, o mito fala de outras figuras, como o casal de irmãos Kui e Nanaio, Okomi e os irmãos Diroá, que serão os responsáveis, mais tarde, pelo aparecimento dos ancestrais tariano no rio Aiari. A história desses demiurgos se passa em um mundo em formação. A passagem por diferentes lugares muito distantes aos homens de hoje, bem como por distintos domínios do cosmos, são operações instantâneas na narrativa. Nesse tempo, Iauaretê foi o cenário onde os Diroá se rivalizaram com a "gente-onça", *yaí-masa*, grupo canibal que ali vivia e representava um empecilho para o povoamento do rio Uaupés. A palavra Iauaretê é a tradução na língua geral para a expressão tariano *Yawi-pani*, precisamente, "cachoeira da onça", um topônimo que faz alusão a esses primeiros moradores do lugar. É na narrativa desse mito que os Tariano fundamentam suas reivindicações como "moradores verdadeiros" de Iauaretê, muito embora seja no rio Aiari que os demiurgos os façam surgir, emergindo da cachoeira de Uapui, considerada o centro do universo por todos os povos aruak dos rios Negro, Guainia, Içana e Cuiari. Vejamos alguns dos motivos centrais desse mito:

> No início, quando não existia nada, só existia um ser [*masa bahutígi*, pessoa que não aparece], o Trovão, Ennu [*Hipéweri Hekoapi*]. Em seu corpo ele tinha vários enfeites, a *acângatara*, o *itaboho* [cilindro de quartzo usado como pingente de colar], o *betâpa'* [enfeite de cotovelo feito de pelos de macaco], o *yaigi* [bastão de comando], o escudo, o *kitió* [chocalho de tornozelo]; também levava seu cigarro encaixado na forquilha, sua cuia de epadu e sua cuia de bebidas doces. Ele vivia só em sua casa, no alto, e começou a pensar sobre a possibilidade de criar novas pessoas. Mas inicialmente apenas pensou neles. E pensou em um homem e em

uma mulher, Kui e Nanaio. Mas ele não sabia ainda como faria. Pensou então em preparar os meios [*bahuresehe*, coisas de propiciar surgimento*] para conseguir isso. Ele pegou um cigarro, e pensou num par de *paris* [esteira de talas] de quartzo transparente, num par de bancos de quartzo transparente, em duas cuias de quartzo transparente com seus dois suportes, em um par de *Yaigi* de quartzo, em dois cigarros encaixados em suas forquilhas e em duas cuias de epadu. Pensou também em um par de escudos e também em um par de *maha poari* [*acângataras* de penas de arara] e em dois pares de brincos de ouro. Pensou ainda em um par de itaboho e em dois pares de kitió. Também pelo seu pensamento, enchia as cuias com bebidas doces: suco de buiuiu, suco de abiu, suco de wéry, caldo de cana, suco de ingá, mel de abelhas e suco de cucura. Eram várias espécies dessas frutas. Depois disso, ele fumou seu cigarro e soprou a fumaça no chão e todas as coisas que havia em seu pensamento apareceram ali. Kui e Nanaio apareceram também e sentaram-se nos bancos de quartzo, que estavam sobre os *paris*. Eles não eram pessoas como nós, pois seu corpo não era ainda como o nosso. Chamamo-nos de *î'ta-masa*, literalmente "gente pedra" [em tariano, *hipada-nauiki*], não porque fossem feitos de pedra, mas porque a duração de sua vida é indeterminada.

Após o surgimento de Kui e Nanayo, o Trovão dirigiu-se a um lugar chamado *diâ-pa'sâro-wi'í* na língua tukano (sendo *diâ*, "rio", *pa'sâro*, sem tradução, e *wi'í*, "casa"). Lá, sentado sobre o que viria a ser uma serra, o Trovão fez surgir os rios e a terra, respectivamente com sua saliva e as cinzas de seu cigarro. Mas ainda pressentia que algo estava faltando: assim, jogando seus brincos, uma pena e um osso de macaco de sua *acângatara*, fez surgir os peixes, as aves e os animais. Os peixes tiveram a forma de seus brincos. O Trovão jogou ainda o ipadu que mascava e uma das castanhas de seu chocalho de tornozelo, que deram origem, respectivamente, a todas as árvores frutíferas e a todos os outros *î'ta-masa* que viviam naquele tempo. Até aqui, tudo que surge corresponde aos adornos ou objetos e substâncias do Trovão. Por meio de seu cigarro, essas coisas que existiram inicialmente em seu pensamento se materializam. Com elas, o primeiro casal de irmãos, porém ainda não humanos.

Conta-se que esses *î'ta-masa* do começo eram muitos, incluindo vários tipos de gente (*masa*). Eles se distribuíram ao longo dos rios e vieram a formar muitos dos acidentes geográficos, sendo uns bons, outros maus. Eles vivem até hoje nas pedras das cachoeiras e nas serras, que, na verdade, são suas casas. O mito tariano apresenta uma extensa lista deles, alguns associados a animais como a onça, a anta, o tatu, o macaco zogue-zogue, a borboleta, outros possuindo apenas nomes sem tradução e com atributos muito distintos, como *Boraró* e *Okômi*. *Boraró* é uma espécie de espírito da mata, que rouba pessoas para lhes sugar os miolos através de um buraco na cabeça. Dizem ser grande, peludo e fazer uma zoada forte. Já *Okômi* é aquele do qual os Tariano deveriam ter se originado. Os *î'ta-masa* mencionados no mito tariano moram nas imediações de Iauaretê, em pedras, paranás e ilhas que existem na acidentada região do povoado – com corredeiras, pedrais e a encachoeirada foz do rio Papuri. *Okômi* morava em uma parte elevada do povoado, conhecida hoje como o "morro do Cruzeiro" – onde está, aliás, o bairro do Cruzeiro.

Na grande cachoeira de Iauaretê, vivia a gente-onça, *Yaí-masa*, referidos mais especificamente como *Yaípiri-pakâna-masa*, "gente onça de dente grande". Uma das filhas da gente onça veio a se casar com *Yetoi*, o "caba grande", que vivia na foz do Papuri. Por serem xamãs poderosos, os *Yaí-masa* sabiam que *Okômi* se tornaria o chefe de um grande e muito poderoso grupo. Por isso, eles o torturaram até a morte.[19] Depois disso, os *Yaí-masa* convidaram todos os outros *î'ta-masa* para o banquete em que *Okômi* seria devorado, pois nenhuma parte de seu corpo deveria restar. O cunhado *Yetoi* foi também convidado e foi o responsável por impedir a devoração absoluta de *Okômi*, tendo, disfarçadamente, atirado para o alto três pequenos ossos de um de seus dedos. Mais tarde, esses ossos caíram no Uaupés com uma trovoada e se transformaram em peixes. Foram recolhidos por *Yetoi* e sua esposa e levados para casa. Foram postos em um matapi (trançado em forma tubular) de defumar pimenta, onde se transformaram em grilos e começaram a crescer. Mas os grilos passaram a importunar a mulher, que é referida como sua avó. Mais tarde, ela os colocou dentro de um pilão usado para socar ipadu e, vedando com breu, o atirou ao rio. O pilão boiou Uaupés abaixo, encostando-se

---

19 Muitas das características visíveis das pedras e dos paranás de Iauaretê se originaram das torturas que a gente-onça lhe perpetrou. Okômi foi arrastado por vários lugares e transformado em diferentes animais e plantas até ser finalmente morto. Esse trecho do mito dá origem à extensa toponímia que se verifica nas imediações de Iauaretê.

à outra margem. Foi então que os irmãos Diroá assumiram pela primeira vez a forma humana, já com os principais nomes cerimoniais, até hoje usados pelos Tariano *koivathe: Kuenaka, Kali* e *Kui*.

Os Diroá são chamados "filhos do sangue do Trovão", pois foi sob essa forma que os ossos de *Okômi* caíram da casa do Trovão. A palavra Diroá pertence à língua tukano e é traduzida por "coágulo de sangue". O aparecimento dos Diroá resulta, portanto, de um longo processo transformativo, em que, inicialmente, pequenos ossos de um demiurgo devorado convertem-se em sangue. O sangue transforma-se em peixes e grilos, sucessivamente, até alcançar a forma humana. Os dois últimos estágios se dão por intermédio de artefatos tubulares, o matapi e o pilão, que são recipientes de substâncias de uso ritual, como a pimenta e o ipadu. O processo não é ainda a origem dos humanos, mas de sua forma, que vem marcada com os nomes então adquiridos pelos Diroá. Os nomes, assim, prefiguram a humanidade. O mito segue narrando os feitos dos Diroá para obter poderes xamânicos e os vários estratagemas que planejam para matar os filhos da gente-onça. Eles mantêm com estes uma relação de afinidade, pois, por sua ligação com *Yetoi*, comportam-se como seus cunhados. Vários episódios se sucedem, nos quais os Diroá são chamados a colaborar com os cunhados na abertura de seus roçados ou lhes oferecem dabucuris, rituais de troca de alimentos entre afins. A gente onça os odeia e tenta devorá-los sem sucesso. Finalmente, ao roubarem o raio da mão direita do Trovão (um osso), os Diroá terminam por aniquilar a gente-onça com uma trovoada, em uma ocasião em que faziam festa em sua maloca. Mas matam também o avô *Yetoi* e sua esposa, que lá também se encontravam. Não há como salvá-los, pois trazê-los novamente à vida faria reviver também os *Yaí-masa*.

As diferentes versões desse mito tratam da trajetória subsequente dos Diroá de distintas maneiras. Há versões que articulam o destino dos irmãos Diroá ao mito de origem dos povos tukano, apontando que, após a morte da gente-onça, eles teriam embarcado na cobra-canoa dos ancestrais tukano que descia o Uaupés de volta ao Lago de Leite. Expulsos da cobra-canoa, voltam à casa do Trovão para cair do oceano e adentrar pelos rios Amazonas, Negro e Içana, onde então surgem os Tariano. Outra versão afirma, de modo importante, que, ao matar a gente-onça, os Diroá dirigem-se ao Lago de Leite para avisar os Tukano de que poderiam iniciar sua viagem em direção ao Uaupés, pois o lugar já estava livre de gente canibal. Com efeito, alguns Tariano afirmam que o único grupo canibal que existiu no Uaupés foram os *Yaí-masa* de Iauaretê e que, ao serem exterminados, os grupos atuais puderam ali se estabelecer sem perigo.

A versão fornecida pelos *Koivathe* fala, após o fim da gente-onça, da subida dos Diroá à casa do Trovão, onde sua vida irá passar a um cigarro cuja fumaça, ao ser soprada no lago do Trovão, vai dar origem aos Tariano. Desse lago, eles passam a Uapui-Cachoeira no rio Aiari, sob a forma de espíritos que trafegam pelo interior de uma zarabatana de quartzo, iniciando em seguida sua jornada ao Uaupés. Nanayo, a primeira mulher criada pelo Trovão, é quem trata inicialmente de transportar a "vida" dos Diroá, preparando aquele cigarro com um tabaco especial misturado a seu próprio leite. A fumaça desse cigarro é o veículo da força vital dos Diroá, que fará então surgir os Tariano no rio Aiari. É essa substância imaterial que, dizem os Tariano, continua a ser transmitida ao longo das gerações junto com os nomes Kuenaka, Kali e Kui.

Hoje, ao relembrar a origem de seus nomes, os Tariano costumam também fazer alusões aos rituais que tinham lugar nas antigas malocas, abandonadas há várias décadas em Iauaretê. A nominação era parte de um ciclo maior, que envolvia a proteção que a criança recebia ao nascer e, na puberdade, a iniciação. Após o nascimento, homens mais velhos da maloca, geralmente parentes agnáticos da segunda geração ascendente, "benziam" a criança usando um cigarro e o suco da fruta abio. Essas encantações são proferidas de maneira silenciosa, à medida que se sopra o cigarro em suas extremidades. Frases são retiradas da própria narrativa mítica, assim como outras são acrescentadas no momento em que as baforadas são dirigidas à criança, em uma operação idêntica àquela descrita pelos Tukano. Com essa primeira cerimônia, o recém-nascido tinha o seu "coração fortalecido", sendo este igualmente considerado alma, o *ehêripo'rã*, "filho da respiração". Dizem os Tariano que ainda não se tratava da nominação, mas de uma proteção então administrada à criança (*wetiró*, "capa" ou "envoltório", concebidos na forma de paris invisíveis), que ao mesmo tempo a preparava para aquilo que viria a ser futuramente. Para que adquirisse capacidades específicas – como as de cantor, xamã, pescador etc. –, uma porção de urucu, devidamente preparado com encantações, era posta em seu umbigo. Ao atingir seus sete ou oito anos de idade, a criança recebia finalmente o nome, em uma nova cerimônia que repetia os mesmos procedimentos. Dessa vez, porém, uma encantação específica de nominação era empregada. A *ehêripo'rã* "era reforçada", como se diz, o que indica claramente que o nome (*wame*) constituía um aspecto metafísico da pessoa e que incidia diretamente sobre sua alma, aumentando sua "força de vida", *katiró*.[20]

Essas operações rituais reencenam o episódio narrado no mito, no qual Nanayo, ao passar de seu leite em um cigarro, o investe do princípio vital dos Diroá. Poderíamos dizer que a mesma fumaça então soprada sobre o lago do Trovão é soprada sobre as crianças que receberão um nome – no mito, surgem os Tariano; com a nominação, uma nova pessoa. Lá, é Nanayo que se incumbe da operação, aqui, são os *kumu* do grupo agnático; lá, o seu leite, aqui, o suco de abio. Em ambos os casos, a mesma vida que anima os Tariano. Os nomes, veiculados pelas encantações, conectam, tal como no exemplo tukano do capítulo anterior, o presente ao passado ancestral, o que já foi notado por vários etnógrafos

---

20 Segue uma tradução livre do fragmento de uma encantação tariano de nominação:

Este meu filho tenha o nome Saâmi,

Que seja filho do Diroá

Eu substituo, que seja Saâmi

Este filho tariano

Na casa de surgimento do início já havia este tariano

Nesta casa aqui embaixo

Aqui embaixo, Yawîteni [nomes da casa de Iauaretê]

Este Saâmi, este Diroá

Ele cantou seus cantos

Sua carne substitua a deste

Filho Bayâ, filho kumû, assim ficará este meu filho

Nele eu ponho uma alma em substituição

Eu substituo

Ele será o substituto de seu avô

E será como eu era

Acolhedor das pessoas

Vai cuidar dos cantos este meu filho

do Uaupés (ver especialmente C. Hugh-Jones, 1979). Como os nomes são poucos, várias pessoas recebem o mesmo nome, ainda que se afirme que os nomes devem circular em gerações alternadas. Nesse caso, uma pessoa recebe idealmente o nome do avô. Mas é preciso sublinhar que não se trata de reencarnação, pois ao receber um nome uma criança não se torna o antepassado homônimo. Aparentemente, a relação entre indivíduos de gerações alternadas que levam o mesmo nome seria de "substituição", como certas frases da encantação de nominação parecem indicar (cf. nota 20). Além disso, como vimos na genealogia *Koivathe*, é muito comum que vários indivíduos portem um mesmo nome simultaneamente, sem que haja entre eles uma ligação particular. Essa é uma diferença importante entre os grupos do Uaupés e os grupos Jê, tal como notou S. Hugh-Jones (2002). Entre estes, indivíduos que possuem o mesmo nome estão em posições estruturais equivalentes, isto é, os nomes referem-se a posições sociais fixas por meio das quais as pessoas circulam no tempo.

Assim, o que me parece importante salientar é que a incorporação histórica de novos nomes pelos Tariano tornou-se possível precisamente porque, no Uaupés, os nomes não respondem exclusivamente a necessidades classificatórias. Como também notou S. Hugh-Jones (idem), seria a propriedade e a transmissão das essências veiculadas pelos nomes que tornam os grupos do Uaupés patrilineares, e não outro princípio abstrato e *a priori* de descendência. Isto é, ainda que seja o nome que faça de uma pessoa membro de um grupo agnático específico, ele diz respeito antes de tudo à vitalidade que permitirá o desenvolvimento de certas capacidades ao longo da vida. Assim, há nomes apropriados a xamãs, cantores ou chefes, o que define sua distribuição entre filhos primogênitos e caçulas. Ainda que a aplicação dessa regra não seja rigorosa, a associação dos nomes a capacidades específicas é muito frequentemente sublinhada pelas pessoas ainda hoje.

Nessa linha, a obtenção de novos nomes no exterior do grupo agnático seria perfeitamente concebível, constituindo um recurso que permite aos sibs aumentar seu patrimônio imaterial. No passado, como apontamos no capítulo anterior, havia expedientes que permitiam a obtenção de adornos cerimoniais pertencentes a outros grupos. Os objetos podiam ser obtidos por meio de ataques a malocas de grupos inimigos ou permutados em modalidades muito específicas de troca entre grupos aliados. Um homem desana informou que seu grupo usualmente fabricava cintos de dentes de onça para trocar com cocares de penas de arara fabricados por um grupo do alto rio Tiquié.[21] Já os Tuyuka do alto Papuri afirmam ter se fixado nas cabeceiras desse rio por serem alvo frequente de ataques por parte dos Tariano de Iauaretê, que queriam lhes roubar a caixa de enfeites.

Mas também os nomes de outros grupos podiam ser, por assim dizer, usurpados. Para tanto, os grupos agnáticos tinham que se valer de outro meio, igualmente obtido fora: as mulheres. O mesmo informante desana contou-me que uma mulher poderia ter relações sexuais extraconjugais, engravidar e, assim, obter o nome desse parceiro, geralmente procurado por seus conhecimentos e sabedorias. Uma mulher que tivesse um filho de outro homem que não o marido, buscaria preferencialmente os chefes, os *bayá* (cantores) ou os *kumu* (xamãs). Uma vez nascida, a criança, se benzida pelo pai verdadeiro e pelo adotivo, poderia receber dois nomes. Por meio desse mecanismo, um sib poderia obter parte do poder e do conhecimento de outro, embora fosse coisa que pudesse acontecer também dentro de uma mesma maloca. O nome que vinha de fora era então traduzido para a língua do grupo do pai adotivo. Com o novo nome, a criança, como novo membro do grupo do pai adotivo, lhe agregava algo da vitalidade do grupo do pai verdadeiro. Fiquei sabendo ainda do caso de um grupo desana do Tiquié cujo *bayá*, não tendo filhos e estando muito velho, chegou a um ponto que não podia ter relações sexuais com a esposa. A mulher então teve um filho de um bayá de outro grupo, o que permitiu a esses desana voltar a ter um bayá após alguns anos. Fica, assim, evidente que o aspecto imaterial do patrimônio de um sib pode ser suplementado pela aquisição de qualidades do mesmo tipo entre outros grupos.

---

21 Isso se fazia em uma cerimônia chamada *dika-yuú yee,* para a qual havia danças e cantos específicos, de acordo com os objetos que eram transacionados. Nessas danças não se usava paramentação completa, apenas os objetos da troca; em primeiro lugar os que estavam oferecendo e depois os que receberam.

Geraldo Andrello

A meu ver, devemos tomar a incorporação dos nomes dos brancos pelos Tariano *Koivathe* sob essa luz. Esse dado histórico, conjugado à discussão anterior, nos remete a uma dialética entre "endonímia" e "exonímia" apontada recentemente por Stephen Hugh-Jones (2002) em um artigo sobre a nominação no Uaupés. Esses termos foram sugeridos por Eduardo Viveiros de Castro (1986) em seu estudo sobre os Araweté e definem distintas maneiras de obtenção de nomes. No caso dos sistemas endonímicos, os nomes são transmitidos internamente, como ocorreria entre os grupos jê e tukano, ao passo que, nos sistemas exonímicos, os nomes são obtidos a partir de outros seres, espíritos predadores ou inimigos, como ocorreria entre os Tupi-Guarani e os grupos guianenses. No caso desses últimos, sugere o autor, a onomástica possuiria como fonte o "extrassocial", de modo que os nomes responderiam a uma função essencialmente individualizadora. Em comparação com os sistemas de nominação endonímicos, esses sistemas exonímicos, também qualificados como "canibais", enfatizariam a aquisição de novos nomes e a renomeação, mostrando abertura histórica. Os primeiros, ao contrário, enfatizariam coisas como conservação, transmissão e continuidade com o passado mítico (Viveiros de Castro, 1986, p.388).

Com base nessa matriz, Stephen Hugh-Jones, em análise que integrou também dados sobre a constituição da pessoa, mostrou que entre os grupos do Uaupés a nominação combina elementos de endonímia e exonímia. Esse sistema, que passa pela respectiva contribuição dos sexos à concepção do feto – carne e ossos, formados pelo sangue materno e pelo sêmen paterno, correspondendo respectivamente a uma vitalidade exterior e a um espírito interior –, opera fundamentalmente com base na transmissão de essências dentro do grupo agnático, mas depende, por outro lado, das esposas que vêm de fora para a produção dos corpos. Meus dados sobre a participação do sangue materno na concepção são muito vagos. Em todas as ocasiões em que indaguei pessoas de Iauaretê, de diferentes grupos, a respeito do assunto ouvi recorrentemente respostas evasivas, pois, segundo alguns, tratava-se de "coisas que os antigos não falavam" (cf. Cap. 4). Mas, regularmente, a ênfase sobre a formação do corpo da criança no ventre da mãe era posta sobre o sêmen paterno. Por outro lado, como já vimos, os apelidos atribuídos pelas mulheres são aqueles que, segundo vários informantes, "pegam mesmo". Nesse caso, ainda que as teorias relativas à concepção no Uaupés não coincidam integralmente, o caráter exterior das esposas de um grupo lhes assigna capacidades distintivas, a ponto de se lhes admitir primazia nesse sistema secundário de nominação que seriam os apelidos.

Assim como os apelidos dados pelas mulheres, os nomes trazidos pelos brancos também se associaram a esse aspecto exonímico da nominação no Uaupés. O exemplo mais claro, segundo Stephen Hugh-Jones (2002, p.53-5), foram os nomes adotados pelos líderes dos movimentos messiânicos do século XIX. Assim, muitos foram os "Cristos" que lideraram esses movimentos, assim como vários deles adotaram o próprio nome do santo ao qual recomendavam reverência. É o caso do profeta Antonio mencionado no segundo capítulo, assim como o do tariano Calisto, o principal da povoação de São Calisto no século XVIII, muito embora nesse caso se trate de um chefe e não de um profeta. Assim como os nomes indígenas, também esses parecem corresponder a capacidades específicas. Pode-se concluir que, assim como no caso do dinheiro e das mercadorias de que tratamos no capítulo anterior, também os nomes dos brancos se tornariam alvo de grande interesse e apropriação. Tal como as coisas materiais, os nomes condensavam capacidades que haveriam de ser conquistadas.

Para finalizar, cabe assinalar que toda a narrativa histórica dos Tariano, uma vez posta em linha com a saga mítica de seus ancestrais, trata essencialmente de sua constituição e crescimento como grupo distinto no contexto do rio Uaupés. Se do passado mítico lhes coube a "força de vida" dos irmãos Diroá, a história mais recente tematizaria suas guerras com grupos vizinhos, sua dispersão por várias localidades e as relações que travaram com os primeiros brancos que passaram a visitar o Uaupés no século XVIII. Sua reivindicação contemporânea da condição de "verdadeiros donos de Iauaretê" passa pelos dois registros: pois se, como dizem, foram eles os responsáveis por trazer os salesianos a essa parte do Uaupés, foram eles também que surgiram dos ossos de *Okômi*, aquele que, de acordo com o mito, habitara Iauaretê. Há uma passagem de sua narrativa que conecta, por assim dizer, o mito e a história, isto é, o mundo da gente-pedra ao mundo dos humanos de hoje.

Ela trata, precisamente, dos episódios que tiveram lugar ao longo de sua trajetória do Aiari ao Uaupés, até alcançar Iauaretê.

Após seu aparecimento no rio Aiari, os Tariano haveriam crescido e se dividido em vários grupos. Há locais a meio caminho entre os rios Aiari e Uaupés onde sua transformação em seres humanos se completa. No Uaupés, novos grupos aparecem e as posições de chefia são assumidas por alguns, entre eles os *Koivathe*. E é em uma "casa de transformação" situada no alto Uaupés – *Mawadali*, a casa do arumã – que todos os grupos tariano participaram da cerimônia em que, pela primeira vez, as flautas do Jurupari foram usadas, evento mítico que marca sua transformação definitiva em seres humanos. Ao chegar a Iauaretê, fixaram-se na serra do Jurupari. Ali construíram sua grande maloca fortificada, a partir de onde moveram guerras contra os Wanano e os Arara. Assim segue a narrativa *koivathe*:

> Foi em Mawadali, a casa do Arumã, onde os Tariano chegaram sob o comando de Koivathe, que aconteceu a divisão dos grupos tariano. Ennu, Kui e Nanaio estavam ali e os Tariano chegaram já com a forma humana. Houve então a primeira dança com as flautas do Jurupari, feita pelo Samida (sib subordinado aos Koivathe). Depois disso, os Tariano saíram da maloca de Mawadali e se dirigiram para a maloca do Ira, situada mais abaixo no Uaupés. Neste local foi preparado o primeiro dabucuri. Eles foram tirar bacaba e prepararam o jurupari. Preparam a festa a fim de que Samida apresentasse os seus cantos e suas danças de dabucuri [*po'oli basa*]. Depois dessa festa, eles foram até Paricatuba [*parica-uka*], já no rio Negro. De lá, subiram pelos rios Negro e Uaupés, passando pelas mesmas casas de transformação onde os Tukano haviam parado anteriormente. Só que os Tukano viajavam em sua cobra-canoa, e os Tariano iam de uma casa a outra através de uma zarabatana de quartzo. Em Taracuá, eles entraram na maloca de lá, e continuaram a viagem até Iauaretê, onde encontraram-se com *Wa'uro* (chefe dos Tukano), no lado colombiano. Na foz do Papuri, em lado brasileiro, encontraram com *Yaí o'a-masa*, o avô dos Tukano, aquele que tomava conta dos irmãos maiores. *Wa'ûro* entregou essa terra porque sabia que os donos verdadeiros eram os Tariano, que são os descendentes de Okomi, uma pessoa que muito tempo antes já tinha morado em Iauaretê. Então se dirigiram os Tariano do segundo grupo para a serra do Jurupari.

Esse trecho, ao mesmo tempo que trata do estágio final da transformação mítica dos Tariano, aproxima o surgimento dos Tariano ao dos

Tukano. A zarabatana de quartzo, antes usada pelos Diroá para descer da casa do Trovão ao rio Aiari, é agora o meio pelo qual os Tariano percorrem o mesmo caminho que os Tukano perfazem em uma cobra-canoa, um caminho que levaria ambos até Iauaretê, lugar desde então marcado pelo cruzamento das trajetórias tariano e tukano. Para os Tariano particularmente, é o lugar onde se inicia uma história de feitos humanos propriamente ditos.

A forma pela qual os Tariano encadeiam mito e história para produzir um relato coerente a respeito de seu surgimento, deslocamento e estabelecimento em Iauaretê evoca nitidamente aquela associação virtual de continuidade entre esses dois tipos de relato há muito tempo sugerida por Lévi-Strauss ([1973] 1987; 1978). Como aponta o autor no célebre artigo "Como morrem os mitos", ao passar sucessivamente de um grupo a outro, as transformações míticas podem atingir, por assim dizer, pontos de exaustão. Uma das possibilidades seria, então, a transformação do mito em história, quando sua mensagem articula-se às situações concretamente vividas por um grupo social. Um dos casos mencionados nesse artigo mostra, por exemplo, como os mitos podem ser adaptados para justificar um devir em processo: a colaboração de um dos grupos da costa noroeste da América do Norte com missionários e comerciantes no final do século XVII foi explicada pelo complexo da história de Lince, muito disseminada entre vários grupos pertencentes a diferentes famílias linguísticas daquela região.[22] Tratava-se de uma versão elaborada com o claro propósito de justificar a opção de um desses grupos em se aproximar dos brancos, ao contrário de outros que mantiveram uma atitude reservada ou hostil. Essa versão incorpora

---

22 Em *História de Lince*, Lévi-Strauss (1993) explora extensamente esse complexo mitológico, incorporando também versões registradas na América do Sul, entre os Tupinambá, e no Peru. É interessante notar que é nesse livro que o autor propõe a natureza dicotômica do pensamento ameríndio, isto é, "a organização do mundo e da sociedade na forma de uma série de bipartições, mas sem que entre as partes resultantes em cada etapa surja jamais uma verdadeira igualdade" (p.65). Ainda nas palavras do autor, trata-se de um "desequilíbrio dinâmico", que impede que o sistema caia na inércia. Esse recurso mítico teria reservado um lugar para os brancos no pensamento indígena.

muitos acontecimentos reais, como os inúmeros casamentos entre brancos e índias que passaram a ocorrer. Em outro trabalho, Lévi-Strauss (1978) formula mais explicitamente a "transformação do mito em história". No fundo, o que o autor sugere é que não há uma separação radical entre mito e história e que sua diferença relaciona-se ao caráter fechado do primeiro em oposição ao caráter aberto da segunda: enquanto as células do mito combinam-se em um número finito de possibilidades, na história haveria inumeráveis maneiras de compor e recompor as células explicativas. Ele advoga, assim, uma revisão da barreira que usualmente se traça entre o mito e a história, precisamente por meio do exame de histórias contadas não como separadas da mitologia, mas que são construídas em seu prolongamento.

O relato tariano a respeito de seu passado nos oferece um bom exemplo dessa possibilidade. Entre eles, e penso que isso ocorra no Uaupés de maneira mais generalizada, o passado se apresenta, para usar uma expressão de Arjun Appadurai (1981), como um verdadeiro "recurso escasso", cuja narrativa envolve o manejo de todos os recursos disponíveis à memória. Seguindo a linha de Malinowski e Leach, Appadurai propõe que, não obstante a ocorrência de diferentes versões de um mesmo mito de acordo com interesses políticos divergentes, o debate sobre o passado é regulado por um conjunto de convenções culturais partilhadas entre grupos envolvidos. Tais convenções dizem respeito, por um lado, à "autoridade" e à "interdependência", e, por outro, à "profundidade temporal" e à "continuidade". No caso tariano que vimos discutindo, as duas primeiras variáveis parecem articular-se à sua narrativa mítica, ao passo que as duas últimas ao relato histórico. Pois é pelo mito que os Tariano buscam fundamentar suas prerrogativas como "donos de Iauaretê", como também dão conta de explicar sua origem de maneira coerente com o próprio mito de origem dos Tukano. Quanto à profundidade temporal de sua narrativa e continuidade com os antepassados, são explicitamente enfatizadas em sua história genealógica, que registra suas guerras e seu crescimento mais recente. Esta é uma história política em que são tematizadas as relações com outros grupos indígenas e com os brancos. A combinação dos dois tipos de relato resulta na construção do passado de acordo com seus interesses presentes. Trata-se de bem escasso, sem dúvida, pois é constituído por um *corpus* de conhecimentos certamente não disponível a todos os sibs tariano e outros grupos do Uaupés.

A meu ver, é o reconhecimento tácito de sua posição hierárquica por outros sibs que lhes encoraja a convocar um antropólogo para escrever sua história. Mas é também a sua própria história que vem nos ensinar algo sobre a instituição da hierarquia no Uaupés. Tal como disse Sahlins a respeito das linhagens na Polinésia, a hierarquia entre os Tariano parece ser mais "um argumento do que uma estrutura" (Sahlins, 1990, p.40). Isto é, ainda que definida no mito, mostra-se, ao mesmo tempo, aberta a estratégias localizadas, devendo ser, como vimos no capítulo anterior, manejada com sutileza e sensatez. Mas se, em determinadas circunstâncias concretas, ela se presta efetivamente a estruturar as relações entre os sibs, podemos dizer, ainda nos termos de Sahlins, que a hierarquia no Uaupés constitui uma estrutura tão prescritiva quanto performativa, a permitir até mesmo no interior dos sibs sua reavaliação permanente de acordo com as práticas dos chefes. Em diversas passagens, a história contada pelos Tariano dá esse testemunho. O caso dos *Koivathe* demonstra, de modo importante, grande capacidade de assimilar circunstâncias contingentes a seu favor, pois, ao assumir uma posição de destaque nas relações com os brancos, firmavam-se como os chefes dos chamados Uaupés, fortalecendo seu *status* não somente entre os demais sibs tariano, como também com outros grupos indígenas do rio Uaupés. Ou seja, a hierarquia prescrita no mito só se torna efetiva quando eficientemente atualizada no curso da história.

No próximo capítulo, passaremos a examinar um conjunto de mitos tukano, por meio dos quais a história contada pelos Tariano é, em parte, contestada. Sua emergência como humanos é igualmente precedida pelos tempos da gente-pedra, e os processos de transformação que tematiza mostram que o mundo que descrevem é o mesmo mundo dos Tariano. Como veremos, os mitos tukano também apontam para uma história subsequente, na qual igualmente aparecem Tariano e brancos. A mensagem que intentarão ressaltar é que também eles são moradores legítimos de Iauaretê.

6
Gente de transformação: os Tukano

Agosto de 2002, bairro de São Miguel, Iauaretê. Por volta das nove da manhã, várias pessoas da comunidade se dirigem ao salão comunitário, um grande barracão coberto com telhas de zinco localizado na área central do bairro, ao lado de uma capela de alvenaria recém-construída. Várias mulheres varrem a poeira do chão de cimento, outras chegam com grandes panelas de caxiri. Atrás do salão, no pátio de uma das residências mais próximas, um grupo de moradores vai se concentrando. Uma pequena fila começa a se formar diante de uma mulher que traz nas mãos um papel com uma pequena porção de pasta avermelhada. Com uma pequena vareta, ela faz desenhos nas faces dos homens. A pasta avermelhada é tintura de urucum. Todos ali são tariano, na maioria membros dos nove grupos domésticos mais antigos da comunidade. Eles formam o sib adaro (Arara) e levam hoje os sobrenomes Rodrigues e Fontoura, obtidos pelo batismo católico na Missão salesiana local. O bairro como um todo é formado por 56 grupos domésticos, dos quais 36 não são Tariano. São Tukano, Pira-Tapuia, Desana, Arapasso, Wanano e Miriti-Tapuia. Há também outros onze grupos domésticos tariano que não são originariamente do bairro, tendo ali chegado, como os grupos pertencentes às outras etnias, de comunidades de outras partes dos rios Uaupés e Papuri ao longo das últimas duas décadas (cf. Cap. 3 e 4).

O que vai acontecer naquela manhã é um dabucuri, ritual muito disseminado entre todos os grupos indígenas do alto rio Negro, no qual um grupo de parentes próximos oferece presentes a outro grupo, geralmente comida, como frutas silvestres, beijus, peixes, ou artefatos, como cestos, peneiras ou bancos. O termo dabucuri vem da língua geral, pois na língua tukano, hoje falada por todos os moradores de Iauaretê, essa cerimônia é chamada *po'osé*, termo para o qual não há tradução simples. A palavra é próxima a *o'osé*, "dar" ou "oferecer", mas trata-se de um dar que supõe contrapartida, isto é, um gesto que supõe outro como retribuição, cuja forma é rigorosamente idêntica (ver seção sobre os dabucuris no Cap. 4). Os Tariano que ali se pintam e começam a beber caxiri estão, na verdade, se preparando para retribuir, com grandes quantidades de farinha de mandioca, um dabucuri anterior, a eles óferecido pelos moradores não tariano do bairro alguns meses atrás.

Esse primeiro dabucuri ocorreu por iniciativa de um homem tukano chamado Miguel, que possui um pequeno comércio em São Miguel e ali reside há mais de dez anos. Para aquela ocasião, ele organizou uma grande pescaria e, com outros tukano, ofereceu grande quantidade de pescado aos Rodrigues e Fontoura. Lembremos que, de acordo com o que narramos no Capítulo 4, ao longo de todo o período em que Miguel mora no bairro, em várias ocasiões os Tariano questionaram seus direitos de ali residir. Sua chegada a Iauaretê ocorreu com uma transação muito peculiar: ele é originário de uma região ao sul de Iauaretê, o rio Tiquié, onde, na década de 1980, acumulou algum capital envolvendo-se no abastecimento de um garimpo na serra do Traíra, explorado por vários anos pelos Tukano do Tiquié. Com o fim da febre do ouro, terminou por aceitar uma proposta de venda de uma "palhoça" no bairro de São Miguel. Tratava-se de um comércio aberto antes por um índio arapasso originário de uma comunidade do Uaupés abaixo de Iauaretê. Esse Arapasso abrira seu comércio a convite dos próprios Tariano do bairro de São Miguel, transformando-o mais tarde na palhoça em que, com a instalação do pelotão do Exército de Iauaretê, recrutas em folga podiam beber e dançar com as moças indígenas.

Parecia um bom negócio, e Miguel mudou-se para lá levando a esposa e suas quatro filhas.

Sua permanência em São Miguel, mesmo a contragosto dos Tariano, foi garantida por outros moradores tukano, que o reconheceram como seu parente e membro de um respeitado sib, *Pamo-po'rã*, que no passado deixou o rio Papuri – que faz parte do distrito de Iauaretê – para se estabelecer no Tiquié. As coisas se acomodaram, mas ainda hoje Miguel se queixa de insultos que vêm dos Tariano, principalmente durante as festas de caxiri. Sua esposa, uma baré de Santa Isabel do Rio Negro, insiste que voltem para São Gabriel, cidade onde também possuem uma residência. As filhas também pressionam o pai para ir morar na cidade. Por que então o esforço para oferecer um dabucuri de peixes aos Tariano?

Do dabucuri de retribuição oferecido pelos Tariano, Miguel levou apenas um pequeno saco de farinha. Ao ver os Tariano chegarem com suas dádivas, ele dizia que "era muito pouco", que não daria para todos os Tukano,e que aquilo não se comparava com a enorme quantidade de peixes que haviam oferecido antes aos Tariano. Mas não se mostrava aborrecido com isso. Ao contrário, parecia expressar suas apreciações com certo deleite. Com efeito, a recompensa econômica, por assim dizer, não era o que estava em jogo ali. Alguns momentos mais tarde, antes da entrega formal das dádivas, é que a cerimônia atingiria seu clímax. A essa altura, várias bacias vazias estavam dispostas no centro do salão e, ao seu redor, encontravam-se depositados os vários sacos e recipientes que continham a farinha – a entrega seria feita no momento em que os Tariano tomassem esses recipientes e despejassem seu conteúdo nas bacias. Para tanto, executou-se antes o que em tukano se chama *paasé-paase*, as "batidas". Trata-se de um confronto verbal que aos poucos vai evoluindo para algo que se poderia chamar de uma coreografia de ataque. Três Tariano se posicionam em uma das extremidades do salão, com três Tukano colocando-se no lado oposto. Passam a falar ao mesmo tempo, dirigindo-se reciprocamente exortações que vão ficando cada vez mais agressivas, a se considerar o tom de voz em elevação. Em seguida, passam, alternadamente, a deslocar-se de forma rápida e frenética em direção ao trio oponente, empunhando as flautas que estiveram usando nas danças à maneira de lanças. Apontando as flautas para o chão, correm em direção à outra extremidade do salão mimetizando um ataque. Aos pés dos oponentes, imitam sons de batidas. É como se cada um dos grupos estivesse buscando impor ao outro, ou o atacando, com suas próprias falas.

As exortações que trocam entre si tratam das respectivas histórias de cada grupo, isto é, de sua origem, de seus antepassados, dos lugares onde fizeram sua história e onde vivem hoje. Em tukano, isso se chama *uúkusehe*, "falas", algo que compreende um extenso corpo de conhecimentos sobre as origens de cada sib. Esse conhecimento é a base da ação xamânica sobre o mundo, bem como das relações de aliança e hierarquia entre diferentes grupos. Expressá-lo de modo ritualizado nos dabucuris é uma forma de obter prestígio e reconhecimento. Iniciar um dabucuri e angariar respeito não deixa de ser, assim, uma forma de afirmar um ponto de vista.

Alguns dias depois do dabucuri, Miguel revelaria suas intenções. Em tempos muito remotos, dizia ele, "nós subimos por esse rio que se chama *apekó-dia* – 'rio de leite', o Uaupés – e chegamos até aqui em Iauaretê. Iauaretê é praticamente terra dos Tukano, não é dos Tariano. Esses Tariano tiveram sua origem em um lugar bem distante daqui, com a força do trovão. Quanto à presença dos Tariano aqui, é porque eles se tornaram nossos cunhados". E continua:

> É por isso que eu fiz dabucuri para essa gente. Isso é uma amizade de cunhado para cunhado, antigamente eles faziam dessa forma. E eu estava resgatando isso para fazer dabucuri para eles. Antigamente eles faziam dabucuri e entravam em harmonia. Agora, como está dando esse tipo de briga, eu fiz dabucuri. Eu estava querendo renovar isso como os meus bisavôs fizeram. Como os Tariano não são daqui, fomos nós que puxamos, que tomamos a iniciativa. Como era antigamente. Quando a pessoa iniciava um dabucuri, a pessoa era respeitada.

Miguel diz que, muito provavelmente, vai acabar cedendo às pressões da esposa e das filhas e retornar para São Gabriel, onde viveu boa parte de sua vida. No entanto, parece que antes de deixar o lugar fez questão de deixar claro a seus vizinhos do bairro São Miguel aquilo que julga ser uma de suas inequívocas prerrogativas. Como tukano, considera-se um legítimo morador de Iauaretê. Em que bases Miguel defende sua posição? Esse é o assunto do presente capítulo.

Mas, de modo importante, os mitos tukano não tematizam apenas as diferenças entre os Tukano e os Tariano quanto a prerrogativas de residir hoje em Iauaretê. Falam, assim, não apenas das diferenças entre os índios, mas também de uma diferença mais radical, isto é, daquela que os separa conjuntamente dos brancos. Como veremos, o encontro com os brancos talvez tenha sido o principal motivo que, no passado, ocasionou a separação desses "cunhados ancestrais". E isso aconteceu, precisamente, em Iauaretê. Assim, por meio do exame dessa narrativa dos Tukano, poderemos vislumbrar mais precisamente do que se tratavam aquelas capacidades que, como discutimos no capítulo anterior, os Tariano atribuíram aos nomes dos brancos. Se os Tariano investiram mais ativamente nas relações com os chamados civilizados, para, assim, legitimar sua posição como "chefes dos Uaupés", foram os Tukano que parecem ter se dedicado mais intensamente a pensar suas qualidades distintivas. Às diferentes estratégias que teriam sido postas em prática desde o início do processo de colonização, parecem corresponder distintos esforços para atribuir sentido a esse evento histórico – uns mais afeitos à prática, outros ao pensamento.

Transformação, fermentação

O dabucuri do bairro de São Miguel antes evocado sugere claramente que, no Uaupés, contar a história é um ato intimamente associado à construção e afirmação de identidades coletivas. É pelas narrativas sobre o passado que as relações entre os grupos são concebidas e debatidas no presente, constituindo um campo relativamente aberto de interpretações e combinações. O material apresentado neste capítulo corresponde à narrativa de um extenso ciclo mitológico fornecido e interpretado por membros do sib tukano *Ye'pârã-Oyé*, originário da comunidade do Pato, médio rio Papuri, que hoje vivem em sua grande maioria no povoado de Iauaretê (cf. Cap. 4). A maior parte desse relato tematiza o surgimento dos povos que vivem em toda a região, fixando-se em suas passagens conclusivas na trajetória particular dos Tukano, seus deslocamentos por diversos lugares do rio Papuri, suas relações com os grupos vizinhos e a chegada dos brancos.

Esses mitos permitem entrever as relações estruturais presentes em todas as versões publicadas da mitologia do Uaupés (ver especialmente Fulop, 1954 e 1956; Umusi Pãrõkumu & Tõrãmu Kẽhíri, 1995; Fernandes & Fernandes, 1996; Gentil, 2000). Trata-se, assim, de um relato que, como veremos, não abre mão dos princípios básicos da cosmologia do Uaupés,[1] mas que, além disso, articula uma mensagem moral mais específica, pois se concentra especialmente em enunciar os parâmetros que deveriam nortear as relações entre os grupos que hoje vivem em Iauaretê, bem como o lugar do branco na presente ordem das coisas. Como sugeriu Joanna Overing (1995, p.246), trata-se de um conteúdo que podemos perceber somente quando fazemos parte da audiência de dada *performance* narrativa, precisamente porque esse conteúdo não é outra coisa senão uma nova forma de contar uma história já contada inúmeras vezes. A ideia desses tukano do sib *Oyé* era produzir um livro, e eu fui envolvido nessa empreitada como redator.

Ainda que amplamente reconhecidos como "chefes dos Tukano", eles avaliam que, com o crescimento de Iauaretê, as pessoas tendem cada vez mais a deixar de observar certas "considerações de parentesco" (*akã-si'o*), ou seja, principalmente entre os mais jovens, já não se observa o uso de termos vocativos apropriados, cujo emprego denota posições hierárquicas diferenciais. Segundo dizem, os outros sibs tukano deveriam se referir a eles utilizando termos como *ma'mí* (irmão maior), *meẽkihí* (sobrinho) ou *makikihí* (neto), mas hoje nem todos o fazem. Lamentam, assim, que o crescimento e a concentração demográfica ensejem a perda progressiva de certas coordenadas sociais que operavam antigamente, quando as pessoas de Iauaretê viviam em suas comunidades de origem. A história contada hoje pelos Oyé é, portanto, marcada por sua inserção nesse novo contexto. Nesse sentido, ela responde em grande medida pela necessidade de recordar tais coordenadas, o que, concretamente, implica definir a posição relacional dos grupos que vêm se concentrando em Iauaretê. Desse modo, ela é também uma resposta aos Tariano que

---

[1] Nesse sentido, subscrevo aqui a afirmação de Gerardo Reichel-Dolmatoff (1971), segundo a qual, entre os povos do Uaupés, a mitologia fornece uma explanação sintética da cosmologia.

questionam a presença dos Tukano. O dabucuri organizado por Miguel foi um modo ritual de reafirmar aos grupos que hoje convivem no bairro de São Miguel o conhecimento desses seus irmãos maiores.

De um ângulo mais geral, esse relato é a história da origem dos *pa'mĩri-masa*, expressão da língua tukano usada, à exceção dos Tariano, por todos os grupos do Uaupés como autodesignação geral. Sua tradução usual é "gente de transformação", como se pode ouvir em Iauaretê entre os Tukano, Desana, Pira-Tapuia, Arapasso e outros. O conceito-chave aqui é *pa'mĩri*, termo que deriva do verbo *pa'mĩ*, literalmente "fermentar". Seu contexto cotidiano de maior ocorrência é o processo de produção de caxiri (*peêru*), bebida fermentada de mandioca consumida em grandes quantidades nas festas comunitárias e dabucuris. O processo de produção dessa bebida, trabalho feminino por excelência, envolve várias etapas, desde a colheita da mandioca. Um tipo especial de beiju é assado para, em seguida, ser dissolvido em água e coado. Depois disso, o caxiri é posto para fermentar em grandes cochos de madeira. Deve ficar ali, coberto, por cerca de dois dias, até atingir o ponto ideal para ser consumido. Enquanto "descansa" no cocho, conta-se que o caxiri "cresce", passando paulatinamente de um estado de neutralidade para outro de grande vitalidade. Isso é possível porque o caxiri é algo "vivo" e sua "força de vida" aumenta no cocho. Essa força manifesta-se na capacidade de embriagar as pessoas. É a emergência dessa capacidade que faz do caxiri um produto único e diferenciado no contexto culinário.

O que se fala a respeito do caxiri aplica-se literalmente às pessoas, isto é, não se trata de metáfora. O cocho de caxiri é nesse sentido análogo ao corpo da cobra-canoa que em seu ventre trouxe ao Uaupés os ancestrais de todos os *pa'mĩri-masa*. Essa viagem dos ancestrais da futura humanidade, qualificada na literatura etnográfica como uma gestação (ver C. Hugh-Jones, 1979, p.249), é geralmente tomada como o evento-chave da mitologia dos povos do Uaupés, que lhes dá origem e os aloca em seus respectivos territórios. Mas, tal como no processo de produção de caxiri, a viagem-gestação dos ancestrais constitui um passo culminante de um processo mais amplo, cujo início é propiciado à medida que os poderes criativos (*u'úró*) que existiam por si próprios no início do tempo-universo – *imĩkoho*, "dia", "tempo", mas também "mundo", pois não há distinção clara entre as duas noções – põem em operação seus "instrumentos de vida e transformação" (seus *o'mó*, "ferramentas"). Iniciando o relato de sua história desde esse espaço-tempo primordial, os *pa'mîri-masa* de hoje ensinam às novas gerações como o mundo veio a ser o que é, e como sua constituição respondia a necessidades que só vieram a se manifestar com o surgimento de uma nova humanidade e com seu crescimento. Como vieram a ser e como vieram a se relacionar entre si são os temas centrais dessa história.

O processo de transformação que culmina com o aparecimento dos ancestrais (*diporokîhi*, "que veio antes", "do passado") dos atuais grupos do Uaupés é designado como *pa'mîsehé*, "o transformar", e é propiciado pela ação dos *îtá-masa*, a "gente-pedra", que, como vimos no mito tariano, existiu no começo dos tempos. Nesse sentido, às vezes também estes são referidos como ancestrais da humanidade. Como afirmam vários informantes, a designação "gente-pedra" não significa que essas gentes (*masa*) do começo eram feitas de pedra. Por terem surgido com seus atributos e capacidades já formados e viverem por tempo indeterminado, são consideradas análogas às pedras. Conta-se também que, no tempo deles, as pedras eram moles e a forma que vieram a assumir constitui um registro de muitos de seus atos (cf. passagens do mito tariano apresentado no final do capítulo anterior). Há dois outros traços fundamentais que distinguem os *îtá-masa* dos seres humanos de hoje: seu modo de reprodução era assexuado e seu alimento consistia em ipadu (pó de folhas de coca torradas, *Erythroxylum cataractum*), tabaco, caapi (*Banisteriopsis caapi*, cipó alucinógeno) e paricá (alucinógeno preparado da casca da árvore paricá, *Piptadenia peregrina*). Para os humanos de hoje, essas são substâncias de uso ritual.

A maior parte da narrativa – eu diria que dois terços dela – tematiza o tempo dos *îtá-masa*, no qual a humanidade surge, cresce e se fortalece. Tratava-se de um mundo em formação, cujas propriedades eram marcadamente distintas daquelas que experimentam os humanos de hoje. O tempo e o espaço apresentam durações e métricas variáveis, não permanentes. Do mesmo modo, um mesmo personagem, ao trocar de nome, manifesta diferentes aspectos, de acordo com o contexto e as relações em que se envolve. Não há distinção clara entre corpo e pensamento, entre material e imaterial, entre coisas e pessoas. Nesse mundo, a futura humanidade figura muitas vezes como uma caixa de enfeites cerimoniais, por meio da qual os *ĩtá-masa* a conduzem por diferentes domínios do cosmos em formação. Outras vezes se desloca sob as águas em forma de peixe. Tudo isso muda nas passagens finais, quando os *ĩtá-masa* cedem lugar aos humanos propriamente ditos e se transformam em acidentes geográficos. A partir daí, os *pa'mĩri-masa* passam a se mover em uma geografia que nos é familiar, comem dos mesmos alimentos dos homens de hoje e se reproduzem por meio de relações sexuais. Tempo e espaço adquirem as propriedades que captamos até hoje por nossos próprios sentidos.

Apresento a seguir esse material. Exponho livremente suas partes iniciais e sintetizo alguns trechos, discutindo seus principais motivos e utilizando interpretações *a posteriori* dos próprios narradores. Essas interpretações surgiam à medida que líamos e relíamos o manuscrito durante sua produção. Foi nessas ocasiões que pude perceber que esse texto, cuja sequência havia sido anteriormente discutida e definida, constituía uma *performance* narrativa única, produzida por homens tukano que, residindo hoje em Iauaretê, buscam mostrar como essa localidade inscreve-se de modo indelével na trajetória mítica de seus ancestrais.

"Antes o mundo não existia"[2]

No início, uma mulher chamada *Ye'pâ* apareceu (*bahuá*) por si mesma. Ela vivia em um "compartimento sem gente" (*masa mariří ta'tia*) que apresentava, entretanto, propriedades como escuridão, frio,

---

2 Este é também o título de uma versão desana da mitologia de origem dos povos do Uaupés já publicada. A primeira edição é de 1980 e resultou da colaboração entre a antropóloga Berta Ribeiro e o índio desana Luís Gomes Lana (Kēhíri) do rio Tiquié. A segunda edição, de 1995, resultou de uma revisão minuciosa do manuscrito original pelo próprio autor e pela antropóloga Dominique Buchillet. Essa edição abriu a coleção Narradores Indígenas do Rio Negro (ver Pãrōkumu & Kēhíri, 1995), editada pela Federação das Organizações Indígenas do Rio Negro (FOIRN), com a finalidade de divulgar, principalmente para a população indígena local, as histórias contadas pelos velhos das diferentes etnias da região. Inscreve-se, assim, em um programa de

tristeza e insensatez. Havia também sons, que vieram a ser os sons das flautas *miriã*[3] – mais conhecidas como "jurupari", usadas antigamente em dabucuris e rituais de iniciação e expressamente proibidas à contemplação feminina (ver S. Hugh-Jones, 1979). Havia também os sons dos cantos, que se faziam acompanhar por um ruído agudo e contínuo. Todos esses sons eram *Ye'pâ*, a primeira mulher, e não se sabia de onde vinham nem o que os produzia. Apesar da imaterialidade quase absoluta desse espaço-tempo do começo, várias coisas envolviam e operavam, por assim dizer, a vida de *Ye'pâ*. Em primeiro lugar, conta-se que lá havia duas casas: *diâ kã're wi'í* e *dia o'mekahá wi'í*, respectivamente "casa do rio de abio" (*Pouteria caimito*) e "casa do rio de fumaça". Não eram casas que podiam ser vistas ou ocupadas, pois serviam para guardar a vida de *Ye'pâ*. *Ye'pâ* sentava-se sobre um banco, seu banco de vida, feito ao mesmo tempo de quartzo, ouro e pedra. Todas essas coisas existiam no próprio pensamento de *Ye'pâ* e, desse modo, eram similares às coisas que os pajés veem quando inalam o alucinógeno paricá. Por isso, dizem os Tukano, tudo aquilo era paricá.

Ye'pâ possuía ainda um cigarro com as propriedades do paricá e, soprando sua fumaça, ela fez surgir Trovão (*Bipô*) e Sol (*Muhipu*), que vieram a partilhar com ela o mesmo tipo de existência, assumindo, os dois, uma condição masculina. Uma fase inicial de povoamento do mundo se deu da relação de *Ye'pâ* com ambos. Como nenhum deles possuía órgãos genitais, engravidaram-se mutuamente com a fumaça de seus respectivos cigarros. Por isso, *Ye'pâ* podia tanto engravidar dos dois maridos que ela mesma fez aparecer como também engravidá-los. Mais precisamente, tratava-se de uma operação por meio da qual um "feto era posto dentro" (*nihîsáára'*) de um corpo pelos meios que aquela gente

---

longo prazo de fortalecimento cultural dos povos do alto rio Negro, patrocinado por essa entidade. O texto tukano que discutirei nesta seção foi, em sua versão integral, publicado nessa mesma coleção. Trabalhei ao longo de dois anos em sua redação, tendo ainda a oportunidade de revisar o texto final com os narradores após o término de meu trabalho de campo (ver Maia & Maia, 2004).

3 O termo *miriã* designa um conjunto diferenciado de flautas sagradas e é traduzido por "afogado". O termo está relacionado ao modo de guardar esses instrumentos, mantidos ocultos dos olhares femininos sob as águas de rios ou igarapés.

Cidade do índio

primordial possuía: sopros de fumaça de tabaco (*basesehé*) ou o próprio pensamento. Esses eram os meios de condução da vida (*katisehe*) ou da força de vida (*katiró*) pelos quais novas gentes ou princípios viriam a ser (*ēhá*, "tornar-se", termo muito próximo de *ehêri*, "respirar"), por *etoasehé* ("vômitos") ou *se'têsehé* ("cair em partes"). São processos marcadamente distintos do *pa'mîsehé*, que se passa dentro do corpo da cobra-canoa para dar origem aos ancestrais da humanidade, e do *wānasehé*, a relação sexual dos homens de hoje, da qual nascem novas pessoas.

O surgimento de *Ye'pâ* e de seus dois maridos é, ao mesmo tempo, o início do universo. Suas casas são os pontos de referência da cosmografia, que dão origem ao conjunto de patamares superpostos que formam nosso mundo de hoje. O mundo em que vivem hoje os *pa'mîri-masa* é uma cristalização, compartimentada em vários domínios, de muitos dos feitos e consequência das intrigas em que se envolveram mutuamente os *îtá-masa*. A moradia dos dois maridos de *Ye'pâ*, Trovão (*Bipó*) e Sol (*Muhipu*), forma os patamares superiores ao nosso, ao passo que os inferiores resultam de incêndios ou dilúvios por eles provocados quando disputaram sua preferência. *Bipó*, Trovão, foi o primeiro a ser criado por *Ye'pâ*. Ele deveria ter sido o *Imîkoho-yēki* ("Avô do Mundo"), responsabilizando-se pela organização do universo e seu povoamento. As coisas não saíram como se esperava, pois Trovão mostrou-se indolente e incapaz de realizar a tarefa que a ele cabia. Por isso, *Ye'pâ* fez aparecer Sol, que recebeu os poderes antes entregues a Trovão. Este, zangado e triste, foi viver só e, apesar de destituído de suas forças, lançou ainda sobre aquele mundo primordial chuvas e trovoadas, que inundariam a morada de *Ye'pâ* e fariam surgir doenças, venenos e cobras. Houve então muitas brigas entre Trovão e Sol. Brigavam usando seus respectivos poderes, Sol com o seu brilho e calor e Trovão com chuva, ventania e trovoadas. Em razão disso, Sol, como o segundo "Avô do Mundo", instalou-se na casa do céu (*Imîsehe wi'i*), onde veio a ter seus próprios filhos.

As qualidades do espaço, de maneira geral concebido como esférico, por onde se movem esses entes primordiais não são simples. Em certas narrativas, tudo se passa como se interagissem em um plano acima da terra em que hoje vivem os homens, em outras tem-se a impressão de que inicialmente todos eles se alojavam nesta terra e só depois das brigas entre Sol e Trovão é que passaram aos patamares superiores. Outros seres vêm ocupar os vários patamares que surgem nessa fase inicial do universo, mas permanecem ligados ou se manifestam como aspectos de *Ye'pâ*, Trovão e Sol. Vários tipos de mulher que surgem por intermédio de *Ye'pâ*, por exemplo, estão em seu próprio corpo, como a mulher-paricá (*wihó-masó*) ou a mulher-leite (*apekó-masó*). O modo como as coisas acontecem sugere que tudo que ganhava existência passava imediatamente a se manifestar como gente (*masa*), muito embora nem sempre alcançasse concretizações corporais específicas. Assim surgem a gente-estrela e a gente-nuvem, mas também a gente-sonho, a gente-música e a gente-tristeza. Surgem igualmente a gente-planta e várias gentes-pássaros e gentes-animais. Na separação entre Trovão e Sol, uns se associam ao primeiro, outros ao segundo e, assim, *Ye'pâ* via que seu intento de povoar a terra se frustrava. Em outras palavras, o mundo mantinha-se algo imperfeito, pois as relações entre aqueles seres do começo não logravam dar curso ao processo de individuação de uma nova humanidade (*masa turiárã*, literalmente "os que vão nascer"), pois eles se fecharam em seus domínios específicos, guardando suas respectivas potências.

Ye'pâ teve, então, de recomeçar. Mais uma vez, soprando a fumaça de seu cigarro, ela fez aparecer outra gente (*ape-masî*), que apareceu inicialmente na forma de uma leve claridade:

> Era Lua que *Ye'pâ* havia feito surgir. Quando ele se aproximou, *Ye'pâ* disse: "Chefe irmão do dia, pessoa austera que faz aumentar as pessoas. Chefe da gente de transformação". Assim ela falou, olhando-o firmemente. E ela via que ele era uma pessoa de percepção, com grande capacidade de conhecimento, e por isso falou a ele de uma maneira que não havia falado com os outros dois. Ele será o ancestral dos *Ye'pâ-masa* ("gente-terra", os Tukano). Sol será o ancestral dos *Îmîkohori-masa* ("gente-dia" ou "gente universo", os Desana). E *Bipô*, Trovão, é aquele que vai dar origem aos *Bipô-Diiru-masa* ("gente do sangue do Trovão", os Tariano). É por isso que os *Ye'pâ-masa* são também conhecidos como "gente da noite". Já o nome Tukano é um apelido, uma brincadeira das mulheres. Sol e Lua se mostram a *Ye'pâ* como pessoas. (Guilherme Maia, agosto/2002)

Nesse trecho, o narrador antecipa uma conexão entre os *îtá-masa* e os futuros *pa'mîri-masa*, apontando a associação dos Tukano, Desana e

Tariano, respectivamente Lua, Sol e Trovão. Lua e Sol são ambos referidos pelo termo *muhipu*, sendo o primeiro o astro da noite e o segundo o do dia. Por esse motivo os Tukano são considerados "gente da noite" e os Desana, "gente do dia". Sol é a fonte principal dos poderes criativos (*u'uró*), mas seu brilho excessivo e calor intenso são índices do descontrole que o excesso de *u'uró* pode acarretar. Por outro lado, a suavidade da luz da Lua denotaria serenidade e comedimento, isto é, atributos fundamentais para o bom uso dos conhecimentos e capacidades necessários para propiciar a organização do universo e o surgimento da nova humanidade. Lua já surgiu com tais atributos, tendo, porém, que obter outros poderes criativos do Sol, o Avô do Mundo. Como vimos no início, são poderes entregues antes por *Ye'pâ* a Sol, que os guardou em sua casa no céu. De seu encontro com Sol na Casa do Céu, Lua obteve as capacidades necessárias para organizar o universo, fazer surgir as pessoas e os alimentos e construir a primeira casa de transformação (*pa'mîri-wi'í*), onde iniciaria seu trabalho. A visita de Lua à Casa do Céu é narrada da seguinte maneira:

> No fundo dessa casa, havia o banco de vida de Sol, no qual ele estava sentado. Embaixo do banco, encontrava-se um tipo de bola incandescente que soltava pequenas fagulhas reluzentes. Uma membrana envolvia esta bola e a ligava ao ânus de Sol. Esta era sua arma de defesa. Da porta da casa, *Ye'pâ* deu uma baforada da fumaça de seu cigarro na direção de Sol, e disse: "Você está aí?". Então saiu ele de seu lugar e veio até eles perguntando por que vinham visitá-lo. Ela disse que trazia seu irmão que o procurava. Lua viu como fez *Ye'pâ* e pensava consigo que era isso que precisava aprender. Lua começou a conversar com Sol, e este lhe entregou os instrumentos que estavam com ele, mas que não soubera usar. Entregou aquele que seria usado para fazer surgir a terra, o que seria usado para fazer surgir pessoas, aquele que seria usado para fazer surgir as casas de transformação e aqueles que fariam surgir os alimentos. Com esses instrumentos, Lua desceu para o nosso patamar (*a'ti-imíkoho*, "nosso mundo-dia") com a finalidade de fazer a primeira casa de transformação. Por causa da briga entre Trovão e Sol haviam surgido nesse patamar a gente surucucu e várias espécies de gente mamangava. Lua foi auxiliado por essas gentes para trazer ao nosso patamar a casa do rio de abiu (*diâ kã're wi'í*) e a casa do rio de fumaça (*dia o'mekahá wi'í*). Debaixo de um patamar ainda inferior ao nosso, o *wamî-dia* (rio de umari), Lua retirou os

Geraldo Andrello

esteios, travessões, caibros e o piso para fixar essas casas em nosso patamar, o que se deu no *āpekó-dia*, o Lago de Leite. Com isso, já iniciava seu trabalho de preparar a terra onde viverá a futura humanidade. (Guilherme Maia, agosto/2002)

Tendo feito isso, Lua trouxe para essa nossa terra tudo o que havia sido criado antes. Desceram à terra a gente-estrela (*yōkoa-masa*), a gente-vento (*o'me-masá*), a gente-sonho (*kēêri-masa*), a gente-tristeza (*dihârimasa*), a gente-planta (*yuki-masa*), as cobras e os insetos. A gente do Sol (*muhîpū-masa*) e a gente do Trovão (*bipô-masa*) também foram ao patamar de baixo. Depois disso, Lua andou por todas as partes desse nosso patamar ao lado de *Ye'pâ*, por todas as casas e rios que existiam por aqui. Para isso, vestiram peles de cobra, porque assim podiam se deslocar por baixo das águas dos rios. Depois, *Ye'pâ* deixou com Lua todos os cigarros de transformação para que pudesse realizar sua tarefa. Então *Ye'pâ* subiu ao patamar superior. Mas, antes de subir, ela deixou algo de si nessa terra. Na verdade, ela deixou o seu *u'uró* nesse patamar, que se tornou outra materialização de seu corpo. Nosso patamar é, assim, o corpo deitado de *Ye'pâ* – seus seios são o Lago de Leite, e sua vagina, o *pa'mîri-pee*, "o buraco da transformação", de onde a futura humanidade nascerá. Os rios são considerados suas veias. Como um "segundo corpo" de *Ye'pâ*, a terra guarda seu *u'uró*.

Lua começou então a tentar usar os instrumentos que *Ye'pâ* lhe havia deixado, mas não obtinha os resultados esperados. A gente-sol e a gente-trovão também andaram tentando se entender com os outros *ītá-masa* para organizar a terra, argumentando que todos haviam surgido no mesmo lugar e por intermédio de *Ye'pâ*. Mas não houve entendimento entre eles e, por isso, começaram a falar diferentes línguas. Desse modo, esses *ītá-masa* que foram trazidos ao nosso mundo por Lua viriam a ser inimigos da futura humanidade. São os responsáveis pelas armadilhas que hoje ameaçam os *pa'mîri-masa*, isto é, as doenças de que padecem os homens. Eles aparecem principalmente nos sonhos.

As relações que Lua manteve com Trovão e com Sol nesse tempo foram de diferentes tipos. Sol é considerado seu irmão mais velho, fonte dos poderes criativos legados por *Ye'pâ*, isto é, trata-se de um consanguíneo em posição hierárquica superior. Já com Trovão, a relação possui um caráter de afinidade, pois conta-se que, tão logo passaram à terra, Lua passou a molestar uma de suas filhas. Esse foi um dos motivos pelos quais essa segunda tentativa de organizar o universo e povoá-lo fracassaria. Irritado com o comportamento de Lua, Trovão buscaria destruir as casas do Lago de Leite, fonte de onde deveria se iniciar o novo processo de surgimento (*pa'mîsehé*). É por isso que essas casas foram escondidas por *Ye'pâ* sob as águas.

Lua não conseguia, portanto, fazer surgir a nova humanidade. Assim, *Ye'pâ* irá novamente ao patamar de baixo, dessa vez encolhendo todo o universo em seu pensamento. Procedendo dessa maneira, ela localizou um centro no mundo de baixo, que fica na cabeceira do igarapé Macucu, um afluente da margem esquerda do baixo rio Papuri, na Colômbia, muito próximo a Iauaretê. Esse local ficou conhecido como *ãriári u'tu*, "lugar de encolhimento", também considerado "umbigo do mundo". Ali, ela fumou seu cigarro e fez surgir *Imîkoho-masî* (gente do universo) e *Ye'pâ-masî* (gente da terra), os "Netos do Mundo" (*Imîkoho-Pãramera*). Eles são novas manifestações de Lua e Sol, os ancestrais dos Tukano e Desana. Ao iniciar seus feitos pelo rio Papuri, eles passam a se deslocar juntos principalmente no eixo horizontal do cosmos e, separadamente, pelo patamar celeste e pelo mundo subterrâneo, para então chegar ao Lago de Leite, agora situado no patamar terrestre.[4] Em suas atitudes, reproduzem as mesmas características de seus respectivos avós, Sol e Lua. Assim, *Imîkoho-masî* demonstra um caráter muito pouco sensato, precipitando-se em diversas circunstâncias para acelerar o surgimento das novas gentes. Seus feitos resultam geralmente em adversidades

---

4 Sua localização nos estágios anteriores é imprecisa. Às vezes é considerada a antiga morada de *Ye'pâ*, que teria ficado submersa no mundo de baixo após as chuvas provocadas pelo Trovão. Mesmo a partir desse ponto da narrativa, não é muito claro se está localizado abaixo de nosso patamar ou em um de seus pontos extremos. Às vezes se fala do Lago de Leite como um lugar situado na foz do rio submerso de Tabatinga; em outras, localiza-se na posição oposta das cabeceiras dos rios Uaupés e Papuri, ocupando uma ponta do eixo Oeste-Leste. Mas é também associado ao extremo sul, de onde vieram os brancos, onde hoje é a baía da Guanabara. O ato de localizar geograficamente o Lago de Leite parece associado a sucessivas transformações na forma de conceber o espaço, o que se relaciona diretamente às transformações históricas. Em todos os casos, é o lugar de origem da humanidade.

que afetarão a vida das futuras gerações, ao contrário de *Ye'pâ-masî*, a quem muitas vezes caberá a tarefa de corrigir os desastres causados pelo comportamento desmedido de seu irmão mais velho. Como "gente-universo", o ancestral dos Desana ocupa a posição de protagonista na saga que levará ao *pa'mîsehé*, de modo que há muitos pontos da narrativa em torno dos quais os Tukano se mostram reservados, abrindo mão de detalhar: "são os Desana que sabem disso", dizem com frequência. Frisam que, ao fazê-los surgir, *Ye'pâ* lhes deu um cigarro, uma cuia e um banco. Mas depois eles devolveram esses instrumentos a ela, que, por sua vez, os devolveu ao Avô do Mundo. No entanto, sem que o soubessem, guardaram em seus corpos os poderes desses objetos.

Depois de surgir nas nascentes do igarapé Macucu, os dois irmãos buscam por suas respectivas casas. *Îmîkoho-masî* passou a habitar *muhipu-wi'i*, a casa do sol, localizada no igarapé Cuiu-Cuiu, outro afluente do rio Papuri, próximo à atual missão colombiana de Piracuara, ao passo que *Ye'pâ-masî* foi habitar *nukûpoari-wi'i*, a casa de areia, localizada ao sul, em um ponto indeterminado do rio Tiquié. Como para eles a distância não existia, viviam como vizinhos. Nesses lugares surgiriam os instrumentos que os dois irmãos deveriam usar para criar a humanidade. Eles apareceriam na forma de palmeiras paxiúba (*Iriartea exorriza*), vindos do mundo de baixo, o *wamî-dia* ("rio de umari") – lembremos que também foi daí que Lua retirou os esteios, travessões, caibros e o piso para fazer as casas do Lago de Leite; essa matéria-prima usada pelos *îtá-masa* era o quartzo. De acordo com o que determinara *Ye'pâ* antes de partir para o céu, as paxiúbas iriam transpassar o nosso chão e propiciar a vida das futuras gerações que povoariam o universo. No lugar chamado *bipô-pee*, "buraco do trovão", situado próximo à foz do igarapé Macucu,[5] em cujas cabeceiras os dois irmãos teriam surgido, apareceria a paxiúba que traria a força de vida (*katiró*) dos Desana; em *nukûpoari-wi'i*, "casa de areia", a dos *Ye'pâ-masa*, os Tukano; em *moôo*, no alto rio Uaupés, a dos Wanano; e em *pasâ-sa'ro* (termo de tradução desconhecida, mas que alguns infor-

---

5 Esse igarapé recebe em língua desana o nome *Poyaríya*, cuja tradução seria "transformação". Em tukano, *eheánîhá*, cujo radical *êhá*, "tornar-se", associa-se, como vimos, à respiração.

Cidade do índio

mantes sugeriram significar "beira"), pelos lados do rio Pira-paraná na Colômbia, a dos demais grupos que hoje habitam o Uaupés.

Mas antes que isso acontecesse, *Ɨmîkoho-masɨ* adiantou-se e, preocupado com o surgimento de novas gentes, resolveu fazê-lo por *etoasehé* ("vômito", como já vimos). Para isso, ele bebeu um preparado feito com vários tipos de cipós, raspando-os em uma cuia com água. Assim ele fez surgir três mulheres e um homem, que passaram a viver com ele como seus filhos. Foram essas três primeiras mulheres que, casualmente, encontraram a paxiúba que havia sido anunciada por *Ye'pâ*. E elas a quiseram para si, pedindo ao pai que a derrubasse.[6] Esse fato levou *Ɨmîkoho-masɨ* a cortar a paxiúba antes do tempo, o que fez com a ajuda de vários animais. Ainda que não a tenha entregado às mulheres, as coisas não saíram como deveriam, pois elas se apoderaram das flautas que *Ɨmîkoho-masɨ* fabricou com a paxiúba cortada. Isso aconteceu no dia em que as flautas seriam usadas pela primeira vez, quando o filho homem de *Ɨmêkoho-masɨ* seria "iniciado". Para isso, ele havia preparado, no no Papuri, a "casa de iniciação", *ã'môyeri-wi'í*.

No dia em que *Ɨmîkoho-masɨ* faria a iniciação, as mulheres despertaram antes do irmão, que relutava em acordar para se banhar.[7] Elas descobriram as flautas já preparadas e tentavam fazê-las zoar, colocando-as em várias partes do corpo, como o nariz, a orelha e a vagina. Nisso, os *wa'î-masa*, a "gente-peixe", começaram a chegar.[8] Eles vinham para participar da iniciação do filho de *Ɨmîkoho-masɨ*, mas, em vez dele, encontraram na casa de iniciação as três mulheres com os instrumentos. Os primeiros *wa'î-masa* que chegaram se irritaram ao vê-las e não quiseram mostrar-lhes como se fazia para tocar as flautas – os peixes deveriam ter sido os *bayaroá*, mestres de cantos e danças, da cerimônia de iniciação que não se realizou. Por fim, chegou um peixe jacundá, que mostrou às

---

6 Com as paxiúbas, as mulheres queriam fazer um "cumatá", um suporte de três pernas sobre o qual é afixada uma peneira, que serve para espremer massa de mandioca.

7 É por esse motivo que até hoje os homens costumam dormir mais que as mulheres.

8 Os peixes que chegaram foram os seguintes: *ɨtâboho-wa'i*, "peixe-pedra", a pescada, *nimatiá*, acarás listados, *wãâri-tihiroa*, acarás avermelhados, e *wãrí-po'roa*, acarás pequenos.

mulheres como se tocava a flauta, isto é, com a boca.[9] Depois disso, as mulheres fugiram com os instrumentos descendo pelo rio Papuri, com *Imîkoho-masi* em seu encalço. Ao longo do percurso, elas se multiplicaram, pois com os instrumentos transformavam a gente-planta, *yukí-masa*, em novas mulheres.

Ao chegarem à cachoeira de Aracapá, na foz do rio Papuri, foram finalmente capturadas por *Imîkoho-masi*. Este, porém, não conseguiu reaver os instrumentos, pois as mulheres os ocultaram em suas próprias vaginas. Com isso, todas as outras mulheres que haviam aparecido na baixada do rio Papuri voltaram a ser gente-planta. As três irmãs, após terem sido violentadas pelo irmão, passaram a ser consideradas inimigas (*wapagi*) por *Imîkoho-masi*. Duas delas se arrependeram, perdoaram o irmão e partiram em direção sul, para o Lago de Leite, onde passaram a fabricar mercadorias para mandar aos homens, especialmente roupas. Elas são conhecidas como *su'tí-masá-numia*, "mulheres-roupa". A terceira delas, para sempre ressentida com o irmão, foi morar em um lago localizado no alto rio Uaupés. Ela é conhecida como a velha *Amó* e até hoje vive nesse lugar, em sua casa invisível. É para a casa de *Amó* que, em certos meses do ano, as garças e os pássaros *Ëôroa* (da família dos ciconídeos), (cf. Ramirez, 1997, t. II, p.57) voam para deixar as penas de sua cauda, pois ao retornar não mais as possuem. Conta-se que deixam as penas na casa de *Amó*, onde as utilizaram para reformar o telhado e as paredes da casa da velha. O próprio nome *Amó* denota transformação, pois designa a fase crisálida das mariposas e borboletas. De modo geral, refere-se a um processo que ainda não chegou a termo, sendo uma fase intermediária entre dois estados. Essas primeiras mulheres são conhecidas como *numia-pãramera*, "mulheres-netas".

Antes de avançar na sequência da narrativa, vejamos os temas que emergem dessa parte inicial do mito. Tudo o que se passa até então diz respeito a três tentativas frustradas de fazer surgir a verdadeira humanidade, figurando como um preâmbulo ao episódio que trará finalmente os ancestrais dos grupos indígenas atuais ao rio Uaupés. Não obstante, os meios pelos quais suas personagens dão curso a suas ações permitem

---

9 É por isso que essas espécies de jacundá possuem a boca arredondada.

apreender certas condições fundamentais que determinarão as fases subsequentes da narrativa. Como se viu, o aparecimento de variados tipos de gente no tempo dos primeiros *ĩtá-masa* não se dava por intermédio de contatos corporais, mas por sopros ou pensamento. O sexo, nesse tempo, foi um ato infértil, associado à indolência ou ao puro deleite. Conta-se, por exemplo, que *Ye'pâ* passou a ter relações sexuais com seu primeiro marido, Trovão, somente depois de ter vários filhos. Depois disso é que *Ye'pâ* colocou um pênis em Trovão (*ĩtábohogĩ*, literalmente "haste de pedra") e este lhe abriu uma vagina (*ĩtábohopee*, literalmente "buraco de pedra"), usando a ponta da forquilha de prender o cigarro e seus brincos de ouro laminados. Ao descobrir os prazeres do sexo, Trovão não pensava em outra coisa desviando-se, paradoxalmente, de sua tarefa principal, que era fazer surgir novas gentes. Do mesmo modo, ter relações sexuais com a filha de Trovão afastou, mais tarde, Lua do cumprimento desse mesmo desígnio.

Era um mundo de potências, no qual as gentes que vieram a surgir constituíam subjetividades muitas vezes incorpóreas. Como vimos, assim como estrelas e pássaros, surgiram afecções, como a tristeza e o sonho, todos qualificados como *masa*, "gente". A verdadeira humanidade, entretanto, não chegou a surgir, e essas subjetividades ganhavam existência independentemente de virem ou não a se alojar em corpos diferenciados. Em suma, entre os primeiros *ĩtá-masa* a distinção corpo/alma parece não se aplicar, pois aquilo que hoje os homens fazem com seus corpos – como reproduzir-se –, eles pareciam fazer com a alma. O que hoje os Tukano designam como "alma" (*eheri po'rã*, literalmente "filho da respiração", o "coração" ou a "alma") parece ser a manifestação primeira daquelas subjetividades. Para fazê-las surgir, o sexo não era, portanto, o meio apropriado, mas sim certos objetos, designados como *marié katisehé wa'ĩ o'âri*, "ossos de peixe de nossa vida", expressão que qualifica o banco, a cuia, o cigarro e as casas de *Ye'pâ*, mas que é usada pela primeira vez por ocasião do surgimento das paxiúbas. São, por assim dizer, o suporte ou o veículo da vida (*katisehé*), em um tempo em que a corporeidade dos seres era algo indefinida, por isso são em geral chamados "instrumentos de vida e transformação". Como advertiu um dos informantes, "antigamente as flautas não eram chamadas *miriã*, mas ossos de peixe". A expressão se deve ao fato de que as paxiúbas vieram do patamar de baixo, do mundo subterrâneo da gente-peixe, ao que tudo indica um domínio que apresenta continuidade direta com os rios, cujas águas alcançam a superfície da terra. Depois de seu aparecimento, todos os objetos que figuram nos mitos são também chamados "ossos de peixe", pois todos guardam *katiró*, "força de vida". Como vimos no Capítulo 4, esses objetos são, de maneira imaterial e invisível, manipulados pelos xamãs com encantações de nominação.

Trovão, Sol e Lua controlam sucessivamente os poderes criativos de *Ye'pâ* à medida que recebem seus objetos. Ao surgir, Lua visita Sol em sua casa celeste, onde este guarda seus poderes em uma bola incandescente ligada a seu ânus. Nessa passagem, não se especifica o que Sol está transmitindo a Lua, e aquilo que lhe transborda pelo ânus é designado como sua "arma de defesa". Em seguida, depois do fracasso de Lua em organizar o universo, *Ye'pâ* faz surgir *Ɨmîkoho-masɨ* e *Ye'pâ-masɨ* como novas manifestações de Sol e de Lua. Agora estão no plano terrestre, habitando suas respectivas casas. Possuem cuias, cigarros e bancos sem que o saibam e, desse modo, sem que tenham plena consciência e controle de suas próprias capacidades. Assim, aguardam pelo aparecimento da palmeira paxiúba. Uma vez convertida em flauta, a paxiúba encontrada pela filha do ancestral dos Desana torna-se um corpo, pois em sua fabricação *Ɨmîkoho-masɨ* a soprou e, assim, introduziu-lhe o canto de um pássaro chamado *bosô-miri* (pássaro não identificado, sendo *bosô* o pequeno roedor "cutiaia" e *miri*, o singular de *miriã*). Com isso, a flauta passava a conter aquelas propriedades do espaço onde no início de tudo aparecera *Ye'pâ*, isto é, os sons que eram a sua vida. Aquilo que preenchia, com o frio e a escuridão, aquele compartimento primordial sem gente veio, assim, a se tornar o conteúdo das primeiras flautas. Em outras palavras, elas foram o instrumento pelo qual os poderes criativos preexistentes ao começo do universo poderiam ser eficientemente manipulados e direcionados.

De acordo com o mito, as flautas deveriam ter sido usadas em uma cerimônia de iniciação. Com efeito, o uso das flautas *miriã* em rituais de iniciação masculina é um fato amplamente descrito na literatura etnográfica do noroeste amazônico (ver em especial Goldman, ([1963] 1979;

Cidade do índio

C. Hugh-Jones, 1979; S. Hugh-Jones, 1979, 1993, 1995 e 2001). Stephen Hugh-Jones apontou a associação direta desses rituais com a menstruação (ver S. Hugh-Jones, 1979, p.198ss.), demonstrando como o episódio mítico do roubo das flautas pelas mulheres relaciona-se de modo ambivalente à dominação que os homens exercem sobre as mulheres entre os grupos do Uaupés. No caso barasana descrito pelo autor, depois de reaver os instrumentos os homens punem as mulheres com a menstruação, isto é, recuperam as flautas ao mesmo tempo que as mulheres adquirem suas capacidades reprodutivas. Em outras versões tratadas pelo autor, os homens castigam as mulheres introduzindo-lhes as flautas pela vagina e provocando o seu sangramento. Assim, embora proibidas de tomar parte nos rituais em que as flautas são usadas, bem como de contemplá-las, as mulheres trariam em seu próprio corpo os poderes ocultos nesses instrumentos. Por esse motivo, nota o autor, os rituais de iniciação masculina, dos quais as mulheres são excluídas, podem ser interpretados como uma menstruação masculina simbólica (S. Hugh-Jones, 1979, p.205), a partir da qual os rapazes podem passar a ter relações sexuais, obter uma esposa e procriar. De acordo com algumas versões, ao apoderar-se das flautas, as mulheres passam a dominar os homens (Fulop, 1956; Gentil, 2000). Teria sido um tempo em que, além de obrigados a cuidar das crianças e a cultivar e processar a mandioca, os homens menstruavam. Quando os homens recuperam os instrumentos, a situação se inverte e são as mulheres que passam a menstruar.

No caso tukano que vimos tratando, o ato de introduzir as flautas pelas vaginas das mulheres não fez parte do castigo masculino. Conta-se que as mulheres, ao verem que seriam capturadas, trataram, elas próprias, de esconder as flautas em sua genitália. A menstruação não aparece tampouco como forma de castigo. É o irmão que as castiga, violentando as três. Há, por outro lado, uma associação literal nesse caso entre menstruação e iniciação: o termo *ã'môye*, que foi traduzido genericamente por "iniciação", decompõe-se, na verdade, em *ã'mô*, precisamente "menstruação", e *yee*, "fazer alguma coisa com rapidez" (cf. Cap. 1). A casa preparada por *Ɨmɨkoho-masi* para a iniciação do filho chamava-se, assim, "casa de fazer menstruação", *ã'môyeri-wi'í*. Mas essa é uma tradução literal para um processo que, no mito, ocorreria antes mesmo que o termo *ã'mô* designasse um processo corporal feminino. O que estava em questão naquele tempo descrito na narrativa era o processo pelo qual o filho de *Ɨmĩkoho-masɨ* se torna um "humano verdadeiro", *diagɨ-masɨ*. Como isso não aconteceu, ele desapareceu na narrativa. Parece ter deixado de existir, pois nada mais se fala a seu respeito. Aquilo que foi então obtido pelas mulheres consistia potencialmente em uma capacidade para dar curso à emergência da verdadeira humanidade. Nada se fala a respeito da menstruação propriamente dita, mas sim de novas habilidades que as mulheres passam a exercitar em pontos extremos deste mundo.

Os homens, portanto, não recuperam os instrumentos ao capturar as mulheres. O reaparecimento das flautas ao longo da narrativa virá mais tarde, como veremos a seguir. O destino dessas mulheres-netas, então inimigas dos ancestrais dos *pa'mɨ̃rɨ-masa*, mostra que elas se tornaram senhoras de novas potências. Uma delas, a que vai viver em um lago no alto rio Uaupés, é, aliás, pura potência. Seu nome, *Amó*, "crisálida", atesta isso. Sua forma de existência corresponde a um estágio transformativo abrigado em uma casa invisível, cuja matéria-prima são as penas que os pássaros trocam anualmente. A substância desse seu abrigo imaterial seria, assim, a própria capacidade demonstrada por certas espécies de pássaros de se renovar, de trocar de pele. É ela que parece mais claramente assumir a posição de inimiga, pois se recusa a perdoar o irmão. As duas outras se mostram arrependidas e partem para o Lago de Leite. Passam a fabricar roupas e outras mercadorias para enviar aos homens.

Em artigo mais recente, S. Hugh-Jones (2001) apresentou uma nova interpretação do mito do roubo das flautas e a subsequente retomada desses instrumentos pelos homens. Propõe, assim, uma alternativa àquela interpretação que os toma como uma espécie de "jogo de soma zero", no qual o que um sexo ganha o outro perde – se os homens têm as flautas, as mulheres menstruam e vice-versa. Valendo-se das formulações de Marilyn Strathern (1988) em sua monumental revisão da etnografia melanésia, o autor sugere que esses mitos podem ser tomados como uma "reflexão sobre os corpos de homens e mulheres". Análogos às flautas que aparecem nos mitos, o corpo humano e suas partes são também

Cidade do índio

tubos, cujo fluxo interno de substâncias propicia vida. As transações que têm lugar nos mitos e mostram homens retomando instrumentos de mulheres, antes de tematizar a dominação dos homens e a constituição da cultura e da sociedade como um domínio exclusivamente masculino, mostram que aquilo que as mulheres guardam para si em seus corpos elas também entregam aos homens em forma objetificada.

As personagens do mito emergem, assim, como entidades andróginas, que partilham capacidades reprodutivas complementares, cuja forma material são as flautas. Na narrativa que estivemos discutindo, o caráter andrógino das personagens é inequívoco: mulheres e homens podem engravidar-se mutuamente, homens podem ter filhos sem mulheres e mulheres podem fazer surgir novas mulheres. Fazem tudo isso como pessoas-tubo;[10] gravidez com sopros de tabaco, ingestão de preparados de cipós e vômito de pessoas, instrumentos de transformação que transbordam pelo ânus, transformação de plantas em pessoas por meio de flautas. Tais são as propriedades daquelas flautas. Mas, por enquanto, os homens não as receberam de volta. Há apenas, por ora, a promessa de que elas retornem aos homens como roupas fabricadas pelas mulheres. Ora, do que foi dito podemos supor uma analogia entre as roupas e as penas dos pássaros: uma das irmãs que roubaram as flautas propicia a troca das penas dos pássaros, outras fabricam roupas. Isso atribui a essas mercadorias dos brancos um estatuto particular, associado às capacidades de renovação embutidas no motivo da troca de penas. Isto é, não seriam objetos com fins meramente utilitários. Nessa linha, as mercadorias aparecem como capacidades objetificadas. Lembremos, pois, as roupas que Stradelli retirava nas casas invisíveis das serras do alto Uaupés (cf. Cap. 4) e a farda de Nicolau, ritualmente exibida pelos Tariano de Iauaretê no começo do século (cf. Cap. 5).

---

10 O tema dos instrumentos tubulares e seus fluxos interiores, como flautas e zarabatanas fabricadas com diferentes espécies de palmeiras, e suas correlações com noções de criação, transformação e ancestralidade foram também recentemente apontados entre outros grupos amazônicos, como os Yagua (Chaumeil, 2001) e os Matis (Erikson, 2001).

Geraldo Andrello

As capacidades de que estamos tratando podem, assim, ser "encorporadas"[11] por pessoas ou objetificadas. Mas nada se fala dos brancos até este ponto da narrativa. Seu aparecimento virá mais adiante. As mercadorias, portanto, surgiram antes daqueles que viriam a ser seus senhores, pois, como podemos constatar, o mito trata de um mundo no qual as potências existem antes mesmo da emergência de seres individuados, ou seja, as capacidades são dadas e os sujeitos tornam-se sujeitos à medida que vêm a controlá-las.[12]

---

11 Forma portuguesa pouco usual, utilizada por Eduardo Viveiros de Castro (1996, nota 18) para traduzir o "embody" inglês no âmbito da formulação de sua teoria do perspectivismo ameríndio. O autor o utiliza em um contexto em que os termos "encarnar" e "incorporar" não cabem, pois está tratando da posse de certos "atributos pronominais": todos os animais são dotados de alma, ou intencionalidade humana, pois ocultam um corpo humano sob suas "roupas animais". De seu próprio ponto de vista, os animais são gente como nós e enxergam o mundo do mesmo modo que os humanos. Assim, aquilo que para nós é sangue, para a onça é cerveja de mandioca; o que para nós é uma piracema, para os peixes são suas festas e rituais. Assim, para o autor, o corpo constitui um ponto de vista, uma perspectiva, que ao mesmo tempo define, do ângulo de seu portador, a posição de sujeito. Ser um sujeito é ocupar a posição do "eu" em um enunciado. Sob essa luz, o tema do surgimento de uma nova humanidade que o mito tukano desenvolve poderia ser tomado como uma história que trata da constituição do sujeito por excelência, que são os *pa'mîri-masa*, a "gente de transformação". Se em nossa discussão tais atributos, ou capacidades, estão armazenados em objetos – as flautas –, o perspectivismo não diria respeito apenas a corpos, mas também a coisas, ou, pelo menos, a certas coisas que possuem propriedades de corpos. Voltaremos a esse ponto mais adiante.

12 Essa formulação baseia-se na ideia de um "princípio de individuação", desenvolvido pelo filósofo francês Gilbert Simondon (1992). Na ontogênese proposta por Simondon, a questão fundamental não é saber o que é um indivíduo, mas indagar como o indivíduo veio a ser. Em linhas muito gerais, o autor define esse processo como um fluxo, no qual o indivíduo torna-se indivíduo uma vez que constitui uma resposta a um estado metaestável que o precede. É um processo que diz respeito a relações internas e externas, isto é, à psique e à coletividade. Em sua visão, o "ser" consiste em um sistema cujos elementos são potências e cujas relações são tensões, estas podendo variar em intensidade, indo de zero até um ponto em que uma resolução se torna imprescindível. Aí mora o princípio de individuação: o indivíduo é uma fase do ser. Disso resulta que o devir é uma, senão *a*, dimensão fundamental em questão, e seria, por assim dizer, o motor da ontogênese. Esse termo seria apropriado para, nas palavras de Simondon, qualificar "o desenvolvimento do ser – ou seu 'tornar-se' [becoming, devenir, devir] – em outras palavras, aquele que faz o ser se desenvolver

A seguir, retomaremos a narrativa. Por uma questão de espaço, a partir daqui passo a resumi-la. Serão três segmentos, que, a meu ver, nos permitirão extrair e comentar os elementos que nos interessam mais diretamente. Os dois primeiros segmentos tratam, respectivamente, da primeira e da segunda viagem da cobra-canoa que, finalmente, conduz os ancestrais da humanidade desde o Lago de Leite até o rio Uaupés. Ela sobe os rios em busca daqueles locais onde antes haviam surgido as palmeiras paxiúbas. Nesses locais devem ser deixados os ancestrais de cada um dos grupos que habitarão o rio Uaupés. Os narradores do mito esclareceram que, por ocasião do roubo das flautas pelas primeiras mulheres, todas as paxiúbas voltaram para o mundo subterrâneo. Se as mulheres não houvessem fugido com as flautas, os ancestrais de todos os grupos do Uaupés teriam vindo para participar da iniciação do filho do ancestral dos Desana e dele recebido seus adornos cerimoniais. Como isso não aconteceu, o primeiro segmento se inicia com a obtenção desses enfeites por *Ɨmîkoho-masɨ* e *Ye'pâ-masɨ* na Casa do Céu.

A narrativa indica, dessa maneira, que as coisas poderiam ter tido um curso diferente do que tiveram, e a própria viagem-gestação da cobra--canoa poderia não ter acontecido. Como veremos, serão duas as viagens, a segunda acarretada pela necessidade de conduzir o ancestral dos brancos a outras terras. O último segmento trata da saga dos humanos propriamente ditos, que se multiplicam por seus próprios meios. É um tempo em que os *î'ta-masa* já os deixaram, e os diferentes grupos trocam mulheres entre si. A partir daí, a região de Iauaretê será ocupada sucessivamente pelos Tukano e pelos Tariano e visitada pelos brancos, que então voltam a fazer parte da vida dos índios.

A primeira viagem da cobra-canoa

Com o roubo das flautas pelas mulheres, *Ye'pâ*, desde a Casa do Céu, via que *Ɨmîkoho-masɨ* e *Ye'pâ-masɨ* não haviam tido sucesso em sua tentativa

---

como ou tornar-se ser". Um "ser" poderia, assim, existir de maneira ainda não indi-viduada, isto é, sem passos, sem fases. Essa é uma realidade que Simondon qualifica como "pré-individual". A meu ver, essa é uma boa expressão para qualificar o mundo descrito nessa primeira parte do mito tukano.

de povoar o universo e, por isso, sugeriu-lhes que fossem falar com o Avô do Mundo. Visitando-o em sua casa no céu, os dois irmãos receberam novos instrumentos. Agora se tratava de vários conjuntos de enfeites cerimoniais (*basa bu'sa*, "enfeites de dança", que incluem os cocares feitos das penas de vários pássaros, colares de osso e de quartzo e cintos de dentes de onça – ver Cap. 4), que o Avô do Mundo fez sair de dentro de seu próprio corpo, vomitando-os sobre uma esteira estendida no chão de sua casa. Da Casa do Céu, os dois descem diretamente ao Lago de Leite, atraídos pelos ruídos daquelas primeiras mulheres que para lá se dirigiram. Eles passam a ter novos nomes: *Ĩmĩkoho-masí* passa a ser *Tõ'râki-bo'teâ* e *U'arí-bo'tea* (nomes de dois peixes aracus) e *Ye'pâ-masí* passa também a ser *Ye'pâ-õ'akĩhi*. *U'arí-bo'tea* transforma-se na *pa'mĩri-piro*, a "cobra de transformação". Essa cobra passou a amamentar seus filhos no Lago de Leite. Esses eram os ancestrais da humanidade, que ali viveram como *wa'ĩ-masa*, "gente-peixe". *Ye'pâ-masí* se dirigiu ao mundo subterrâneo, onde obteve mais força de vida em seu próprio corpo e voltou em seguida ao Lago de Leite. A cobra de transformação engoliu então todos os ancestrais e, dentro de seu ventre, os levou a uma viagem pelo rio subterrâneo até a cachoeira de transformação, *pa'mĩri-poea*, localizada em Ipanoré, no médio rio Uaupés. No ventre da cobra estavam os seguintes viajantes: *Ye'parã* ou *Ye'pâ-masi*, o ancestral dos Tukano; *Tõ'râki-bo'teâ*, o dos Desana; *Pĩrô-masi*, o dos Pira-Tapuia; *Kõreâgi*, o dos Arapasso; *Di'ikãhági*, o dos Tuyuka; *Bekagi*, o dos Baniwa; *Barêgi* e *Pe'târĩ*, os ancestrais dos Baré, e *Pekâsi*, o dos brancos. O ancestral dos Hupda vinha pelo lado de fora e retirava sua força de vida da espuma produzida pelo deslizar da cobra. Eles foram levados pela cobra até o *pa'mĩri-pee*, o buraco de surgimento que existe em uma pedra da cachoeira de Ipanoré. Desse buraco, eles saíram como crianças. O último a sair do buraco foi o ancestral dos brancos. O ancestral dos Baré saiu por um segundo buraco que havia ao lado do primeiro. A partir daí, o ancestral dos Baré, seguido por seu servo (os Dow, um dos grupos de língua maku que hoje habitam em uma única comunidade no rio Negro, em frente à cidade de São Gabriel da Cachoeira), se separou dos demais e foi encontrar seu lugar no rio Negro, onde hoje é a cidade de São Gabriel da Cachoeira. Os ancestrais da humanidade deveriam então ter se banhado em uma água que borbulhava dentro do próprio buraco de surgimento. Mas eles não tiveram coragem. Apenas o ancestral dos brancos, vendo que era o último e não teria nada a perder, se jogou na água. Ao sair do buraco, ele estava diferente, mais crescido e com a pele clara. Os outros tentaram fazer o mesmo, mas já não havia muita água no buraco, de modo que apenas molharam as palmas das mãos e a planta dos pés. Ficaram apenas com essas partes do corpo mais claras. Depois de sair pelo buraco do surgimento, todos eles, à exceção do ancestral dos brancos, se dirigem para *diâ bupûra wi'i*, uma grande casa que se localiza em uma ilha do Uaupés um pouco acima da cachoeira do surgimento. Nessa casa, eles encontraram novos instrumentos, em particular o "pari de proteção".[13] Alguns grupos tukano e os Arapasso já permaneceram no Uaupés nessa primeira viagem, e dali fizeram sua história. Mas a maioria dos *pa'mîri-masa* seguiu por um túnel aberto no chão, através do qual passaram para o rio subterrâneo. Eles então visitaram várias casas que existem lá, as *wa'î-masa wi'seri*, "casas dos peixes", para depois reencontrar a cobra de transformação, que já fazia sua viagem de retorno ao Lago de Leite levando em seu ventre apenas o ancestral dos brancos. Nessa viagem de volta, apenas o ancestral do branco seguia no ventre da cobra. Os outros foram pelo lado de fora como peixes. (*Variante complementar*: Novamente no Lago de Leite, *Ye'pâ-ō'akîhi* fez surgir um arco e uma espingarda para que os ancestrais escolhessem suas armas. O ancestral dos brancos pegou logo a espingarda e começou a atirar. Os ancestrais dos grupos indígenas ficaram com o arco). Como o branco havia ficado diferente dos demais, todos eles fazem uma nova viagem com a canoa de transformação para o outro lado do Lago de Leite, isto é, para o outro lado do oceano, onde vão deixar os brancos em outros países, como a Inglaterra, a África, o Japão e a Rússia. Desses lugares, os brancos fazem sua história, ao passo que os ancestrais dos índios retornam ao Lago de Leite.

Em primeiro lugar, quero acrescentar um comentário feito por um dos narradores a propósito do que se passa no início desse segmento. Ao descer da Casa do Céu, os dois irmãos dirigem-se para o Lago de Leite, onde os ancestrais da humanidade nadam em forma de peixes. Segundo o narrador, *Imîkoho-masi* e *Ye'pâ-masi* já sabem, nesse ponto, a partir de onde a nova humanidade deverá surgir: dos peixes, pois foi ao seu mundo subterrâneo que voltaram as palmeiras paxiúbas. Os peixes teriam se encarregado de manejar as flautas e entoar os cantos da festa de iniciação que não ocorreu, como também foi um deles, o jacundá,

---

13 O pari, *imisaha* em tukano, é uma cerca confeccionada de talas da palmeira jupati (*Raphia vinifera*) empregada para cercar pequenos cursos d'água para a captura de peixes.

que terminou por ensinar as mulheres a tocar esses instrumentos. E assim, o irmão mais velho, ao descer ao Lago de Leite, se converte em dois novos personagens, que levam nomes de peixes. Um deles torna-se a cobra de transformação, *pa'mîri-piro*, que vai engolir e transportar em seu ventre os ancestrais-peixe. No buraco da cachoeira de Ipanoré, eles saem à terra, em corpos humanos, porém ainda como crianças. Palmeiras paxiúbas, peixes e corpos humanos são, assim, transformações encadeadas no mito, hipóstases da força de vida que propicia a origem dos grupos indígenas que habitarão o rio Uaupés.

No início desse trecho da narrativa, vemos aparecer enfeites cerimoniais, vomitados pelo Avô do Mundo e entregues aos dois irmãos. Lembremos que, no começo dos tempos, esse mesmo Avô do Mundo entregara à Lua algo genericamente definido como suas "armas de defesa", cuja aparência era a de uma bola incandescente ligada a seu ânus. Podemos dizer que essas armas, ao saírem-lhe pela boca, apresentam nesse novo episódio outra aparência. Ao contrário do que ocorreu antes, agora ele entregou aos irmãos objetos muito específicos, com formas bem determinadas, os enfeites cerimoniais, que em seu conjunto desenham um corpo, prefigurando a forma humana. Era um conjunto de enfeites para cada um dos grupos que habitariam o rio Uaupés. Esses enfeites reaparecerão em vários outros pontos da narrativa, em particular nas paradas da cobra-canoa ao longo de sua segunda viagem. São momentos em que os ancestrais tratam de verificar se seus grupos estão crescendo. Na verdade, eles abrem suas respectivas caixas de enfeites para checar se estes aumentaram em número. Mas o corpo humano não é apenas prefigurado pelos enfeites entregues pelo Avô do Mundo aos irmãos. Ele deve também ser construído pelos novos demiurgos a partir daqui.

Nas passagens anteriores, é Lua que ocupa essa posição. Depois são os irmãos ancestrais dos Desana e Tukano, *Imîkoho-masî* e *Ye'pâ-masî*. São eles que ainda figuram no início da passagem em foco. Porém, depois que recebem os enfeites, eles descem ao Lago de Leite ao mesmo tempo que se dividem, ambos, em dois, o que se expressa na duplicação de seus nomes. O ancestral dos Tukano deixa de ser apenas *Ye'pâ-masî*, o "gente-terra", passando a ser *Ye'pâ-õ'âkɨhi* (a palavra *õ'âkɨhi* é decomposta em *õ'â*", "osso", e *kĩhi*, "estar no/em", podendo ser literalmente traduzida como "do osso") e *Ye'pâ-di'ro-masĩ* (literalmente, "gente da carne de terra").[14] Essa partição é o que parece dar origem à distinção entre as posições do demiurgo e do ancestral, entre divindade e humanidade, correspondendo ambas a distintas partes do corpo, os ossos e a carne. A distinção é também uma forma de se conceber uma dualidade entre corpo e pensamento, ou entre corpo e espírito, pois a existência de *Ye'pâ-õ'âkĩhi* é uma existência "de pensamento", *ti'ó yã'a* ("escutar" + "olhar" = perceber, pensar, sentir). De modo geral, as personagens que ocupam sucessivamente essa posição atuam sobre as coisas com o pensamento, ações que são designadas na língua tukano com a expressão *yã'a-kasa*, na qual o verbo "olhar", *yã'a*, está associado ao termo *kasa*, "analisar" ou "avaliar". A expressão pode ser sintetizada, assim, como "conceber", "propiciar" ou "idealizar", denotando intencionalidade própria.

Ao tornar-se dois, *Ye'pâ-masĩ* separa uma parte de si mesmo, parte que ganha existência concreta à medida que adquire corporeidade no mundo de baixo. O resumo que apresentei da narrativa não é explícito quanto a isso, mas os Tukano interpõem, entre a passagem de seu demiurgo/ancestral pela Casa do Céu e sua chegada ao Lago de Leite, uma descida ao escuro nível inferior. É ali que ele "pega corpo", *upí*. O corpo é composto da junção dos objetos que *Ye'pâ-masĩ* obtém nas casas do mundo de baixo. Com eles, "fez o corpo ficar em pé, na carne desta terra", como se aponta em uma fala ritualizada a respeito do que ali se passou. Conta-se que o banco é a base sobre a qual é posto um suporte de cuia e são agregados outros objetos, como a forquilha de cigarro e a lança ritual. A matéria-prima de todos esses objetos é o quartzo existente no mundo de baixo. Com cipós são ainda feitas as veias e com os cristais, a cabeça e o cérebro. "Os materiais juntos tornaram-se gente", afirma-se em seguida. O resultado é um corpo sentado sobre um banco, sendo a cuia sobre o suporte aquilo que corresponde ao coração. Além dos objetos, certas substâncias, como o ipadu, o paricá e o tabaco, são experimentadas. Com esse último, *Ye'pâ-masĩ* soprou para que o corpo

---

14 O termo *di'ro* é também utilizado para sangue coagulado, o que revela uma associação entre sangue e carne.

tivesse vida. É depois disso que ele se encontra com o ancestral dos Desana no Lago de Leite para iniciar a viagem da cobra-canoa.[15]

A forma com a qual a nova humanidade iria deixar o ventre da cobra e passar pelo buraco do surgimento estava assim predefinida. Antes de passar a ela definitivamente, os ancestrais dos grupos do Uaupés terão de visitar as várias casas submersas da gente-peixe, onde dançarão usando os adornos cerimoniais. Com isso, fazem aumentar esses objetos, o que se configura, de fato, como aumento da força de vida do grupo que viaja no ventre da cobra. Podemos dizer que se trata de um processo de subjetivação, proporcionado pela obtenção progressiva de um maior número de adornos cerimoniais. Mas tais objetos são considerados ossos, ou melhor, "ossos de peixe", *wa'î o'âri*, expressão que, como vimos, foi usada primeiramente para designar as flautas de paxiúba. Vemos com isso que a fabricação do corpo descrita é uma operação de personificação, que garante ao ancestral dos Tukano certas qualidades antes restritas ao demiurgo *õ'âkîhi*, isto é, capacidades de pensamento, percepção e ação sobre as coisas, ditas alojarem-se "no osso". Para obtê-las teria que se apoderar dos ossos dos peixes. Essas são as capacidades transportadas pelos nomes cerimoniais até os dias de hoje.

Já é bem conhecida a concepção, corrente entre os grupos do Uaupés, de que os peixes também são gente e que, uma vez em suas casas subaquáticas, tiram suas "roupas de peixe" e se mostram entre si como seres humanos. Em suas casas, fazem as mesmas festas e rituais que os homens, assim como possuem seus enfeites, artefatos e roças (ver Arhem, 1993; 1996). Ao deixar o ventre da cobra de transformação, os ancestrais da humanidade parecem passar por processo análogo, por meio do qual deixam igualmente de se mostrar como peixe. Com efeito, os Tukano afirmam que a gente-peixe que nos dias de hoje vive nos rios de sua região são os descendentes daqueles que não conseguiram desembarcar

---

15 Como vimos no Capítulo 4, a junção desses objetos e substâncias é igualmente evocada nas encantações de nominação. A cada nome corresponde um ancestral distinto e um conjunto similar de objetos. Os nomes cerimoniais tukano têm, portanto, origem nessa saga mítica, correspondendo cada um deles aos ancestrais que surgirão nas casas de transformação existentes ao longo do percurso da cobra-canoa.

da cobra-canoa. Ou seja, nem todos os seus tripulantes conseguiram completar a transformação. Estes permaneceram como peixes e são hoje inimigos dos humanos: sua sina é atraí-los à sua morada sob os rios. Muitas doenças são, assim, reputadas aos peixes, que roubam as almas dos humanos para levá-los a viver consigo. Por isso, há muitas precauções xamânicas para evitar esses raptos, que recaem principalmente sobre mulheres menstruadas, ou em período pós-parto, quando se banham no rio, como também sobre crianças recém-nascidas (ver também Lasmar, 2002, Cap. 5). Podemos supor com isso que a condição humana então adquirida jamais deixou de estar sujeita a ser revertida, revelando-se como um estado instável passível de reverter à animalidade, pois consiste em capacidades que, ao menos em parte, foram como que furtadas aos peixes. Um estado metaestável, nas palavras de Gilbert Simondon (ver nota 12).

Como veremos nas partes subsequentes da narrativa, o que parece funcionar como dispositivo estabilizador da condição humana são os adornos cerimoniais. São eles, a meu ver, que operam a diferenciação definitiva entre humanos e peixes, pois vêm do Avô do Mundo. Os peixes possuem também enfeites, utilizando-os da mesma forma que os humanos, em festas e rituais. Porém, aos olhos dos humanos os enfeites dos peixes são igualmente peixes. Conta-se que as piracemas são as festas dos peixes, ocasião em que usam seus cocares de penas. Quando os pescadores tentam apanhá-los, muitas vezes esbarram-lhes os cocares com o puçá, pequena rede de fios de tucum disposta em um cabo de cipó. As penas que se soltam aparecem no puçá do pescador em forma de peixes menores. Temos aqui, portanto, uma analogia entre corpos e enfeites: se os enfeites dos peixes são peixes para os humanos, seus próprios enfeites serão, para eles, seu próprio corpo, isto é, os enfeites cerimoniais em seu conjunto são outro corpo humano. Um corpo enfeitado será, assim, um corpo dentro de outro, ambos exibindo a forma humana.[16] São os

---

16 A ideia de "um corpo dentro de outro corpo" foi tomada de Viveiros de Castro (2002a, p.388). Ele aponta que a construção social do corpo ameríndio consiste em uma operação de "particularizar um corpo ainda demasiado genérico, diferenciando-o dos corpos de outros coletivos humanos tanto quanto de outras espécies". Mas, ao tomar o corpo como confrontação da humanidade e animalidade, o considera

enfeites que parecem assegurar aos humanos, precisamente, sua humanidade. Não é o que se passa com os peixes, cujos enfeites também são, aos olhos dos humanos, verdadeiros peixes. As caixas de enfeites cerimoniais trazidas ao Uaupés pelos ancestrais são como que a garantia da condição humana, isto é, avatares da humanidade em sua forma acabada, que materializam o estado resultante de um devir. Explico.

Antes do começo do mundo, vimos demiurgos criadores em tentativas infrutíferas de dar curso a essa transformação. Em seguida, aparecem os ancestrais dos Tukano e Desana, entidades compósitas, a meio caminho entre a divindade e a humanidade que ainda virá. Ao duplicarem seus nomes, decompõem seus dois aspectos, propiciando um campo de ação ao ancestral propriamente dito: é ele que vai se incumbir de, literalmente, dar corpo a seus descendentes. Trata-se, como vimos, de uma operação que envolve a agregação do *katiró*, força de vida que vem dos peixes, aos enfeites cerimoniais, que vêm do Avô do Mundo. O corpo humano montado, por assim dizer, pela junção dos objetos de vida e transformação – o banco, a cuia sobre seu suporte, o cigarro encaixado na forquilha – no aquático mundo subterrâneo é complementado pelos enfeites. Um "envoltório peixe", sob o qual se oculta um corpo de homem, é substituído pelo conjunto de adornos, dispositivo que fixa, por assim dizer, essa forma como *a* forma definitiva da verdadeira humanidade. No próximo trecho da narrativa, não veremos uma cobra carregando os filhos-peixe em seu ventre, mas um ancestral chamado *Doêtihiro* conduzindo seu grupo sob a forma de uma caixa de enfeites. Não obstante, a vida que emerge dessa composição corpórea, o espírito ou o princípio vital chamado *katisehe*, não deixa de ser concebida como "ossos de peixe".

Os ossos parecem ser, com efeito, o suporte dessa essência espiritual que é a hipóstase de todo o processo de transformação. Não é fortuito

---

como "o instrumento fundamental de expressão do sujeito e ao mesmo tempo o objeto por excelência, aquilo que se dá a ver a outrem. Por isso, sua máxima particularização, expressa na decoração e exibição ritual, é ao mesmo tempo sua máxima animalização, quando são recobertos por plumas, cores, grafismos, máscaras e outras próteses animais". Esta é outra questão que retomaremos mais tarde.

que as primeiras flautas sejam chamadas "ossos de peixe" e que o aspecto propriamente espiritual do ancestral dos Tukano tenha sido qualificado, como vimos, pelo termo õ'âkĩhi, precisamente "do osso". Inicialmente, ele é o princípio ativo do processo de transformação, mas aos poucos sua capacidade de agir será transferida aos ancestrais da humanidade. Esta, à medida que cresce e se fortalece, torna-se apta a fazer, por si mesma, sua história no futuro. O ancestral dos brancos adquiriu tais capacidades mais rapidamente e logo foi levado às terras distantes. Com os índios, o processo é lento. Em suas várias etapas e elementos, o processo de emergência da verdadeira humanidade é, assim, um processo de formação de novas subjetividades, de novas pessoas. Mas o que essas etapas nos mostram é que, como já aludi a propósito do destino das primeiras mulheres, esse processo de personificação é "encorporação", no sentido dado a esse termo por Eduardo Viveiros de Castro (1996; cf. nota 11).

A narrativa tukano não deixa dúvida de que a fabricação do corpo dos ancestrais é o que lhes atribuía, ao mesmo tempo, distinção física e capacidades específicas. Viveiros de Castro, ao formular a teoria do perspectivismo ameríndio, toma o conceito de "encorporação" para explicar a atribuição de reflexividade humana às espécies animais: a maioria dos animais apreende-se sob a forma da humanidade, pois em suas casas, ou domínios específicos, despem-se de suas vestes animais e, vendo-se em corpos de homens, apresentam as mesmas características da sociedade humana. Agência e intencionalidade humanas seriam qualidades não restritas aos humanos propriamente ditos, constituindo a forma geral do sujeito. Tratar-se-ia de disposições "encorporadas", pois todos os seres se veem como humanos e, assim, como sujeitos, e veem os outros como outra coisa, que não humanos. O que importa é que todos veem o mundo da mesma maneira, de acordo com as mesmas categorias e relações. Mas o ponto de vista muda de acordo com o corpo exterior e distintivo de cada espécie, de modo que os animais caçados pelos homens os veem em geral como outros animais predadores.

Entre os Tukano, essa discussão mostra que o perspectivismo se expressa principalmente nas relações entre homens e peixes. Ainda que o mesmo se passe com relação a pássaros e mamíferos, todos esses animais são englobados na categoria *wa'îkirã*, que os associa diretamente aos peixes, e é traduzida por "dos peixes", ou "peixes maduros" (ver também Arhem, 1993, p.111). Os peixes, dizem os Tukano, sentem inveja dos homens por não terem conseguido completar a transformação corporal por que passaram os humanos. Aqueles que fizeram essa passagem obteriam novos corpos, aparentemente graças à junção dos objetos de transformação aos adornos cerimoniais. Estes fixam a transformação, pois, dizem os Tukano, para o Avô do Mundo, bem como para todas as personagens *itá-masa*, a "gente-pedra" que até aqui figurou na narrativa, eles não são simples enfeites, são gente. Ou seja, são enfeites aquilo que vemos nas antigas caixas de adornos cerimoniais que os Tukano guardavam antes da chegada dos missionários; mas as divindades os veem como pessoas. A verdadeira humanidade não é apenas uma condição que a gente-peixe não logrou alcançar. Os que não se tornaram humanos verdadeiros ainda podem sê-lo, ou parecer sê-lo, em suas casas subaquáticas. Mas os humanos de fato são os *pa'mîri-masa*, que, ao deixar sua pele de peixe na passagem pelo buraco de transformação, ainda "vestiriam" esse outro corpo que são os adornos. No perspectivismo ameríndio de Viveiros de Castro, a espiritualização de plantas e artefatos é dita secundária com relação àquela dos animais. Ele adverte, porém, que há casos, como o do alto Xingu, em que a espiritualização dos artefatos "desempenha um grande papel cosmológico" (2002a, nota 14). Sem dúvida alguma esse é também o caso dos Tukano.

Ainda de acordo com Viveiros de Castro, enfeitar um corpo seria uma forma de particularizar algo ainda demasiadamente genérico (cf. nota 16). Se o modelo do espírito, diz ele, é o espírito humano – comum a todas as espécies que habitam o cosmos –, o modelo do corpo seriam os corpos dos animais, fonte de perspectivas diferenciais. Por isso, a ornamentação ritual envolveria itens animais como plumas, dentes, cores, grafismos e outras "próteses animais". Essa "animalização" seria uma singularização do sujeito para si mesmo e para os demais coletivos humanos e espécies animais – nas palavras do autor, uma "objetivação", isto é, uma "naturalização da cultura". No caso tukano, a ornamentação cerimonial, igualmente composta de itens confeccionados de plumas, dentes e ossos de animais, parece representar, de fato, aquela "contrapartida do animal sobrenaturalmente nu" sugerida pelo autor (Viveiros de Castro, 2002b, p.389). Mas esse conjunto também é, do ponto de vista das divindades, o envoltório humano por excelência. Parece haver aqui "máxima animalização", sim, mas no sentido de uma humanização que é buscada ritualmente, pois, ao portarem seus adornos, os Tukano também se tornam visíveis como gente verdadeira aos olhos dos demiurgos. Trata-se de um elemento suplementar, que se presta, precisamente, a singularizar os Tukano, assim como os *pa'mîri-masa* em seu conjunto, com relação às demais gentes que povoam o universo. Se os animais são gente, apesar de sua aparência animal, os humanos são gente de verdade, graças ao realce corporal que seus adornos lhes conferem.

O perspectivismo está implícito em toda a nossa história, mas talvez com a particularidade de que aqui também conta a perspectiva das divindades. No mais, ainda que os homens não possam ver os peixes como gente, minha impressão é a de que os peixes também veem os humanos como humanos, e não, como se poderia supor, como animais predadores – humanos que não chegaram a ser e por isso invejam. Parecer humano aos peixes tem lá seus perigos, e vê-los como humanos – isto é, ser levado e tornar-se um deles – é o risco maior que se corre. Porém, ainda mais importante que as precauções que se têm de tomar para evitar os ataques da gente-peixe é permanecer gente do ponto de vista dos demiurgos. E isso os Tukano alcançam uma vez que portam seus enfeites: não se trata simplesmente do uso eventual desses objetos, mas de um complemento qualitativo, e ritual, da pessoa – tanto um hábito, no sentido de uma roupa, quanto um *habitus*, no sentido daquilo que "dá forma à natureza do sujeito" (Almeida, 2003). Assim, na visão tukano, esses objetos são operadores de um *habitus* de sujeito. São operadores perspectivísticos, pois guardam a capacidade de alterar a perspectiva das divindades.

Enfeites e outros artefatos também aparecem à medida que a narrativa passa a tratar do surgimento dos brancos, o que, como notou S. Hugh-Jones (1988, p.148), os torna parte intrínseca da mitologia e cosmologia tukano. Como veremos a seguir, o branco está presente em diversas versões da mitologia de origem coletadas entre diferentes grupos. Como apontou o autor, a figura do branco não teria sido objeto da formulação de novos mitos, tendo sido introduzida na própria narrativa que versa sobre a origem da humanidade.

O mito trata, em primeiro lugar, da separação entre os Baré e os grupos que habitariam o Uaupés. O ancestral dos Baré desembarca na terra através de um segundo buraco, dirigindo-se imediatamente a seu lugar de destino, o rio Negro, à altura de onde hoje se localiza a cidade de São Gabriel da Cachoeira. Tal como o ancestral dos brancos, ele se situa no fim da fila, por assim dizer, mas não há quanto aos Baré a afirmação de que sejam irmãos mais novos dos índios do Uaupés. Essa é uma qualificação destinada especificamente aos brancos, cujo ancestral, ao comportar-se como um caçula que toma a frente de seus irmãos mais velhos, desrespeita a hierarquia implícita na ordem de nascimento (ver, por exemplo, o mito de origem na noite em Pãrõkumu & Kēhíri, 1995; Barbosa & Garcia, 2000). Ao fazê-lo, apropria-se de itens originariamente destinados aos índios. Ao branco, portanto, o mito consigna perspicácia e audácia para a obtenção das mercadorias; ao Baré, a narrativa reserva apenas servos. São coisas com as quais eles vão fazer sua história, o que é coerente com a presença histórica de ambos no Uaupés: os brancos, tendo enviado as mercadorias, que ali chegaram muitas vezes por intermediários baré, que as utilizavam para obter mais servos, isto é, gente para trabalhar nos aldeamentos coloniais e nos seringais (cf. Cap. 2).

Com efeito, a respeito dos brancos, a narrativa encadeia sucessivamente dois motivos que os diferenciam dos índios. Em primeiro lugar, o banho transformador e, em seguida, já de volta ao Lago de Leite, a escolha entre o arco e a espingarda. Esse segundo motivo é o que mais frequentemente figura nas análises sobre a mitologia do Uaupés, nas quais se enquadra o episódio do famoso tema da "má escolha", presente em muitas mitologias sul-americanas, que em geral mostra o ancestral dos índios optando por instrumentos tecnologicamente menos poderosos. Trata-se de uma escolha equivocada, que tem como consequência uma assimetria de poder entre índios e brancos. Uma vez que o ancestral dos brancos se apodera da arma de fogo, ele se torna propenso à guerra e é levado a terras distantes por determinação do demiurgo. A escolha das armas é, por vezes, acompanhada de vários outros artefatos. O arco indígena vem com vários outros objetos, como enfeites, zarabatanas, cestos etc., ao passo que a espingarda dos brancos é acompanhada de várias outras mercadorias, como roupas, facões e panelas de alumínio (ver Hugh-Jones, 1988, p.144-5; Lasmar, 2002, p.210-26). Um de meus informantes narrou separadamente um episódio em que duas cuias são apresentadas pelo demiurgo aos ancestrais dos índios e dos brancos. O ancestral dos índios escolheu primeiro e decidiu-se pela cuia que continha os artefatos indígenas, ao passo que o ancestral dos brancos teria ficado com a cuia contendo a espingarda e demais mercadorias. Hoje, os mais jovens entendem que, naquela cuia que coube aos brancos, estaria até mesmo o computador, essa sofisticada mercadoria que o branco vem dando a conhecer só mais recentemente. Em algumas versões, o branco ainda se distingue dos índios por receber, além de instrumentos diferentes, os papéis, sobre os quais irão escrever seus conhecimentos. Isso evoca, mais uma vez, o tema dos *papéra* e seus poderes, de que tratamos no Capítulo 4. Os índios, inversamente, não necessitam anotar seus conhecimentos em papéis, pois adquirem uma excepcional capacidade de memória. A Bíblia aparece em certos relatos como a arma do missionário, pois ali se concentra seu poder (Fulop, 1954, p.114; Lana, 2000, p.35). A má escolha indígena também acarreta a inversão da ordem hierárquica original, pois, ao adquirir suas mercadorias, o branco, o último a desembarcar da cobra de transformação, torna-se superior aos demais.

Além disso, é preciso salientar que o episódio da escolha dos objetos figura em nossa narrativa como algo que preferi chamar de "variação complementar". Isso se deve ao fato de que a menção ao "episódio da má escolha" e sua introdução no corpo da narrativa foi feita a meu pedido, não estando presente na gravação original. Por conhecer algumas versões desse mito, indaguei os narradores a seu respeito, bem como quanto ao seu lugar na ordem dos acontecimentos. Todos conheciam o episódio e, depois de refletir sobre minha questão, avaliaram que poderia ser introduzido somente após o retorno da canoa dos ancestrais ao Lago de Leite. Há um deslocamento sutil aqui, mas que parece ter implicações importantes. Embora outras versões desse mito coloquem em sequência o episódio do banho que torna os brancos mais claros e a subsequente escolha dos instrumentos – eventualmente também na ordem inversa (ver Hugh-Jones, 1988; Fernandes & Fernandes, 1996; esse último traz uma versão desana, ao passo que o primeiro traz uma versão compósita) –, os narradores de nossa versão parecem ter feito uma opção quanto à forma de tratar a diferenciação entre índios e brancos, realçando de modo explícito o episódio do banho. Há versões que, por outro lado, restringem-se ao episódio da escolha das armas (ver uma versão tukano em Lasmar, 2002, e uma versão desana em Pãrõkumu & Kẽhíri 1995). Isso sugere, a meu ver, dois modos alternativos de abordar o surgimento dos brancos, um privilegiando o registro corporal, outro o registro dos objetos. São registros complementares, que, na verdade, mantêm conexões importantes, que desejo explorar antes de prosseguir com a narrativa.

A cobra-canoa engole os ancestrais da humanidade para trazê-los ao rio Uaupés. Como já discutimos, eles são peixes, mas, ao desembarcar, possuem corpos humanos. Essa é a transformação que se dá no ventre da cobra e faz dela um análogo das flautas de paxiúba furtadas pelas primeiras mulheres. Essa transformação mostra-se, ainda nessa fase da narrativa, facilmente reversível, pois os ancestrais dos grupos indígenas retomam sua forma de peixe e nadam sob as águas seguindo a cobra-canoa de volta ao Lago de Leite. Vão pelo lado de fora, ao passo que o ancestral dos brancos segue sozinho pelo lado de dentro. Isso sugere que o branco não podia se deslocar sob as águas, isto é, que ele realmente já não era peixe. Assim, ao banhar-se antes dos outros, teve sua forma corporal definitivamente fixada. A pele mais clara, afirmam alguns informantes, foi apenas um sinal visível das capacidades que então adquiriu em seu próprio corpo, tendo crescido mais rapidamente e ganhado novas forças.

Se aos ancestrais dos índios restou uma quantidade insuficiente daquela água que transformou o ancestral dos brancos – tiveram apenas mãos e pés clareados –, eles se separam ali mesmo do branco para adentrar uma casa rio acima chamada *bupûra wi'i*, significando *bupûra* tanto a palmeira jupati (*Raphia vinifera*) quanto a zarabatana, artefato ao qual serve de matéria-prima. Com talas do caule da palmeira jupati é também confeccionado o "pari", cerca utilizada na captura de peixes de igarapés (cf. nota 13). Em contexto xamânico, esse é um artefato usado para envolver pessoas ou casas, como forma de proteção. Uma encantação

Cidade do índio

xamânica para proteger uma pessoa consiste, assim, em envolver-lhe com um pari invisível. Esse é o novo instrumento ali obtido. Nessa casa, os ancestrais dos grupos indígenas passam, através de um túnel que se abre no chão, para o mundo de baixo, retomando a forma de peixe. Trata-se, portanto, de uma casa que evoca, em vários aspectos, a figura do tubo – através da palmeira, da zarabatana, do túnel e mesmo do pari, instrumento que, como envoltório de pessoas, é um contêiner análogo aos outros tubos. A série que continha as flautas e a cobra-canoa passa a incluir zarabatanas e paris, o que adiciona aos poderes transformativos desses objetos tubulares uma função de proteção.

Temos, portanto, uma espécie de bifurcação no processo de gestação da humanidade: o branco se diferencia abruptamente dos demais ao se banhar, ao passo que os outros ancestrais continuam a percorrer uma transformação paulatina. Essa transformação progressiva é narrada como a obtenção de novos instrumentos antes mencionada, bem como um processo do qual a reversibilidade entre as formas peixe e humana é parte intrínseca. Ao banho que transforma rapidamente o corpo do ancestral dos brancos corresponderia, assim, uma transformação mais lenta dos corpos indígenas. Sugiro, dessa maneira, que o episódio da escolha das armas como o evento que diferencia imediatamente brancos e índios seja um modo metonímico de descrever um processo que, por um lado, é experimentado pelos ancestrais indígenas como uma transformação progressiva e, por outro, pelo ancestral dos brancos como uma transformação instantânea. A espingarda, ao contrário do que se poderia pensar em uma primeira interpretação, não seria, portanto, uma metáfora da índole agressiva adquirida pelo ancestral do branco após o banho transformador. Assim como o arco escolhido pelo ancestral indígena, ela também é uma metonímia, uma objetivação das qualidades que se associaram para sempre aos brancos: rapidez, intrepidez, coragem, falta de medida, insensatez e outras características em geral atribuídas à gente hierarquicamente inferior. O registro corporal relaciona-se, portanto, ao registro dos objetos, uma vez que ambos se referem à transformação de fundo que então se processava, a emergência de novas e distintas subjetividades.

Desse modo, os corpos e objetos do mito aparecem novamente nesse trecho da narrativa como termos intercambiáveis. Ao me relatar a versão da escolha dos objetos depositados em diferentes cuias, um dos narradores afirmou que o demiurgo não via diferença entre aqueles que saíram pelo buraco de transformação. Trata-se de uma versão que oblitera completamente o episódio do banho diferenciador. A apresentação das duas cuias aos ancestrais teria sido um modo pelo qual o demiurgo promoveria a diferenciação entre eles. Seria o momento, também esclareceram, em que iriam "pegar suas vidas". Esse é o *katiró*, a força de vida, transportada pelas armas. Foi daí que veio o termo que hoje designa os brancos, *pekâ-masa* ou *pekasã*, sendo *pekâ* traduzido por "lenha de fogo", um objeto que teria como características a forma tubular e um vazio interior. Essa é também a tradução tukano para "espingarda". Então, quando se diz que os brancos são a "gente da espingarda", está se afirmando ao mesmo tempo que eles são a "gente do fogo" (*pekâ me'é*), pois o fogo é o que, afinal, passa pelo interior desse objeto igualmente tubular.

Vimos que os adornos são, para os índios, a garantia de sua humanidade. O que dizer então da relação entre brancos e mercadorias? Sabemos que os peixes não são humanos verdadeiros. E os brancos o seriam? Por ora, lembremos apenas que nossos narradores situaram a escolha das armas no Lago de Leite, fonte original da transformação dos *pa'mîri-masa*, a "gente de transformação", os humanos. Para lá também foram duas das primeiras mulheres que roubaram as flautas, onde produziriam mercadorias. Os brancos ainda foram levados para outros continentes, situados do outro lado do Lago de Leite. A capacidade de produzir mercadorias associa-se, assim, a terras muito distantes do Uaupés, onde os brancos e as primeiras mulheres fixaram sua morada. Extrema separação espacial e controle de certos poderes transformativos são motivos que, até aqui, a narrativa associou a mulheres e brancos. Voltaremos a essa questão mais tarde. Prossigamos com a narrativa.

A segunda viagem da cobra-canoa

Depois de haverem deixado o ancestral dos brancos em outros continentes, os *pa'mîri-masa* fazem uma grande festa no Lago de Leite antes de empreender mais uma viagem. Os ancestrais de cada grupo atual do Uaupés trazem seu próprio caxiri para a festa. Trocando suas respectivas bebidas,

Cidade do índio

todos se embriagam. A *pa'mîri-piro* deixa de ser a cobra de transformação e passa a ser a *pa'mîri yukîsi*, a "canoa de transformação". Aqui surgiu *Doêtihiro* e *Yu'upûri*, dois chefes dos *Ye'pâ-masa* (Tukano), que, ao lado de *Tõ'râki-bo'teâ* (o chefe dos Desana), vão comandar a canoa. Todos os ancestrais embarcam na canoa e iniciam nova viagem, agora pela superfície das águas. A canoa parte do próprio Lago de Leite, que é a baía da Guanabara, e sobe contornando a costa brasileira. Os índios do litoral do Brasil foram sendo deixados ao longo da viagem. Ao chegar no lugar onde seria a foz do rio Amazonas, encontraram uma grande árvore de abio. Essa árvore foi derrubada e formou o rio Amazonas; seus galhos formaram seus vários afluentes. As águas desses rios tornaram-se doces e suaves como o suco do abio. A canoa dos ancestrais entrou pelo Amazonas e foi direto às cabeceiras dos rios Solimões e Japurá. Chegou até o Pira-paraná, na Colômbia, e lá deixou os ancestrais de outros grupos que surgiram durante a viagem, provavelmente os Barasana e Makuna. Depois a canoa baixou e entrou pelo rio Negro. Houve inúmeras paradas nas casas de transformação existentes ao longo do rio Negro. Onde hoje existem as cidades de Manaus, Barcelos, Santa Isabel e São Gabriel da Cachoeira existem dessas casas em que a canoa dos ancestrais parava. A canoa subiu o rio Negro até Cucuí (na fronteira entre Brasil, Venezuela e Colômbia), mas dali retornou descendo o rio Negro. Entrou então pelo rio Içana e alcançou a cachoeira de Tunuí. Em Tunuí, surgiu o ancestral dos Tariano. Ele não foi deixado pela canoa dos ancestrais, mas se originou de uma gota de sangue do Trovão, que o Avô do Mundo fez cair em um lago com uma trovoada. Ficou acertado que os Tukano e os Tariano seriam cunhados futuramente. A canoa retornou para o rio Negro e entrou pelo rio Uaupés, até chegar a *Dia-wi'í*, uma casa localizada no baixo Uaupés (à altura da atual comunidade de São Tomé). Essa casa veio a substituir a casa do Lago de Leite, pois ali os *pa'mîri-masa* cresceram muito. Essa casa marca também o ponto a partir do qual eles farão sua história. Nessa casa, os ancestrais dos Desana e Tukano buscam novos meios de fazer crescer a humanidade. Havia ali uma cuia com um pó muito fino, como farinha de milho e tapioca. Na borda dessa cuia, estavam vários insetos, como baratas, aranhas e escorpiões. Os ancestrais tiveram receio de experimentar do conteúdo da cuia e, por isso, não adquiriram a capacidade de se renovar, como aconteceu com os insetos, que trocam de pele quando envelhecem, para renascer. Eles haviam feito surgir duas mulheres, exatamente como no início, vomitando depois da ingestão de um preparado de cipós. Essas mulheres viram a cuia e não recearam em experimentar de seu conteúdo. Elas engravidaram imediatamente. Para

Geraldo Andrello

o parto, eles tiveram que fazer a vagina das mulheres com a ponta da forquilha do cigarro. Elas deram à luz *Itâboho-Õ'âkɨhɨ* e ao menino Caapi (o cipó alucinógeno *Banisteriopis caapi*). O primeiro foi levado à Casa do Céu logo após seu nascimento sem que sua mãe pudesse conhecê-lo. Ela apenas ouviu o som de seu choro, que era o mesmo das flautas *miriã*, pois seu corpo era feito dessas flautas – as mesmas roubadas no início pelas primeiras mulheres. O menino Caapi foi enfeitado pela mãe e repartido entre os ancestrais dos diferentes grupos. Cada qual teve um caapi diferente. Aqueles que ficaram com sua cabeça possuem até hoje o caapi mais forte. Depois de obter seus respectivos tipos de caapi, os ancestrais dos Desana e dos Tukano passaram a falar línguas diferentes e deixaram de se considerar irmão mais velho e irmão mais novo. Passaram então a ser cunhados. Com o menino caapi, a mulher deu à luz os pássaros cujas penas são utilizadas na confecção dos adornos cerimoniais. Ali também surgiram os cantos característicos de cada grupo, pois tudo acontecia como se fosse uma festa. Todos sentiam o efeito do caapi em seus corpos. A canoa prosseguiu viagem entrando então pelo rio Tiquié. Nas cabeceiras desse rio ficaram os Di'karã, Tuyuka, Mɨteá, Carapanã, Pamoa-masá, Tatuyo. Eles haviam surgido ao longo da subida do Tiquié. Retornando ao Uaupés, canoa alcançou *diâ bupûra wi'i* novamente, a casa localizada acima do buraco do surgimento, onde na primeira viagem os *pa'mɨri-masa* começaram a obter seus instrumentos de transformação. Ali apareceram os *Akotíkãhara*, os Wanano. Eles desciam voando como pássaros, transformando-se em gente ao atravessar a fumaça do cigarro do ancestral dos Tukano. Os Wanano ficaram como "filhos de mãe" dos Tukano, pois se recusaram a ser chamados de cunhados. A canoa seguiu viagem subindo o Uaupés, com os ancestrais dos Desana, Wanano, Pira-Tapuia e outros Tuyuka que não haviam ficado no alto Tiquié. Seguiu até a cachoeira de Jurupari, na Colômbia. A partir dali já era a terra dos *po'te-kãharã*, "gente das cabeceiras". De lá, a canoa retornou, deixando os Wanano no alto Uaupés. Por ali, a canoa submergiu definitivamente e o ancestral dos Desana e Pira-Tapuia seguiram por terra em direção ao "centro do universo", onde no começo de tudo haviam aparecido os *Ɨmɨkoho-masɨ* e *Ye'pâ-masɨ*, os primeiros ancestrais. O ancestral dos Tukano não acompanhou esse último trecho da viagem da canoa dos ancestrais, pois de *diâ bupûra wi'i* ele se deslocou à Casa do Céu por um tubo que abriu com o seu pensamento e que se fechava à medida que ele subia. Ele levou todo o seu grupo na forma de uma caixa de adornos cerimoniais. De lá, vestiram peles de garça e desceram voando para um ponto mais acima no Uaupés. Mas ali encontraram os Arapasso. Seguem então em direção ao Papuri, pousando na Casa de

Cidade do índio

Garça e, daí, seguindo igualmente ao centro do universo, no igarapé Macucu. Depois de tirarem suas peles de garça, os ancestrais dos Tukano encontram-se novamente com os ancestrais dos Desana no centro do universo e, a partir daí, dispersam-se por vários lugares. *Doêtihiro* é o chefe dos Tukano, que se encarrega de levar todo o seu grupo para a margem oposta do rio Papuri, até a região do igarapé Turi. A região Turi é considerada a terra dos Tukano; lá eles cresceram muito. *Doêtihiro* era ainda *ītá-masa*. Ele permanece nas três últimas casas de transformação, a última delas localizada nas cabeceiras desse igarapé. Ele não morre, apenas permanece nessas casas invisíveis. Para atravessar o rio Papuri, ele, mais uma vez, conduziu todo o grupo sob a forma de uma caixa de adornos. A partir daí, os Tukano passam a viver sob a chefia de seus irmãos maiores, *Ye'pârā* e *Yu'pûri*. Agora são humanos prontos, comem da mesma comida de que os Tukano se alimentam até hoje e se reproduzem por meio de relações sexuais. Estão prontos para fazer sua própria história.

Esse trecho da narrativa nos fala de uma segunda viagem dos ancestrais, ao longo da qual a transformação dos *pa'mîri-masa* continua a se processar, alcançando, por fim, a passagem definitiva à sua atual condição. Ao final, o último dos *ītá-masa*, que conduz os Tukano ao seu território de destino, o igarapé Turi, vai deixá-los para se fixar definitivamente nas últimas três casas de transformação. Ao contrário das demais, bem como da localização atual das comunidades tukano dos rios Uaupés, Papuri e Tiquié, essas últimas casas são distantes das margens desses rios, situando-se na região das cabeceiras dos igarapés Turi e Japu. Veremos mais adiante que essa é uma região em que os Tukano viveram episódios importantes de sua história mais recente, antes de estabelecerem suas malocas às margens dos rios maiores. Nessas últimas casas de transformação, contam que *Doêtihiro*, o último ancestral *ītá-masa*, veio a "entrar-sentar", *sāhâ-nuhá*, indicando com isso que não morreu, ali permanecendo vivo para sempre. Aos nossos olhos, elas são serras e, tal como acontece com a gente-peixe, somente os xamãs têm a capacidade de enxergá-las como casas e visitar o ancestral que ali reside. Se há alguma coisa entre os Tukano que poderíamos chamar de "lugares sagrados", aí estão eles.

Conta-se que um dos meios pelos quais uma pessoa pode adquirir conhecimentos xamânicos é bebendo da água de uma pequena nascente que há no local onde está situada a última casa de transformação. Ela fica na serra do Jacamim, de onde os Tukano finalmente saíram como seres humanos iguais aos de hoje em dia. Depois de beber da água, a pessoa deve pernoitar ali. Porém, isso só valeria para aqueles que são membros dos sibs de alta hierarquia. Embora os Tukano afirmem que até hoje ninguém tenha tentado experimentar esse processo, trata-se de uma afirmação que deixa em aberto a possibilidade de uma conexão direta com o mundo ancestral mediada por uma qualidade inscrita no espaço. O lugar onde o ancestral "sentou-se" é, assim, uma fonte de conhecimentos e capacidades que distinguem não apenas os grupos entre si, mas também os sibs que os compõem. Se os xamãs, em sonhos ou viagens da alma, desfrutam de acesso privilegiado a essas fontes, há outros homens que, sob a condição de ir lá de fato, possuiriam também a prerrogativa de obtê-lo. Isso demonstra que, entre os Tukano, as noções de ancestralidade e hierarquia articulam-se entre si e a um território de origem. Janet Chernela (1993, p.83) mostra, em seu estudo sobre os Wanano, como a categoria de *makariro*, "aquele que pertence", qualifica grupos e pessoas que se "sentam" no lugar de seu ancestral. Em oposição a outros que não possuem um lugar de parada, que perambulam por lugares de outros, aqueles se encontram apropriadamente estabelecidos no mundo físico. A autora enfatiza assim a relação de pertencimento de uma pessoa a um grupo social com seu estabelecimento apropriado em um território ancestral – seu lugar de assentamento, no sentido de fixação apropriada que envolve a imagem do "sentar-se". Trata-se de uma dimensão da pessoa – seu assentamento ou estabelecimento, *placement* – que promove, nas palavras da autora, uma "fusão entre es-paço e tempo". Estar, ou sentar-se, em um lugar apropriado seria um dos requisitos para se "falar com autoridade".

Ao cabo dessa segunda viagem, os Tukano e demais grupos do Uaupés passam a experimentar esse mundo do mesmo modo que seus descendentes de hoje. É por isso, a meu ver, que a *pa'mîri-piro*, a cobra de transformação, passa nesse trecho a ser chamada de *pa'mîri-yukîsi*, a canoa de transformação, como também os irmãos que assumem o co-mando da viagem recebem novos nomes, *Doêtihiro* e *Yu'upûri*. São nomes que fazem parte da série de nomes cerimoniais que são atribuídos aos humanos de hoje. A canoa segue viagem pela superfície das águas e, à medida que avança, os rios vão ganhando seus cursos. Vemos os rios Amazonas, Negro e Uaupés aparecerem com o tombamento de uma grande árvore de abio, cujos galhos mais altos formarão as cabeceiras dos rios. Todos esses rios tiveram então águas doces e suaves, sendo chamados *dia kãré maa*, rios de abio, ou *dia pa'mîri maa*, rios de transformação. São muitas as casas de transformação em que a canoa para ao longo da viagem, em cuja lista (ver relação completa em Pãrõkumu & Kẽhíri, 1995) as cidades atuais do rio Negro – Manaus, Barcelos, Santa Isabel, São Gabriel – são incluídas. Nessas paradas, a tripulação da canoa vai aumentando à medida que obtém novos cantos e nomes e dança com os adornos cerimoniais.

Essa segunda viagem consiste, com efeito, em uma particularidade dessa versão tukano da narrativa de origem da humanidade. Nenhuma das detalhadas versões desana já publicadas (Pãrõkumu & Kẽhíri, 1995; Fernandes & Fernandes, 1996) dão conta de duas viagens, mas de apenas uma. Essas versões condensam em uma mesma viagem os temas que nossa versão tukano apresenta em duas etapas sucessivas. Ao fazê-lo, parece enfatizar ainda mais a diferença entre índios e brancos. Como nas outras versões, a origem dos brancos está indissociavelmente ligada à origem dos grupos indígenas, mas aqui, de modo diferente, há uma preocupação maior em detalhar como o ancestral dos brancos foi levado a outras terras. E isso se passa em um ponto da narrativa em que os ancestrais indígenas ainda estavam em fase inicial de transformação. É somente após o retorno ao Lago de Leite que, na forma dessa segunda viagem da cobra-canoa, vemos os grupos indígenas perfazendo a maior parte de sua trajetória, na forma de uma segunda viagem que os leva por fim a seus territórios tradicionais. Duas viagens, duas gestações: em primeiro lugar a que promove a separação genérica entre índios e brancos e, em seguida, aquela que diferencia os índios entre si. E isso se inicia com uma festa de caxiri. A primeira diferenciação, como vimos, foi tratada em um registro que envolveu diferenciação corporal e obtenção de distintas classes de objetos; essa segunda diferenciação, mais sutil, é expressa em uma confrontação de forças que se materializam em diferentes qualidades de caxiri, *peeru*, oferecidas pelos ancestrais mutuamente, em uma festa que se realiza antes da partida da cobra-canoa para sua segunda viagem.

Como vimos no início, o caxiri é um produto culinário concebido de modo análogo às pessoas. Enquanto fermenta, transforma-se, desenvolvendo-se e aumentando sua vitalidade. Christine Hugh-Jones (1979, Cap. 6) demonstrou como o caxiri situa-se entre a comida de todos os dias e aquelas substâncias consideradas comidas dos *ĩtá-masa* (ipadu, caapi, tabaco, "soul-food", cf. C. Hugh-Jones, 1979, p.203). De acordo com a autora, a fermentação torna o caxiri uma bebida ritual, cujo consumo, entre os Barasana, acompanha regularmente a ingestão do caapi. Os narradores esclarecem que, na festa antes da partida para a segunda viagem, não se tratava do caxiri tal como é preparado pelos humanos de hoje, e sim uma bebida que preparam precisamente pensando como viria a ser o caxiri futuramente. Os ancestrais preparam suas respectivas bebidas com os próprios meios, ou substâncias, que haviam sido empregados em seu próprio surgimento como "gente". Por ser "gente-paricá", o ancestral dos Desana trouxe caxiri preparado com vários tipos de paricá, assim como, por ter surgido no mundo subterrâneo, o ancestral dos Tukano trouxe caxiri preparado com a própria terra – caxiri de barro branco e caxiri de tabatinga. Apesar de possuírem distintas qualidades, os ingredientes utilizados na preparação das bebidas tinham a aparência de plantas aquáticas. São plantas que os peixes comem e também usam para preparar caxiri em suas festas. Como todos os ancestrais ainda eram gente-peixe, um dos narradores diz que ali foi o início das piracemas, quando os peixes fazem seus rituais e se reproduzem. Seus ovos são as dádivas que eles oferecem às grandes serpentes aquáticas, isto é, um dabucuri, que, dessa maneira, não deixa de ser uma forma de oferecer algo de si mesmo a um parceiro de troca. Experimentando mutuamente a força de vida que cada um deles já acumulava, todos se embriagam. Se, nas passagens anteriores da narrativa, a constituição de pessoas é descrita por meio da obtenção de objetos (instrumentos, adornos), aqui se fala do "crescimento da vida" como fermentação.

Os Tariano ainda não estão presentes na ocasião dessa festa. A narrativa mostra como eles surgiram na cachoeira de Tunuí, ainda antes que a cobra-canoa adentrasse os rios Uaupés e Tiquié para alocar todos os grupos tukano em seus respectivos territórios. Ao subir pelo Içana e alcançar Tunuí, conta-se que foi o próprio Avô do Mundo que percebeu que ali deveria aparecer um novo grupo. A narrativa não entra em detalhes a respeito do surgimento dos Tariano, apontando apenas que eles são considerados *bipô-diro-masa*, "gente do sangue do Trovão", pois ali o Avô do Mundo fez cair uma espuma de sangue sobre um lago. Daí veio o ancestral dos Tariano, que reaparecerão somente no trecho final da narrativa. Ali, os Tukano e Tariano entram em acordo e definem que, no futuro, trocariam irmãs entre si. Depois disso, a cobra-canoa desce o rio Içana até o rio Negro, para finalmente adentrar o Uaupés e atingir a casa de transformação mais importante desse rio, *diâ-wi'í*, termo para o qual, curiosamente, não obtive tradução alguma.

Os Tukano são unânimes em apontar que seus ancestrais permaneceram por um período muito longo de tempo em *diâ-wi'í*. É comum que – ao perguntarmos onde teriam se passado certos acontecimentos narrados em mitos que abordam outros feitos das personagens de nossa narrativa – nos respondam, sem aparentemente atribuir grande importância a esse tipo de questão, que foi em *diâ-wi'í*. Essa casa situa-se na chamada "ilha do Jacaré", localizada no baixo Uaupés, marcando o início do território onde a gente de transformação iria "fazer sua história", tradução usual do termo tukano *ni'kaká'ro*, literalmente "ponto de partida", expressão que carrega consigo a ideia de uma saga que virá. Aqui cada grupo vai adquirir sua língua particular, e as relações de afinidade e irmandade serão definidas entre eles. Assim, se até então os ancestrais dos Desana e Tukano eram irmãos, primogênito e caçula, respectivamente, em *diâ-wi'í* os dois passam a ser *meokí*, isto é, "cunhados", de modo que seus descendentes trocariam irmãs, a mesma relação que antes ficou definida entre Tukano e Tariano. Mais adiante, quando a cobra-canoa alcança novamente *bupûra wi'i*, os Wanano aparecem em forma de pássaros. Transformados em gente pelo cigarro do ancestral dos Tukano, eles embarcam na canoa para seguir viagem até seu território. Com estes, os Tukano não viriam a trocar irmãs, pois eles se recusaram a ser chamados de "cunhados". Por outro lado, aceitaram ser chamados de *pako-makí*, "filho de mãe", categoria pela qual não se trocam mulheres, pois são muito próximos ao que seria um irmão.[17] É por isso que os Wanano seriam considerados irmãos mais novos dos Tukano.

Em outras palavras, poderíamos dizer que uma "ordem social" começava, a partir de *diâ-wi'í*, a se desenhar. Os ancestrais atravessavam uma fase terminal no processo de transformação e, ao adentrar, por fim, o território a eles destinado, definiam parâmetros que ordenariam as relações entre seus descendentes. A partir desse ponto, todos os grupos que foram crescendo ao longo da viagem são alocados em territórios específicos. A atual localização dos grupos indígenas do Uaupés guarda certa correlação com o que descreve a narrativa: vemos que os Barasana, Makuna, Tatuyo e Carapanã são conduzidos às partes mais remotas da área através do rio Tiquié, fixando-se no extremo oeste. Também em direção oeste, mas pelo rio Uaupés, são levados os Wanano, Desana e Pira-Tapuia. Os primeiros desembarcam da cobra-canoa no alto curso do Uaupés, onde estão até hoje. Ali, os Desana e Pira-Tapuia também desembarcam da cobra-canoa. Por terra, esses dois grupos varam em direção ao rio Papuri, para alcançar o centro do mundo, onde no início de tudo surgiram os primeiros ancestrais. Já os Tukano deixam a cobra-canoa em *bupûra wi'i*. Como aconteceu no trecho anterior da narrativa, aqui também eles passam por um túnel a outro patamar, porém agora é para a Casa do Céu, não para o aquático mundo inferior; na forma de pássaros, não de peixes. Mais adiante, eles baixam voando em suas peles de garça, para reencontrar os Desana no centro do mundo.

A cobra-canoa chega à cachoeira de Jurupari, hoje Colômbia, retornando para submergir ainda nas águas do alto rio Uaupés. Embora não tenhamos incluído em nosso resumo, os narradores apontam

---

17 Trata-se de uma categoria que inclui em geral filhos das irmãs da mãe de ego. Esse termo adiciona uma dimensão de complexidade ao padrão dravidiano das terminologias de parentesco do Uaupés (ver C. Hugh-Jones, 1979; Arhem, 1981; Jackson, 1983, Chernela, 1993; Cabalzar, 1995). Muito embora esses indivíduos pertençam geralmente a um grupo em que o pai de ego obteve sua esposa, o casamento com suas irmãs é julgado impróprio. O termo introduz, com efeito, uma diferenciação no campo dos primos paralelos, operando uma distinção entre patri e matrilateralidade. O primo paralelo patrilateral é chamado "irmão", mas o matrilateral, embora de um grupo junto ao qual se poderia obter esposas, não é um "cunhado", mas "filho de mãe".

várias casas de transformação por que passa a cobra-canoa entre *diã-wi'í* e *bupûra wi'i*. Esse é o trecho final da transformação da humanidade, no qual surgem novos cantos e enfeites, como o *kitió*, o chocalho de tornozelo. Entre *bupûra wi'i*, de onde os Tukano se dirigiram à Casa do Céu, e o local no alto Uaupés onde a cobra-canoa submergiu, os Tukano garantem que existem diversas outras casas de transformação, muito embora não possam apontá-las. Os narradores afirmam que é preciso refletir e discutir o assunto com homens tukano de outros sibs e com velhos desana e pira-tapuia para que se possa esclarecer o assunto. De modo importante, é justamente nesse último trecho do Uaupés que se localiza Iauaretê, onde, segundo dizem, não havia ninguém morando por ocasião da passagem da cobra-canoa. É na altura de Iauaretê que o rio Papuri deságua no Uaupés. Muito próximo à foz do Papuri, existe uma cachoeira chamada Aracapá, onde, segundo um dos narradores, teriam surgido outros grupos: os *ytarã*, "salgados", *eêruria* (?), *pamoá*, "tatus", *bosoá*, "acutiuaia", *wa'î-yãra*, "Miriti-Tapuia", e outros. São grupos que surgiram pelo ipadu, e, da cachoeira de Aracapá, dirigiram-se para as cabeceiras do Papuri. Nessa cachoeira estão as casas de transformação desses grupos, mas Iauaretê, como frisam explicitamente, "não era de ninguém".

Toda a região que compreende as cabeceiras dos rios Uaupés, Tiquié e Papuri é considerada a "beira do nosso mundo", *a'ti-imikoho-su-mútoho*. Essas partes extremas do território são também designadas com a expressão tukano *pasâ-sa'ro*, de tradução desconhecida. Grupos que vivem nessas regiões são muitas vezes incluídos em uma categoria utilizada mais frequentemente para designar grupos que vivem além do território dos *pa'mîri-masa: po'teri-kãharã*, a "gente das cabeceiras", entre os quais se incluem os grupos que surgiram na cachoeira de Aracapá.[18] As

---

18 *Po'teri-kãharã* é uma expressão genérica, utilizada em diferentes contextos. De modo geral, é traduzida por "índio", em oposição aos brancos. Entre diferentes grupos indígenas, diferencia segmentos da população de acordo com sua localização a montante ou jusante, no "centro do mato" ou em zonas ribeirinhas. Trata-se de um campo semântico com implicações importantes para nossa discussão, que retomaremos ao final do livro.

cabeceiras carregam uma conotação negativa, de inferioridade, situando--se no extremo oposto do Lago de Leite, bem como de *diâ-wi'í*. Conta-se que *diâ-wi'í* também é o Lago de Leite, pois, de acordo com os narradores, possuem os mesmos atributos. Mais especificamente, os narradores afirmam que o Lago de Leite "foi transferido" para *diâ-wi'í*, Se no Lago de Leite os ancestrais surgiram inicialmente como peixes e foram amamentados pela cobra de transformação, em *diâ-wi'í* eles crescem de uma maneira que não havia ocorrido nas casas de transformação por que passaram antes.

A narrativa opera, assim, uma transposição espacial por meio de uma analogia entre eventos sucessivos, tornando equivalentes lugares distintos. Aqui também o espaço surge como uma categoria que não pode ser concebida senão por meio de sua relação com o tempo do começo da humanidade. Não há algo como um "mundo físico" existente *a priori*, palco de acontecimentos narrados no mito. À medida que a humanidade emerge, o espaço se constitui. É esse processo que, portanto, cria o espaço, atribuindo qualidades distintivas a lugares distintos. Na narrativa original, essa transposição espacial é realizada por uma transposição análoga de nomes: *diâ-wi'í*, enfatizam os Tukano, veio a ser o Lago de Leite ao receber os nomes de duas das casas lá situadas originariamente, *diâ-barîra-wi'i* e *diâ-saâki-wi'i*. *Diâ-barîra-wi'i*, "casa onde se arrasta", era um nome que já havia sido atribuído àquela casa no Lago de Leite, quando se realizou a festa da partida da cobra-canoa. Embriagados, todos, naquele momento, arrastavam-se pelo chão. Já o nome *diâ-saâki-wi'i* quer dizer "casa cheia", pois ali os diferentes grupos aumentaram muito.

Sendo também *diâ-barîra-wi'i*, vemos uma outra festa sendo realizada em *diâ-wi'í*, aquela em que cada um dos grupos receberá o seu próprio caapi, cuja potência varia de acordo com as diferentes partes do corpo recém-nascido do menino Caapi. Portanto, se naquela festa do Lago de Leite os grupos do Uaupés tinham sua diferença realçada de acordo com os tipos de caxiri que foram capazes de fabricar, em *diâ-wi'í* pode-se dizer que essa diferenciação se completa, à medida que cada um deles adquire diferentes espécies de caapi. O episódio do surgimento do caapi guarda uma ligação direta com o episódio do roubo das flautas pelas primeiras mulheres, pois aqui também duas mulheres, que surgem igualmente do vômito do ancestral dos Desana, se antecipam aos homens, experimentando do conteúdo de uma cuia em cuja borda havia vários insetos. Se os homens tiveram receio em experimentar a farinha de milho e de tapioca que havia nas cuias, as mulheres não hesitaram. Caso os homens tivessem experimentado daquelas substâncias, teriam adquirido a capacidade de trocar de pele ao envelhecer, tal como veio a ocorrer com os insetos. Assim, não morreriam. Esse episódio aparece em outras versões na sequência àquele da escolha das armas entre índios e brancos (S. Hugh-Jones, 1988; Fernandes & Fernandes, 1996). Isso sugere que *diâ-wi'í* articula dois motivos de episódios anteriores: aqueles em que os ancestrais dos grupos do Uaupés deixam de obter itens que correspondem a capacidades que vieram a ser controladas pelas mulheres e pelos brancos, respectivamente. Mas aqui eles recuperam sob outra forma aquilo que havia sido roubado pelas mulheres.

Ao experimentar o conteúdo das cuias, as mulheres engravidam imediatamente. Mas elas não possuíam vagina, o que, de acordo com os Tukano, devia-se ao roubo das flautas por parte daquelas primeiras mulheres que aparecem na primeira parte do mito. Naquela ocasião, as mulheres ocultaram as flautas em sua própria genitália, impedindo que os homens as retomassem. Por isso, afirmam também os Tukano, as novas mulheres desse trecho da narrativa não possuem vagina. Para que possam dar à luz seus filhos, os homens abrem-lhes o órgão com a ponta da forquilha do cigarro. O lugar correto é indicado pelo suco de cucura, que lhes escorre da boca até o ponto onde a vagina deveria ser aberta. O corpo feminino aparece aqui como um tubo, porém com uma das extremidades ainda fechada. Assim, são os homens que fazem nas mulheres a *nihî-sope*, "a porta do parto" ou "porta do feto". O filho que a primeira mulher deu à luz é *Ítaboho-Õ'âkïhï*, também conhecido por Bisiu ou Jurupari, cujo corpo é formado pelas flautas *miriã*. Assim que nasceu, ele foi levado diretamente à Casa do Céu, sem que sua própria mãe chegasse a conhecê-lo. Ela pôde apenas ouvir seu choro. Essa personagem não reaparece em nosso resumo da narrativa, mas há um relato paralelo que esclarece como ele voltará à terra a fim de realizar a iniciação de três meninos. Isso se passa em Tunuí, no rio Içana. O mau comportamento dos meninos os leva a ser devorados por *Ĩtâboho-Õ'âkĩhi*. Este, por sua vez, será queimado pelos pais dos meninos. De suas cinzas nascerão novas paxiúbas, com as quais os homens poderão futuramente fabricar novas flautas.

É, portanto, somente após essa segunda viagem da cobra-canoa, quando a humanidade se encontra nas etapas conclusivas de sua transformação, que os homens irão reaver as flautas furtadas no começo de nossa história. Antes, elas foram introduzidas no corpo feminino em forma de objetos, agora elas saem desse mesmo corpo na forma de uma pessoa, cujo corpo elas mesmas compõem. Do corpo de *Ĩtâboho-Õ'âkĩhi* emanavam os sons de todo o conjunto de flautas. Seu próprio choro, que sua mãe ouviu sem que pudesse vê-lo, era um desses sons. Conta-se que, ao perceber que o corpo de *Ĩtâboho-Õ'âkĩhi* era feito das flautas, os homens imediatamente proibiram que as mulheres o vissem. As flautas, segundo vários informantes, foram proibidas às mulheres não porque lhes causem doenças e morte, mas por determinação dos chefes no passado: caso uma mulher quebrasse essa regra, o xamã recebia ordens para matá-la. As flautas em si não causam mal às mulheres, e se adoecem e morrem por contemplar esses instrumentos é por deliberação consciente dos homens. Fizeram-no por raiva àquelas primeiras mulheres, tomadas definitivamente como inimigas.

Do parto da segunda mulher nasce o menino Caapi. Na narrativa original, conta-se que, antes que o menino nascesse, saíram pela vagina da mãe todos os pássaros de cujas penas seriam fabricados os cocares que fazem parte do conjunto de enfeites cerimoniais. Depois dos pássaros, saíram várias espécies de cobras, que, em sua maioria, foram mortas pelos ancestrais. Somente depois disso é que o menino Caapi nasceu. Sua mãe o levou ao pátio da casa e se pôs a enfeitá-lo com pinturas de carajuru. Enquanto fazia isso, todos os que estavam dentro da casa passaram a ter visões, que correspondiam às pinturas que a mãe aplicava sobre o corpo do filho. Todos entraram em transe, e os animais que também ali se encontravam começaram a comer sua própria cauda. Alguns a comeram toda, outros apenas uma parte e outros, ainda, resistiram em comê-la. Isto é, de acordo com as visões produzidas pelo caapi, os animais iam ganhando suas aparências características. A paca, a anta, os porcos do mato e a acutiuaia ficaram sem rabo, certos macacos ficaram com a cauda pela metade, outros com a cauda toda. Depois disso, a mulher dirige-se aos ancestrais dos Tukano e Desana e entrega a esses seus irmãos aquilo que eles queriam: a semente do caapi. Mas era o próprio menino enfeitado que ela passava a eles. Nessa ocasião, cada um dos grupos do Uaupés recebeu uma espécie distinta de caapi. Os Desana receberam caapi de ingá, os Tukano caapi de terra. A cabeça do menino teria ficado com os grupos que se estabeleceram nas cabeceiras, os *po'teri-kāharā*. Por isso, o caapi destes é mais forte que o dos demais. Tudo isso se passou como uma festa, na qual os ancestrais dançaram com novos cantos.

Tal como a festa de caxiri que ocorrera no Lago de Leite, aqui o caapi também figura como um operador de diferenças entre os grupos que estavam prestes a se fixar nas diferentes partes da região do rio Uaupés. Essa substância, como já assinalamos (cf. C. Hugh-Jones, 1979), forma em geral par com o caxiri, sendo essa combinação objeto de consumo ritual (ver também S. Hugh-Jones, 1995, p.61). Aparentemente, ao contrário das outras substâncias que serviam de "comida" aos ancestrais, essas seriam de propriedade comum a todos os grupos. Os pós de ipadu (coca) e paricá associam-se, respectivamente, à "gente das cabeceiras" e aos Desana, ao passo que o caxiri e o caapi seriam de todos. De fato, o que diferencia essas bebidas é o grau de fermentação ou potência. Nesse sentido, o processo de obtenção de diferentes qualidades de caxiri e de caapi parece ser uma extensão da própria transformação corporal por que passavam os ancestrais dos grupos do Uaupés. Vimos que os Tukano se concebem como "gente-terra", porque seu corpo foi formado pela junção de objetos de transformação no mundo subterrâneo. Do mesmo modo, seu caxiri e seu caapi "são de terra", o que lhes consigna certo poder de embriagar ou de produzir visões. Isso sugere homologia entre as capacidades que os ancestrais adquiriam à medida que ganhavam corporeidade e a qualidade de suas respectivas bebidas rituais.

É interessante notar que tais substâncias, que aparecem no mito como intimamente ligadas a qualidades diferenciais que eram então adquiridas por grupos de descendência masculinos, são entregues aos homens por suas irmãs. Isso é explícito no caso do caapi, mas também o caxiri veio a ser um produto que resulta do processamento da mandioca, trabalho feminino por excelência. Se, por um lado, as transações entre homens e mulheres envolvendo as flautas – roubo pelas primeiras mulheres, devolução pelas que surgem em *diâ-wi'í* – explicitam um antagonismo entre os sexos, sugerindo a dominação masculina, a entrega ritual do caapi por uma irmã, por outro lado, leva a pensar em termos de complementaridade entre os sexos, sugerindo até certa dependência dos homens em relação às mulheres. Nessa mesma linha, uma das substâncias que estavam na cuia e que causaram a gravidez das mulheres em *diâ-wi'í* era o amido da mandioca, a tapioca, outro produto culinário fabricado pelas mulheres. Mas aqui a tapioca faz as vezes do sêmen. Essa associação ambígua da tapioca – possuir um caráter feminino e ser ao mesmo tempo associada ao sêmen – foi observada por Christine Hugh-Jones (1979, p.186). De acordo com a autora, a tapioca é o principal alimento oferecido aos jovens em período de reclusão pré-iniciação, quando pela primeira vez vão usar os adornos cerimoniais.

Esse alimento estaria ligado, sobretudo, ao aspecto físico do grupo de descendência, manifesto nos corpos de seus membros masculinos e femininos, não ao aspecto espiritual, materializado nos adornos rituais. Representa, assim, tanto o sêmen quanto o fluido vaginal, esse último uma transformação do primeiro. C. Hugh-Jones chama a atenção, assim, para o fato de que a tapioca seria uma forma de contribuição feminina aos grupos de descendência masculina do Uaupés ("the descent-group aspect of women", C. Hugh-Jones, 1979, p.219). Poderíamos dizer, nessa mesma linha, que o caxiri e o caapi agora entregues por irmãs aos ancestrais manifestam a mesma propriedade. Esses produtos, assim como os adornos fabricados com as penas dos pássaros que saíram da vagina da segunda mulher, são marcas das identidades coletivas dos grupos do Uaupés (S. Hugh-Jones, 1995, p.63). Aquilo que os narradores qualificam explicitamente como um castigo impingido sobre as mulheres por roubarem as flautas – jamais poderem revê-las – apresenta, portanto, uma contrapartida: em forma de caxiri, caapi e penas de pássaros, as mulheres devolvem aos homens algo de que se apropriaram no começo dos tempos.

Passemos agora à parte conclusiva da narrativa tukano, na qual os acontecimentos narrados a aproximam do relato histórico.

A partida de *Yu'pûri* e a chegada dos Tukano, Tariano e brancos a Iauaretê

Os Tukano se multiplicaram no igarapé Turi. Havia dois grupos, um liderado por *Yu'pûri-Wa'ûro*, o primogênito dos Tukano, outro por *Ye'pârã*, sucessor de *Doêtihiro*. O grupo desse último veio a crescer mais do que o do primeiro. Isso irritou profundamente *Yu'pûri*, pois não podia aceitar que seu irmão menor liderasse um grupo maior que o dele próprio. Por causa disso, os dois irmãos brigaram, e *Yu'pûri* terminou morto por *Ye'pârã*. Depois disso, o filho de *Yu'pûri*, que levava o mesmo nome, decidiu voltar para o Lago de Leite. Ele levou todo seu grupo e, como chefe dos Tukano, levou também os chefes dos Desana, Pira-Tapuia e Tuyuka, todos eles seus cunhados. Nunca mais retornaram ao Uaupés e hoje vivem como brancos em cidades como Belém e Rio de Janeiro. A partir daí, *Ye'pârã* determinou que seu filho mais velho, *Ki'mâro*, passasse a se chamar *Ki'mâro-Wa'ûro*, tornando-se o chefe do primeiro grupo dos Tukano – *Wa'ûro* era o apelido de *Yu'pûri*. Seu segundo filho, *Ye'pârã-Oyé*, passaria a chefiar o segundo grupo. Como cresceram muito, os Tukano mudaram-se das cabeceiras do igarapé Turi para Iauaretê e ocuparam as imediações, deixando um sib inferior tomando conta das terras do igarapé Turi. Quando o filho de *Ki'mâro-Wa'ûro* estava em idade de se casar, eles lembraram-se de seus cunhados tariano, que haviam surgido no rio Içana. Os Tukano foram até lá para conseguir uma esposa para o filho de seu chefe e trouxeram a mulher para viver com eles em Iauaretê. Depois de algum tempo, *Ki'mâro-Wa'ûro* sugeriu ao filho que convidasse o sogro tariano para que viesse morar com eles. O sogro aceitou e trouxe todo o seu grupo. Com o tempo, outros Tariano seguiram o seu chefe e passaram a procurar um lugar para viver nas imediações de Iauaretê. Os Tukano e os Tariano passaram a viver como vizinhos, fazendo dabucuris e respeitando-se mutuamente. Nessa época, jovens tukano e tariano andavam pelo rio Negro e sabiam do que vinha acontecendo por lá e da chegada dos brancos. Apareceram então em Iauaretê pessoas vindas de São Gabriel da Cachoeira, pedindo gente para trabalhar na construção de um quartel. Por três vezes foram enviadas turmas de trabalhadores, mas estes, ao chegarem lá, viram que o trabalho era muito pesado e fugiram, retornando ao Uaupés.

Mesmo assim, chegaram outros para pedir trabalhadores. Uma quarta turma foi enviada, na qual havia um homem tukano que garantiu que não voltaria de mãos vazias, como fizeram os outros que antes foram enviados. Disse que traria fósforos, anzóis, sal, roupas, pentes, terçados e espelhos de que os índios precisavam. Mas isso não aconteceu, pois ele voltou rapidamente dizendo que estava havendo uma guerra com os espanhóis no rio Negro e que os brancos matavam muita gente nas comunidades. Por isso, os Tukano resolveram deixar Iauaretê e voltar ao Papuri, onde, depois de vários deslocamentos, se fixaram em Piracuara. Passado algum tempo, uma doença muito grave espalhou-se por lá e matou muita gente. Os responsáveis por essa doença eram os *Ye'pârã pãresí*, um grupo inferior dos Tukano. Estes foram expulsos para o rio Tiquié junto com seus irmãos. Até hoje seus descendentes vivem por lá. Os Tariano, por sua vez, permaneceram em Iauaretê, tendo temporariamente passado a morar em malocas construídas dentro do mato para se esconder dos brancos. Depois de muito tempo voltaram a viver na beira. É por isso que eles se consideram donos de Iauaretê.

Essa parte final da narrativa diferencia-se nitidamente das demais, pois trata de um tempo humano propriamente dito, no qual os Tukano crescem como grupo e se dispersam no espaço. Embora meu resumo não permita apreciar claramente, o estilo narrativo contrasta-se com o das partes precedentes, assumindo um tom mais direto. Há menor elaboração dos detalhes de cada evento e maior ênfase em seu encadeamento. Se em outras partes do mito a sucessão dos eventos foi, em alguns pontos, objeto de reflexão e discussão entre os narradores, esta não dá margem a qualquer dúvida. Aqui é narrado de maneira mais precisa e límpida aquilo que se passou com os Tukano depois que deixaram o igarapé Turi para habitar outras regiões. Há dois movimentos sucessivos: em primeiro lugar, uma séria rivalidade entre os dois irmãos maiores ocasiona a dispersão a jusante; em seguida, a forma inicial das relações com os brancos leva à busca de refúgio na direção oposta. Estabelecidos mais a montante no rio Papuri, os Tukano passam por nova cisão, quando um de seus sibs, ao ser acusado de provocar a doença, é expulso para o rio Tiquié. Esse foi o início de um deslocamento da bacia do Papuri para a do Tiquié, que envolveria outros sibs. Pesquisas recentes entre os grupos tukano que atualmente estão estabelecidos nesse último rio vêm mostrando, por meio de histórias genealógicas, que eles aí chegaram há cerca de 150 anos, ou cinco gerações acima de informantes contemporâneos (Aloísio Cabalzar, 2002, comunicação pessoal).

O relato mostra, assim, que a ampla dispersão dos Tukano por toda a bacia do rio Uaupés deve-se a distintos fatores, sobretudo à chegada dos brancos ao rio Negro. Mas há também uma dinâmica própria que, antes e depois dos primeiros contatos, parece influenciar igualmente a atual configuração socioespacial dessa etnia. Em primeiro lugar, é mencionada uma longa fase de estabelecimento e crescimento no igarapé Turi, que levaria à separação do sib de *Yu'pûri-Wa'ûro*, o irmão mais velho, chefe de todo o grupo. A narrativa original enumera cinquenta antigos locais de moradia nas cabeceiras desse igarapé, indicando também o nome do dono de cada uma das malocas então construídas nesses locais. Quando os Tukano se deslocam em direção a Iauaretê, um de seus sibs ali permanece, com a missão estabelecida pelos chefes de cuidar da terra dos Tukano. Segundo dizem vários homens tukano, o verdadeiro nome do igarapé Turi seria *niririya*, "igarapé da expulsão". Esse nome foi atribuído porque o lugar tornou-se, com o tempo, insuficiente para todos os sibs tukano. Aparentemente, a rivalidade que envolveu *Yu'pûri-Wa'ûro* e seu irmão mais novo não foi a única que teria ocorrido no Turi. Quanto a isso, os Tukano são evasivos: "pode ser... ", dizem alguns.

Mais tarde, eles deixarão Iauaretê para voltar ao Papuri, refugiando-se da guerra dos brancos. Há menções de que, nessa entrada rio acima, os Tukano tenham desalojado outros grupos que habitavam o Papuri, como os Tuyuka e os Carapanã. A narrativa original dá conta de muitos episódios, envolvendo vários sibs que foram se fixando em distintas partes desse rio. Inicialmente, os grupos que saem de Iauaretê alcançam as cabeceiras do Papuri, onde se encontram com sibs menores, que, embora tivessem seguido *Yu'pûri-Wa'ûro* em sua partida, fugiram de seu líder e foram se estabelecer nessas regiões mais remotas. Piracuara, no médio Papuri, futura missão monfortiana, foi o local escolhido pelos chefes tukano como local de moradia. Conta-se que em torno da maloca dos chefes houve grande concentração de sibs menores que os serviam. Vem então uma nova intriga entre diferentes sibs, envolvendo uma acusação de feitiçaria que teria ocasionado uma doença que matou muitos Tukano. Houve então a expulsão do sib chamado *Ye'pârã-pãresí*, cujos descendentes atuais concentram-se em Pari-Cachoeira, centro missionário do alto rio Tiquié. A doença que grassou em Piracuara não levou apenas à expulsão de seus responsáveis, mas também a uma nova dispersão dos Tukano. Alguns foram ao alto Papuri, outros ainda mais acima, onde hoje é a Colômbia. Outros grupos também passaram ao Tiquié. O filho do chefe que havia se casado com a mulher tariano morreu nessa ocasião. Sua esposa teria retornado para junto de seus parentes em Iauaretê, levando consigo os três filhos, últimos descendentes do sib *Ye'pârã-oâkapea*. Esses meninos ainda voltaram ao Papuri mais tarde, mas não chegaram a deixar descendentes. O último deles teve apenas filhas mulheres, e a última delas, conhecida como Dona Caridade, morreu na década de 1940. De acordo com os narradores, eventos mais recentes como esses devem ser esclarecidos com cada sib específico, pois a partir desse momento cada qual possui uma trajetória particular. Dona Caridade parece ter sido uma personagem de grande importância no rio Papuri entre os anos 1930 e 1940. Seu nome é mencionado pelo tenente-coronel Frederico Rondon, chefe da Comissão de Limites que percorreu esse rio de 1932 a 1933. Ao chegar a Piracuara, o militar surpreendeu-se com sua autoridade: "É a única exceção no Uaupés, este governo ostensivo de mulher, numa taua a que não faltam os mais vigorosos tipos masculinos" (Rondon, 1945, p.183).[19]

É nesse outro registro que eventos mais recentes da história dos Tukano devem ser buscados, como seu envolvimento com a economia extrativista e com as diferentes missões religiosas que, já no século XX, se fizeram presentes no Uaupés, vindas da Colômbia ou do Brasil. São eventos que não fazem parte de nossa narrativa, mas de outras, nas quais

---

19 Branca, mestiça, raptada em certa ocasião por colombianos e extremamente respeitada no Papuri. Esses são os atributos com os quais alguns viajantes descrevem Caridade. Há ainda hoje muitos relatos a seu respeito fornecidos por homens e mulheres tukano mais velhos. Seria interessante explorar sua biografia à luz daquilo que o mito tukano revela sobre as mulheres, mas isso extrapolaria os limites de nossa discussão.

as relações com os brancos são abordadas com outro grau de elaboração. Como salienta S. Hugh-Jones (1988, p.141), essas narrativas que tratam de eventos mais recentes não apresentam o branco como um personagem genérico, distinguindo categorias como militares, comerciantes, missionários e assim por diante. Tratar-se-ia de outro estilo narrativo, em relação complementar com as narrativas de tipo mítico. A meu ver, os Tukano concordariam com isso, uma vez que, como também aponta o autor, os acontecimentos contados no mito envolvem transformações que não podem ocorrer no mundo contemporâneo. Aquilo que se passou no mito é acessível aos homens de hoje por meio do xamanismo, do ritual e dos sonhos. Para os Tukano, o tempo parece, assim, claramente dividido entre duas fases distintas. A primeira delas termina quando os *ĩtá-masa* sentam-se em suas casas invisíveis para deixar que os seres humanos façam sua própria história. A partir daí, eles vivem em um mundo que é como o de hoje. Dessa maneira, confirma-se também entre os tukano aquela continuidade entre mito e história que, ao tratar das narrativas tariano, aventamos no capítulo anterior. A narrativa Tukano deixa ainda mais claro que o que o mito descreve é o mundo em formação dos *ĩtá-masa*, cujas relíquias, por assim dizer, são os enfeites e nomes, exibidos, trocados ou capturados pelos homens de hoje. É com o legado transmitido pelos demiurgos a seus ancestrais que os homens fazem a história.

O trecho final de nossa narrativa trata, portanto, dos acontecimentos iniciais dessa história tukano. É nesse tempo que os Tariano chegam a Iauaretê, após o primeiro casamento entre os dois grupos. A narrativa enfatiza que sua vinda ao Uaupés se deu pelo convite dos próprios Tukano, e que os Tariano vieram a se considerar os donos de Iauaretê porque os primeiros teriam se retirado para o Papuri. O motivo da saída dos Tukano foi o medo de que os brancos, que àquela altura encontravam--se fazendo guerra no rio Negro, chegassem até Iauaretê. Menciona-se guerra com os espanhóis e construção de um quartel em São Gabriel da Cachoeira, para cujos trabalhos os Tukano e os Tariano teriam sido convocados por pessoas que chegavam a Iauaretê. Não se explicita quem eram essas pessoas, nem se afirma que eram os próprios brancos. Tudo isso sugere que a narrativa esteja a tratar de acontecimentos históricos de que já falamos no Capítulo 2, quando, na segunda metade do século XVIII, a política colonial da Coroa portuguesa baseava-se principalmente no estabelecimento de aldeamentos indígenas como forma de consolidar a posse do território. Grupos de regiões mais distantes dos centros coloniais eram alcançados por outros grupos indígenas aliados ou em relação mais direta com os colonizadores. Esse é o contexto da construção do forte de São Gabriel, idealizado para impedir a entrada de espanhóis pelo rio Negro. Na narrativa tukano, vemos que turmas de trabalhadores indígenas foram enviadas desde Iauaretê, mas que, ao se darem conta de que o trabalho era demasiadamente árduo, fugiam para retornar ao Uaupés. Três turmas foram trabalhar com os brancos. Como todos voltavam de mãos vazias, um homem insistiu para que tentassem uma vez mais. Ele garantiu que não voltaria de mãos vazias, mas traria tudo de que se necessitava, como fósforos, anzóis, sal, roupas, pentes, terçados e espelhos.

O resultado dessa última tentativa de estreitar as relações com os brancos para obter mercadorias levou os Tukano de volta ao Papuri, dando outra direção à sua história. A narrativa faz menção, antes disso, ao fato de que havia jovens tukano e tariano que nessa época incursionavam pelo rio Negro, trazendo notícias daquilo que os brancos faziam por lá. Mas não há nenhuma especulação quanto aos motivos que então os levavam a se estabelecer pelo rio Negro. Ao indagar a alguns dos narradores sobre o retorno dos brancos à região, ouvia sempre a mesma resposta: "esta é a vossa história...". As motivações dos brancos são consideradas, portanto, fora de alcance. Mas, como vimos em outras partes da narrativa, suas qualidades específicas são cuidadosamente elaboradas e enquadradas nos tempos da transformação mítica. As guerras dos brancos e seu empenho em fazer um quartel não fazem sentido imediato aos índios. Eles vinham, como se comenta muito frequentemente, para "levar gente", o que conseguiam graças à sua superioridade técnica. Essa superioridade fazia sentido, pois dizia respeito àquelas capacidades que haviam adquirido antes de serem conduzidos ao outro lado do Lago de Leite. E se apropriar delas foi, de acordo com a narrativa, um esforço empreendido pelos índios logo que os brancos voltaram a fazer parte de suas vidas.

Cidade do índio

Para encerrar, e sintetizar, essa já demasiadamente longa interpretação do mito tukano, podemos nos valer de um diagrama proposto por Lévi-Strauss em *História de lince*, no qual o autor representa um exemplo de "gênese ameríndia", tematizada no mito de origem tupinambá recolhido por Thévet ainda no século XVI. O diagrama apresenta uma série sucessiva de bipartições: uma primeira separação entre divindades celestes e criaturas terrestres é seguida da divisão dessas últimas entre brancos e índios. Uma nova divisão, agora entre os índios, dá origem aos Tupinambá e seus inimigos Temiminó, que descendem, respectivamente, de um par de irmãos filhos do demiurgo Sumé. Seguem novas separações no interior do polo ocupado pelos Tupinambá, primeiramente entre bons e maus. Entre os bons, ainda ocorre uma separação entre fortes e fracos (Lévi-Strauss, 1993, p.55). A cada degrau corresponde a figura de um demiurgo, do qual sempre emerge uma nova dicotomia. Os episódios que se sucedem nesse mito falam de dilúvios e incêndios que destroem humanos e animais, que são recriados e diferenciados pelos demiurgos.

No esquema a seguir, busco preencher os termos do diagrama proposto por Lévi-Strauss para o mito tupinambá com as figuras que aparecem no mito tukano. Tal como nos exemplos jê e tupi analisados por Lévi-Strauss, nosso mito tukano atesta também aquele "desequilíbrio dinâmico" evocado pelo autor: o processo de organização progressiva do mundo e da sociedade dependeria dessa cadeia de bipartições, cujas partes resultantes jamais alcançam um perfeita igualdade. Isso impede que o sistema caia em inércia e fornece recurso mental perfeitamente adequado para o encaixe da figura do branco, pois, como sugere Lévi-Strauss, nenhum desequilíbrio poderia parecer mais profundo aos índios do que aquele entre eles próprios e os brancos. Isso indica que o mito tukano consiste em mais uma demonstração da principal formulação de *História de lince:* o lugar dos brancos estava prefigurado no pensamento indígena, pois "eles dispunham de um modelo dicotômico que permitia transpor em bloco essa oposição e suas sequelas para um sistema de pensamento no qual seu lugar estava, de certo modo, reservado" (Lévi-Strauss, op.cit., p.66).

Bipartições do mito tukano

A propósito desse diagrama de bipartições proposto por Lévi-Strauss, Eduardo Viveiros de Castro (2002b, p.436) observa o seguinte: "As bifurcações do mito tupinambá começam na zona mais abrangente do universo de discurso, procedendo por oposições sucessivamente decrescentes que se afunilam em direção a um atrator representado pelo polo de enunciação do mito (a sociedade do narrador)". Essa observação é perfeitamente aplicável à nossa versão do mito tukano, fornecida precisamente por homens do sib tukano *Ye'pârã*, que se situa no último degrau da série exposta. Ainda de acordo com Viveiros de Castro, a sequência de posições alocadas no lado direito do diagrama apontaria para um centro de perfeita autoidentidade, representando um limite inatingível de consanguinidade absoluta. Por consequência, as posições do lado esquerdo, ainda não conectadas entre si no diagrama de Lévi-Strauss, corresponderiam ao oposto, ou seja, esferas cada vez mais concretas de afinidade, dos inimigos aos cunhados próximos. No topo do diagrama, a afinidade aparece, no entanto, como um valor genérico, isto é, como afinidade potencial. O diagrama lévi-straussiano parece ter sido, com efeito, uma das fontes de inspiração de Viveiros de Castro em sua reconsideração do conceito de afinidade potencial, na qual o dualismo entre afinidade e consanguinidade é igualmente caracterizado com base na ideia de "desequilíbrio dinâmico". Essa referência aos conceitos de afinidade e consanguinidade como valores de fundo, que subjazem à sequência de bipartições do mito tukano, nos remete à questão que propusemos no início da tese (ver a última seção do Cap. 1): teriam os brancos ocupado a posição de afim potencial no Uaupés? O que o exame do mito tukano nos permite dizer a esse respeito?

É preciso lembrar que havíamos chegado a essa questão no contexto de uma indagação mais geral em torno do significado da noção de civilização do ponto de vista indígena. Vimos então que as transformações por que vieram passando os grupos indígenas do Uaupés eram, por eles próprios, qualificadas como uma "entrada na civilização". Embora à primeira vista se trate de transformações sociais e históricas, vimos que suas implicações profundas incidiam, mais exatamente, sobre a própria pessoa. Assim, a expressão *pekâsã-yee,* com a qual a civilização veio a ser definida, denotaria uma transformação análoga àquelas que têm lugar na iniciação e na nominação, pois, literalmente traduzida como "fazer-se branco", corresponderia não apenas à incorporação de novos conhecimentos e mercadorias, mas à "encorporação" de novos atributos e capacidades, ou seja, a apropriação da civilização dos brancos pelos índios do Uaupés – que, como vimos ao longo do livro, envolveu a captura de seus poderes na forma de papéis, roupas e nomes – seria equivalente à predação ontológica, isto é, à incorporação de potências exteriores por intermédio das quais se alcança a reprodução social interna. Nesse sentido, o branco ocuparia, tanto quanto o inimigo, a posição de um afim potencial, que aqui é fonte não de cônjuges, mas de outros itens simbólicos e materiais. Sua alteridade seria, assim, igualmente constitutiva, o que explicaria aquela afirmação indígena que corriqueiramente ouvimos em Iauaretê: "já entramos na civilização". Ademais, a alocação do branco na posição do afim potencial é sugerida pelo próprio autor do conceito: "A afinidade potencial e seus harmônicos cosmológicos continuam a dar o tom das relações genéricas com os grupos não aliados, os *brancos,* os inimigos, os animais, os espíritos" (Viveiros de Castro, 2002b, p.417, grifo meu). E há estudos etnográficos sobre outros grupos amazônicos que mostram claramente como "a entrada na civilização", ou o "tornar-se branco", envolve, precisamente, afinidade potencial (ver Gow, 2001, para os Piro; Gow, 2003, para os Cocama; e Kelly, 2003, para os Yanomami).

Havíamos também notado um paradoxo. Os grupos do Uaupés são, como alguns autores observam (Descola, 1993; Fausto, 2002), exemplo de contraponto ao paradigma da "economia simbólica da alteridade", pois, entre os Tukano, Desana, Pira-Tapuia e outros, as potências que certos grupos assimilam dos inimigos são, em grande medida, legadas por seus ancestrais míticos. Assim, ao contrário de grupos que enfatizam o idioma do canibalismo, como os Tupi e os guianenses (em que há predação horizontal), no Uaupés verificamos maior ênfase na continuidade linear (isto é, transmissão vertical). Isso não quer dizer que as relações horizontais, por assim dizer, entre os grupos do Uaupés não envolvam apropriação. Mulheres e enfeites cerimoniais podiam ser, como já salientamos, obtidos por meio de guerras. Mas é a reiteração de alianças ancestrais pela exogamia que parece, até o presente, dar o tom nas relações entre os grupos, cuja contrapartida seria a participação conjunta em rituais de troca, os dabucuris, assim como as próprias trocas de enfeites cerimoniais. De fato, como frisou Stephen Hugh-Jones (s.d.a, p.14), o canibalismo não é a forma paradigmática da afinidade ou da troca nessa região. O autor sugere que, embora presente no noroeste amazônico como um todo, o tema da predação aparece, nas práticas rituais ou nos mitos, como algo que pode ser evitado. O mito tariano que examinamos no capítulo anterior é um bom exemplo: nele vemos como os demiurgos diroá exterminam o "único povo canibal" que existiu no Uaupés, a gente-onça. No mito, esses cunhados predadores são definitivamente aniquilados e, só então, de acordo com algumas versões, a cobra-canoa conduz os ancestrais dos grupos tukano ao Uaupés. O sistema social que se constitui ali seria posterior ao canibalismo.

Mas, em trabalho mais recente, Eduardo Viveiros de Castro define a afinidade potencial em novos termos, nos quais a predação e o canibalismo não parecem ocupar um papel tão proeminente. A afinidade potencial passa então a ser definida como "um dado genérico, fundo contra o qual é preciso fazer surgir uma figura particular de socialidade consanguínea. O parentesco é construído, sem dúvida; ele não é dado.

Pois o dado é a afinidade potencial" (Viveiros de Castro, 2002b, p.423). Essa formulação corresponde, com efeito, a uma nova definição da relação entre afinidade e consanguinidade: se em sua formulação original Viveiros de Castro (1993; 2002c) lança mão da linguagem dumontiana do englobamento hierárquico da consanguinidade pela afinidade, agora se trata de uma retomada dessa oposição pela linguagem melanésia do dado e do construído.

No caso da primeira formulação, com foco inicial nas terminologias de parentesco dravidianas, tratava-se de verificar a aplicabilidade do modelo proposto por Dumont para terminologias do mesmo tipo verificadas na Índia do Sul. Ali, as categorias de afinidade e consanguinidade formam uma oposição distintiva, sem que uma prevaleça sobre a outra. Mas na Amazônia o dualismo diametral da terminologia era infletido regularmente por um dualismo concêntrico, próprio às classificações sociopolíticas vigentes, entre grupos em geral cognáticos e tendencialmente endogâmicos. No grupo local, a consanguinidade engloba a afinidade, isto é, os afins são consanguinizados no plano das atitudes, da partilha ou do uso de tecnônimos. À medida, porém, que se afasta desse círculo de parentes próximos, a afinidade vai progressivamente sobrepondo-se à consanguinidade, pois as relações supralocais – desde os casamentos distantes, em geral pouco expressivos estatisticamente, passando pelas guerras com inimigos até as interações em diferentes esferas sociocosmológicas, dos animais, plantas, espíritos ou divindades – são todas elas concebidas no registro da afinidade. Conforme se avança no gradiente de distância social, genealógica ou espacial, a afinidade deixa de apresentar um vínculo direto com a aliança matrimonial para se tornar um valor genérico, definindo o *outro*, antes de mais nada, como um afim. O afim distante continua sendo, no entanto, necessário, pois é na relação (de predação) com ele que essências, na forma de nomes, almas ou partes de corpos, seriam apropriadas. Em outro trabalho, o autor define o que está em jogo aqui (Viveiros de Castro, 2002d, p.290). Com base no canibalismo tupinambá e em um sistema ritual que opera a fusão metafísica matador/vítima entre os Araweté, Viveiros de Castro sugere que o que, de fato, se assimila do inimigo é um ponto de vista, uma perspectiva sobre o Eu. Assim, o modo que assume a apropriação de nomes, cantos, substâncias espirituais, energias vitais, identidades e assim por diante seria o de um "confronto de sujeitos", de maneira que a assimilação predatória das qualidades da vítima corresponderia, mais propriamente, a uma "preensão perspectiva". A objetivação do inimigo é a subjetivação de seu matador.[20] A afinidade potencial demonstra, assim, íntima associação com o perspectivismo, tema que impregna também o nosso mito tukano.

A pergunta essencial que levou o autor a se decidir por uma nova linguagem – a do dado e do construído – para tratar da afinidade potencial é a seguinte: os coletivos indígenas são constituídos em relação a quê? A relevância da questão diz respeito ao fato de que a primeira formulação teórica da afinidade potencial serviu, principalmente, para mostrar *como* esses coletivos se constituem. A resposta inicial foi a de que eles se constituem pelo seu exterior, pela alteridade. Daí a afirmação de que, na Amazônia, certas sociedades não têm interior. Mas o interior não se constitui *com relação a um exterior,* pois este seria imanente ao próprio interior, não havendo uma unidade superior que englobasse tanto o que é interior como o que é exterior e fosse externa a ambos. A consequência disso seria a de que o "Eu é uma figura do Outro", e não que o "Outro é um tipo de Eu" (Viveiros de Castro, 2002b, p.429). Assim, dizer que uma sociedade não tem interior não significa dizer meramente que sua existência depende do que está fora dela, mas que este fora, a alteridade, é uma relação interna a ela. O exterior está, por assim dizer, dentro, à medida mesmo que um interior vem a ser. É preciso, portanto, deslocar o foco de nossa atenção dos termos em direção às relações para poder entender a alteridade como relação constitutiva, isto é, seu sentido ontológico. A linguagem da hierarquia e do englobamento da consanguinidade pela afinidade não seria, assim, a mais adequada. Mas, então, qual a resposta para a pergunta?

---

20 A discussão e os exemplos etnográficos elaborados por Viveiros de Castro apresentam grande complexidade, que, infelizmente, por questão de espaço, não posso aqui reproduzir condignamente. Espero que minhas referências a seus trabalhos permitam uma compreensão suficiente ao leitor e que não distorçam demasiadamente as ideias do autor.

Cidade do índio

A partir desse princípio, o autor deduzirá que as sociedades indígenas amazônicas, objeto de contornos pouco definidos, "são constituídas em relação, não a uma sociedade global, mas a um fundo infinito de socialidade virtual", sugerindo "que tais coletivos se tornam locais, isto é, atuais, ao se extraírem desse fundo infinito e construírem, literalmente, seus próprios corpos de parentes. Esses seriam, respectivamente, os sentidos dos conceitos de afinidade e de consanguinidade no mundo amazônico" (Viveiros de Castro, 2002b, p.418-9). O parentesco passa, então, a ser visto como um processo que supõe a constituição do social a partir de sua extração desse fundo virtual. Parentesco e consanguinidade devem ser construídos por oposição àquilo que é dado, a afinidade potencial. Isso exprime uma das premissas ontológicas básicas do pensamento amazônico, isto é, a de que "a identidade é um caso particular da diferença" (ibidem, p.422).

É a partir daí que Viveiros de Castro irá propor um diagrama para representar a construção do parentesco na Amazônia, composto de duas linhas paralelas orientadas em direções opostas. A linha que desce é a da progressiva atualização da consanguinidade, o que se dá por contraefetuação da linha que sobe e aponta para as esferas mais gerais de afinidade e diferença. O campo constituído pelas duas linhas, orientadas, respectivamente, para baixo e para cima, é metaestável. Isso quer dizer que a diferença está sempre pronta a irromper no ambiente precariamente construído da identidade. Um dualismo dinâmico, portanto: o diagrama de Viveiros de Castro é uma nova versão do diagrama de Lévi-Strauss que evocamos. O próprio autor mostra isso e passa a enumerar casos etnográficos que preenchem as sucessivas posições diagramáticas. O grau de desenvolvimento que alcançam suas proposições mereceria maior atenção, mas não dispomos de espaço aqui para tanto. Observo que a melhor forma de que disponho para tentar esclarecer essas ideias é retornar ao mito tukano e verificar a associação da figura do branco à afinidade potencial assim reformulada.

Vale aqui destacar, por meio de uma longa citação, o conteúdo etnográfico preciso que, segundo Eduardo Viveiros de Castro, é o fundo virtual da afinidade potencial:

Isso que chamo de fundo de socialidade virtual encontra sua plena expressão na mitologia indígena, onde se acha registrado o processo de atualização do presente estado de coisas a partir de um pré-cosmos dotado de transparência absoluta, no qual as dimensões corporal e espiritual dos seres ainda não se ocultavam reciprocamente. Ali, muito longe de qualquer "indiferenciação" originária entre humanos e não humanos – ou índios e brancos etc. –, opera uma diferença infinita, mas interna a cada personagem ou agente (ao contrário das diferenças finitas e externas que codificam o mundo atual). Donde o regime de "metamorfose", ou multiplicidade qualitativa, próprio do mito: a questão de saber se o jaguar mítico, digamos, é um bloco de afecções humanas em figura de jaguar ou um bloco de afecções felinas em figura de humano é rigorosamente indecidível, pois a metamorfose mítica é um "acontecimento" ou um "devir" (superposição intensiva de estados), não um "processo" de "mudança" (transposição extensiva de estados). A linha geral traçada pelo discurso mítico descreve a laminação desses fluxos pré-cosmológicos de indiscernibilidade ao caírem no processo cosmológico: doravante, o aspecto humano e o aspecto jaguar do jaguar (e do humano) funcionarão alternadamente como fundo e forma potenciais um para o outro. A transparência absoluta se bifurca, a partir daí, em uma invisibilidade (a "alma") e uma opacidade (o "corpo") relativas – relativas porque reversíveis, já que o fundo virtual é indestrutível ou inesgotável. A afinidade potencial remonta a esse fundo de socialidade metamórfica implicado no mito: não é por acaso que as grandes narrativas de origem, nas mitologias indígenas, põem em cena personagens ligados paradigmaticamente por aliança transnatural: o protagonista "humano" e o sogro "urubu", o cunhado "queixada", a nora "planta"... O parentesco humano atual provém dali, mas não deve jamais (justamente porque pode sempre) retornar. (Viveiros de Castro, 2002b, p.419)

Podemos, assim, retornar ao nosso (não tão firme) solo do mito tukano. Essa definição do que é mito me parece explicar com grande profundidade o material que veio sendo apresentado e discutido ao longo do capítulo. Com efeito, em diferentes passagens tivemos a ocasião de anotar a imprecisão, ou indiscernibilidade, das suas personagens, cuja existência era, em geral, descrita de maneira oscilante entre as formas espiritual e corporal. O conceito de devir serve, a meu ver, para qualificar com grande precisão as figuras do mito tukano, em particular os ancestrais da humanidade, aos quais coube o manejo das potências primordiais e a busca dos meios que pudessem propiciar a individuação progressiva dos grupos do Uaupés.

O mito tukano parece, no entanto, fornecer uma solução de continuidade entre o fluxo pré-cosmológico e o processo cosmológico mencionados pelo autor. Isso se dá porque a chamada bifurcação entre corpo e alma é particularmente tematizada no episódio do parto, por assim dizer, de uma verdadeira humanidade: a passagem pelo buraco de transformação da cachoeira de Ipanoré. Aqueles que não realizaram tal passagem continuaram peixes, senhores do domínio de onde foi retirada a força de vida dos humanos. Humanos são os que saíram dali, assumindo novos corpos e, ao mesmo tempo, assegurando uma essência espiritual na forma dos *wa'î-o'âri*, os "ossos de peixe" de vida. O mito tukano não fala, pois, de alianças transnaturais, isto é, não há nenhuma passagem que dê conta de humanos casando-se com peixes para lhes roubar o princípio vital. Isso porque os ossos de peixe protótipicos lhes haviam sido entregues pelas divindades que existiram antes do começo do mundo. Esses são os "instrumentos" dos demiurgos, os objetos de vida e transformação. Se, como aponta Viveiros de Castro, os aspectos humano e animal das personagens dos mitos podem, de modo geral, funcionar reciprocamente como fundo e forma potenciais, no mito Tukano, especificamente, a forma humana tende a se sobrepor a um fundo animal de maneira progressiva, posição que será garantida pelo manejo, por assim dizer, dos chamados instrumentos de vida e transformação. Vimos, aliás, que a expressão "ossos de peixe" designa tanto os instrumentos que chamaríamos de interiores (o banco, a cuia, a forquilha, que dão corporeidade aos ancestrais) quanto aqueles que nitidamente são exteriores, os enfeites corporais e as flautas (entregues no início pelas divindades e que vão aumentando com a absorção progressiva da força e vida dos peixes). Como afirma Viveiros de Castro (2002b, p.361, fazendo referência a Alfred Gell), "os artefatos possuem esta ontologia interessantemente ambígua: são objetos, mas apontam necessariamente para um sujeito, pois são como ações congeladas, encarnações materiais de uma intencionalidade não material". Os chamados ossos de peixe o são, sem dúvida alguma.

A seguir, reapresento o diagrama das bipartições, incluindo agora também a linha que sobe e indicando um conjunto de objetos que devem ser considerados.

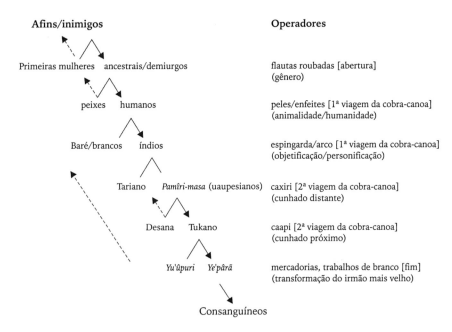

Esse diagrama é uma aplicação daquele proposto por Viveiros de Castro à sequência temporal de eventos delineada no mito tukano. No modelo geral construído pelo autor, todas as posições da linha que sobe são definidas como "afinidade", ao passo que as da linha que desce são definidas como "não afinidade". O modelo é dinâmico, uma vez que marca, sobretudo, dois movimentos em tensão. Cada uma das posições da linha que desce é uma resolução precária, de extração da identidade do fundo geral de diferença. Optei por representar a linha que sobe de maneira descontínua, querendo com isso assinalar uma especificidade do caso tukano em face do modelo geral que é relacionada a uma mudança de caráter em dois momentos da sequência de bipartições: a subsequência [mulheres – peixes – Baré/branco] constitui uma série específica, ao passo que a segunda subsequência [Tariano – Desana] é uma série de outro tipo. A bipartição mais inferior, por sua vez, diz respeito à partida do irmão maior dos Tukano, *Yu'ûpuri*, para a terra dos brancos, onde, apesar de continuar portando seus atributos indígenas, passa a viver como eles. Por isso, uma terceira linha paralela à esquerda, perfazendo, no entanto, apenas a distância que separa a posição resultante da última bipartição da posição ocupada pelo branco. Assim, entre os cunhados atuais (Tariano e Desana) e os polos de alteridade mais globais localizados na parte superior do diagrama (os peixes, as primeiras mulheres), há um lugar reservado ao branco, assim como aos Baré, os índios há mais tempo considerados civilizados. Assim, podemos sugerir que na base do diagrama há afinidade efetiva e, no topo, afinidade potencial.

A afinidade potencial está presente, mas aparentemente como uma relação primordial que dá lugar às novas formas de troca instituídas pelos diferentes grupos entre si. A diferença se torna ainda mais nítida se voltamos o olhar para a coluna dos operadores à direita do diagrama. Por essa via, a afinidade potencial está associada às flautas (distinção de gênero que se relaciona à descendência patrilinear) e aos enfeites cerimoniais (que, opondo-se às peles de peixe abandonadas pelos humanos, marcam a distinção entre animalidade e humanidade). Os elementos ligados à afinidade efetiva são o caxiri e o caapi, bebidas de uso ritual que todos os grupos do Uaupés possuem. A variação entre eles diz respeito à sua força específica: no caso do caxiri, à sua fermentação e poder de embriagar; no do caapi, ao seu poder de produzir visões com maior ou menor intensidade. Assim, flautas e enfeites operam diferenciações de fundo, que dizem respeito às capacidades reprodutivas masculinas e femininas e à separação entre humanos verdadeiros e animais. Já as substâncias obtidas mais tarde operam a diferenciação da própria humanidade. O caapi é o mais claro índice das distinções intra-humanas, pois, como esclarece o mito, em sua modalidade mais potente ele foi entregue aos *po'teri-kãharã*, a "gente das cabeceiras". Com efeito, tratamos novamente de perspectivas, ou melhor, de operadores de perspectivas (ver Almeida, 2003), pois esses objetos e substâncias instituem novas relações, das quais emergem novos sujeitos. Como espero que tenha ficado claro ao longo do capítulo, são os operadores que mantêm o processo de transformação em curso, propiciando a constituição de novas subjetividades e seu crescimento. Voltaremos a esse ponto a seguir.

Ocupando o polo genérico da afinidade potencial, as mulheres e os peixes são explicitamente qualificados no mito como inimigos, de quem os homens obtêm *katiró*, "força de vida". Essa condição advém, no caso das mulheres, do roubo das flautas sagradas e, no dos peixes, da inveja que sentem dos humanos, portadores de uma condição que não lograram alcançar. As mulheres desaparecem e ressurgem na narrativa. Inicialmente, elas roubam as flautas; em seguida se estabelecem em pontos extremos desse mundo, concentrando poderes transformativos e capacidade de produzir mercadorias. Isso leva à primeira viagem da cobra-canoa, que consiste em uma gestação da humanidade no mundo dos peixes. Nas casas subaquáticas, os ancestrais dançam com seus enfeites e aumentam em número. Bem mais tarde, na casa de *di'â-wi'í*, ao final da segunda viagem da cobra-canoa, as mulheres reaparecem e devolvem aos homens não apenas as flautas, mas também as penas dos pássaros e o caapi, que complementam o processo de emergência e divisão da humanidade. Ao receber o caapi, os ancestrais dos Tukano e Desana decidem trocar irmãs. Assim, aquilo que lhes entregam as mulheres permitirá que se separem entre si como cunhados. O episódio da festa de partida para a segunda viagem da cobra-canoa, quando os ancestrais dos diferentes grupos trocam caxiri produzido de suas respectivas matérias corporais, mostrava que suas bebidas seriam veículos de força de vida. Como foi salientado, o caxiri fermentado está vivo, de modo que, quando se aceita o caxiri de outra pessoa aceita-se tacitamente experimentar algo de sua subjetividade.

Parece-me plausível afirmar, portanto, que a narrativa dá conta da construção do parentesco, assegurando aos grupos do Uaupés, os *pa'mîrimasa*, aquela interioridade ausente entre os grupos que enfatizam o idioma da predação e do canibalismo. Tal interioridade é constituída, precisamente, por intermédio desses operadores, que vieram objetificar a riqueza por excelência dos grupos atuais do Uaupés. Como tivemos ocasião de discutir no Capítulo 4, nomes, flautas e adornos são qualificados como tais e traduzidos com a expressão *ĩsâ yẽkisimia kióke'*, literalmente, "o *que nossos avós tiveram*". São essas objetificações que guardam a vitalidade dos sibs do Uaupés, uma potência que se manifesta igualmente nas bebidas que oferecem entre si ritualmente, o caxiri e o caapi. Isso vem reforçar a caracterização dos sibs do Uaupés como "casas" (S. Hugh-Jones, 1993;

Cidade do índio

1995; s.d.b), isto é, como pessoas morais que se constituem por meio de um patrimônio material e imaterial, transmitido ao longo de gerações.

Mas aqui é preciso assinalar que se trata de propriedade nos dois sentidos do termo, pois a noção de riqueza em questão envolve tanto a ideia de posse como a de qualidade, ou caráter. Isso quer dizer que os objetos do mito dão forma a sujeitos, isto é, são partes de pessoas. Como disse Stephen Hugh-Jones,

> ... que ornamentos são como sêmen de corpos-tubo, que a caixa de ornamentos e a canoa dos ancestrais são pessoas, ou continentes com a qualidade de úteros, que a viagem [da cobra-canoa] é uma gestação, tudo isso é bastante claro ... estas objetificações e personificações são explícitas, bem entendidas localmente, e não requerem uma interpretação sofisticada do discurso simbólico por parte do analista. (s.d.b, p.4)

Com efeito, a indistinção entre pessoas e coisas no mito tukano ficou bastante evidente. De modo importante, o autor ainda sugere que, ao usar os adornos cerimoniais, a pessoa se expande e se torna um "operador espaço-temporal" (idem, p.25), condensando em si as capacidades e poderes ancestrais. Como já indicamos, os objetos do mito são como metonímias, essências ou partes de corpos daquelas potências que deram origem ao cosmos.

As diferenciações hierárquicas entre os sibs e aquelas entre os grupos do Uaupés relacionam-se a esses itens de riqueza. Tais distinções são afirmadas ritualmente, quando sua riqueza é exibida. Essa é uma forma pela qual os diferentes grupos tornam pública sua conexão ancestral, anunciando, por meio de seus cantos, genealogias e nomes, quem são. Ao mesmo tempo, exibindo seus enfeites e instrumentos, mostram suas qualidades. É nesse sentido que Stephen Hugh-Jones qualifica os rituais de troca do Uaupés como "torneios de valores", por meio dos quais grupos aliados buscam reciprocamente realizar seus propósitos. Se as alianças efetivas envolvem troca de comida, caxiri e mulheres, isto é, entrega de parte de si a outro, a riqueza ancestral materializada nos enfeites e nos instrumentos deve ser mantida dentro do grupo.[21] Pois é

---

21 Ainda que as caixas de enfeites pudessem, no passado, ser roubadas por meio de guerras, ou certos itens, como os cocares de pena de arara e os cintos de dentes de

ela que garante a participação bem-sucedida em futuras transações, já que permite que um grupo se afirme como sujeito em relação a outros. O dabucuri entre os Tukano e os Tariano do bairro de São Miguel, com o qual abrimos este capítulo, embora realizado sem o uso de instrumentos ou adornos, não deixa de afirmar esses valores tradicionais. É sintomático, por exemplo, que os homens tariano envolvidos, por pertencerem a um sib de baixa hierarquia, tenham convocado outros tariano com prerrogativas de chefe para fazer frente aos Tukano nos duelos verbais que tiveram lugar naquela ocasião. As falas proferidas são igualmente riquezas e expressam, talvez até mais do que os itens materiais desse patrimônio, perspectiva própria. Talvez esta seja, com efeito, a melhor maneira de definir o que é riqueza no Uaupés: precisamente, uma perspectiva a respeito de si mesmo.

Nesse sentido, como aventamos, os objetos do mito tukano seriam operadores de perspectivas tanto quanto os inimigos, ou certas partes de seus corpos, o são entre os grupos canibais (ver Kelly, 2002). Esta parece ser a mensagem de fundo embutida no mito tukano: a obtenção das flautas, dos adornos e dos demais operadores constitui uma forma de subjetivação. No caso dos adornos, como vimos especificamente, sua apropriação significava, correlativamente, assumir a perspectiva das divindades a propósito da verdadeira humanidade, isto é, assumir uma perspectiva sobre si. Assim, se a predação ontológica é uma forma de "preensão perspectiva" (cf. Viveiros de Castro, 2002d, p.291), a obtenção de riqueza por parte dos grupos do Uaupés também o é, pois foi conquistada no começo dos tempos junto aos demiurgos e outros seres que ocupam a posição de afim potencial. Dessa maneira, a afinidade potencial seria, no Uaupés, determinada mais por uma noção de distância temporal do que de distância espacial ou genealógica. Correlativamente, a relação dos afins efetivos de hoje não é caracterizada pela predação, mas pela troca de irmãs e pelo confronto ritual de suas respectivas propriedades. No presente, não se trata de se apropriar

---

onça, pudessem ser trocados para reiterar alianças ancestrais entre grupos, essa apropriação do que é alheio parece mais ligada ao incremento da riqueza própria do que à substituição de uma por outra.

Cidade do índio

da perspectiva de *outrem*, mas de afirmar a sua própria. Isso agrega ao perspectivismo outra dimensão.

Dissemos em algum momento do capítulo que a relação entre homens e peixes expressava por excelência o perspectivismo no Uaupés. Além disso, é no momento em que os homens recebem o caapi que os animais passam a assumir suas aparências atuais, comendo, sob o efeito do alucinógeno, a própria cauda ou parte dela. O caapi associa-se diretamente à visão, e o momento em que os homens o recebem de suas irmãs é também o momento da conformação dos corpos animais. Em suma, a relação entre humanidade e animalidade é claramente uma questão de perspectiva. Mas, ao constituir riqueza, os operadores de perspectivas passam também a definir os termos das relações internas à própria humanidade. Aqui se trata de mensuração, antes que de preensão de perspectivas. Isso é o que responde, a meu ver, pela pregnância da ideologia de hierarquia entre os grupos do Uaupés. A hierarquia seria, assim, um modo particular pelo qual as pessoas podem oferecer perspectivas umas às outras. O perspectivismo interiorizado no domínio propriamente humano geraria aqui formações sociais verticalizadas, não igualitárias. Como disse Marilyn Strathern (1999, p.252) a propósito da relação entre perspectivismo e trocas cerimoniais na melanésia, "as linhas significativas são internas, entre seres humanos como entidades sociais distintas, isto é, entre tipos ou espécies distintos através da relação uns com outros". Não é fortuito, a meu ver, que as autodesignações no Uaupés expressem literalmente propriedades: os Tukanos são, como dizem, verdadeiramente *Ye'pâ-masa*, "gente da terra", uma afirmação que é sobretudo realçada quando contraposta ao que dizem ser os Tariano, *Bipó-diroá-masa*, "gente do sangue do Trovão". Ainda a propósito da Melanésia, Strathern afirmou que, ali, a visão do xamã – ao contrário do que ocorre na Amazônia – não é um operador de perspectivas. A contrapartida melanésia das viagens dos xamãs seria, de fato, a "viagem da riqueza", pois é ela que faz as pessoas verem a si mesmas através do ponto de vista de outros (ver também Gell, 1999, p.68). Ali, dádivas na mão são como olhos amazônicos. Para o Uaupés, será preciso encontrar, penso eu, um ponto intermediário entre esses dois perspectivismos.

Mas há, de fato, um ponto intermediário em nosso diagrama que falta comentar. Trata-se da posição ocupada pelo branco. Os brancos são, indubitavelmente, outro tipo de gente. Sua diferenciação originária foi o evento que parece ter levado à realização de duas viagens da canoa dos ancestrais ao Uaupés, e entre elas uma longa incursão pelas terras de outros continentes, para que lá os assim chamados civilizados fizessem sua própria história e, por inferência, que não interferissem na história dos índios. O mundo dos brancos é, assim, o exterior do mundo dos índios. Trata-se, porém, de um exterior imediatamente interior, pois é abordado no mito por um processo de disjunção e conjunção espaço-temporal, isto é, pela apropriação por parte dos brancos daquelas mercadorias que depois trariam novamente ao Uaupés. Como indica a narrativa, depois que chegaram ao rio Negro, os índios do Uaupés passaram a descer o rio para ver de perto "os seus trabalhos" e se apropriar de suas coisas. Associados à gente-peixe e àquelas primeiras mulheres que sabiam fabricar mercadorias, os brancos encontraram logo seu lugar no pensamento indígena e, assim, foi possível aventar que aquelas potências que eles haviam capturado para si podiam ser recuperadas. Nesse sentido, podemos responder afirmativamente quanto à alocação do branco na categoria de um afim potencial: de humanidade duvidosa, o branco é, ao mesmo tempo, detentor de poderes que cumpre apropriar, o que podia ser feito por intermédio das mercadorias. Assim como os operadores do mito, as mercadorias se insinuaram como objetificações de capacidades subjetivas.

Até onde chega a narrativa, os Tukano não lograram obtê-las. O primeiro entre eles que o conseguirá é *Yu'pûri-Wa'ûro*, chefe e primogênito dos Tukano, que partiu para sempre na direção do Lago de Leite após o desentendimento com seu irmão mais novo. Os Tukano dizem que hoje seus descendentes vivem como brancos, têm a pele clara e coberta de pelos, porque se casam com mulheres brancas. Vivem em cidades como Belém e Rio de Janeiro, trabalham em escritórios e é só no dia 19 de abril, Dia do Índio, que fazem dabucuris usando seus enfeites cerimoniais. No dia seguinte, voltam a se vestir como brancos e retomam seus trabalhos usuais. Assim, tomando por referência a trajetória do chefe dos Tukano, o branco passou de afim potencial para afim efetivo. O que se passou inicialmente com *Yu'pûri-Wa'ûro* prefigura a história das relações entre brancos e índios no Uaupés. Vimos que, quando os brancos iniciam a construção do forte de São Gabriel e o recrutamento de mão de obra indígena no Uaupés se intensifica, os Tukano se retiram para o Papuri, deixando os Tariano em Iauaretê. Com isso, os Tariano parecem ter se tornado cunhados dos brancos mais cedo – lembremos a história de Nanaio apresentada no capítulo anterior. Lembremos igualmente que, de sua posição em Iauaretê, os Tariano, como chefes dos Uaupés, não tardaram a ter acesso às mercadorias e nomes dos civilizados, como o atesta a história de Kali Calitro no final do século XVIII.

Assim, ao tomarmos conjuntamente o mito propriamente dito e as sequências finais do texto, nas quais a história se introduz, a civilização dos brancos aparece em dois momentos diferentes, nos quais se aborda sua origem, saída e retorno, após muito tempo, ao Uaupés. Parte daquelas potências do mundo primordial que haviam escapado ao controle dos ancestrais indígenas viria mais tarde a subir o Uaupés, na pessoa e nas coisas do colonizador. Os chamados *Pekasã*, a "gente da espingarda", voltaram a fazer parte da vida dos índios e, com o tempo, envolveram-se cada vez mais com eles. Durante muito tempo, esses brancos demonstraram um ponto de vista muito particular com relação aos índios: todos eram vistos indistintamente como *po'teri-kãharã*, a "gente das cabeceiras". Essa foi a forma pela qual os índios em geral passaram a ser chamados com a chegada da civilização, sendo a forma que denotava sua condição não civilizada. Os Baré do rio Negro foram os que mais rapidamente se excluíram dessa categoria, tendo bem antes que os grupos do Uaupés se apoderado das mercadorias dos brancos. Tornavam-se civilizados à medida que se apropriavam de uma nova perspectiva a respeito de si mesmos. Os índios do Uaupés tiveram que aguardar a chegada das missões para entrar na civilização. A princípio, a obtenção das coisas dos brancos implicava a substituição de suas próprias coisas, como as malocas, os enfeites e boa parte dos rituais. O que era visível e material foi substituído pelos novos itens da civilização.

Conta-se que os descendentes de *Yu'pûri-Wa'ûro*, aqueles Tukano que se tornaram brancos, passaram a visitar disfarçadamente a região do alto rio Negro. São pilotos de avião da Força Aérea e médicos-cirurgiões que operam no hospital de São Gabriel da Cachoeira. São, assim, especialistas nos mais avançados conhecimentos e técnicas dos brancos. Correm várias histórias no Uaupés sobre militares ou médicos que teriam sido ouvidos falando a língua tukano, ou mesmo que circunstancialmente teriam se revelado como índios, mas que no dia seguinte preferiram negar sua identidade – casos que, em geral, referem-se a situações vividas em bares noturnos nas cidades, onde índios e brancos podem beber juntos. Assim, apesar de cheios de novos conhecimentos, os descendentes de *Wa'ûro* não se esquecem de sua língua materna. Além disso, têm um livro onde se encontram ainda registrados todos os nomes tukano.

A história de *Yu'pûri-Wa'ûro* indica que, para mostrar aos brancos que os Tukano não são *po'teri-kãharã*, é preciso dominar suas técnicas e seus conhecimentos. A entrada na civilização mostra-se, dessa maneira, como uma empreita mais complexa do que pode parecer à primeira vista, pois trata-se de assimilar as capacidades há muito monopolizadas pelos brancos para incrementar as suas próprias, ou seja, para, com maior chances de sucesso, veicular uma perspectiva própria. As relações com os brancos referem-se, assim, a uma história de perspectivismos. Se até certa altura da história os índios aquiesceram à perspectiva dos brancos, aceitando sua categorização como gente sem civilização e, assim, localizada nas bordas da humanidade, com o passar do tempo e com sua progressiva entrada na civilização, um inusitado processo veio a ocorrer. Se parte da riqueza ancestral, como as flautas sagradas e as caixas de enfeites, foi levada pelos missionários, seus nomes e muitos de seus conhecimentos continuaram a ser transmitidos ao longo das gerações. E essa porção invisível e imaterial de riqueza mostra-se potencialmente passível de incremento por intermédio das coisas dos brancos. Refiro-me, especificamente, à própria narrativa que resumi e interpretei ao longo deste capítulo, que, na forma de um livro, foi publicada em sua versão integral antes mesmo do término da redação de minha tese, uma nova objetificação, sem dúvida, que devolve aos brancos uma perspectiva dos Tukano a respeito de si mesmos.

"Nossa esperança", disse-me o senhor Moisés Maia, principal narrador do texto, "é que os filhos de *Yu'pûri-Wa'ûro* que estão lá como brancos vejam que ainda estamos aqui como *Ye'pâ-Masa*". Se este livro objetifica uma perspectiva tukano em face dos Tariano, Pira-Tapuia e outros, não deixa de enviar uma mensagem aos brancos, que interpreto da seguinte maneira: continuamos índios, apesar de vossa civilização e por meio dela.

Considerações finais

Conversando certa vez em Manaus com religiosas que atuaram em Iauaretê nos idos dos anos 1950, vim a saber que, de seu ponto de vista, naquela época os índios só pensavam em uma coisa: "queriam virar brancos". Essa afirmação me fez lembrar de um discurso proferido no ano anterior por ocasião da formatura de segundo grau do Colégio São Miguel em Iauaretê. O paraninfo da turma de formandos, um tariano que hoje é o maior comerciante indígena do povoado, habituado a negociar intensamente com os brancos, dizia o seguinte: "meus irmãos, mesmo que queiramos ser como brancos, nunca vamos chegar ao topo dessa pirâmide de ser branco, seremos sempre indígenas ou índios civilizados ... vamos resgatar nossa cultura, nossa língua, mostrar para o mundo que nós também somos um povo, que temos cultura, que merece respeito, assim como respeitamos outras culturas e povos". O que terá ocorrido ao cabo dessas cinco décadas para acarretar tal mudança de perspectiva? A emergência de um discurso etnopolítico? Constatação de uma assimetria inelutável? Mas será que os índios de Iauaretê almejaram realmente se transformar em brancos?

Muitas pessoas em Iauaretê apontam que os Baré, moradores dos vários sítios e comunidades às margens do rio Negro, já haviam se aventurado por esse caminho de "tornar-se branco". Ao comentar o assunto, um professor tukano de Iauaretê, que passou uma temporada lecionando em uma das escolas do rio Negro, afirmou que os Baré consideram-se mais civilizados porque usam a língua geral, moram no rio Negro e tomam café com bolachas pela manhã. Mas não vivem em verdadeiras comunidades e sim em sítios espalhados ao longo do rio, ou seja, "no mato, para bem dizer". Lá, disse ainda o professor, porcos e galinhas vivem entrando nas casas, coisa impensável nos bem organizados bairros de Iauaretê. "Já quiseram ser como brancos", comenta-se a respeito dos Baré, "agora estão querendo ser mais índios do que nós", referindo-se à retomada de sua identidade indígena na última década. Quanto a isso, ouvi de um baré a seguinte explicação: "as coisas que os índios têm ainda hoje, a gente também sabe fazer, como canoas, cestarias e dançar com carissu, mauaco e japurutu [tipos de flauta]; mas resolvemos deixar essas coisas para eles, porque fomos pegando *outras coisas*". Essa pessoa contou que, quando os Baré precisam de canoas ou cestos, vão então comprá-los dos outros índios, ou seja, os Baré não avaliam que tenham "perdido" tais itens contra sua vontade, mas que fizeram suas opções. E essa explanação baré não deixa de ser coerente com a apreciação final dos índios do Uaupés a seu respeito: "os Baré eram tidos por civilizados porque possuíam mercadorias". Em Iauaretê, morar em sítios dispersos, "quase no mato", não representa, em hipótese alguma, um modo de vida civilizado. Ali, como vimos, os cuidados com a comunidade, a educação escolar, o controle da juventude, as festas de caxiri, as refeições e o trabalho coletivos são elementos imprescindíveis no cotidiano de uma comunidade animada e, assim, civilizada. Esse cenário contrasta-se com a imagem que fazem dos pequenos sítios baré dispersos ao longo do rio Negro.

Porém, não há dúvida de que os moradores dos bairros de Iauaretê concordariam que, com o tempo, têm ficado cada vez mais diferentes dos antepassados e cada vez mais parecidos com os brancos ou os Baré, porque também eles vêm consumindo mercadorias em quantidades cada vez maiores – essas "outras coisas", que nosso informante baré mencionou.

Cidade do índio

A diferença entre os índios de hoje e seus antepassados fica ainda mais evidente quando afirmam que falam uma língua emprestada, referindo-se ao uso exclusivo do português em várias circunstâncias, isto é, na escola, na igreja e no exercício de algumas profissões. Mas o que os índios do Uaupés também percebem atualmente – e talvez desde sempre – é que os brancos são possuidores de "outra vida", despojados de etnia, constituindo outro tipo de gente, *ape-masa*. Um modo usado por uma pessoa para me dar uma noção da diferença entre índios e brancos foi comparar o que um pai indígena transmite a seu filho com aquilo que um pai branco não pode transmitir ao seu. Se um paulista como eu tiver seu filho no Amazonas, a criança não será paulista, disseram-me, ao passo que os índios do Uaupés podem ter filhos em qualquer parte do mundo sem que essas crianças deixem de ser índios, ou mais especificamente, tariano, tukano, desana, arapasso, pira-tapuia, wanano, tuyuka e assim por diante. "O problema dos brancos é que eles não têm etnia", ainda me explicaram, "sua *vida* é diferente". Do ponto de vista indígena, isso leva à conclusão de que os brancos jamais deixaram de ser de fato *wa'î-masa*, gente-peixe. Os brancos, ao contrário dos índios, são fruto de uma transformação abrupta e, talvez por isso, incompleta: não chegaram a obter nomes, ou almas, como ocorreu com os ancestrais indígenas. Mas não deixaram de monopolizar outras potências.

Assim, ainda que o modo de vida das pessoas de Iauaretê tenha se tornado cada vez mais distinto daquele de seus avós, elas não chegaram a se transformar em outro "tipo de gente", como são os brancos com sua carência de etnia. E ainda que se vejam como diferentes entre si, pois cada um tem sua etnia, os índios do Uaupés consideram-se o mesmo tipo de gente, diferenciando-se conjuntamente dos brancos. Afirmam ser o mesmo tipo de gente porque sua comida é, basicamente, a mesma, e sua alimentação ideal, apesar da crescente introdução da comida dos brancos, continua sendo baseada em peixe com pimenta e beiju.

Portanto, podemos concluir que hoje, no Uaupés, os índios afirmam, ao mesmo tempo, uma continuidade e uma descontinuidade com relação a seus antepassados. Poderíamos dizer que há uma descontinuidade quanto ao "modo de vida", mas uma continuidade expressa na frase "a vida do branco é diferente". Acontece que essa não é uma frase tão simples ou evidente, como pode parecer. Aqui não está em questão o modo de vida ou o modo como hoje se leva a vida, mas aquela propriedade metafísica embutida nos corpos indígenas na concepção e reforçada pela nominação, o *katisehé*. Em Iauaretê, isso não é necessariamente contraditório à incorporação progressiva das coisas dos brancos. A entrada progressiva na civilização pode ter transformado o modo de se viver, mas não chegou a corromper a substância imaterial que propicia a vida dos índios. Como fica patente pelas falas de vários moradores proeminentes de Iauaretê, seus antigos tuxáuas, ao receber entusiasticamente os salesianos, procuraram, na verdade, suplementar essa herança ancestral, cristalizada em seus itens de riqueza. E se hoje há bairros que fundamentam sua vida comunitária na obtenção cada vez mais intensa dos itens da civilização, há outras comunidades que, como vimos, começam a rever essa orientação, especialmente aquelas onde vivem grupos que, do ponto de vista da chamada "cultura dos antigos", situam-se em posições elevadas da hierarquia tradicional.

A noção de civilização foi, certamente, por muito tempo uma referência central do próprio discurso indígena, mas hoje são os próprios índios que questionam sua adequação para qualificar suas diferenças com os brancos. Para eles, o que parece estar em causa não é apenas quem é civilizado e quem é índio, mas também o que é um civilizado e o que é um índio. Há uma distinção fundamental entre essas duas categorias, cujos atributos se apresentam como dois polos extremos entre os quais as pessoas podem se situar de acordo com o tipo de vida que levam hoje. As categorias "civilizado" e "índio" são, respectivamente, traduzidas para a língua tukano com as expressões *pekâsã* e *po'teríkãharã*. Como vimos, o primeiro termo é a palavra usada para designar os brancos, sendo uma forma abreviada da expressão *pekã-masa*, "gente da lenha de fogo tubular e oca", com a acepção precisa de "gente da espingarda" e evocação direta do evento mítico de origem dos brancos. Já o termo *po'teríkãharã* refere-se genericamente aos indígenas da região e se traduz como "aqueles que são das cabeceiras", tendo sido usada principalmente por missionários com conotação de "não civilizado". Trata-se de uma oposição que mantém um claro paralelo com aquela, explorada, no segundo capítulo, entre os Baré, a gente misturada e civilizada do rio Negro, e

Cidade do índio

os Uaupés, os índios propriamente ditos, não civilizados, cujas malocas localizavam-se acima das primeiras cachoeiras do rio Caiary, que viria, por isso mesmo, a ficar conhecido como "rio dos Uaupés".

Como nos indicava Koch-Grünberg no início do século XX, o termo "Uaupé" não agradava àqueles assim referidos, pois qualificava gente sem caráter e pouco confiável. A conotação depreciativa do termo é, com efeito, confirmada por seu significado ainda recordado por pessoas mais velhas: "comedores de tapuru". Como discutimos, a etimologia da palavra *uaupé*, ou *boupé*, tal como aparece registrada nas fontes históricas, é desconhecida, não havendo cognatos na língua geral ou nas línguas das famílias tukano e aruak ainda existentes na região. Mas por sua função adjetiva mais específica – comedores de tapuru – é possível, por outro lado, identificar sua tradução na língua tukano propriamente dita. Trata-se de uma expressão usada pelos Tukano, Tariano e demais grupos de Iauaretê para qualificar, precisamente, os *po'teríkãharã*, "a gente das cabeceiras": *ba'tî î'ia-masa*, "a gente do tapuru", que se refere àqueles que se alimentam de tapurus. Gente assim é considerada "sem juízo" (*ti'omasítirã*), "sem planos", "que vive como bêbados" e que come tapurus por não ter sua própria comida. Em tukano, portanto, os Uaupés seriam *ba'tî î'ia-masa*.

Um relato do senhor Gregório Soares, tukano do Papuri hoje residente no bairro de São Miguel, nos dá uma clara ideia de quem, do ponto de vista dos moradores de Iauaretê, são esses comedores de tapuru:

> Como nós temos nosso surgimento no *Pa'mîri-pee* [o buraco de transformação], em Ipanoré, lá mesmo começou o respeito entre os grupos (*ẽhopeósehe*, "respeito, tratamento adequado entre as pessoas e grupos"). Já esses grupos que surgiram aqui no Aracapá [a cachoeira de Aracapá, próxima à foz do rio Papuri, há poucos minutos de Iauaretê], esses são *po'terikãhara*. São os *yiará, eêruria, pamoá, bosoá, wa'î-yãra, miteá, pãrêroa* [alguns desses termos referem-se aos Barasana, Tatuyo, Makuna e Carapanã, grupos da família linguística tukano que vivem nas cabeceiras do Uaupés, Tiquié, Papuri e Pira-Paraná, já em território colombiano]. Eles apareceram mais para cima que nós, nas cabeceiras, e surgiram através do ipadu. Esses grupos não fizeram parte da viagem da cobra-canoa de transformação. Eles são considerados nossos avós [isto é, inferiores hierarquicamente]. Ao contrários deles, nossos ancestrais não comiam

ipadu, mas farinha de milho e de tapioca. Já comparados a eles, nós somos *Ye'pâ-masa*, cada grupo tendo seu nome ... Esses, nossos ancestrais já consideravam *peorã* [maku, servidor] e os chamavam de *ba'tî ĩ'ia-masa*, a gente do tapuru, gente que não tem sua própria comida, que come tapuru ou come da comida de outros.

Essa fala demonstra, a meu ver, que a civilização não corresponde a um valor absoluto monopolizado pelos brancos. Ao diferenciar os grupos que tiveram origem em Ipanoré de outros que surgiram em Aracapá – uma cachoeira a montante –, Gregório Soares exclui os grupos de Iauaretê e praticamente todos os demais que residem na porção brasileira do Uaupés, da categoria *po'teríkãhara*, pois entre eles vigora respeito e tratamento adequado, *ẽhopeósehe*. Quanto aos *po'teríkãhara*, não ocorre o mesmo, pois estes surgiram rio acima, nas pedras das primeiras cachoeiras do Papuri, através do ipadu. A partir desse ponto, deslocam-se a montante para encontrar seu lugar à beira do mundo. Portanto, se para os brancos os grupos residentes em Iauaretê são gente das cabeceiras, para eles próprios a verdadeira gente das cabeceiras são os grupos que vivem ainda mais acima de seu território. São considerados avós, inferiores; são, enfim, os verdadeiros comedores de tapuru. À primeira vista, somos levados a pensar em termos de um gradiente de civilização decrescente, que se estende entre os seguintes polos: de jusante a montante, de leste a oeste, do Lago de Leite à beira do mundo, com os grupos do Uaupés brasileiro situando-se em um ponto intermediário. A avaliação retrospectiva que hoje se faz quanto à atitude dos antigos para com a civilização dos brancos parece, em princípio, corroborar essa observação, pois, afirma Gregório Soares: "Antigamente os velhos escutaram essa palavra através dos padres e acharam que, para ser civilizado, era preciso levar a vida como os brancos. Isto é, ter roupas, calçados, falar português. Se uma pessoa já tinha isso tudo, já era vista como civilizada".

Isso nos poderia levar a pensar que a entrada na civilização corresponde a um movimento de aproximação ao polo ocupado pelos brancos e, assim, a um afastamento ainda maior por parte dos grupos do Uaupés com relação àquela gente das cabeceiras. Mas os brancos são, como vimos, possivelmente desalmados, uma conclusão abdutiva que decorre do fato de não possuírem etnia. Trafegar ao longo desse eixo, no sentido oeste-leste – das cabeceiras para o mundo dos brancos e suas mercadorias – não implica, portanto, tornar-se branco, pois ainda que ser tukano ou tariano corresponda, em certo sentido, a ocupar um ponto médio entre as categorias *pekâsã* e *po'teríkãhara*, tais etnônimos não constituem categorias transitórias, a serem abandonadas tão logo os índios alcancem a plena civilização. O movimento de entrada na civilização não levou, assim, à superação de uma condição tukano ou tariano, pois estas guardam uma qualidade interior própria: *Ye 'pâ-Masa* e *Bipó-Diroá-Masa*, "gente terra" e "gente do sangue do Trovão", respectivamente. Essas são as categorias de fundo de toda a nossa história, que, por um lado, justapõem-se entre si, mas, por outro, justapõem-se conjunta e duplamente aos polos mencionados. O processo histórico do contato com os brancos e da busca da apropriação de seus poderes é, portanto, simultâneo a um processo de reiteração, não de superação, de um legado ancestral, agenciado em grande medida pelo xamanismo vertical dos *kumu* (ver S. Hugh-Jones, 1996). Apesar das vicissitudes da colonização, os grupos do Uaupés puderam, dessa maneira, guardar uma interioridade social própria, associada a valores de ancestralidade e hierarquia – "continuidade diacrônica entre vivos e mortos" e "descontinuidade sincrônica entre os vivos" (ver Viveiros de Castro, 2002e, p.471).

Com o passar do tempo, pela convivência cada vez mais intensa com os brancos, as comparações com os civilizados tenderam a assumir novas cores. Gregório Soares continua seu relato da seguinte maneira:

> O que eu acho é que a civilização não é ser como os brancos, pois o nosso modo de viver já era a nossa civilização. Mas os velhos acharam que era preciso ter as coisas do branco para ser civilizado. Como eu já fui professor, posso dizer que dentro da maloca já havia civilização, pois cada pessoa tinha sua área para limpar e suas coisas em ordem. Durante as festas não se podia agredir os outros, como o chefe recomendava.

De modo importante, ele agrega em seguida:

> Os padres chegaram dizendo que vieram para civilizar, mas se eles tivessem vindo para criar mesmo uma civilização eles primeiro deveriam ver e entender os costumes de nossos antepassados. Mas eles se precipitaram, dizendo que para civilizar os índios seria preciso acabar com os

dabucuris e *miriã* [as flautas do jurupari]. Eles deveriam ter tido esse reconhecimento, e acabaram nos prejudicando.

Há pessoas em Iauaretê que afirmam que muitos de seus antepassados que auxiliaram os salesianos na implantação da missão em pouco tempo se surpreenderam com a conta que foi apresentada. O velho tuxáua Leopoldino foi um deles, que, destituído de suas "riquezas", decidiu abandonar Iauaretê (ver Cap. 5). Bem se vê que não era o caso de trocar uma coisa pela outra. Os índios queriam a civilização dos brancos para incrementar a sua própria, valorizando nomes e objetos brasileiros de um ponto de vista subjetivo, isto é, pelos mesmos parâmetros com que valorizavam sua própria riqueza. Os índios claramente subjetivaram as coisas dos brancos, e isso não parece ter passado despercebido aos salesianos, que, para obter caixas de adornos e instrumentos cerimoniais, utilizaram-se bastante do expediente de distribuir ou negar mercadorias. Gregório Soares prossegue apontando que, embora os padres dissessem que vinham para civilizar os índios, eles não chegaram a "entender os costumes dos antepassados", no que é confirmado por várias pessoas de Iauaretê: "mesmo antes da chegada dos padres, nós tínhamos muita civilização, mas eles não entenderam...", refletem hoje, por exemplo, os Tariano dos bairros de Santa Maria e São Pedro. Se não entenderam o essencial, puderam avaliar suficientemente o papel central da maloca, dos adornos e das flautas na cosmologia desses povos, atacando-os por todos os meios de que dispunham. Hoje, muitos Tukano e Tariano avaliam que é hora de trazer de volta ao Uaupés essa parte usurpada da riqueza de seus antepassados, colocar no papel sua sabedoria e retomar práticas culturais. O acelerado processo de urbanização a que assistem em Iauaretê os leva a avaliar que essa é uma tarefa urgente.

O que pude conhecer sobre a cosmologia indígena do Uaupés resulta de meu envolvimento nesse tipo de discussão e do fato de ter-me colocado à disposição para auxiliar na redação de manuscritos sobre as histórias dos antigos. A meu ver não há outra maneira de se fazer pesquisa antropológica no Uaupés hoje, pois ali a antropologia é estigmatizada em geral como uma atividade que interessa aos brancos que poucas vezes trouxe algum benefício para os índios. Hoje eles tentam explorar melhor seus etnógrafos, como profissionais especializados em colocar no papel suas tradições orais. É hora, aos olhos destes, de repensar sua entrada na civilização, para, dessa maneira, imaginar um futuro para as novas gerações e para essa cidade indígena na fronteira do Brasil. É preciso refletir sobre as consequências que vem trazendo o modo de vida que os índios do Uaupés escolheram adotar. Talvez isso venha a ensejar mudanças tão significativas quanto as mudanças de hábitos e comportamentos impostas pelos missionários, pois implicarão uma reconfiguração da coexistência entre o novo e o velho em Iauaretê.

Referências bibliográficas

ALBERT, Bruce. *Temps du sang, temps des cendres:* représentations de la maladie, système rituel et espace politique chez les Yanomami du sud-est (Amazonie brésilienne). Nanterre, 1985. Tese (Doutorado) – Université de Paris X.

_____. Ethnographic Situation and Ethnic Movements. Notes on post-Malinowskian fieldwork. *Critique of Anthropology*, v.17, n.1, p.53-65, 1997.

_____. Territorialité, Ethnopolitique et Développement: À Propos du Mouvement Indien en Amazonie Brésilienne. *Cahiers des Ameriques Latines,* v.23, p.177-210, 1998a.

_____. O ouro canibal e a queda do céu. Uma crítica xamânica da economia política da natureza. *Série Antropologia (Universidade de Brasília, Depto. de Antropologia),* v.174, 30p., 1998b.

_____. Introdução. In: ALBERT, Bruce, RAMOS, Alcinda. *Pacificando o branco.* Cosmologias do contato no Norte amazônico. São Paulo: Editora Unesp/ Imprensa Oficial/IRD, 2001.

ALMEIDA, Mauro. Dilemas da razão prática: simbolismo, tecnologia e ecologia na floresta amazônica. *Anuário Antropológico,* v.86, p.213-26, 1988.

_____. Desenvolvimento e responsabilidade dos antropólogos. In: _____. *Desenvolvimento e direitos humanos.* A responsabilidade do antropólogo. Campinas: Editora da Unicamp, 1992.

_____. Guerras culturais e relativismo cultural. *Revista Brasileira de Ciências Sociais,* v.14, n.41, p.5-14, 1999.

_____. The Politics of Amazonian Conservation: The Struggles of Rubber Tappers. *Journal of Latin American Anthropology,* v.7, n.1, p.170-219, 2002.

ALMEIDA, Mauro. *A inconstância da alma selvagem*. Resenha. Mss., 2003. 19p.

_____. *A ética no trabalho de campo*. Mss. (notas de aula), s.d. 12p.

ALMEIDA, Mauro, CARNEIRO DA CUNHA, M. Global Environmental Changes and Traditional Populations. In: HOGAN, Daniel J., TIOMNO, Maurício (orgs.). *Human Dimension of Global Environmental Changes:* Brazilian Perspectives. Rio de Janeiro, Academia Brasileira de Ciência, 2001. p. 79-98.

ANDRELLO, Geraldo. *Os Taurepáng:* memória e profetismo do século XX. Campinas, 1993. Dissertação (mestrado) – Universidade Estadual de Campinas.

_____. *Relatório Içana*. São Paulo: Programa Rio Negro, ISA, mss., 1995. 16p.

_____. Área indígena alto Rio Negro renasce das cinzas. *Povos Indígenas no Brasil 1991-1995*, v.119-22. São Paulo: Instituto Socioambiental, 1996.

APPADURAI, Arjun. The past as a scarce resource. *Man*, v.16, n.2, p.201-19, 1981.

_____. (ed.). *The Social Life of Things:* Commodities in Cultural Perspective. Cambridge: Cambridge University Press, 1986.

ARAÚJO E AMAZONAS, Lourenço da Silva. *Dicionário topográphico, histórico, descriptivo da comarca do alto Amazonas*. Manaus: Associação Comercial do Amazonas, edição fac-similar, [1852] 1984.

ARHEM, Kaj. *Makuna Social Organization*. A Study in Descent, Alliance and the Formation of Corporate Groups in the North-west Amazon. Stockholm: Almqvist and Wiksell International, 1981.

_____. Ecosofia Makuna. In: CORREA, F. (ed.). *La Selva Humanizada*. Santafé de Bogotá: Cerec, 1993.

_____. Cosmic food web. Human-nature relatedness in the Northwest Amazon. In: DESCOLA, P., PÁLSSON, G. (eds.). *Nature and Society*. Anthropological perspectives. London and New York: Routledge. 1996. p.185-204.

_____. From Longhouse to Village: Structure and Change in the Colombian Amazon. In: RIVAL, L. M., WHITEHEAD, N. L. (eds.). *Beyond the Visible and the Material*. The Amerindianization of Society in the Work of Peter Rivière. Oxford: Oxford University Press, 2001. p.123-56.

BARBOSA, Manuel (Kedali), GARCIA, Adriano (Kali). *Upíperi Kalísi*. Histórias de antigamente. História dos antigos Taliaseri-Phururana. São Gabriel da Cachoeira: Unira/FOIRN, 2000.

BECERRA, Gabriel Cacrera. *Indios, Misiones y Fronteras:* Una Historia de las Misiones *Católicas en el Vaupés*, 1850-1950. Bogotá, 2001. Dissertação (Mestrado em História) – Facultad de Ciencias Humanas, Universidad Nacional de Colombia.

BRANDÃO DE AMORIM, Antonio. *Lendas em Nheengatu e em Português*. Manaus: Associação Comercial do Amazonas, [1926] 1987.

BRANDHUBER, Gabriele. Why Tukanoans Migrate. Some remarks on conflict on the Upper Rio Negro (Brazil). *Journal de la Societé des Americanistes*, v.85, p.261-80, 1999.

BRUZZI, Alcionílio da Silva. *A civilização indígena do Uaupés*. Roma: LAS, [1949] 1977.

_____. *Crenças e lendas do Uaupés*. Quito: Abya-Yala, 1994.

BUCHILLET, Dominique. *Maladie et mémoire des origines chez les Desana du Uaupés*. Conceptions de la maladie et de la thérapeutique d'une société amazonienne. Nanterre, 1983. Tese (Doutorado) – Université de Paris-X.

_____. Los Poderes del Hablar. Terapia y agresión chamanica entre los índios Desana del Vaupes brasilero. In: BASSO, E., SHERZER, J. (eds.). *Las Culturas Nativas a traves de su discurso*. Quito: Abya-Yala/MCAL, 1990. (Coleção 500 anos)

_____. Pari Cachoeira: o laboratório tukano do Projeto Calha Norte. In: CEDI. *Povos Indígenas no Brasil 1987/88/89/90*. São Paulo, 1991. p.107-15. (Aconteceu especial, 18).

_____. *Os índios da região do Alto Rio Negro*. História, etnografia e situação das terras. Relatório apresentado à Procuradoria Geral da República. Brasília, Mss. 87p.

_____. Nobody is There to Hear. Desana Therapeutic Incantations. In: LANGDON, L. M., BAER, G. (eds.). *Portals of Power*. Shamanism in South America. Albuquerque: University of New Mexico Press, 1995.

CABALZAR, Aloísio, RICARDO, Carlos A. *Povos indígenas do alto e médio Rio Negro – Mapa/Livro*. São Paulo: ISA/FOIRN/MEC, 1998.

CABALZAR, Aloísio. *Organização Social Tuyuka*. São Paulo, 1995. Dissertação (Mestrado) – Faculdade de Filosofia Ciências Humanas e Letras, Universidade de São Paulo.

_____. Descendência e aliança no espaço tuyuka. A noção de nexo regional no noroeste amazônico. *Revista de Antropologia*, v.43, n.1, p.61-88, 2000.

_____. *Geografia das Alianças no rio Tiquié*. Mss. s.d. 25p.

CÂMARA CASCUDO, Luís. *Em memória de Stradelli*. Manaus: Valer Editora/ Edições do Governo do Estado, 2001.

CANCLINI, Nestor G. *Culturas híbridas*: Estrategias para entrar y salir de la modernidad. México, D.E: Grijalbo, 1990.

CARNEIRO DA CUNHA, Manuela. Política indigenista no século XIX. In: _____. (org.). *História dos índios no Brasil*. São Paulo: Fapesp/Companhia das Letras/ SMC, 1992a. p.133-54.

_____. Introdução a uma história indígena. In: CARNEIRO DA CUNHA, M. (org.). *História dos índios no Brasil*. São Paulo: Fapesp/Companhia das Letras/ SMC, 1992b. p.9-24.

_____. *De Charybde en Scilla: saviors traditionnels, droits intellectuels et dialectique de la culture*. Conferência Marc Bloch, EHESS, Paris, 2004.

CARNEIRO DA CUNHA, Manuela, VIVEIROS DE CASTRO, Eduardo. Vingança e temporalidade: os Tupinambás. *Anuário Antropológico*, p.57-78, 1985.

CARVALHO, José C. M. *Notas de viagem ao Rio Negro*. Rio de Janeiro: Museu Nacional, 1952.

CASTRO, Henrique. Os colonos são vocês. In: CEDI. *Povos Indígenas no Brasil 1987/88/89/90*. São Paulo, 1991. p.101-6. (Aconteceu Especial 18)

CEDI. *Povos Indígenas no Brasil 1987/88/89/90*. São Paulo, 1991. (Aconteceu Especial 18)

CHAUMEIL, Jean-Pierre. The Blownpipe Indians: Variations on the Theme of Blownpipe and Tube among Yagua Indians of the Peruvian Amazon. In: RIVAL, L. M., WHITEHEAD, N. L. (eds.). *Beyond the Visible and the Material*. The Amerindianization of Society in the Work of Peter Rivière. Oxford: Oxford University Press, 2001. p.81-100.

CHERNELA, Janet. Estrutura social do Uaupés. *Anuário Antropológico*, v.81, p.59-69, 1982.

_____. *The Wanano Indians of the Brazilian Amazon*: A Sense of Space. Austin: University of Texas Press, 1993.

COMISSÃO DE DEFESA DO CONSUMIDOR, MEIO AMBIENTE E MINORIAS. *Agenda 21*. Brasília: Câmara dos Deputados, Coordenação de Publicações, 1995.

CONKLIN, Beth, GRAHAM, Laura. The shifting middle ground: Amazonian indians and eco-politics. *American Anthropologist*, v.97, n.4, p.695-710, 1995.

COSTA, D. Frederico. *Carta pastoral de Dom Frederico Costa, bispo do Amazonas a seus amados diocesanos*. Fortaleza, 1909.

COUDREAU, Henri. *La France équinoxiale*. Voyage à travers les Guyanes et l'Amazonie. Paris: Challamel Aine, 1887/89.

CRUZ, Oswaldo. *Relatório sobre as condições Medico-Sanitarias do Valle do Amazonas apresentado a S. Exma. Snr. Dr. Pedro de Toledo, Ministro da Agricultura, Industria e Commercio pelo Dr. Oswaldo Gonçalves Cruz*. Rio de Janeiro: Typ. Do Jornal do Commercio, 1913.

DESCOLA, Philippe. Les affinités sélectives: alliance, guerre et prédation dans l'ensemble Jivaro. *L'Homme*, v.126-8, p.171-90, 1993.

DIAS, Gonçalves. Diário da Viagem ao Rio Negro. In: *Gonçalves Dias na Amazônia*, Col. Austregésilo de Athayde, Introdução de Josué Montello. Rio de Janeiro: Academia Brasileira de Letras, [1861] 2002. p.135-203.

ERIKSON, Philippe. Myth and Material Culture: Matis Blownguns, Palm Trees, and Acestors Spirits. In: RIVAL, L. M., WHITEHEAD, N. L. (eds.). *Beyond the Visible and the Material*. The Amerindianization of Society in the Work of Peter Rivière. Oxford: Oxford University Press, 2001. p.101-22.

ESCOBAR, Arturo. *Encountering Development*. The Making and Unmaking of the Third World. Princeton: Princeton University Press, 1995.

FARAGE, Nádia. *As muralhas dos sertões*. Os povos indígenas do rio Branco e a colonização. São Paulo: Paz e Terra/Anpocs, 1991.

FAUSTO, Carlos. *Inimigos fiéis*: história, guerra e xamanismo na Amazônia. São Paulo: Edusp, 2001.

_____. Banquete de gente. Canibalismo e comensalidade na Amazônia. *Mana*, v.8, n.2, p.10-45, 2002.

FERNANDES, Américo (Diakuru), FERNANDES, Dorvalino (Kisibi). *A mitologia sagrada dos Desana-Wari Dihputiro Porã*. São Gabriel da Cachoeira: Unirt/FOIRN, 1996.

FERNANDES DE SOUZA, Cônego André. Noticias Geographicas da Capitania do Rio Negro no Grande Rio Amazonas. *Jornal do IHGB*, 4°. trimestre de 1848. t.X.

FERREIRA, Alexandre Rodrigues. Diário da viagem Philosophica pela Capitania de S. José do Rio Negro com a informação do estado presente, pelo Dr. Alezandre Rodrigues Ferreira, naturalista empregado na expedição philosophica do Estado, em 1775-6. *Revista do IHGB*. Rio de Janeiro, [1776] 1885. t.48.

FULOP, Marcos. Aspectos de la Cultura Tukana – Cosmogonía. *Revista Colombiana de Antropología*, v.3, p.99-137, 1954.

_____. Aspectos de la Cultura Tukana – Mitología. *Revista Colombiana de Antropología*, v.5, p.335-73, 1956.

GALVÃO, Eduardo. Encontro de sociedades tribal e nacional no Rio Negro. In: SCHADEN, E. (org.). *Leituras de Etnologia brasileira*. São Paulo: Companhia Editora Nacional, 1976.

_____. Aculturação indígena no Rio Negro. In: _____. *Encontro de sociedades*. Índios e brancos no Brasil. São Paulo: Paz e Terra, 1979.

GATES, Marilyn. Anthropology and the Development Encounter. *Current Anthropology*, v.37, n.3, p.575-77, 1996.

GEERTZ, Cliford. A pesquisa antropológica nos novos países. In: *Nova Luz sobre a Antropologia*. Rio de Janeiro: Jorge Zahar, 2000.

GELL, Alfred. Strathernograms, or the semiotics of mixed metaphors. In: _____. *The art of anthropology*: essays and diagrams. London: Athlone, 1999. p.29-75.

GENTIL, Gabriel. Mito Tukano. *Quatro tempos de antiguidades*. Histórias proibidas do começo do mundo e dos primeiros seres. Edição para Regula Ruegg e Dorothee Ninck, Zurich e Basel: Waldgut, 2000. t.I.

GOLDMAN, Irving. Tribes of the Uaupes-Caqueta Region. In: STEWARD, J. H. (org.). *Handbook of South American Indians*. New York: Cooper Square Publishers, 1948. v.III, p.763-98.

_____. *The Cubeo. Indians of the Northwest Amazon*. Urbana: University of Illinois Press, [1963] 1979.

GORDON, Cesar. *Folhas pálidas*. A incorporação Xikrin (Mebêngôkre) do dinheiro e das mercadorias. Rio de Janeiro, 2003. Tese (Doutorado) – programa de Pós-gradução em Antropologia Social, Museu Nacional.

GOW, Peter. *Of mixed blood*: kinship and history in Peruvian Amazonia. Oxford: Clarendon Press, 1991.

_____. Gringos and Wild Indians. Images of History in Western Amazonian Cultures. LA REMONTÉE de l'Amazone. *LHomme*, v.126-8, n. esp., p.327-47, 1993.

GOW, Peter. *An amazonian myth and its history.* Oxford: Oxford University Press, 2001.

____. "Ex-cocama": Identidades em transformação na Amazônia peruana. *Mana,* v.9, n.1, p.57-79, 2003.

GREGORY, Christopher. *Gifts and Commodities.* Cambridge: Cambridge University Press, 1982.

GRÜNBERG, Georg. *Relatório Uaupés.* São Paulo: Programa Rio Negro, ISA, mss., 1995. 16p.

GUDEMAN, S., RIVERA, A. *Conversations in Colombia.* The domestic economy in life and texto Cambridge: Cambridge University Press, 1990.

GUDEMAN, Stephen. *Economics as Culture.* Models and Metaphors of Livelihood. London: Routledge and Keagan Paul, 1986.

____. Remodeling the house of economics: culture and innovation. *American Ethnologist,* v.19, n.1, p.141-54, 1992.

HILL, Jonathann. *Wakuenai Society:* a processual-structural analysis of indigenous cultural life in the Upper Rio Negro region of Venezuela. Ann Arbor, Indiana: The University of Microfilms International, 1983. Tese (Doutorado) – University of Indiana.

____. *Keepers of Sacred Chants.* The Poetics of Ritual Power in an Amazonian Society. Tucson: The University of Arizona Press, 1993.

HILL, Jonathann, WRIGHT, Robin. Time, narrative and ritual: historical interpretation from an Amazonian society. In: HILL, J. (ed.). *Rethinking history and myth.* Urbana: University of Illinois Press, 1988. p.78-105.

HOBART, Mark. Introduction: The Growth ofIgnorance? In: HOBART, M. (ed.). *An Anthropological Critique of Development.* The Growth of Ignorance. London: Routledge/Eidos, 1993. p.1-30.

HUGH-JONES, Christine. *From the Milk River:* Spatial and Temporal Processes in North-west Amazonia. Cambridge: Cambridge University Press, 1979.

HUGH-JONES, Stephen. *The Palm and the Pleiades:* Initiation and Cosmology in North-west Amazonia. Cambridge: Cambridge University Press, 1979.

____. Historia del Vaupés. *Maguaré. Revista del Departamento de Antropologia,* v.1, n.1, p.29-51, 1981.

____. The Gun and the Bow. Myths of White Men and Indians. *L'Homme,* v.106-7, p.138-55, 1988.

____. Yesterday's luxuries, tomorrow's necessities: business and barter in northwest Amazonia. In: HUGH-JONES, S., HUMPHREY, C. (eds.). *Barter, Exchange and Value.* An anthropological approach. Cambridge: Cambridge University Press, 1992.

____. Clear Descent or Ambiguous Houses? A Re-Examination of Tukanoan social Organisation. LA REMONTÉE de l'Amazone. *L'Homme,* v.126-8, n. esp., p.95-120, 1993.

____. Inside-out and back-to-front: the androgynous house in Northwest Amazonia. In: CARSTEN, J., HUGH-JONES, S. (eds.). *About the house. Lévi-Strauss and Beyond,* p.226-52. Cambridge: Cambridge University Press, 1995.

HUGH-JONES, Stephen. Shamans, prophets, priests and pastors. In: THOMAS, N. & HUMPHREY, C. (eds.). *Shamanism, history, and the state*. Ann Arbor: University of Michigan Press. 1996. p.32-75.

_____. Éducation et Culture. Réflexion sur le systeme scolaire dans la région du Vaupés. In: SURVIVAL INTERNATIONAL. *Repenser l'école. Témoignages et expériences éducatives en milieu autochtone*. Paris, 1998. p.179-201. (Ethnies Documents, 22-23)

_____. The Gender of some Amazonian Gifts: An Experiment with a an Experiment. In: GREGOR, T., TUZIN, D. (eds.). *Gender in Amazonia and Melanesia*. Berkeley: University of California Press, 2001. p.245-78.

_____. Nomes secretos e riqueza visível: Nominação no noroeste amazônico. *Mana*, v.8, n.2, p.45-68, 2002.

_____. Brideservice and the Absent Gift. Mss., s.d.a. 28p.

_____. Pandora's Box. Amazonian Style. Mss., s.d.b. 30p.

HUGH-JONES, Stephen, HUMPHREY, Caroline (eds). *Barter, Exchangeand Value. An anthropological approach*. Cambridge: Cambridge University Press, 1992.

JACKSON, Jean. *The Fish People*. Linguistic Exogamy and Tukanoan Identity in Northwest Amazonia. Cambridge: Cambridge University Press, 1983.

_____. Being and Becoming Indian in the Vaupés. In: URBAN, Greg, SCHERZER, Joel (eds.). *Nation-States and Indians in Latin America*. Austin: University of Texas Press, 1991.

_____. Becoming Indian: The Politics of Tukanoan Ethnicity. In: ROOSEVELT, Anna (ed.). *Amazonian Indians:* From Prehistory to the Present. Anthropological Perspectives. Tucson: University of Arizona Press, 1994.

JACKSON, Jean. Culture, Genuine and Spurious: The Politics of Indianness in the Vaupés, Colombia. *American Ethnologist*, v.22, n.1, p.3-27, 1995.

JOURNET, Nicolas. *Les jardins de paix*. Etude des structures sociales chez les Curripaco du haut Rio Negro (Colombie). Paris, 1988. Tese (Doutorado) – École des Hautes Etudes en Sciences Sociales.

KELLY, Jose Antonio. Fractalidade e troca de perspectivas. *Mana*, v.7, n.2, p.95-132, 2001.

_____. *Relations within the Health System among the Yanomami in the Upper Orinoco, Venezuela*. Cambridge, 2003. Tese (Doutorado) – University of Cambridge.

KOCH-GRÜNBERG, Theodor. *Dos años entre los indios*. Santafé de Bogotá: Universidad Nacional de Colombia, [1909/10] 1995. 2v.

LANA, Luiz Gomes. Nosso saber não está nos livros. In: *Povos indígenas no Brasil 1996/2000*. São Paulo: Instituto Socioambiental, 2000. p.35.

LASMAR, Cristiane. *De volta ao Lago de Leite*. A experiência da alteridade em São Gabriel da Cachoeira (alto rio Negro). Rio de Janeiro, 2002. Tese (Doutorado) – Programa de Pós-graduação em Antropologia Social, Museu Nacional.

LEA, Vanessa. *Nomes e nekrets* kayapó: uma concepção de riqueza. Tese (Doutorado). Rio de Janeiro: PPGAS, Museu Nacional, 1986.

_____. Mebengokre (Kayapó) onomastics: a facet of houses as total social facts in Central Brazil. *Man*, v.27, n.1, p.129-53, 1992.

LEITE, Jurandir Carvalho F. 1987-1990: Redução das terras indígenas e paralisação de processos. In: CEDI/PETI. *Terras Indígenas do Brasil*. São Paulo, 1993.

LÉVI-STRAUSS, Claude. Quando o mito se torna história. In: _____. *Mito e significado*. Lisboa: Perspectivas do Homem/Edições 70, 1978.

_____. Como morrem os mitos. In: _____. *Antropologia estrutural dois*. Rio de Janeiro: Tempo Brasileiro, [1973] 1987.

_____. *História de Lince*. São Paulo: Companhia das Letras, 1993.

LOPES DE SOUZA, Boanerges. *Do Rio Negro ao Orenoco (A Terra – O Homem)*. Rio de Janeiro: Conselho Nacional de Proteção aos Índios, 1959. (Publicação 111)

MAIA, Moisés, MAIA, Tiago. *O conhecimento de nossos antepassados*. Uma narrativa Oyé. São Paulo/São Gabriel da Cachoeira: FOIRN/Coidi (ISA/H3000), 2004.

MARCHESI, Pe. João. *Notícia sobre a implantação da Missão de Iauaretê*. Manuscrito do arquivo da Missão Salesiana de Iauaretê, s.d. 3p.

MARX, Karl. Manuscritos econômico-filosóficos (terceiro manuscrito). In: _____. *Marx*. São Paulo: Abril. [1844] 1974. v.35, p.34-9. (Os Pensadores.)

MCGOVERN, William. *Jungle Paths and Inca Ruins*. Grosset & Dunlap Publishers, 1927.

MEIRA, Márcio, POZZOBON, Jorge. De Marabitanas ao Apapóris – Um diário de viagem inédito do noroeste amazônico. *Boletim do Museu Paraense Emília Goeldi*, Série Antropologia, v.15, n.2, p.287-335, 1999.

MEIRA, Márcio. Finalmente eles reconheceram que nós somos índios. In: CEDI. *Povos Indígenas no Brasil 1987/88/89/90*. São Paulo, 1991. (Aconteceu Especial 18)

_____. *O tempo dos patrões:* extrativismo da piaçava entre os índios do rio Xié. Campinas, 1993. Dissertação (Mestrado) – Universidade Estadual de Campinas.

_____. *Índios e brancos nas águas pretas*. Histórias do Rio Negro. 1997. Versão revisada da conferência apresentada no Seminário Povos Indígenas do Rio Negro: Terra e Cultura, organizado pela Fundação Universidade do Amazonas e Federação das Organizações Indígenas do Rio Negro, Manaus, 1996. 45p.

_____. Os índios do Xié e a fibra da floresta. In: EMPERAIRE, L. (org.). *A floresta em jogo. O extrativismo na Amazônia central*. São Paulo: Imprensa Oficial/Editora Unesp/IRD, 2000. p.31-48.

MISSÃO SALESIANA DE IAUARETÊ. *Resumo das crônicas dos anos 1946-1960*. Manuscritos do Arquivo da Missão Salesiana de Iauaretê, s.d.a.

_____. *Livro de Tombo de Fundação da Missão Salesiana de São Miguel Arcanjo – Aberto em 1929*. Manuscritos do Arquivo da Missão Salesiana de Iauaretê, s.d.b.

_____. *Ofícios diversos, Pasta Colômbia*. Manuscritos do Arquivo da Missão Salesiana de Iauaretê, s.d.c.

MISSÃO SALESIANA DE IAUARETÊ. *Notícia sobre a construção do campo de pouso de Iauaretê.* Manuscritos do Arquivo da Missão Salesiana de Iauaretê, s.d.d. 4p.

_____. *Notícia Histórica de Iauaretê.* Manuscritos do Arquivo da Missão Salesiana de Iauaretê, s.d.e. 3p.

NABUCO, Joaquim. *O Direito do Brasil.* São Paulo/Rio de Janeiro: Companhia Editora Nacional/Civilização Brasileira, 1941.

NEVES, Eduardo. *Paths in Dark Waters:* Archeology as Indigenous History in Upper Rio Negro Basin. Bloomington, 1998. Tese (Doutorado) – Indiana University.

_____. Indigenous Historical Trajectories in the Upper Rio Negro Basin. In: MCEWAN, C.; BARRETO, C., NEVES, E. (eds.). Unknown Amazon. London: The British Museum Press, 2001.

NORONHA, José Monteiro. *Roteiro de viagem da cidade do Pará até as últimas colônias dos domínios portugueses em os rio Amazonas e Negro.* Lisboa: Academia Real das Sciencias, [1756] 1856.

NIMUENDAJU, Curto Reconhecimento dos rios Içana, Ayari e Uaupés. In: MOREIRA NETO, C. de Araújo (org.). *Curt Nimuendaju.* Textos indigenistas. São Paulo: Edições Loyola, [1927] 1982. p.123-91.

O JORNAL. Joaquim Gonçalves de Araújo. *O consolidador da economia amazonense,* Matéria do dia 5 de setembro de 1959, Manaus.

OLIVEIRA, Ana Gita. *Índios e brancos no alto rio negro.* Um Estudo da Situação de Contato dos Tariana. Brasília, 1981. Dissertação (Mestrado) – Universidade de Brasília.

OLIVEIRA, João Pacheco. Segurança das fronteiras e o novo indigenismo: Formas e linhagens do Projeto Calha Norte. In: _____. *Militares, Índios e Fronteiras.* Rio de Janeiro: Editora da UFRJ, 1990.

_____. Três modelos de intervenção do Estado no reconhecimento das Terras Indígenas: democratização, remilitarização e reflexos da UNCED. *Resenha & Debate,* v.2, p.1-11, 1993.

_____. Uma etnologia dos "índios misturados". In: *Viagem da volta.* Etnicidade, política e reelaboração cultural no nordeste indígena. Rio de Janeiro: Conta Capa, 1999.

OLIVEIRA FILHO, João Pacheco. O ofício do etnógrafo e a responsabilidade social do cientista. In: *Ensaios de antropologia Histórica.* Rio de Janeiro: Editora da UFRJ. 1999. p.211-63.

OLIVEIRA, Brigadeiro Protásio Lopes. *A Amazônia que eu conheci.* Iauaretê: Um dos tesouros da Amazônia. Belém, 1963.

OLIVIER DE SARDAN, Jean-Pierre. *Anthropologie et développement.* Essai en socioanthropologie du changement social. Paris: Apad-Karthala, 1995.

OVERING, Joanna. Elementary structures of reciprocity: a comparative note on Guianese, Central Brazilian, and North-West Amazon socio-political thought. *Antropologica,* v.59-62, p.331-48, 1984.

OVERING, Joanna. A estética da produção: o senso de comunidade entre os Cubeo e os Piaroa. *Revista de Antropologia,* v.34, p. 7-33, 1991.

_____. There is no end of evil. The guilty innocents and their fallible god. In: PARKIN, D. (ed.). *The Anthropology of evil.* London: Basil Blackwell, 1995.

OVERING, Joanna, PASSES, Alan. *The anthropology of Love and Anger.* The Aesthetics of Conviviality in Native Amazonia. London/New York: Routledge, 2000.

PÃRÕKUMU, Umusi, KẽHÍRI, Tõrãmu. *Antes o mundo não existia.* Mitologia dos antigos Desana-Kẽhíripõrã. São Gabriel da Cachoeira: UNIRT/FOIRN, 1995.

PARRY, Jonathan, BLOCH, Maurice. Introdução: Money and the morality of exchange. In:_____. *Money & the morality of exchange.* Cambridge: Cambridge University Press, 1989.

PÉREZ, Antonio. Los Bale (Baré). In: LIZOT, J. (ed.). *Los Aborígenes de Venezuela. Etnología Contemporanea II.* Caracas: Fundación La Salle de Ciencias Naturales/ Monte Avila Editores, 1988. v.3.

PORRO, Antonio. História indígena do alto e médio Amazonas: séculos XVI a XVIII. In: CARNEIRO DA CUNHA. M. (org.) *História dos índios no Brasil.* São Paulo: Fapesp/Cia. das Letras/SMC, 1922, p.175-96.

PPG-7. Livro das Secretarias Técnicas. Brasília: MMA, 1997.

PPG-7. *Programa piloto para proteção das florestas tropicais no Brasil.* Brasília: PPG-7/ Banco Mundial, 1998.

PRELAZIA DO RIO NEGRO. *Relatório Geral do ano de 1968.* São Gabriel da Cachoeira, Mss., 1969. IIp.

_____. *Relatório Geral do ano de 1969.* São Gabriel da Cachoeira, Mss., 1970. 17p.

PROGRAMA RIO NEGRO – ISA. *Diagnóstico Socioambiental Preliminar das Terras Indígenas do Alto e Médio Rio Negro.* São Paulo, Mss., 2000.

RADAMBRASIL. *Projeto RADAMBRASIL.* Levantamento de Recursos Naturais. (Referente à área do alto rio Negro). Brasília: MME/DNPM. 1976. v.11.

RAMIREZ, Henri. *A fala tukano dos Ye'pâ-Masa.* Manaus: Inspetoria Salesiana da Amazônia – Cedem, 1997. 3t. (Gramática, Dicionário e Método de Aprendizagem).

REICHEL-DOLMATOFF, G. *Amazonian Cosmos:* the Sexual and Religious Symbolism of the Tukano Indians. Chicago: University of Chicago Press, 1971.

RIBEIRO DE SAMPAIO, Ouvidor Francisco Xavier. *Diário da viagem que em visita e correição das povoações da Capitania de S. José do Rio Negro fez o Ouvidor e Intendente Geral da mesma Francisco Xavier Ribeiro de Sampaio, no anno de 1774 e 1775.* Lisboa: Tipographia da Academia, [1774-75] 1825.

RICARDO, Carlos A. Jogo duro na Cabeça do Cachorro. In: CEDI. *Povos Indígenas no Brasil 1987/88/89/90.* São Paulo, 1991. p.101-6. (Aconteceu Especial 18)

_____. Dos petroglifos aos marcos de bronze. *Povos Indígenas no Brasil 1996/ 2000.* São Paulo: Instituto Socioambiental, 2001. p.241-54.

RIVIÈRE, Peter. *Individual and Society in Guianas.* A compara tive study of Amerindian social organization. Cambridge: Cambridge University Press, 1984.

RONDON, Ten. Col. Frederico. *Uaupés. Hidrografia, Demografia, Geopolítica.* Rio de Janeiro: Imprensa Militar, 1945.

ROOSEVELT, Anna C. Arqueologia amazônica. In: CARNEIRO DA CUNHA, M. (org.). *História dos índios no Brasil.* São Paulo: Fapesp/Companhia das Letras/ SMC, 1991. p.253-66.

_____. Determinismo ecológico na interpretação do desenvolvimento social indígena na Amazônia. In: NEVES, W. (org.). *Origens, adaptações e diversidade biológica do homem nativo da Amazônia.* Belém: Museu Paraense Emílio Goeldi. 1991. p.l03-40.

SACHS, Wolfang et al. *Dicionário do desenvolvimento:* guia para o conhecimento como poder. Rio de Janeiro: Vozes, 2000.

SAHLINS, Marshall. *Ilhas de História.* Rio de Janeiro: Jorge Zahar, 1990.

_____. O 'pessimismo sentimental' e a experiência etnográfica: por que a cultura não é *um* 'objeto' em via de extinção (Parte I). *Mana,* v.3, n.1, p.41-73, 1997a.

_____. O 'pessimismo sentimental' e a experiência etnográfica: por que a cultura não é um 'objeto' em via de extinção (Parte II). *Mana,* v.3, n.2, p.103-150, 1997b.

SANTILLI, Márcio. Tratado de cooperação amazônico: um instrumento diplomático a serviço da retórica nacionalista. *Tempo e Presença,* v.244-5, p.40-2, 1989.

_____. Projet Calha Norte: politique indigéniste et frontière nord-amazonienne. Brèsil. Indiens et Developpement en Amazonie". *Ethnies* v.11-12, n. esp. p.111-5, 1990.

SEEGER, Anthony, DA MATTA, Roberto, VIVEIROS DE CASTRO, Eduardo. A construção da pessoa nas sociedades indígenas brasileiras. *Boletim do Museu Nacional,* v.32, n. esp., p.2-19, 1979.

SCHMINCK, Marianne, WOOD, Charle H. *Contested Frontiers in Amazonia.* New York: Columbia University Press, 1992.

SERVIÇO DE PROTEÇÃO AOS ÍNDIOS. *Relatório da 1ª. Inspetoria Regional do SPI, Amazonas e Acre.* Documento Microfilmado do Centro de Documentação Etnológica, Museu do Índio, Rio de Janeiro, 1931.

_____. *Estatística dos índios assistidos por este Posto com a discriminação de nascimentos, idades, tribus, enviadas à Inspetoria do SPI do Amazonas e Acre.* Posto Indígena do Uaupés, Jauareté. Documento Microfilmado do Centro de Documentação Etnológica, Museu do Índio, Rio de Janeiro, 1932.

_____. Relatório da Ajudância de Uaupés. Documento Microfilmado do Centro de Documentação Etnológica, Museu do Índio, Rio de Janeiro, 1959.

SILVERWOOD-COPE, Peter. *Relatório sobre a situação dos indígenas do Uaupés, Alto Rio Negro.* Funai, Brasília, Mss., 1975. 82p.

_____. *Projeto de emergência para as comunidades do alto rio Negro.* Funai, Brasília, Mss., 1976. 64p.

SIMONDON, Gilbert. The Genesis of the Individual. In: CRARY, J., KWINTER, S. (eds.). *Incorporations – Zone 6*. New York, 1992.

STRADELLI, Ermano. O rio Negro, o rio Branco, o Uaupés (1888-1889). In: ISENBURG, T. (org.). *Naturalistas italianos no Brasil*. São Paulo: Ícone Editora e Secretaria de Estado da Cultura (publicação em português de "L'Uaupés e gli Uaupés" e "Del Cucuhy a Manáos", ambos em *Bolletino della Società Geographica Italiana)*, [1889] 1991. p.203-308.

_____. Leggende dei Taria. In: *La Leggenda Del Jurupary e outras lendas amazônicas*. São Paulo: Instituto Cultural Ítalo-Brasileiro, [1896] 1964.

STRATHERN, Marilyn. *The Gender of the Gift. Problems with Women and Problems with Society in Melanesia*. Berkeley/Los Angeles/London: University of California Press, 1988.

_____. Novas formas econômicas: um relato das terras altas da Papua-Nova Guiné. *Mana*, v.4, n.1, p.109-39, 1998.

_____. *Property, Substance and Effect. Anthropological Essays on Persons and Things*. London: The Athlone Press, 1999.

SWEET, David. A Rich Realm of Nature Destroyed: the Middle Amazon Valley, 1640-1750. The University of Microfilms International: Ann Arbor, 1974. Tese (Doutorado) – The University of Wisconsin.

TAUSSIG, Michael. *Xamanismo, colonialismo e o homem selvagem:* um estudo sobre o terror e a cura. São Paulo: Paz e Terra, 1993.

TAYLOR, Anne-Christine. História pós-colombiana da alta Amazônia. In: CARNEIRO DA CUNHA, M. (org.). *História dos índios no Brasil*. São Paulo: Fapesp/ Companhia das Letras/SMC, 1992. p.213-38.

TENREIRO ARANHA, Bento de Figueiredo. As explorações e os exploradores do rio Uaupés. *Archivo de Amazonas. Revista destinada a vulgarisação de documentos geographicos e historicos do Estado do Amazonas*. Manaus, 1906-1907. v.I e II, n.2-6.

TURNER, Terence. Representing, resisting, rethinking: historical transformations of Kayapo culture and anthropological consciousness. In: STOCKING, G. W. (ed.). *Colonial Situations:* Essays on the Contextualization of Ethnographic Knowledge. Madison: University of Wisconsin Press, 1991. p.285-313. (History of Anthropology, 7).

_____. Da cosmologia à história: resistência, adaptação e consciência social entre os Kayapó. In: CARNEIRO DA CUNHA, M., VIVEIROS DE CASTRO, E. B. (orgs.). *Amazônia:* etnologia e história indígena. São Paulo: NHI/ USP. 1993. p.43-66.

VIDAL, Silvia M. Amerindian groups of northwest Amazonia. Their regional system of political-religious hierarchies. *Anthropos*, v.94, p.515-28. 1999.

VIVEIROS DE CASTRO, Eduardo. *Araweté:* os deuses canibais. Rio de Janeiro: Jorge Zahar/Anpocs, 1986.

_____. Alguns aspectos do dravidianato na Amazônia. In: CARNEIRO DA CUNHA, M., VIVEIROS DE CASTRO, E. (orgs.). *Amazônia:* etnologia e história indígena. São Paulo: NHI/USp, 1993.

VIVEIROS DE CASTRO, Eduardo. Images of Nature and Society in Amazonian Ethnology. *Annual Review of Anthopology*; v.25, p.179-200, 1996.

_____. Etnologia brasileira. In: MICELLI, S. (org.). *O que ler na ciência social brasileira (1970-1995)*. São Paulo: Ed.Sumaré/Anpocs, 1999. V.L: Antropologia, p.109-223.

_____. Perspectivismo e multinaturalismo na América indígena. In: _____. *A inconstância da alma selvagem*. São Paulo: Cosac & Naif, 2002a. p.345-400. _____. Atualização e contraefetuação: o processo do parentesco. In: _____. *A inconstância da alma selvagem*. São Paulo: Cosac & Naif. 2002b. p.401-56. _____. O problema da afinidade na Amazônia. In:_____. *A inconstância da alma selvagem*. São Paulo: Cosac & Naif, 2002c. p.87-180.

_____. Imanência do inimigo. In: _____. *A inconstância da alma selvagem*. São Paulo: Cosac & Naif, 2002d. p.265-94.

_____. Xamanismo e sacrifício. In: _____. *A inconstância da alma selvagem*. São Paulo: Cosac & Naif, 2002e. p.457-72.

WALLACE, Alfred. *Una narración de viajes por el Amazonas y el Rio Negro*. Coleção Monumenta Amazônica. Iquitos/Lima: IIAp, [1853] 1992.

WRIGHT, Robin. *History and Religion of the Baniwa Peoples of the Upper Rio Negro Valley*. Stanford, 1981. Tese (Doutorado) – Stanford University.

_____. Uma conspiração contra os civilizados: História, política e ideologias dos movimentos milenaristas dos Aruak e Tukano do noroeste da Amazônia. *Anuário Antropológico*, v.89, p.191-234, 1989.

_____. Indian Slavery in the northwest Amazon. *Boletim do Museu Paraense Emílio Goeldi*, v.7, n.2, p.149-79, 1991.

_____. História indígena do noroeste da Amazônia: hipóteses, questões, e perspectivas. In: CARNEIRO DA CUNHA, M. (org.). *História dos índios no Brasil*. São Paulo: Fapesp/Companhia das Letras/SMC, 1992. p.253-66.

_____. O tempo de Sophie: história e cosmologia da conversão baniwa. In: WRIGHT, R. (org.). *Transformando os Deuses:* Os múltiplos sentidos da conversão entre os povos indígenas no Brasil. Campinas: Editora da Unicamp, 1999.

_____. Escravidão indígena no noroeste amazônico. In: _____. *História indígena e do indigenismo no alto Rio Negro*. Campinas: Mercado de Letras, 2005a.

_____. Kamiko, profeta Baniwa, e o Canto da Cruz. In: _____. *História indígena e do indigenismo no alto Rio Negro*. Campinas: Mercado de Letras, 2005b.

WRIGHT, Robin, HILL, Jonathann. History, ritual and myth: nineteenth century millenarian movements in the Northwest Amazon. *Ethnohistory*, v.33, n.1, p.31-54, 1986.

SOBRE O LIVRO

Formato: 16 x 23 cm
Mancha: 28 x 50 paicas
Tipologia: Iowan Old Style 10,5/15
Papel: Off-set 75 g/m² (miolo)
Cartão Supremo 250 g/m² (copo)
1ª edição: 2006
1ª reimpressão: 2012

EQUIPE DE REALIZAÇÃO

Edição de Texto
Daniel Seraphim (Copidesque)
Sandra Garcia Cortés (Preporação de Original)
Elaine dei Nera e
Ruth Mitzuie Kluska (Revisão)
Juliana Campoi (Atualização Ortográfica)

Editoração Eletrônica
Casa de Ideias (Diagramação)

Imagem da capa:
Petroglifo existente em uma rocha da foz do rio Papuri;
representa Okomi, um demiurgo tariano.

Impressão e acabamento

psi7 | book7
psi7.com.br   book7.com.br